湛庐文化 Cheers Publishing

a mindstyle business
与 思 想 有 关

LECTURING BIRDS ON FLYING

Can Mathematical Theories Destroy The Financial Markets?

教鸟儿飞行

量化模型是否会摧毁金融市场

[美] 帕布罗·特里亚纳（Pablo Triana）◎著
林丽萍 高彩霞◎译

中国人民大学出版社
·北京·

游叙弗伦的陷阱

纳西姆·塔勒布

畅销书《黑天鹅》作者

2009年1月，我参加了达沃斯世界经济论坛，认识了众多企业家、记者和银行家，当然也有一些商学院老师。许多从业者看起来像是刚从自行车上摔下来，因为他们还没有学会怎样去骑自行车。这些年来，他们并没有意识到，自己的模型低估了极有影响力的罕见事件的风险，从而堆积起一笔巨大的头寸，破坏了自由市场、资本和金融的进程。他们应该学会坚强，而不是对黑天鹅事件[①]的概率进行评估。我为这群人感到难过，因为我能够确定这些人中的绝大多数明年将不会出现在这里——这是一种有效的进化机制，但对人类来说，这种进化是极具挑战性的。

但是，我保证其中有些金融学者明年肯定还会再来——他们同样对模型有错误的认识（事实上，他们正是那些向银行家们灌输模型的人），错误地评估这个世界，拥有错误的知识概念，错误地对待每一件事情。除非他们犯下一些严重的罪过，否则他们的饭碗是有保证的。他们从来没有因为自己的这些错误而失去从事社会科学研究的资格。

理论可以指导实践？

我一生中遇到的最大谬论就是：从实践中获得的经验上升到理论知识这条路径是可逆的。换句话说，理论知识

① 黑天鹅事件指非常难以预测且不同寻常的事件，通常会引起市场连锁负面反应甚至颠覆。——译者注

可以指导实践，正如实际经验也可以升华成为理论知识一样，这正是我们为什么要有大学、教授、研究中心、家庭作业、考试、论文、专题以及所谓的“经济学家”的原因。

然而奇怪的是，知识在这两个方向上几乎是不可逆的。从实践到理论比较容易——要想理解这一点，你通常需要具备一定的常识，而具备常识的人是不会考虑此类事情的。

确实，如果知识在这两个方向上是可逆的，那么未经实践检验的理论就等同于没有理论指导的实践——然而事实并非如此。

这个说法可能起源于柏拉图著名的早期对话——《游叙弗伦》(*Euthyphro*)，在这篇对话中，游叙弗伦自称虔诚，却无法给虔诚下定义，苏格拉底对他进行了百般刁难。这个狼狈的家伙，面对苏格拉底的质问哑口无言，始终没有对这些问题做出回答（根据柏拉图所言）：婴儿喝母乳；却不知道吃奶是什么意思；婴儿爱母亲，却不能解释爱或者母亲意味着什么。这就把思考放在了首要位置，同时也降低了存在过多负面效果的命题性知识的重要性。

我花了很长时间去置疑命题性知识。要想了解命题性知识，你不仅需要进行实践，还需要忽略不同的文化舆论，同时还要利用最原始、最简单、容易获得并令人震惊的诸多有力证据。此外，只要稍加思考，你就会发现命题性知识所带来的附加效应要比你想象中的多得多。

接下来，我就向你讲述一下，在1998年左右，这个问题是如何困扰我的。彼时，我正与一位金融学者坐在芝加哥一家餐厅里，他算得上一位体贴周到的绅士。他是芝加哥一家交易所的新产品顾问，希望我对引入触碰失效期权[①]提供些建议——这在我的第一本书《动态对冲》(*Dynamic Hedging*)中已有过详细描述。他认为对这种期权的需求会很大，但是对“投资者如果不理解吉尔萨诺夫定理(Girsanov theorem)，他们怎么能够掌握这些新引进的产品”感到疑惑。吉尔萨诺夫定理是一种概率测度的变形，包含着极其复杂的数学原理，是推导出一个封闭形式期权公式的必要定理——尽管它

① 触碰失效期权，在标的资产的市价触及约定水准时即失效。标的资产是指行使期权时可以买进或卖出的资产。——译者注

在表现良好的正态分布领域也是必要的。但你并不需要用吉尔萨诺夫定理来理解任何新引入的期权。有一刻钟，我怀疑自己是否正生活在另一个星球上，或者这位绅士般的博士是否不可思议地突然丧失了常识——或者没有实践经验的人们是否都努力想获得金融经济学博士学位。没有人会因为一个孩子不懂各种热力学理论或者解不出一个运动方程就担心他不会骑自行车，然而，为什么我们会在市场量化产品的理解方面犯游叙弗伦式的错误呢？为什么与在大马士革的露天市场利用一般均衡下的方程式确定产品价格的交易员相比，采用吉尔萨诺夫定理并对供求关系的变化做出及时反应的交易员会更具竞争力呢？

随后，我意识到这正是教育所存在的问题——所有形式的正规教育都存在的问题。我收集了足够的证据，表明了这样一种事实：一旦一个人掌握了一种理论，他就再也无法理解那些不懂这种理论的人们会如何操作了。你会隐藏在一个与世隔绝的角落里观察实践者，教他们如何去做生意，并且沉浸在一种认为他们因为你而活的幻觉里，同时还自以为是地认为，要是没有你们的理论和知识，他们就会寸步难行。

所有这些都是可被证实的。那么应该怎样去证实呢？我们可以回顾历史，它就在那儿，就在我们的眼前，看着我们。

危险的退步

每位不幸接触过金融课程的人们都有过这样一种幻觉，那就是认为布莱克–斯科尔斯–默顿（Black-Scholes-Merton，BSM）模型是三位天才奉献给人类的礼物，他们伟大的科研成果应该受到尊重，因为要不是他们，我们就没有相关的技术可用于理解金融项目。没有这个模型，我们就无法给期权定价？这是事实吗？

好，那就让我和埃斯彭·豪格（Espen Haug）上溯至 19 世纪后期，去揭开事实的面纱，寻找事实的真相吧。我们发现，在期权定价模型被发明之前，交易员们在期权定价方面做了很多很好的工作，并能够保持可靠的套利交易（买权卖权等价理论[①]，而且没有消

① 买权卖权等价理论，对同一标的资产（如同一只股票）、同一履约价格、同一到期日之买权与卖权来说，在某个时点的买权、卖权相对价格（也就是买权减去卖权）应该等于当时的股价减去履约价格之折现，否则就会产生套利的机会。——译者注

极的蝴蝶曲线[①]等）。交易员由于不断受到改进和进化的压力，摸索出了启发式期权定价模型：那些喜欢购买在适当时机会暴涨的短期虚值期权（out-of-the-money options）的人们就是那些赚钱与受益者。交易员知道启发式的“delta”[②]——平值期权（at-the-money options）delta 的值约为 0.5，虚值期权 delta 的值小于 0.5。确实，在文章中，我们采访了经验丰富的高手，他们确定芝加哥的期权交易员在定价时不会采用任何模型（例如定价模型），却并没有造成蝴蝶曲线。我本人在 20 世纪 90 年代也是芝加哥的一名交易员，目睹过期权交易员在没有模型的情形下是如何给期权定价的。

交易员坚信黑天鹅事件的存在，这些偶然事件都是期权交易员灾难的根源，因此从这方面来说，BSM 模型是一种危险的退步。该模型的创建只是通过展示动态对冲是如何消除价格风险，来方便地创立金融经济学和形成投资组合理论——这种柏拉图式的思维实验是完全没有必要存在的，因为事实证明，BSM 模型是有害的。他们所使用的精确模型（可以减小正态分布）的确切形式是由成功的数学家、职业赌徒和对冲基金经理人爱德华·索普（Edward Thorpe）确定的，之后路易斯·巴赫莱尔（Louis Bachelier）又推出了另一种同样现实可行的形式，适用于任何概率分布。各种关于金融理论的发展史的阐述都忽视了一点：历史不仅仅是由胜利者书写的，也是由失败者书写的——这些失败者，也就是金融学教授们，更有机会接近出版社。在阅读马克·鲁宾斯坦（Mark Rubinstein）的作品时，我发现至少在 10 年前，他就已经坚持在我们现实生活中的交易和喜好的产品方面使用这个称呼了。难道历史真是由失败者书写的？一个最现实的例子是，证券组合保险策略在 1987 年的危机[③]中被证明是失败的，而历史学家却千方百计想要忽视这一事实。

历史确实是由失败者亲笔书写的，而且这种学术地位是受保护的。具有讽刺意味的是，在我和豪格受一部金融工程百科全书约稿时，我们还把有关衍生品定价技术也作

---

① 蝴蝶曲线，指短期和长期收益比中期收益下降程度更大的非平行曲线。——译者注

② delta，希腊字母的第四个字母。其大写为 Δ，小写为 δ，是衡量期货价格变动一个单位，是引起权利金变化的幅度。如看涨期权 Δ 为 0.4，意味着期货价格每变动 1 元，期权的价格则变动 0.4 元。——译者注

③ 1987 年 10 月 19 日，由于经济发展前景的不断恶化以及中东局势的不断紧张，华尔街出现崩溃，这就是所谓的“黑色星期一”，标准普尔指数狂泻 20%，全世界的金融市场出现暴跌。——译者注

为一项历史进行了记录。接着，历史部分的编辑又对我们的章节进行了修改，并且扭曲了其中的一些信息，反而使文章变成为这些知识分子歌功颂德了。

在患上战斗疲劳症之前，我从事了大约20年的交易员和风险经理的工作。我和我的同事无法把长期以来积累的市场风险知识顺畅地传递给下一任工作人员。商学院阻断了我们传播实战知识和实战技巧的途径，所以我们所掌握的知识只能和我们一起死去。我们从一次又一次的危机中得出一个结论：现代金融理论的经验和有效性与占星术（没有任何美感）一样不靠谱，然而我们得出的这一经验教训却被世人遗忘和忽视，无法传授给全世界150 000名商学院学生。

请注意，被学术界称为“实践者”的通常都是拥有博士学位的学者，他们进行了实践，却掉入了游叙弗伦一样的陷阱。**这就是帕布罗·特里亚纳写这本书的原因：号召人们像少数人（埃斯彭·豪格和我）那样做，即不是从理论到实践，而是从实践到理论。**

“证据”和“风险”中的秘密

现代金融经济学领域的研究人员中还存在另外一个问题：自私自利。也许这种自私自利的程度不比其他行业人员更严重，但肯定不输给他们。正如政府部门存在的问题之一就是，政府官员有可能偏离普通大众的期望——这是一个秘密，一个很大的秘密，在学术界也是如此。当你听到烟草公司在谈论“健康”，你会嗤之以鼻，然而当你听到一位金融学教授在谈论“证据”和“风险”，你却浑然不知其中的秘密。

学术界声称要寻找证据，但他们似乎只是在寻找能够服务于他们目标的证据。我已经运用了许多数学和实践的证据（2 000万条数据）来证明在险价值（VaR）模型是无用的，然而这些证据却被忽视了。我至少可以举个例子来证明这些证据没有被采纳，那就是本华·曼德博（Benoit Mandelbrot）[①]的成果被完全忽视了。不论是我已经撰文表明有效的证据，还是其他学者制造的符合他们观点的证据，这些被称为“证据”的都已经出版了。

① 波兰裔美籍数学家，在巴黎获得博士学位，1958年移民美国。他最著名的贡献是创立了分形几何，说明分形出现在数学及自然界的许多地方。——译者注

骗子通常是以他们的装扮、组织或者语言来掩饰其真实身份的，现在又多了神奇的数学来助阵。罗伯特·默顿（Robert Merton）[①]在《连续时间金融》（*Continuous Time Finance*）一书中曾经339次提及“定理”或者“公式”等词，平均一本相同大小的物理学方面的书籍也不过提及此类词语25次。然而，经济模型，正如它已经表现出来的那样，并没有比随机猜测或者出租车司机的直觉更出色，可物理学能够以1/10精度预测很多现象。

学者们误导普通大众，让大众认为批评者是对学者进行人身攻击并且绕过所有论据的骗子。奇怪的是，我所见所闻更多的是对实践者而不是对学者的坚决批判。一种试图反驳我在《黑天鹅》一书中对在险价值模型的批评是“这是一本很通俗的书”，暗指书中的论据不够严谨。即使我们假设所有缺乏严谨性的论据都是通俗的，也不能由此推断出所有通俗的论据都是不够严谨的。你很难发现学术界以外的人们会犯这样的错误。模式化的代价是开明态度的丧失，当然在有些领域，比如工程，因为模型和它的循迹能力之间只有极小的偏差，所以工程模型的存在是可被容忍的。

我认为当今的学术界很糟糕，存在着这样一种趋势，那就是一些没有实战经验的人将柏拉图哲学理想化，并且掉入了游叙弗伦的陷阱——他们没有意识到知识是通过社会行为总结出来的（这是哈耶克[②]的观点，但这些观点没有被经济学界所采纳）。尽管帕布罗·特里亚纳也许是我所遇到的最早一批持这些观点的人，但我非常不同意非实战者，比如伊曼纽尔·德曼（Emanuel Derman）和其他人对他的批评，因为他们这种道德清醒的中立者的见解所造成的利远大于害。我认为任何不是建立在实践的基础上的理论都是很值得怀疑的，特别是在复杂体系中，那就是：技艺（知道怎么做）优于知识（知道什么）。

① 1944年出生于美国纽约，由于对布莱克－斯科尔斯模型所依赖的假设条件做了进一步削弱并在许多方面做了推广，他于1997年获得了诺贝尔经济学奖。——译者注

② 费雷德里克·哈耶克（Friedrich Hayek），奥地利出生的英国经济学家，1931年移居伦敦，在伦敦大学和伦敦政治经济学院任职。1938年入英国籍。1950—1962年在芝加哥大学任教。他在作品中反对凯恩斯的理论，并批评政府干预市场自由，认为这样会破坏个人价值观，而对通货膨胀、失业、衰退等现象的经济调整政策终究会失去作用。其著作有《通向奴役的道路》（1944年）、《自由的宪章》（1960年）和《自由民的政治秩序》（1979年）。他的观点在保守主义者之间产生了很大的影响，包括对撒切尔夫人。1974年，他与默达尔共获诺贝尔经济学奖。——译者注

最后，我还要给大家一个警告。你们通常会被灌输这样一种观点："这只是一种模型而已，它只能起到辅助作用，你可以不使用它。"我通常也听别人说在险价值只是众多信息中的一条——因此，这些创建在险价值模型的人也不会带来危害。事实确实如此吗？

不要将香烟放在烟鬼的面前——即使警告过他吸烟有害健康。我认为在险价值等模型并不是中立的。不要把这些危险的信息给一个容易犯错的人，因为他不能抵御这种诱惑。这些模型会导致社会中的风险周期性增加，而提供这些模型的人应该负责。

那么，我们应该怎么做呢？

不要再浪费时间相信那些学者的话了。他们会告诉你："要么给我一个更合理的模型，要么请闭嘴。"他们并没有意识到送给别人错误的地图比一张地图都不给还要糟糕。学术界不欢迎否定的建议，如不要做什么。

我们要做的只是让他们感到羞愧，忽略他们的存在，压制他们，不再相信商学院，并请求减少对他们的资助。

我们经不起再次妥协。

做有些朋友已经做过的事情：从各种组织中脱离出来，比如国际金融工程师协会（International Association of Financial Engineers，IAFE）和注册金融分析师（Chartered Financial Analyst，CFA）协会。这些机构推行错误的模型而且从不悔悟，正如烟草公司会争取在公共场所合理吸烟一样。你应该为你是其中的一员而感到羞耻和屈辱。嘲笑这些骗子吧。

我认为帕布罗·特里亚纳是以一种清晰的思路、可嘉的勇气和无私奉献的精神为真相服务的。这是一本很难得的书，它揭露了模型的副作用、模型带来的危害并无所畏惧地指出了我们应该前进的方向。我相信读者通过阅读这本书会变得更聪明，出版这本书也会使我们这个世界变得更美好、更安全并且更具风险意识。

金融不是物理

2007 年 12 月，我的母校纽约大学斯特恩商学院举行了一次会谈，它是由著名的对冲基金大亨詹姆斯·西蒙斯（James Simons）赞助的，我有幸受邀参加。文艺复兴科技公司的创始人西蒙斯（也许，他是过去十几年来最优秀的对冲基金经理，即使不是唯一，但肯定也是量化投资[①]的标志性人物之一）回答了由主持人、获得诺贝尔经济学奖的计量经济学家罗伯特·恩格尔（Robert Engle）以及礼堂里的其他听众所提出的关于量化基金业绩以及未来市场预期等方面的几个问题。

西蒙斯非常热情地介绍了一些宝贵的经验，包括他自己的背景，促使他放弃学术研究、从一位著名的数学家转而投身于华尔街的原因（他非常坦率："我想比其他科学家赚得更多"，他做到了），以及他是如何运作公司的。他说，文艺复兴科技公司通常会（或者只会）聘用不具备金融背景的物理学家和数学家。对他来说，具有金融背景的交易人员所具有的优势似乎并不容易判断，然而他却非常了解科学，因此能够判断一位数学家或者物理学家是否属于顶尖人才。特别值得一提的另一点是西蒙斯对同年 8 月股市所遭受的重创所做的解读。他的宽客传奇生活证实了许多已经得到阐释的现象：当抵押贷款相关的项目资金开始遭受损失时，宽客们就会抛售流动性资产（比如绩优股）以便募集足够的流动资金，从而用以满足不断提高的保证金额度和偿还要求。

① 与巴菲特的“价值投资”不同，西蒙斯依靠数学模型和电脑管理着自己旗下的巨额基金，用数学模型捕捉市场机会，由电脑做出交易决策。他称自己为“模型先生”，认为模型较之个人投资可以有效地降低风险。——译者注

以上讨论的所有问题都很有启发性。还有一种特别的说法吸引着我的注意力，那是由西蒙斯对恩格尔提出的问题做出的即兴回答。这些问题是："你为什么不发表研究成果，也就是你所采用的交易方法的理论基础呢？""也许你可以在退出市场之后发表？"毕竟，每一个人都想了解获得如此广泛成功的量化交易背后的量化哲学。西蒙斯回答道，没什么可以发表的，因为它不是物理学，市场没有根本法则、固定套路，没有固定不变的定律。事实上，金融信息时刻在变，因此，若要发表，则必须每周写一篇新的文章。**在金融市场上，不可能有哪种理论可以一如既往地指导人们，即使是爱因斯坦和牛顿也无法做到这一点，即使是每年赚 1 亿美元并且始终创造 30% 以上回报的数学天才也没有这种资格。和物理不一样，金融领域是不可驯服的，也是没有规则可言的。**

我很困惑地离开了斯特恩大礼堂。这位量化投资的典范似乎都不相信市场可以被理论化，难道那些被普遍使用的、至高无上的、包罗万象的模型都无法捕捉到市场的金融行为？西蒙斯如此急切地想要澄清这一点，因而才有了这次的讲话。在塞满世界级教授和博士生的礼堂（纽约大学一直以来都引领全球金融经济学教育）里，德高望重的数学家大声表明他不会雇用金融学者。当一位老板如此明显地不相信金融理论的时候，雇用理论家又有什么意义呢？

但要承认，尽管直言不讳，西蒙斯仍然以其翩翩风度给东道主留出了台阶。当他那"杜绝金融学博士"的声明并未获得大家的一致支持时，似乎是为了缓解尴尬气氛，西蒙斯迅速地安抚听众：即使他们不太可能加入文艺复兴科技公司，他们也会做得很好。我感觉，这不足以安慰那些捍卫教条主义的金融学者们，因为这些听众刚刚听到自己心目中的英雄竟然告诉他们，金融学并不是一门科学。对不起了，各位，金融学只不过不是"弦论"而已，而且，西蒙斯说他从来没有用金融理论来设计过他的赚钱机器。

当我离开纽约大学，向曼哈顿著名的联合广场走去的时候，从这位创建这样一家了不起公司的基金经理身上，我意识到这只是整个大事件的开始。文艺复兴科技公司特别隐秘，因此局外人根本无法真正了解那些见鬼的天才们到底做了些什么，但这毫无疑问已经使人们达成了共识，这同样适用于令人印象深刻的宽客所在的机构，比如肖氏企业

（DE Shaw）或者 Citadel[①]：这些人通过使用特别复杂、普通人无法企及的数学理论赚了很多钱。归功于精英科学家团队，量化基金[②]可以使市场模式化并预测市场未来的行为，从而变成不容置疑的传统智慧。因为普通投资者不会利用数学理论规划市场，因此他们没有机会与宽客抗衡。在这个时代，传统智慧使得随机演算和计量经济学[③]变成了雄心勃勃的财务明星们所使用的最重要的工具，而古板的会计学和基本面分析却被扔进了垃圾桶。

然而，至少在我看来，詹姆斯·西蒙斯在此次讲座中粉碎了所有这些理念。我们无法预测，金融没有理论，也不可能有什么一成不变的定律。当然，没有一个理论能够削弱文艺复兴科技公司所取得的成就：当我们不能够预测市场的时候，它持续取得了 30% 的回报率，我认为这是令人印象更加深刻的一点。

回到我位于 10 栋 41 层的公寓（紧邻豪华的时代广场，交通非常便利）后，我打开电脑，突然非常急切地想搜索最近的一篇文章。在刚刚过去的 10 月，资深交易员和坚定的旧习挑战者纳西姆·塔勒布在《金融时报》上的专栏文章引起了轰动，本质上，他认为金融理论是无用且有害的（倘若你不相信我的话，那么看完标题"破坏市场的伪科学"就会明白了）。在时报专栏所允许的有限篇幅里，塔勒布竭尽所能，论及所有金融经济领域的大牛，包括一部分诺贝尔奖获得者，但对于诺贝尔经济学奖的怀疑还是留有一些余地的。《金融时报》专栏几乎是塔勒布一直赞成和谈论的观点的全球社交圈，并且确定了他作为传统理论第一怀疑者的地位。

让我们理一理头绪：塔勒布毫不保留的批评以及西蒙斯的澄清在几个星期内连续发表，令世人震惊。当然，在此之前，还有许多其他声音曾经抱怨金融理论或者数学金融结构是脱离现实的，但在我的印象中，此类声音对社会影响甚微。1998 年美国长期资本

① 创办于 1990 年，是美国旧金山的本土对冲基金，总部设在旧金山，目前掌控了 120 亿美元管理基金，分别在芝加哥、纽约、旧金山、伦敦、东京、香港地区设立了 6 办公室，其业务遍布全球，涉及各行各业。——译者注

② 指借助现代统计学、数学的方法，采用高度发达的现代信息技术，从海量历史数据中寻找能够带来超额收益的多种"大概率"策略，并纪律严明地按照这些策略所构建的数量化模型来指导投资、形成回报。——译者注

③ 用数学和统计的方法检查经济进程（建立数学模型）的经济学。——译者注

管理公司[①]（有两位受到塔勒布指责的明星教授、诺贝尔经济学奖获得者加盟）蒙受巨大损失后，有一部分大众强烈反对金融学院派，但是没有发生流血事件。我认为，这些批评的声音并不一定能改变学术界现状，也无法阻止华尔街和伦敦持续雇用大量学者型教授，因为在过去十几年中，理论的地位和对宽客的需求有增无减。

与此相似，金融经济学最著名的工具BSM模型在1987年的危机中毫发未损，至少，就BSM模型目前超级流行和被广泛使用的状态而言，我们可以下此定论。即使受BSM模型启发的“投资组合保险”战略是股市最大单日下跌背后的主要原动力，明确地揭示了该模型根本性的深层次问题，BSM模型也从来没有被列入商学院、教科书或媒体报道，甚至没有出现在交易大厅的黑名单中（相反，10年后，这个模型被授予诺贝尔奖）。在过去的20年里，我们基本上继续大踏步前进，自以为安全地沉浸于这样的观点中——BSM模型享有至高无上的权威，它是一个伟大的发现。当然，这个模型的假设是站不住脚的，然而，这并没有被看成将其丢弃或者是怀疑其无可争议的标准工具地位的理由。

2000年爆发的可怕的互联网泡沫在很大程度上凸显了金融理论中一个最正统的教条（市场遵循正态概率分布，小概率事件出现的概率非常小）极不现实的本性以及市场的不可预测性，然而即使如此，这些似乎并没有对人们认定金融工程学是有效的这一看法产生任何影响。基于正态分布设想的模型继续占据着大学核心课程的地位，金融计量经济学领域也继续大步前进，甚至获得了诺贝尔奖。

然而，此刻似乎不一样了，对传统理论的抨击变得强烈而坚决。尽管在西蒙斯的案例中，如果说他在面对一个可能有争议的问题时只是试图表现得诚实一些，那么我们对塔勒布的意图就不应该再有质疑了。他毕竟是个大人物，想要改变这个世界，但传统的理论学家应该感到害怕，这主要有两个理由：

- 像西蒙斯、塔勒布这样的人都是经验丰富的高手，已经处在行业顶峰20多年；他们同样非常熟悉数理金融和学术界；当一位受过教育的顶级职业人员不停地呐喊

① Long-Term Capital Management，下文简称为LTCM，成立于1994年2月，总部设在离纽约市不远的格林威治，是一家主要从事定息债务工具套利活动的对冲基金公司。1998年，LTCM由于做错了方向而濒临破产。9月23日，美林和摩根出资收购接管了LTCM。——译者注

模型在实践中是无用甚至有害的，那么，这样的论据是可信并且值得尊重的。

- 塔勒布绝对不是什么无名小辈，他是一位广受关注和欢迎的作者，他的支持者和批评者遍布世界各地，他们都迫切地想要聆听他的思想。也就是说，我们有这样一位人士，只要他愿意，就可以将信息传播得具有燎原之势。

其他的知名人士也纷纷跟随塔勒布的足迹（联合或者以个人的名义）发出了质疑的声音，所有这些力量拧成一股绳就可以形成一种运动。国际上，广受尊重的科学家出身的金融学家，像德曼、里卡多·雷伯纳托（Ricardo Rebonato）或者保罗·威尔莫特（Paul Wilmott），在过去几年里都公开质疑过金融模型的角色以及在市场中运用量化方法的价值。（尽管人们责备他们做得不够，责备他们提出的批评影响力不够，责备他们虽然抵制模型但同时又在教授模型，责备他们无休止地强调教条的不现实性，却没有公然强调模型可能带来的危害，有人用鲜明的语言把其中的一些批评描述为“只是指出这些可笑的模型是不切实际的，却并未从本质上严正拒绝这种自上而下占据主导优势模型的理论背景”。）据我所知，如此杰出的先行者——他们是那些在顶级投资银行领导宽客和风险管理团队的人，以及那些已经成为培训预备宽客和风险经理的首席顾问的人愿意表达出他们的质疑，并且让我们大家了解事实究竟是如何运作的，勇敢地挑战那些在此之前我们还天真地认为神圣不可侵犯的教条，这是破天荒的头一次。

这些金融界的大牛以及其他人的共同行动形成了对金融理论的新一轮抨击。如前所述，“这些模型不符合现实”的真情告白，至少在过去的几十年里我们已经听得够多，并且感到厌倦，毫无吸引力可言了。这种说法几乎是无足轻重的，无论是理论还是理论学家都没有受此困扰，而它们似乎也没有对模型的地位产生丝毫的影响。

我们根本不需要BSM模型

“这些模型有危险”的说法已经较少有人提了，但这绝对不是闻所未闻的。BSM 模型被指责为导致 1987 年“黑色星期一”的罪魁祸首，而且在后来的几次事件中，期权交易员受该模型启发的动态对冲的做法也经常严重干扰相关市场，风险测量的标准工具在险价值也经常制造混乱，与复杂衍生品相关联的按模型计价[①]灾难也引起了有关人员的注意，

① 将从市场获得的其他相关数据输入模型，计算或推算出交易头寸的价值。——译者注

但是，理论和模型被广泛接纳和运用（或许是感觉，或许是真的）所带来的伤害远没有停止。所有这些现状都应该得到改变，具体原因在本书稍后的章节中会进行讨论，但问题是到目前为止，改变还没有发生。

一系列新的抨击将给金融经济学和数理金融的名声带来实质性的明显打击。简而言之，金融理论也许并不像许多人所想的那么成功和受欢迎。（至少其中一些理论是这样的。正如本书所描述的那样，在许多情况下，问题就在于理论被如此频繁地运用在金融市场上。）说模型不切实际、危险是一回事，说在这个世界上没有人使用或者关心这些模型却又是另外一回事。我们应该如何证明某些既脱离实际、不安全，又不被那些应该使用它的人所运用的事物有其存在理由呢?

没有什么比由纳西姆·塔勒布和埃斯彭·豪格对 BSM 模型的批评更能揭示这个谜底。豪格，一位书生气十足的挪威人，一时兴起地结束了他在康涅狄格州、总部位于纽约的某公司的重要职位，与塔勒布一起，于 2007 年底发表了一篇论文，列出了举世震惊的三条论点：

- BSM 模型是没有用的；
- BSM 模型是没有必要存在的；
- BSM 模型并不是原创的。

这个令人震惊的批判三部曲具有一种无与伦比的象征意义。我们知道 BSM 模型所基于的假设是错误的，而且运用这一模型会不时引起混乱。这些弊端具有重要的现实影响：如何调整模型从而校正其存在的缺陷？该模型是如何使市场发生戏剧性变动的？隐含波动率①参数究竟代表什么样的含义？豪格和塔勒布最近抱怨得更多的是关于语义和术语的问题，他们批评得更多的是关于描述性哲学和历史记录，而不是关于期权交易员应该如何做或者相关市场可能会发生什么的问题，然而从金融经济学的角度来看，这是比之前对 BSM 模型的任何一次批评都要猛烈的抨击，BSM 模型在很大程度上代表着金融理论的精华，以及使高科技量化方法

① 隐含波动率是把权证的价格代入 BSM 模型中反算出来的，它反映了投资者对未来标的证券波动率的预期。——译者注

在金融业和商学院中不断出现的托词。

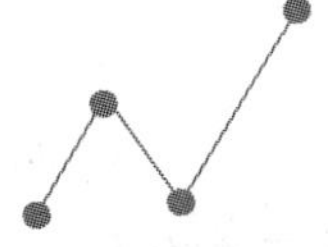

经济学家说
LECTURING
BIRDS
ON
FLYING

这位爱刨根问底的挪威人以及超级畅销书《黑天鹅》的作者告诉我们：以他们具有 30 多年交易大厅一线工作经验的角度来看，坦白地说，我们根本不需要 BSM 模型。这个模型从数学的角度看非常漂亮（将这种模型作为一种工具的时候，我们不能否定它所带来的创新性，特别是它具有开创性意义，在技术上非常智能化，能够在连续的时间段内使用随机指标①），但致命的是，它却没有实际运用价值。

1973 年以前，也就是 BSM 模型诞生之前的老交易员都知道应该如何进行交易、定价以及对期权头寸的风险管理，在很多情况下还处理得相当精明。总之，相似度很高（很少受限制的）的模型已经存在。更重要的是，期权价格可能只是古老而卓越的供求关系相互作用的结果，并且在没有复杂模型的情况下基本上都能实现套利。最后，即使人们认为他们正在使用 BSM 模型（看起来好像是这么回事），他们实际上并没有使用这些模型。期权市场无所不在的所谓的微笑曲线非常清晰地告诉我们，至少从 1987 年的大崩溃以来，市场都没有用到 BSM 模型。即使我们假设交易员确实在使用模型，那么模型也已经被别的手段所操纵（从而形成微笑曲线），以至于已经不能再归为 BSM 模型。BSM 模型最初的精髓已经完全被遗忘。它已经沦落成被交易员用来抹去所有不切实际的假设从而获得更多实际价格利益的工具。

所有这些都击中了金融经济学和数理金融的要害。随着 BSM 模型变得越来越神圣不可侵犯（不仅被学术界和商学院学生，而且还被大多数的观察家甚至是拥护者和管理者所推崇），它已经在很大范围内获得了成功。（“它是标准模型，全球都在使用它。”）人人都相信 BSM 模型会引起现代衍生品的变革。（“要是没有模型，期权交易将不复存在。”）大家也都相信它所引发的量化革命会受到热烈的欢迎，而且这种变革非常有必要（现在已经发展到没有数学模型就没有金融学的地步了）。然而，在豪格和塔勒布看来，这些都是胡说八道。BSM 模型不仅没有什么用处，而且根本就是没有存在必要的，它不仅概念上

① 技术分析用语，随机指标是一种动能指标，可以在市场横盘波动时看出趋势可能出现转变。收盘价如果坚守在波动区间的上端，显示有买压存在；收盘价如果一直徘徊在区间底部附近，则显示有卖压存在。——译者注

存在缺陷，还不止一次出现了错误。一直以来，假象中的皇帝已经有很久没穿衣服了，然而直到最近人们才注意到。

金融危机的罪魁祸首

与对模型的角色定位和抨击所引发人们对理论发明的现实相关性问题的质疑同等重要的，是学者和宽客们对这些质疑所做出的反应。理论学家有很好的机会去展示他们对这个现实世界和其居民的关心。在金融领域，没有现实意义的东西一文不值。面对这样一些著名实践先行者的质疑时，那些没有实际工作经验的人们就应该选择谦虚的倾听。正如当面对一群讨论鸟儿的人分享他们观察蓝天上的鸟儿所获得的一些见解的时候，一位鸟类学家会怎么做呢？由于事关鸟类学，我肯定希望他会静静地站在一边，并且充满敬意地去关注所讨论的内容，谁知道呢，也许他无意间能够学习到一些有用的东西。

如今的商学院和数学系的“鸟类学家”们也应该关注由塔勒布、豪格、德曼、雷伯纳托和威尔莫特以及其他这样的“鸟儿”们所提供的机会，并且尝试着欣赏他们质疑这些理论信条的正确性、运用价值、合理性、完整性甚至这种受欢迎的程度的理由。令人厌烦地开脱罪责，重复陈词滥调或者完全忽视这些质疑的做法，我们都不能接受。

有人转而为理论家们辩护，并且试图用下面这些话来回应怀疑者发起的猛烈抨击：

> 模型……建立在一系列在市场上很少出现的假设上，然而这并不会减少模型的价值。经济和金融学模型可以被视为一张地图。要用一张地图涵盖某个地点所在的每一个细节（比如树木、乡村小路等）相当棘手，这样的地图也无法看清……模型极大地增加了我们对风险的认识和理解。模型能够更有效地转移存在的价格风险。尽管一些投资者具有与生俱来的市场意识，并能够依靠本能做出非常漂亮的决策，但我们大多数普通人则需要一些指导，而模型正好满足了我们的这种需求。

我保守地认为，这种陈词滥调的辩护只会引起人们对模型更多的怀疑，因为这些辩护只会增强人们对模型的关注。我们被要求只按信仰做事，并且毫无疑问地遵守惯例。在哪种意义上说这种基于错误（有时错得离谱）假设的构建会完全代表着一种有利的进步呢？你是否想要这样的一张地图：要求你假设挡住道路的山不在那儿，或者其他的司机开车的时速都不会超过 32 千米 / 小时，又或者你应该从河里开过去，因为汽车可以在水上行走？这几乎让人感到，这些专业人士要让我们把这个世界想象成一个无论如何模型都必须存在的地方，一个我们有责任去寻找这些模型存在理由的地方。同时，这也让人觉得，似乎这些人自愿地将自己关进一个分析的笼子，而不能接受金融理论根本就不能起作用这样的一种情形。他们也希望我们被关进那个笼子，毫不怀疑这样做的价值。

这种为量化分析辩护的陈词滥调根本就没有什么诱惑力。自说自话地鼓吹模型有益于提高我们的知识和理解能力是一回事（再次提醒大家注意的是，这些模型明显是建立在脆弱的假设上的），而验证模型是否确实可以发挥作用又是另一回事。至于风险价格，则是另一套陈词滥调。为什么我们要一厢情愿地假设市场参与者必须等待毫无实践经验的理论家将金融风险“恰当地”计算出来呢？请允许我再一次讨人嫌地重复，建立在非常可疑的基础之上的理论究竟会怎么帮助我们更有效地评估风险？不可思议的是，模型的这种极度不现实的本性最后没成为我们抛弃它们的理由，而几乎成了拥护模型的理由，因为有人认为毕竟模型会逐渐得到完善（例如确实是基于现实之上的模型）。可是我们要清醒地认识到，事实上这些模型根本就没有用！那些显然决心不惜一切代价捍卫模型可靠性的人，以及那些竭尽全力将理论的缺点转化、从而获得盲目而强有力支持的人，他们的论据似乎很难让人信服。坦率地说，我不认为如此过分简单化的开脱罪责的努力（当然也是完全值得尊重的）能够完全打消人们的疑虑。出现一种新的质疑只是时间问题。

理论家的沉默或者对部分商学院的彻底蔑视（经常出现这种情况）只会增加许多反教条主义者一直以来的猜疑：商学院教授是一群冷漠的人，他们的兴趣不在于寻找真相和传授相关的知识，而在于寻找自己的庇护所。如果在这个过程中，由于运用了不健全的分析体系或者给学生灌输了完全不切实际的想法，世界陷于了危险之中，那么这种危害是可以接受的，对吗？毕竟，正如前面所述，理论学家似乎在原先的争议中毫发未损，那么，现在他们又有什么必要去改变工作习惯呢？

然而，理论家们确实应该做出改变了。因为前面也说过，当前的局势已经变得相当不同。现在已经不仅仅是塔勒布等人在批评金融理论了，也许连那些顶级的实战家也敢于公然挑战理论了。世界此刻已经做好了认真倾听的准备。最近的信贷危机已经非常明显地展示了量化风险管理、衍生品建模和预测等方面存在的关键失误。所有这些复杂的数学理论和无数的博士也不能阻止混乱的发生。事实上，我们有充足的理由认为，**正是对理论的依赖造成了这次危机的爆发，而这并不是一次小危机**。危机的后果是具有毁灭性和极其痛苦的，包括投资银行产业的毁灭和几个主要资本市场里发生的从未见过的变化。

理论金融所带来的具有跨时代意义的教训并不让人好受：这些工具不起作用，更糟糕的是，这些工具是完全失败的。数学风险雷达在很长一段时间里并没有发出预警。用于定价和评级，并且直接处于这场混乱背后、有错综复杂结构的量化工具遭遇了惨败。事实普遍证明：由监管机构批准设立的用于设定资本支出的分析方法是不恰当的。另外，模型可能只是出现风险时理论家们所使用的适当借口而已，否则，普通参与者肯定会意识到这些量化模型完全不可靠的本质。也就是说，**所有这些曾经风光一时的复杂理论最后只不过是那些鲁莽行为的一个借口，它们为自我中心的、特别在乎所谓方程式的“流氓”们提供了一个转移公众注意力的契机。**

以上这些结论对理论家以及他们所假设的相关理论来说都不是好兆头。如果在预防具有巨大影响的事件时都显得无能为力（在使用这些工具的过程中已经造成了数以千计的严重事故），那么，有谁会需要这些模型呢？有谁会需要这样一种自称具有地图一样的功能，却在人们最需要帮助时没有起到任何作用的金融数学理论呢？最重要的是，究竟是谁需要这种会毁灭他们自己的机制呢？其次，倘若数学和理论只会为自私自利者充当门面，他们任由不可信的模型主宰宇宙，那么所有这些曾经辉煌无限的技术似乎已经沦落为那些急功近利、厚颜无耻的销售人员所利用的一种手段。在远没有发现先进的科学技术与市场之间的深层次关联之前，理论学家们应该减少为一群决心将他们自己和这个世界抛入高度杠杆化的疯狂投机境地的人提供可信度分析，因为此刻，人们正在寻找危机的真相，一些人也同样在寻找危机的罪魁祸首。不可否认的是，作为预防措施或者是授权者，数理金融是失败的，已经和不良抵押贷款和管理失误一起位列犯罪嫌疑的黑名单。别搞错了，金融工程应该为这场很可能是人类历史上最严重的金融危机负很大的责任。现在的情形对理论学家来说确实不妙，因为此刻，塔勒布正忙于四处发表他反对理论教条的见解，同时，对 BSM 模型的批评也碰巧流行起来了。

总而言之，现在似乎是认真反思金融市场分析手段角色问题的最佳时机。照此情形，理论想再一次毫发未损是不太可能的，因为市场的现实表现以及当前人们对模型的抨击强度都表明了这种结果。人们强烈反对金融经济学的势头看来已经箭在弦上。学术界和宽客们的反应将决定这些理论的前途和命运：它们是否值得继续关注，是否会被永远地扔进垃圾桶，或者，更严重的是，被当成社会的害群之马而被严禁使用。

当然，也可能存在另外一种完全不同的结果，比如，有人曾提出“更好的模型”作为应对危机的反应，他们认为是因为目前所使用的理论工具还不够复杂，因此无法捕捉瞬息万变的现实情况，我们也就不能预见或者预防这些重大危机所带来的破坏性后果。只有模型进化得更加复杂一些，我们才能避免情形变得更糟糕，因此，解决问题的方案是，我们应该在分析方面下赌注，专注于从超级昂贵的数学和计算机工具中设计、衍生出更加昂贵的模型。我们应该继续雇用更多的博士，更加重视理论的完善，继续推行商学院的物理化教育。同时，作为锦上添花的事情，模型的支持者可以为金融工程学颁发诺贝尔奖，毕竟，再也没有比这个更能打击令人厌烦的多疑者塔勒布了。

理论威胁现实

究竟哪一种结果会对我们更有利呢？是否应该暂时限制理论，还是永远地限制？是否应该给理论一个新的、更强大的生命周期呢？我们是否应该抛弃这种模型，建立起另一种新的模型呢？要是没有金融理论，我们是否会更加安全呢？还是我们需要一座全新的理论大厦才会感到安全呢？本书尝试寻找这些问题的答案。问题主要在于理论和金融实际情况之间存在冲突，并且理论可能为现实埋下潜在的威胁。正如我们看到的那样，几个历史事例（不仅仅是 2007 年的信贷危机）清楚地表明，理论像脱缰的野马一样，对市场参与者和整个经济（以及整个社会）形势造成了广泛而实质性的损害。因此，人们除了挑剔模型的一些细节之外，还有可能更加广泛地反对不健全的数学金融模型的运用。

在谈及金融理论对现实世界所造成的损害的时候，我们自然会涉及检验模型是否符合实际情况的问题。（尽管这有点让人倦怠。）然而关键是，我们还必须关注另外两个直到现在还很少有人讨论过的问题，那就是：模型确实有用吗？它们确实有必要存在吗？

金融经济学和金融工程学长期以来被认为是市场上获得最为广泛成功的一部分（有的作者甚至认为理论已经是"述行的"，也就是说，理论的存在本身从结构上塑造了市场的运作方式，从而使模型成为一个自我实现预言），但是理论和数学方面的内容与传统智慧相比较，在现实生活中使用得更少，也没有取得传统智慧那么大的成功。同时，我们也不确定理论的发展是否就代表了传统智慧的一种提升。换言之，模型是否会带来一些新的和有用的东西呢？如果不能，那么，模型存在的理由是什么？

对 BSM 模型的批判是我们深入研究的一个主题。我们花了 30 多年的时间（出现了两位勇气可嘉的前交易员）才明白这样一个道理，那就是赢得诺贝尔奖的模型也许既不是受欢迎的，也不具备什么原创性，甚至也不是什么必要的东西。面对金融理论的时候，我们看起来好像自愿受惯例奴役的盲人（面对由著名的学者提出的复杂数学符号时，我们就很容易上当）。**BSM 模型的争论表明，非模型教徒总是质疑一切的习惯是多么重要，包括质疑那些看起来似乎毫无疑问的教条。**今后要是有人声称一种理论是得到广泛运用的，是具有创新性且非常成功的，那么我们首先应该要求他们提供相关证据。

有趣的是，本书试图关注整个事件的人性方面。我们关注金融经济学专家和理论学家在采用、形成并促进量化模型的过程中的个人动机问题。有时，正如前面所说的，理论和工具被运用到金融体系中，也许是因为它可以服务于某些人的利益而不是那些实实在在的实战家的利益。学术界和宽客们说服全世界，让我们都相信金融就是数学，这与他们的个人利益有很大关联。我衷心希望，通过这本书，我能让人们看清隐藏在这之后的特殊利益集团，使人们不受左右地评价模型：是完全按照模型（比如 BSM 模型或者在险价值）是否可靠而不是别的什么标准来评价模型。

那么，这本大部头的书可能正是揭开理论神秘面纱的一条途径。那些所谓神圣的大腕们也许要面临严格的审查，并且被控告犯有可怕的罪行。许多理论贡献实际上存在很多批评的声音，然而这其中也有一丝希望，那就是金融市场和商学院是很重要的、有价值的实体，因此他们应该积极行动起来，以避免受到某些力量的伤害，而那些被固执地保留下来并得到发展的不符合现实的理论就是这些有害的力量。这些理论模型通过提供虚假的确定和信心，诱导专业人士采取包含更多（未被告知的）风险的做法，从而有可能使世界陷入混乱的局面。如果事实证明，由此带来的后果极其严重，那么，市场和金融组织就会变得声名狼藉，甚至从此完全消失。也许正如人们所认定的那样：因为所有的金融学教授都是执迷不悟的、邪恶的、教条的狂热分子，整座金融经济学大厦可能会被迫瓦解。显然，情况并非如此绝对，结果造成很多的学者和大学遭受了不加区分的不公平待遇。

对于这些学者和大学来说，避免遭受这种不公平待遇的最好方法是打开挑战教条的辩论的大门，以免为时过晚。在很长一段时间内，金融理论高高在上，没有受到任何质疑。对于金融理论真正的效用、相关性、危险性，我们必须坚决地进行讨论，同时应该就所得出的结论采取行动。金融理论究竟是必需的还是多余的，是有关的还是无用的，是正在被广泛使用的还是只是摆设，是危险的还是无辜的，我们希望通过简短的数理金融“尼西亚会议”一劳永逸地解决所有这些问题。我希望本书被看成是为这个崇高目标所做出的渺小而有价值的努力。

最后辩护

总之，写这本书的过程中，我得到了很多祝福。我非常享受写书的过程。我相信本书所涉及的主题是非常重要的，其中有许多都道出了我的心声。我把这本书看成是对我十几年前从事衍生品交易的决定的最后辩护——让自己从读者变成作者的这种感觉非常棒。迄今为止，我在交易大厅里卖过衍生品，在大学里教授过衍生品，在金融机构做过衍生品的顾问，并且还认真思考过与衍生品有关的问题，这看起来有点像完成了某项任务。最后，通过努力做这些事情的同时，我也有意识地学习了非常多有价值的东西。

那么究竟是什么原因促使我写这本书的呢？为什么我要严肃地思考这个问题呢？原因是：

- 首先，非理论学家也开始关注宽客和学术金融界了，而且我认为我处在一个非常有利的观察这个问题的角度。
- 其次，我在研究生院学习金融工程，之后在交易大厅有过一段工作经验。我曾经是一位金融学教授（来自顶尖的商学院）并且有量化分析的工作经验（来自顶尖的投资银行）。
- 最后，许多年来，我一直对数学模型是如何影响市场根基的问题很感兴趣，也积累了非常有针对性的文献和情报，因此，所有这些一下子都派上了用场。

现在要指出的是，其实我并不特别喜欢理论冒险。我可以想出数以百计更好的事情（收获更多而且可以尽情享受）来做，而不是去阅读，或者更糟的是，撰写理论著作。即使在谈到金融学的时候，我也并不十分相信理论的力量，即使在荒岛或者饭桌上，我也很可能不会把金融经济学家（传统的、教条的）作为陪伴的第一选择。然而，写这本书会不可避免地使我自己沉浸在充满方程式的论文中，研究理论家和量化学教授们的行为活动。尽管我试图限制文章的篇幅，它最后却难免成为要求作者花费大量的时间来研究教条和教条主义的一本书。

为什么我要自愿经历这样一种痛苦的历程呢？我再一次指出，因为金融理论与现实危机之间如此相关的事实被人们忽略了。即使没有发生最近的这场大灾难，我们也非常迫切地需要讨论金融工程给现实生活带来的危害。很明显，信贷危机只是让这种讨论来得更早一些而已。

危机只是提供了非常好的契机，及时地给出了这样一个话题。这次危机展示了数理金融在许多方面而不仅是一个方面的失败。这些同时发生的大崩溃奠定了它们作为最具启发性的危害事件之一的历史地位，同时也表明了不健全的理论会危害社会，而我们必须意识到并且关注金融模型的局限性。

在内容方面，本书在用很大的篇幅来描述理论和理论学家的同时，在形式上使用了简单而朴实的文字，而不是模型使用者通常使用的数学语言来进行书写。对我来说这是一个加法运算，因为我相信事实证明我有能力用一种简单易懂、基本上没有专业术语，甚至是让人感到享受的方式来处理复杂的金融理论相关问题。从这个意义上来说，我认为用简单易懂的方式向普通读者（当然也欢迎专家）解释金融理论是如何影响市场和社会的，是非常有诱惑力而能令人手不释卷的重要方面。

这本书另外一个非常吸引人的地方是，它包含了非常多激动人心的小情节（它们本身高度相关），它们是目前处于风口浪尖上的超级热门的中心主题，这些主题包括：当今对 BSM 模型的批评；在从一开始到危机爆发的过程中，评级机构对复杂的信用衍生品的评价方法；投资银行是如何模型化这些复杂的有价证券的；为什么人们会对著名的波动率指数[①]有很深的误解；专业人士是如何运用理论来为这些接踵而至的风险辩护的；在险价值到底出了什么问题；量化基金是什么以及它们是如何运作的；认真考虑设置诺贝尔经济学奖的合理性的问题；为什么我们会被那些挥舞着文凭、深藏不露的金融工程的狡猾骗子所蒙蔽；对有影响力的历史案例的研究和对神秘而有魅力的人物的介绍。

这些小情节中有一个特别吸引人的地方，那就是关于（给那些对兜售给我们的理论教条负主要责任的金融经济学家提供庇护的）商学院的现状问题。商学院（我满怀激情地跟随了很长一段时间的大学）是如何坚决地将自身从谦卑地描述现实世界的机构转化为为对世界进行科学化和理论化的机构的，这本身就是一件十分有趣的事情。我发现，理解有可能制造市场混乱的理论背后的个人动机和组织机构是非常重要的。

有些人读完这本书后可能会对金融理论的合理性、有用性以及它所能带来的好处产生或者公开表示严重的质疑，这样做也许会引起一些金融教授或者金融数学家的愤怒，他们会迅速地将新出现的怀疑者置于被侮辱谩骂的境地，并且公然粗暴地攻击怀疑者。此刻，你也许会觉得被征服了，开始急着找一张桌子躲起来。

但是，倘若你决定勇敢地面对教条主义式的对抗者，那么我这里有一些经事实证明的确有效的方法也许有所帮助：

- 首先，我们应该认识到，任何一位有智慧，居住在一个演讲自由、不受公开迫害的国度里的人都有权发表他的看法。因此，每一位公民自然也有权对那些似乎非

① Volatility Index，简称 VIX，表达了期权投资者对未来股票市场波动性的预期，指数越高，投资者预期未来股价指数的波动性越剧烈；指数越低，投资者认为未来的股价波动越趋于缓和。——译者注

常重要的、根本的、无可辩驳的金融理论以及建立在这些理论基础之上的想法和模型可能具有的实际效果发表相关看法。

- 其次，有大量受人尊敬、接受过高等教育并且有富有经验的人们，包括一流的金融数学家和资深学者，与你一起质疑，他们是一群敢于大声说出其关注的人（本书中处处可见这样的证明）。
- 最后，如果毫无金融市场工作经验的理论学家依靠他们对金融专题的形而上学的看法就能建立起整个职业理论体系，那为什么非理论学家就不能对理论学家的观点发表自己的看法呢？

幸运的是，也许根本不需要这些方法。我们新成长起来的持怀疑态度的读者不会遇到粗鲁的理论爱好者，他们即使不能完全同意你的观点，也会对你所持的怀疑表现应有的礼貌。你甚至有可能遇到不但乐于倾听反对意见（也许是谦虚地希望能够学到一些新的和有用的知识），而且从某种程度上说还乐于分享其不可知论的学者或者宽客。并且最重要的是，人们的这种怀疑会敦促相关人员行事更加慎重、更加关心这个世界所发生的事情并且有修正不良事件的更强烈的愿望。有这样一批教授（我知道，我认识他们），他们即使躲在紧闭的大门背后，也会公开承认他们的许多同事过分投身于不符合实际的量化把戏，而不是直面现实的金融领域真正发生的事情。这些教授也会赋予他们的机构适度的现实主义。与此相似，很多量化专业人士也准备谴责在过去的几十年里他们目睹的一些金融项目中过度使用分析工具的现象，也许是因为他们的评论在他们自己的群体中被视为不那么具有（不易实现的）革命性，因此他们的思想比同仁的更加开放。

总之，这是一本及时地以一种我希望的崭新方式探讨重要主题的书；是一本涉及许多引人入胜情节的书；是一本必然会带来一石激起千层浪的效果，从而不免会引发一些激烈讨论的书。同时，我也希望这本书能帮助来自不同领域的人们团结起来，密切合作，从而为实现市场更加安全、学术量化研究更加有用的共同目标而努力。毕竟，我们都应该为这个目标的实现而努力。

这本书大致围绕三大主题来组织，努力将那些会被视为“必需”的情节引入书中，从而代表主要的基调，并奠定整本书的基调。在第一部分，我们分析了金融市场是否确实可以被数理所驯服，以及彻底地呈现胡乱炮制的金融模型背后的主要人物和这些人积极拥护模型的原因所在。

第 1 章试图回答这样一个简单的问题：金融市场是否可以用数学来建立模型？我不再懦弱地畏惧提出自己的想法，只是我仍然胆小地选择一些受人尊重、有分量的大公司来与我并肩辩论。关键的问题是什么呢？那就是市场是不能被方程式驯服的。我所列出的证据多而有力：标新立异而不符合规则的人们主导着这个市场；意料之外、无法想象、可怕的罕见事件构成了市场；历史数据不能为未来的市场做出令人信服的预测。尽管存在很多困难和障碍，我们是否应该关注经济学家和宽客们要逆向而行、坚持选择理论化的原因呢？

第 2 章分析了许多理论和数学名言的由来。它们大都来源于机构（绝大多数商学院）或者个人（在这些机构里工作的学者们）。倘若我们想理解理论和实践之间的冲突以及理论可能造成的危害，就需要理解这些理论是怎样、为什么以及由谁首次提出的。本章描述了金融经济学是如何从一门描述性学科（想象一下，金融教授们花大量的时间来解释金融世界到底是如何运作的！）发展成一门专门致力于用数理知识与教授们自己对于世界应该如何运作的想法相结合的抽象学科。由于大部分金融学者没有金融产业的相关工作经验，因此他们的名言获得这么多的关注实在让人感到尴尬。我们将努力解决这一令人困惑的问题。同时，我们也将关注理论学家们不得不继续炮制量化大杂烩背后存在的巨大的个人动机。我们将谦卑地建议学术惯例做出某种改变，特别是因为商学院是很重要且有价值的实体，因此我们应该保护它们以及具有主要相关知识和教学经验的那些英勇的专家们免受与实践无关的力量的危害，更不能让商学院为那些给现实生活带来可怕打击、理论闯的祸当替罪羊。

第 3 章阐述了华尔街和其他的金融中心是如何急切地想要聘用科学家，以及科学家们又是如何急切地渴望成为金融公司雇员的。宽客究竟是做什么的？为什么他们会被认为是非常有价值的？他们也制造理论、走学术路线吗？他们是危险的吗？我们也会讨论所谓的“量化基金”的角色，并且研究这些基金在市场中突出的主体地位。量化基金是否会是数学肆虐金融市场的一个典范呢？2007 年秋季，在量化基金崩盘、市场动荡之际到底发生了什么?

第二部分涉及了对金融理论的非常明确的批判。我们不是专横而武断地列出最有名的模型所有技术上的（众所周知的）不足，而是选择更有效地（更加忠于本书目标地）将我们的时间用在对由理论所造成的、对现实市场有不良影响的最重大的历史事件的深入报道中去，尤其非常强调当前的信贷危机。同时，我们将投身由BSM模型引发的难题中去。由于最近发现理论具有破坏性而可能导致这一模型从英雄变成为恶棍，我们一针见血地指出，量化分析所造成的伤害是对金融理论可靠性的一种控诉，因此，本部分指出了由BSM模型直接引起的危害，并且指出，这个著名模型也许根本没被使用过，甚至或者根本就没必要存在。考虑到BSM模型已被应用于分析领域30多年，所有这些控诉都将成为理论殿堂的一枚重磅炸弹。

本书的前三章主要涉及信贷危机和信贷危机是如何发生的，以及信贷危机是怎样给理论及相关模型和工具的可靠性带来致命打击的。这里，我们非常详细地描述了为什么信贷危机使得出版这本书（在任何其他情况下，非常及时地出现）成了一种迫切的任务。在这次危机期间，几种金融理论和绝大多数最神圣的意识形态都明显失效，甚至具有误导性或者如同恶作剧。之前的事件也隐隐地凸显了教条主义的局限性，但是可以这么说，当前这次危机的危害程度有理由引起人们的特别关注（投资银行产业在短短几个月时间里崩溃；整个市场处于半毁灭状态；机构不得不国有化；市场资金冻结；货币政策变得极不正常并且可能无效；市场“社会化”）。金融理论同时在几个战场失利，并且盲目应用金融理论只会引起和助长而不是预防这种毁灭。再一次，别弄错了：金融工程可能是造成人类有史以来最严重金融危机的罪魁祸首。本部分将介绍金融工程的主要罪行。

第4章主要关注银行和评级机构使用注定要失败的数学模型，以此来仔细研究处于整个危机中心的奇怪（而有害的）结构性证券的可靠性，特别是所谓的高斯关联函数模型。第5章主要描述每个人都在使用、由监管部门发起的著名的在险价值工具。在险价值无法测量风险，连一半的准确率都没有达到，而且更糟糕的是，在险价值肯定会鼓励和支持冒极大风险、疯狂利用杠杆的行为，从而拖垮华尔街，最后殃及整个世界。第6章谴责了理论学家们即使面对如此大的危机仍然不愿承认他们的失败，并以此得出结论。

我们回顾危机有关事件时发现，市场上一切皆有可能。在最后，文章高声呼吁停止理论教导，从而避免今后发生类似危机。

第 7 章是关于 BSM 模型是如何呈现金融理论这个棘手的难题的。在很长的一段时间里，理论家们吹嘘 BSM 模型是数理金融不可战胜的象征以及 BSM 模型是如何改变这个世界的，然而，毫无疑问，BSM 模型提交了一份令人失望的成果报告。最令人瞩目的理论构建显示了强大的破坏力，例如在 1987 年 10 月的大危机中，这个模型是不完全被交易员信任的。我们很多年前就已经了解了这些情况，它却似乎没有对人们心目中“BSM 模型是一种成功的理论”这种观念提出巨大的挑战，但是一些新的、更具威胁性的东西已经出现。这就类似你一直在邻居面前吹嘘你有一个完美的儿子，后来却发现这个儿子有各种恶习。一旦发现这个令人不安的事实之后，你是选择否认你的后代，还是选择感化他，或者当作若无其事?

最新的进展当然是之前提过的塔勒布和豪格对 BSM 模型的批判。这些经验丰富的交易员和成功的知识分子决定告诉我们，BSM 模型事实上是没有用的，他并不是一个原创性的理论贡献，而且并非是一开始就必需的。事实上，这甚至比最后发现你最爱的儿子爱逃学更令人震惊，而好像你所称赞的这个孩子从来就没有存在过，父母这些年来一直吹嘘的原来是一个魔鬼一样。从这个角度来讲，提出这种所谓有益的理论，最后却可能陷入尴尬的境地，也就是说，那些过去给你带来荣耀的理论也许会变成害群之马。将你的声誉和身份与之前你所歌颂的对象如此紧密地连接在一起，你不可避免会受到很大的影响。本章分析了理论学家对这个难题应该如何作出行动，并且详细地解释了 BSM 模型如何引发市场骚乱、期权价格的历史以及为什么塔勒布和豪格说 BSM 模型没有用是正确的。

第三部分试图得出一些结论性的终极想法，以及本书努力强调的、不能解决的重点问题。第 8 章探讨了理论支持者如何借用金融理论，在即使明知它没用的情况下来取得某种实用的个人目的。在这个过程中，他们为理论赢得了很多尊敬和更高的曝光频率。数学大厦也能够作为逃避坏消息所带来的责备的托词；它们可以被用来提高某天才的声望，推动某个人的职业生涯；也可以被用来装扮简单的策略，从而使创造这种策略的人看起来更加先进、成为唯一知道这一知识的人。所有这些用处对形成深入大众的某些观念大有帮助，那就是：市场是适合进行量化分析的；市场是可以模型化的；市场是可以具有理论主导的确定性的，也就是说，鲁莽地进入市场的参与者不可思议地成了那些关在象牙塔里的各色教授们的盟友。

第9章解释了由于对于未知的害怕以及对确定性的渴望，我们投靠了这些宣称能够给出答案的“专家”，他们中大部分是著名的金融学者。当我们在不确定的黑暗中绝望地寻找一条出路的时候，我们无条件地对他们的名言投降。我们相信，有量化倾向的理论结构能够护送我们逃离不可测量和不确定的黯淡现实。

然而，在将金融工程作为通往可以忍受的秩序的桥梁的同时，我们也许种下了市场混乱的种子。在利用理论辅助寻找确定性的过程中也许会产生不可驯服的、失控的不确定性，而通过分析策略寻找准确的确定性，也许会让自己陷入到更深的未知。同时，我们投身于理论指挥的这种自我奴役可能会令市场遭受苦难和动荡。理论家顽固地将注意力集中到（使用远远还不够理想的工具）对不可测的事物的测量上，从而赋予了金融界错位的、毫无理由的自信，让人们相信不确定性已经被驯服。结果，不良风险的数量急剧增加。这些数理金融理论没有为更好地理解市场提供可靠的、可解释的工具，以防止人们陷入麻烦，而事实上，它们在使市场陷入更危险、更混乱的境地中起到了决定性的作用。当然，信贷危机很难证明所有这一切，因此要再次指出的是，这种理论的自我奴役并没有结束。

也许，金融体系陷入瘫痪之时，正是我们应该意识到柏拉图式的精确量化远比含糊更令人害怕的最佳时刻。我们应该把自己从强加于自身的量化锁链和桎梏中解放出来，并且摆脱有害的、盲目效忠于方程式的教条主义。只要我们踏出勇敢的一步，扔掉强加于自身的眼罩，我们就不会再被愚弄。我们需要始终蔑视这样一种观念，那就是我们可以量化，我们可以测量，我们可以理解。我们必须为社会灌输一种以不轻信为中心的氛围，一种怀疑量化的热闹氛围。

这一章同时也讨论了在金融理论中超级流行的正态分布理念是如何对现实世界造成

危害的。说穿了，正是“正态”市场的假设给市场带来了一场混乱。梦想数学能够轻易地驯服这个世界，那么金融经济学就会给世界带来极度的不安宁。正如你假设自己处于和平的条件下，却被卷入伤亡惨重的战争中去一样。简而言之，正态分布会杀了我们。本章解释了为什么会发生这样的情形，并提供了现实生活中的真实例子。

最后，我们强调了理论思想之所以在市场和经济领域中盛行的另一个重要原因，那就是：事实上，我们可能会屈从于数学工具的魅力，而在没有真正理解数学工具到底代表什么的情况下遵守它的规则，这可能会引起市场的错位，因为参与者要根据他们理解不了的指南进行操作。我们并没有误解，有影响力的理论工具正在金融领域畅通无阻地运作。我们将重点分析这种也许是最突出的被误读的工具，即著名的“波动率指数”。

从金融理论的失败的潜在副作用以及由此给市场带来的严重危害中，我们得出的结论是：金融理论对正在发展中的（绝大多数是增值的）衍生品产业健康发展是一个威胁。只要理论继续表现得如此脱离现实并且继续被运用到市场中去，那么，这些讨厌的插曲，如这次信贷危机，将会再次出现。如果衍生品最后承当起了大部分责任，那么这类工具的使用将急剧减少。顾客们会避免使用这样互相矛盾的工具，从而导致经销商退出业务领域，最后监管机构也会开始认真介入其中进行调查，所有这些后果都会导致市场损失惨重。我们绝不允许那些经过实践检验的、真正的、未知的征服者（衍生品）甘当那些备受指控、假冒数学的、未知的屈从者（金融理论）的替罪羊。

第 10 章呼吁金融市场用取决于传统常识性知识的决策彻底取代取决于数学的决策。我们呼吁恢复某些人的金融权利，他们是那些完全从严格职业限定中解放出来的人，那些并非完全通过通常意义的课堂获得知识的人，那些在学历文凭和解方程方面不是特别突出的人以及那些重视常识和实践积累的人。人们推崇那些没有现实意义的理论并且将这些理论付诸实践，已经造成了很多的危害。我们应该放弃继续将量化结构当作可以信任的教条的做法，并重新开始考虑经实践检验的具有竞争优势的常识和直觉。如果能够停止继续采用有害的理论，那么金融决策系统将会从中受益。我们必须将风险王国的钥匙交还给具有自由思想和进取心且不盲目信赖数学的好朋友。

在结语，我们毫不愧疚地质疑、挑衅般地做出总结，并且大声地质问：面对不健全理论所造成的诸多危害，诺贝尔经济学奖是否应该做些什么（诺贝尔奖赋予理论及其工具非常高的声誉）。它们是否应该做行动的指路人，从而指出正确的前进方向？我们不需要取消诺贝尔奖（我有什么资格可以这样禁止瑞典人盛情款待理论家？很明显，这些人喜欢数学，那就让他们为数学带上皇冠好了！），但我们可以为这个奖项重新命名，好完全搞清楚被授予奖项的理论可能根本不适用，并且可能带来危害。和想成为行动和意志自由的人一样，我也活在这样的一个座右铭下，那就是：别人的自由应该以不造成我的死亡为前提。对诺贝尔经济学奖的严正拒绝可以有效防止这些理论朝这种害人的方向发展。沿着这种思路前进，我们不仅欢迎对这个奖项的真正含义进行澄清，还欢迎对领奖人的真正本质进行探讨，而且在这个过程中，我们又额外增加了一层防御，从而将这种有害的、不符合现实的量化信条逼入绝境。

LECTURING BIRDS ON FLYING

目录

模型对，市场错

帝杰投资银行[①]在世纪之交被瑞士信贷收购后，现在已经作为一个独立的实体存在数年。当然，帝杰投资银行已经在很长一段时间里成为华尔街的传奇，它的杠杆金融知识（通常被称为垃圾债券的专业知识）特别出名。当今，可能已经没有多少人会与几乎 40 年前就发生的帝杰期权交易改革有关，更不用说与大概同一时期获得实力的金融理论变革有关了。然而，不可否认的是，帝杰在这两个领域中都发挥了重要的作用。来自帝杰期权部门的马修·格莱德斯坦（Mathew Gladstein）雇用罗伯特·默顿和迈伦·斯科尔斯（Myron Scholes）制定定价和对冲工具，由此可以很明显地看出，他已经意识到这两人做出了开创性的理论贡献（这里我们自然要提及著名的 BSM，它于 1973 年以论文形式公布，但只是前几年才开始正式得到广泛的使用，1997 年，这一成就获得了诺贝尔经济学奖）。

最初，这对理论伙伴只是帮助帝杰在柜台上操作，然而，当个股选择权（equity option）开始在芝加哥期权交易所（CBOE）进行交易后，BSM 模型就开始流行于各个交易所的交易市场。有资料详细地介绍了帝杰是如何焦急等待芝加哥期权交易所开张的，他们急于知道这个期权模型在公开叫价的交易决策丛林中是否可靠。当 1973 年 4 月 26 日这一

① 由唐纳森、勒夫金和詹雷特三位合伙人于 1959 年创办，主要从事小型公司和初创企业的承销业务，与大投资银行所服务的蓝筹公司相比，这些小型公司有更大的发展潜力。尽管帝杰最早成功推动了用自有资金成立股权基金这一颇具争议的业务，但直到 20 世纪 80 年代它的规模还相当小，然而在 90 年代中期，帝杰一跃而出，成为垃圾债券市场的领导者。——译者注

幕终于被揭开时，马修·格莱德斯坦简直不敢相信自己的眼睛：交易所列出的交易价格比这两位学术伙伴所计算的理论价格高出30%～40%。“这个模型简直就是一个笑话！”马修·格莱德斯坦惊慌失措地在电话里向斯科尔斯抱怨道。数分钟后，这位理论家重新回来，并且平静地对格莱德斯坦说，模型是对的，市场是错的。于是，格莱德斯坦买下了这个期权模型，并且激动地重新采取行动。他受到数学家的澄清所带来的巨大鼓舞，很乐意利用这些模型大赚一笔。

在过去的几十年里，正如马修·格莱德斯坦在芝加哥值得庆祝的开张日那样，金融领域经常出现这样一种意愿，那就是相信“模型是对的，而市场是错的”。同样地，人们遵守理论名言，服从数学理论，听从载满方程式的命令。我们不知道那一天格莱德斯坦干得有多么漂亮，或者，他的公司在理论的帮助下究竟获得了多大的利润（尽管我们很容易设想帝杰所获得的利润和这个理论没有关系，因为这个理论具有延迟性）。我们不能肯定为什么理论期权定价与由生物本能决定的价格相差如此的大（尽管所有这些假设都是很美妙的，包括模型中的波动率估值与这种差距有关，或者在那些早期的日子里，没有其他参与者曾经使用过相同的定价工具），但是，我们完全可以肯定的一点是：**许多人，正如马修·格莱德斯坦这种类型，非常乐意遵守理论，至少在过去的整整20年中，这已经引起了不可忽视的市场危机**。几个著名的金融危机都可以毫不客气的追根溯源至广泛使用特别的数学方法。

当然，这也正是本书的主题，全书都将对这一主题进行详细的描述。但是，请让我们忍耐一下，首先花一些时间来回答一个简单的问题：为什么金融界业内人士（交易员、风险经理、管理人员）以及业外人士（记者、监管部门、普通大众）都始终表现出了强烈的意愿，要将量化学视为福音？对于教授们而言，他们很乐意将理论和分析作为提高学术声望和自身重要性的工具，并且热衷于利用这些令人崇拜的工具得到晋升，所以这些都是可以理解的，但其他人又是怎么回事？促使他们这样做的动机是什么？确实，有那么一小部分金融界的行家们本身对这样的一种观念起到了推波助澜的作用，认为理论和量化的贡献是至关重要的。尽管“宽客”最近的影响与日俱增，但他们仍然只是一小部分业内人士而已。

最有意思的是，将深奥的数学结构引入金融游戏中的确切原因，在很大程度上并不是那些不可避免的确实利益，也不是那些理论权威所需的紧迫条件。业外人士并不拥有可以让金融界放弃采用先进量化技术的力量。同样，也几乎没有现存的产品和市场会由于缺乏时髦的量化技术而无法存在。人们普遍认为，现代金融市场的存在和其无与伦比的创新性至少在很大程度上应归功于各种理论工具。我认为这是一种很夸张的说法（因为量化模型许诺“确定性”和“安全”的感觉，因此，我们承认它有时能够方便地推进一些具体的活动，尽管这种进程一般没能善始善终。当然，它不会针对金融行业各个角落各种大大小小的挑战）。

市场为什么不断地采用神奇的数学（具有象征意义的几个著名事件包括，在过去的15年使用在险价值、投资保险组合和动态对冲技术，或者在过去的几年里错综复杂的信用模式），这种疑惑可以由多种因素来共同解释。当然，首先我们完全有理由相信金融界的大腕们确实认为理论贡献是有用的，并且是一种竞争优势，因此他们是理论的坚定支持者。此外，很多市场参与者都发自内心迫切地相信市场是可以被数学所驯服的，并且认为量化措施为增值提供了一条有效的途径。所有这些都可以解释为什么在金融领域里接受科学训练的人们越来越多，而且接受数理方面教育的商学院学生也越来越多。

造成这种局面的另一种可能原因是，非数学家对等式感到印象深刻和敬畏，因此他们避免去质疑这些模型的有效性和适用性，因为他们害怕被人们认为是缺乏科学悟性、非常落后的。有这样的反应不仅仅是由于模型制造者们拥有博士头衔，而且还由于在松散的交易大厅确实存在一些使用量化技术而获得成功的例子。

> 例如，所罗门兄弟的“阿博”部在20世纪80年代末90年代初的传奇业绩（后来自然地演变成为ITCM），或者对冲基金，例如肖氏企业以及文艺复兴科技公司，吸走了许多人的血汗钱，挑战了人们对量化友好的底线（细心的读者可能会注意到ITCM在一次威胁系统的大跌荡中受挫，量化资金在2007年秋天的崩溃中也极大地冲击了他们的根基）。这种异乎寻常的衍生品业务（20世纪80年代末开始启动）所取得的惊人成功，据称是建立在第三代模型所付出的努力的基础上的，也是对数学的一次非常好的展示。

采取数理金融的其他原因还包括迫于监管机构的压力（因为政客们希望金融产业被严格监管），或是数理金融有利于对理论持有简单而直接的怀疑态度的参与者的一些微弱的利益，或是数理金融有助于处理公共关系。（据记载，芝加哥期权交易所采用 BSM 模型，至少有部分原因是 BSM 模型获得象牙塔认可的令人印象深刻的技术实力。这些都使得重新获得蓬勃发展的期权业务趋向于合法化。在此之前的几十年里，BSM 模型一直不为人知，被监管者用充满怀疑的眼光观察着，并且被驳斥为粗鲁的赌博行为。）

我不知道帝杰投资银行向两位来自精英机构（芝加哥大学和麻省理工学院）、每月还从其中的一家（麻省理工学院）领取薪水、拥有博士学位的聪明年轻人寻求意见的真正动机是什么，可能有以下几种：

- 首先，对有史以来第一次广泛宣传的期权定价模型感到好奇；
- 其次，人们对于模型的架构不存在激进的分歧；
- 再次，交易大厅很少有（如果有的话）拥有博士学位的人出现，人们也许对文凭有一种崇敬之情，因此可以吸人眼球；
- 最后，许多银行的总裁们（更不用说交易员了）从来没有体验过参加大学讲座的感觉。

对这些方面，我们并没有涉及太多准确而无争议的理由。问题是，理论已经完全被实践者所接受，因此得以影响整个市场。帝杰也许是第一家用 BSM 模型指导交易头寸的投资银行，它这种开创性的措施也许鼓励了很多其他机构也去寻找仍未被挖掘的理论天才，因此使得这些理论对现实生活施加的影响日益扩大。

我们完全有理由认为，这些将先进的分析方法带入实践的专业人士相信其所采用的模型今后很可能惹下大麻烦。当然我们更有理由认为，他们对使用数学所能获得的好处满怀希望，这些好处可能是形成更好的价格、提高对冲或者是更准确地预测风险（此处有一种例外情形，那就是金融家迫于监管部门的压力而接受一种特定的、他们其实并不信任甚至非常害怕存在副作用的量化模型）。20 世纪 70 年代早期，马修·格莱德斯坦也许对这个全新的模型可能产生的正向价值（即交易的盈利）抱有希望，因此，在过去的 30

年里，也有无数的市场参与者在适当时刻借用数学模型寻求建议。

也就是说，**金融理论可能给整个世界带来的危险并非是由于一部分使用者的蓄意破坏，也并不存在故意设计阴谋、想要使坏的疯狂科学家。相反，真正的问题在于这些科学家过度相信模型能够帮助他们实现承诺的能力。**那些对理论顶礼膜拜的人应该对这一重大危害负责。正是因为没有意识到这种潜在的灾祸，或者过度相信这种灾祸不会出现，模型的使用者形成了一种毫无根据的自信，一种无法控制的迫切渴望安全的感觉，因此，模型得以无拘无束地自由运用。以上陈述展示了专业人士（以及许多其他人）对数学过度殷勤的行为，看到这里，他们会谴责自己的傲慢。

当然，之前这种现象也发生过。在这次令人震惊的危机之前，模型表现得相当的无懈可击，并且取得了很大的成功，完全被学术界和工业机构所接受。就大多数人而言，理论是没有瑕疵的，即使没有什么作用，至少也是一种宝贵的理论贡献。这些超级复杂的工具、科学化的魅力、理论家们相当有资格的简历都让许多人像着了迷似地同意使用理论。一旦数学被释放进市场，这一理论的固有缺陷就充分暴露出来，摧毁了崇拜者的信心。有时，人们还没来得及很好地阐述所采用的模型，例如 2007 年的信贷危机，量化模型实际亮相仅一年就被人们废除了。其他时候，模型的下市可能需要更长的时间，这些模型潜在的缺点很好地躲藏在视觉的背后，躲在阴影下，年复一年地见证人们对理论杰作的赞誉。建立在数学基础上的模型所带来的坚定不渝的信心激励着人们，这导致模型被滥用，一旦时机恰当，这种会产生巨大危害的市场的崩溃就会必然发生。

1987 年 10 月 19 日，华尔街遭受了有史以来最大的一次灾难，纽约证券交易所损失了近 25% 的价值。这次灾难的罪魁祸首是：BSM 模型衍生出的计算机股票交易策略。

第一部分

剖析金融市场的现状

LECTURING BIRDS ON FLYING

CAN MATHEMATICAL THEORIES DESTROY THE FINANCIAL MARKETS?

LECTURING BIRDS ON FLYING

01

人类扮演上帝

规律的存在有两种可能：一种可能是，这些规律都是由上帝创造的，因此永远正确；另一种可能是，这些规律是由上帝的创造物——谦卑的人类制定的。在物理学领域，我们是在和上帝比赛，而上帝是不会经常改变规律的；但在金融学领域，我们却是在和上帝创造的人类比赛，他们是基于自己瞬间的观点而做出某些决定的。

急性“物理学嫉妒症”

经济学家（特别是那些从事金融研究的经济学家）通常被认为患有急性“物理学嫉妒症”。当然，只要经济形势可以像物理学领域里那样被数学所驯服，只要在经济学领域中理论预测能够像在物理学领域里那样表现出惊人的精确程度，只要经济学家也能被看成科学家，那么这一切就顺理成章了。

然而，经济学毕竟不是物理学。理由简单而充分，规律的存在有两种可能：

- 一种可能是，这些规律都是上帝创造的，因此永远正确（大家要做的就是找到它们，并且如果够幸运的话，能够在纸上表示出它们的结构）；
- 另一种可能是，这些规律是由上帝的创造物——谦卑的人类制定的。

正如我们所了解的人类本性那样，在经济活动（当然包括金融市场）过程中，人类的行为是相当不确定的，不是一成不变、事先设定的，当然也不是命中注定的。人类的行为不会遵守什么规律，而是杂乱无章、不断变化的。要是说物理领域的特征是它绝对服从某种规律，那么由人类所决定的经济学领域则是毫无规律可言的。没有谁能比德曼能更好地解释这两者的区别。德曼是高盛投资公司的前首席执行官，现在是美国哥伦比亚大学的教授，他是一名顶级的“宽客”，他花费了相当长的职业生涯试图弄清这样一个问题，那就是，市场究竟能否被数理所驯服。德曼也是一名物理学博士，是一位受到全世界尊重的专家。他曾经给出了如此漂亮的陈述：**“并不是说物理学比金融学好，而是说金融学比物理学难。在物理学领域，我们是在和上帝比赛，而上帝是不会经常改变规律的；但在金融学领域，我们却是在和上帝创造的人类比赛，他们是基于自己瞬间的观点而做出某些决定的。”**

也就是说，精确的模型和预测在物理学领域是有可能存在的（结果当然也是令人满意的），然而在金融领域却似乎是不可能的（而且可能是完全不可取的）。资产价格的最终水平将取决于数以百万计的个人投资者的行为，取决于他们不断的买进和卖出。有谁能够坦诚地保证自己的行为符合某一个方程式？有谁知道为什么以及什么时候人们将重新清空资产还是积累资产？有哪一种数学模型可以捕捉这些零散的想法？

将来的收益率曲线会出现在哪个地方？这取决于债券价格，债券价格又取决于人们买入和卖出的行为。下周的股票价格会是怎样的？这同样也只取决于人们的行为。下个月美元的价格会怎样？这取决于供求关系。我们真想预测这些行为吗？这看起来确实很难，正如德曼所说的：**“没有哪种数学模型能够捕捉人类复杂的心理。见证了人们盲目相信形式主义和数学的力量，我深知，倘若一个人受模型的诱惑太深，可能最终会触礁或者陷入混乱。”**

物理学家可以找到真相，因为在物理学领域，真相确实存在。一旦大自然中明确的机械原理被哪个聪明的科学家所发现，它就不会改变，然而金融资产价值却永远没有一成不变的规律。因为在金融领域里，一开始就没有永恒的规则，没有神圣的必然性，没有真相。通过人类追求实用性的、不可预知的行动，金融市场每一分钟都在创造一种新的现实。

经济学家说
LECTURING BIRDS ON FLYING

让我们引用德曼的话来进行总结："作为一位物理学家，当你提出一种自然界中存在的模式时，你是在假设自己可以猜到上帝所创造的公式结构。这种情况也许是可能的，因为上帝是不会假装的，然而作为一名宽客，当你提出一种新的价值模式的时候，你是在假设自己能够猜测到其他人所创造的公式结构。如果够诚实的话，在做这些事情时你一定会心情沉重。你只是一名可怜的假装者，而且你很快就会知道其实根本就不存在正确的机会。当你假装成其他人的时候，你是在假装你可以理解其他的假装者，这是一项更为艰巨的任务。"

作为一位金融学建模者，你试图猜测其他人打算做什么，但是这些人最终采取的行动将取决于他们认为你打算做什么而做出的决定，因此你不得不正确地猜测其他人对你自己将来的行动的猜测。貌似有道理？仿佛引力的概念忽然就没有用了。

99条定律解释3%的行为

至少在过去的 50 年里（特别是在处于高峰期的过去 30 年里），金融经济学家和金融数学家将他们的大部分聪明才智和精力贡献给了市场理论化的过程，从而将市场变成了充满等式、统计符号和希腊字母的系统。他们开始以一种塔利班式的教条主义和坚定信念来寻求形式化和理论化的金融。上帝可能在市场中没有发言权（至少是不能直接说出来），但是我们没有理由觉得自己也是没人注意和被人忽略的。金融理论学家已经展现出了一种要去填补这种真空的不屈不挠的决心。所有人都很乐意，就像教堂里的教众对上帝所表现出的顺从一样，他们在全世界范围内执行象牙塔（包括许多非学术机构，如交易大厅、国库部门、监管部门和报纸）所炮制出来的规律和原则。

有人称我为死不悔改的无神论者，但我发现自己也非常怀疑那些备受指责的数学金融模型的有效性。我相信人类在处理股票交易、货币、债券或抵押贷款的时候其行为是如此的不可预知，甚至一个真正的先知也不能解开这些谜团（在这里我不是指人类行为是随机的，而是不可预见、难以察觉的，因为若说市场是随机的，正如一些相当成熟的理论所描述的那样，那么也就暗示我们能够预知人类在市场中的行为）。当然，这并不是因为理论不够好或者工具本身是错误的。我只是不认为金融市场可以为量化方法所理解、综合和预测。正如没有人可以用量化方法来理解、综合和预测一群互不相关的陌生人未来的性活动。（事实上，这也许比市场这个案例容易理解得多，因为在这一群人中会不断地涌现有潜在影响力的新信息；在这里，一些人的行为会影响其他人的行为；而且那些可以预测的生理用品的销售情况和个人健康水平会对结果产生一定的影响。）

和学者们所希望的一样，当德曼用公理和定理来征服市场的时候，他认定市场可以（并且将）按照理论的指示做事。我们应该明白，原子核和行星别无选择，只能沿着神指出的路径前行，然而经济行为主体则享有更多的自由，他们固执地、叛逆性地拒绝跪倒在数学权威面前。任何一位试图在孤立的大学办公室里制定出相当于市场十诫的金融经济学家，都假设现实中的金融市场（在任何时候都）会乖乖听从理论指挥，并将其付诸实践，最终将理论发展成为规律。有些人声称这种可能性还是存在的（由于那些维护理论述行性的人凭借模型的存在迫使现实社会遵守他们所制定的规则），但是从原则上说，指望金融活动的参与者们毋庸置疑地遵从理论，这听起来相当狂妄。只要明白一点显而易见的道理，我们就能理解这句话的含义，那就是，其实大部分的市场参与者从未意识到理论的存在，更不用说去理解并且认同理论了。这正如苹果和粒子不需要等到牛顿和爱因斯坦发表他们的推测结果就可以从树上掉下来，或在空气中做无规则运动一样。

伊曼纽尔·德曼曾经写道：

在物理学的研究过程中几乎有一种源自它自身卓越品质的严谨精神……当看到那些所谓的定理、想象力和一些数学（简言之，是心智）可以预测宇宙行为的时候，我们就会情不自禁地产生这样一种神奇的感觉，但这并非真正的启示，只不过是更接近上帝罢了。

因此我们也可以理解，经济学家们同样希望达到一种相似的、接近狂喜的状态，这种相同的联系和地位，就像希望发现另一种生活的隐形遗传密码一样。

然而，金融理论学家应该谦虚地承认，他们所研究的理论无法确保发现永恒、卓越、不朽的真理。金融与物理相比少了一些纯粹，多了一些污浊和庸俗。上帝创造的规则不仅非常美丽而纯洁，也相当公平。在茫茫宇宙中，在游戏的过程中，所有规则都不会改变，它们是“静止的”，因此也是可靠的（例如是可以预测的，可以被数理所驾驭的）。用统计学的术语来说，上帝所赋予的概率分布不仅是可知的，而且是相当稳定的。在市场中事情却并非如此，而是非常混乱的。人类似乎更叛逆、更不可信任、更不可靠。他们从来都不会遵守公平的游戏规则，总是没有预兆地不断改变规则，因此，市场中的概率分布不仅不稳定（过去的概率分布不能代表今天或者是明天的概率分布），而且基本无法被理解。谁有能力令这样一个混乱的世界模式化呢？

具有传奇色彩的金融计量经济学家安德鲁·罗（Andrew Lo）是麻省理工学院斯隆商学院的一名教授，在对冲基金领域拥有丰富的经验。他有一句名言：**在自然科学领域中，3 条规律可以解释 99% 的宇宙行为，但在金融领域，99 条规律最多只能解释 3% 的行为。**安德鲁·罗毫不忌讳地说出了他对金融理论（至少是传统的金融理论）的能力的感受：“新古典经济学派在某些领域确实很有效果，然而在市场中，新古典经济学派却是要失败的。”

黑天鹅横行金融市场

金融理论学家所面临的一个大问题是，市场是一组极为出人意料、具有极大影响力的事件所呈现出的一种规律性再现的历史趋势的领域。换言之，在金融领域，预测和建模的误差必将是非常突出而明显的。（“他们怎么会没看到这一点！”）

在这里，经济学家和数学家的不佳表现显而易见。倘若，尽管市场仍然不可预测，但是较少受纳西姆·塔勒布著名的黑天鹅规律的影响（即不时出现一些非常不体面、骇人听闻的相关事件），进展得比较顺利，那么，计量经济学家和宽客也许会不受约束、不受置疑地继续前行，但对于他们来说事实并非如此，因为纵观整个历史长河，金融市场就是由各种不可预测的分水岭现象所构成的。

1929 年的大崩溃、20 世纪 80 年代的拉美银行危机、1987 年的“黑色星期一”、1994 年的债券市场崩溃（墨西哥金融危机）、1997 年的亚洲金融危机、1998 年以俄罗斯违约为直接诱因的 LTCM 危机、2000 年的纳斯达克危机、2001 年的安然破产[①]、2002 年的世界通信破产事件以及 2007 年的信贷危机都是没有被预测到又极有影响力的事件。（请记住，随着第一次意外的出现，我们发现所有这些危机的出现有一定规律：那就是每当金融工程广泛运用于市场，同时数以千计的学者花费大量时间试图预测事件的时候。）所有的量化工具都没有警告我们会发生这些紧迫而必然的意外事件。（1987 年 10 月 19 日星期一的《华尔街日报》上，一篇只有一页的文章称“没有人可以预测像 1929 年那样的崩溃”，就在那一天，现实中的华尔街正经历着它有史以来最大的惨败。）

这篇评论的观点是正确的，因为这些所谓的“异常”正是数理不能驯服市场的必然结果。要预测那些无法想象、也不是历史数据能够推断的事件是相当困难的，在现实中更难将这些意外结果归类到固定的概率分布中。（当概率分布无法覆盖这些意外事件的时候，模型究竟有何意义？）因此，真正困难的是预测异常事件的影响，也就是说，预测概率时代有关的经济结果。

正如已令市场极其痛苦的黑天鹅事件所展示的那样，真正令人敬畏的是最后的结果，而不是事件的起因。意料之外的俄罗斯债务拖欠导致了可怕的系统威胁，

① 美国第七大企业安然公司（Enron）于 2001 年 12 月 2 日申请破产，成为美国有史以来最大的破产案，严重冲击了美国的资本及金融市场，也附带引发了两党的政治角力。——译者注

从而令 LTCM 崩溃；同样未被预测到的 2007 年信贷危机令人惊奇地导致投资银行突然消亡。预见黑天鹅事件的起因已被证实是不可战胜的挑战，而预见最终的结果也是不可能的，因为市场确实会回归到零，国家会破产，银行也会消失。

在不可能出现黑天鹅事件的中间状态[①]做预测是相对容易的。在这个区域内，事情是枯燥乏味的，结果也是一成不变的（不确定状态的变化范围是十分有限的）。我们知道，如果一位美国总统候选人获得了超过 85% 的选票，那么预测这位候选人赢得总统竞选的概率的意义就不大了。你可以一遍遍地重新开展竞选活动，这种方法本身不会出现异常结果。或者以体育比赛为例：我们预测罗杰·费德勒在接下来的 6 个月内比赛一半赢一半输的概率是多少？除非这位瑞士网球冠军突患某种疾病，否则这种概率几乎为零，也就是说，费德勒的资产价值不可能突然减半。我们找到 3 米高的男人的概率有多少？即使数次重演宇宙生命形成过程，这种可能性仍然微乎其微。也就是说，在中间状态时，确实可以预测指定事件发生的概率；而因为极端情形的出现难以预测，所以放弃对它们的预测也是合理的。

另一方面，在极端状态，也就是金融市场中资产随时有可能减半（或许更糟糕）的状态中，罕见事件并不罕见，而是频繁发生（未知领域非常多）。由此可能产生的结果并没有受制于某些严格的限定，因此可以肆意蔓延。众所周知，在一个民主制度相当健全的国家里，没有哪个政党可以独享至高无上的统治地位；在网球比赛中，顶尖赛手几乎不可能多次输给无名小辈；但在市场中则没有如此既定的规则，没有人敢打包票，说下周股市不会狂降一半，或者说某种证券的价值不会变得一文不值。预测市场未来的情形相当困难，是因为有非常多的可能结果，包括许多以前从未发生过的事情。市场或者图书的销售是一个充满各种可能性的激动人心的竞技场，并且相对于那些结果比较明朗（根据一系列结果来看）的竞技场，比如体育比赛或者美国总统竞选，要难以驯服得多。

① 为正常模式，指中等风险状态。——译者注

一位博主亚龙·科龙（Yaron Koren）（是的，博客，倘若最近还有谁将它视为不够严肃的参考资料的话，那么我能说的就是："醒醒吧，现在是2008年了！"）认为我们能够预测中间状态而不能预测极端状态的原因是，前者为独立的概念，而后者为有条件的概率：

> 在体育、选举等中间状态下，影响最终结果的所有因素之间都是相当独立的。例如在比赛中，一支团队上半场所得分数不会对其下半场所得分数有切实的影响，某人是否给特定的候选人投票不会影响其邻居是否会给同一位候选人投票，因此，结果和预期有显著性差异的可能性几乎为零。另一方面，在极端状态下，每一件事情都会影响到其后续事件。例如，倘若一本书前段时间的销售业绩是100万本，那么，书店很快就会将其摆在畅销书的位置上，接着，脱口秀等节目会邀请该书作者参加节目，又会促进销售的进一步良性发展——也就是说实现下一个100万的销售业绩会变得相当容易。相似的情况会发生在如股票价格、网站经营或者我们生活中许多非常有意思的问题上。这就为解释为什么一种体系在一个领域预测某种结果特别准确而在其他领域毫无效果提供了相应的理论基础，同时也可以解释为什么我们在许多确实非常重要的问题上仍然一无所知。

很显然，在极端状态下，有条件的概率发挥着关键作用，因此预测就变得更加困难。某个人的行为会怎样影响其他人的行为呢？原则上说，我买股票的行为可被看作促使股票价格上涨的机会，但其他人一旦跟随我，也有可能导致价格下跌，因为市场认为股票价格被高估了，需要调整，因此，在这里我们必须面对两种随机性：

- 开启某项进程（如购买第一本书的意愿或购买一种股票的最初行为）的少数人的最初行为是随机的；
- 一大群人跟随少数人的最初行为，从而将这个过程整合成为一种趋势的过程也是随机的。

如果预测敲下第一枚钉子的行为本身是相当难的，那么第二个敲钉子的行为则决定了未来事态发展的可能范围，这在本质上取决于每一个人对其他人在此之前的行为的反应。那就是说，在极端状态下，事情可以改变得非常快，并且朝着（很显然）不可思议的方向发展。

如果理论不能成功地帮助我们预测对这个世界有重大影响的事件，那么理论的作用何在？也许它还比不上通过紧盯某位热门候选人来预测大选中赢家的方法有用呢。2008 年初春，当信贷危机造成的破坏已经无法挽救的时候，纳西姆·塔勒布这样形容它：

> 倘若美国像食品药品监督管理局监管药品一样严格监管我们的金融风险管理行业，那么，许多对我们造成危害的“科学家”将会被逮捕。因为这些科学家假设黑天鹅不存在，从而令我们用那些更类似占星术的模型来代替丰富的经验和常识。

然而，许多理论学家和受到同化的业外人士会辩解说，即使模型表现欠佳，也总比没有强。毕竟，如果没有任何量化模型的指导，我们就只能在市场中摸黑前行，这能行吗？是的，塔勒布说，我们能行，而且我们应该这样做，因为“理论家们试图模式化那些无法模式化的东西的做法正是问题的核心所在……有时你会说‘与其提供错误的模型还不如不要模型’——就像宁可不接受治疗也比听信没有资格的医生的建议更好，或者尽量不用药比用药更好一样”。黑天鹅横行市场的现实令“金融理论”这个术语有些尴尬。迄今为止，我们仍然无法预测大部分重大的破坏性事件（我们不仅始终无法预测重大事件，而且也无从了解其本身的性质）。例如，标准普尔 500 指数中波幅最大的 10 天所产生的回报率相当于过去 50 年的总回报率的一半，2007 年的信贷危机消耗了过去 5 年的银行利润，美国主要商业银行的损失相当于他们在 20 世纪 80 年代拉丁美洲债务危机期间所积累的利润之和。在此种情形下，我们真的能够谈论一种理论的可能性吗？

正态分布遭遇定期疯狂

在现实世界中，金融模型像市场一样，存在两个由罕见事件所主宰的特别严重的弊端：

- 一个弊端是，在金融领域，许多权威人士假设正态分布具有至高无上的统治地位，也就是假设资产价值大起大落的概率是微不足道的；
- 另一个弊端是，对当前状况的描述和对未来的预测严重依赖历史数据。

2007 年夏天在历史上占有重要的一席，因为就在这一年发生了几件非常引人注目的事件。这一年，托尼·布莱尔辞去了英国首相职位，苹果公司发布了 iPhone 手机，电视剧《黑道家族》（*The Sopranos*）播完了最后一集。很自然，这个时期在金融领域声名鹊起的原因是，全球金融舞台在此期间所出现的重大事件，标志着又一个不时令市场陷入混乱的黑天鹅产生（我们都还对这样的历史时刻记忆犹新：某一天股票市场涨了 300 点，第二天又下跌 300 点，第三天又上涨了 300 点，等等）。2007 年夏天不期而至的信贷危机表明，危机永远和一系列令人惊讶的数据联系在一起（例如在许多事件中特别突出的 1998 年 9 月和 1987 年 10 月），这非常有力地表明：**在金融市场中正态分布根本就不管用，而极端概率事件的实际存在是绝对不可忽视的。**

令人疑惑的是，许多读者认为正态分布的设想从一开始就已经是金融理论的主要精髓（所有获得诺贝尔奖的金融经济学理论都是基于正态分布的设想而建立的，撇开这些原则，这些得奖的理论就会土崩瓦解）。有人会辩称正态分布的设想令设计和使用数学模型更加方便，因为正态分布很好用。那就是说，即使理论家非常清楚市场经常会大大偏离正常状态，这种现象并不罕见，他们仍然会借用正态分布来建立量化模型。也许，他们指望日后其他的研究者会去修正这些不足，或者专业人士会学习如何调整这些模型，从而使它们更加切合实际情况。

不论是什么情况，我们都有理由对这些理论提出质疑，因为这些理论假设金融世界是柏拉图式的：在这里，绝大部分事件处于中间状态，而极端事件的概率则被忽略不计了。根据正态分布理论，超过平均值3个“标准偏差”（standard deviations）（按照惯例，在金融界只有基于正态分布设想的统计工具才是有效的、可接受的衡量风险和波动的金融工具）的事件应该不会发生，但市场上总会定期出现一些疯狂行为。我们所有人对2007年的秋天仍然记忆犹新，信贷危机爆发时，高盛首席财务官戴维·维尼亚尔（David Viniar）抱怨道：“我们已经连续数天眼看着金融市场偏离25个标准偏差了。”在正态分布的世界里，这些偶然事件是完全不可能发生的，现实中的宇宙还很年轻，并不足以让这些小概率事件一一发生。很显然，我们再也不能生活在正态分布的统治之下了。

尽管经历了这个夏天的阵痛，人们特别容易理解“不要说我们生活在正态世界中”的深刻内涵，但我要再一次提醒大家的是，这次危机可不是证明金融世界并非正态的唯一鲜活而极端的例子：接下来发生的许多事件甚至会更加疯狂地横行于信贷、股权和利息市场，进一步验证这一说法。当然还有许多先例：

> 例如，1992年欧洲汇率机制崩溃（即欧洲官方管理货币利率的系统崩溃），利率发生了50个标准偏差的改变，而1987年的“黑色星期一”事件只发生了20个标准偏差的改变。1998年夏天的金融危机最终拖垮了LTCM这个巨人，而15+个标准偏差成为正态。

在金融领域，类似的更小偏差（然而仍然很不正常）的波动层出不穷。那些年龄比百万年小得多的人们却经历了多次所谓的“百万年一次”的事件。究竟是哪里出了问题？是现实世界还是模型？如果说是模型，那么你就理解对了。现实中的概率分布是厚尾（fat tails）的而不是长尾（thin tails）的①，极端事件占有较

① 密度函数图形和正态分布进行比较，如果一个函数图形中间较高，两边就会更矮（更贴近横轴），我们称之为长尾或者拖尾。反之，如果中间部分较矮，则两边较高（整个图形偏矮胖），我们则称之为厚尾或者肥尾。——译者注

大的比例，也就是说，在金融领域，罕见事件并不罕见。因此，就金融市场中充斥着的各种惊人事件而言，我们的世界并不属于正态。

在我看来，金融市场中正态分布的设想与另一个著名的误导性骗局有着很大的相似性，那就是20世纪20年代美国的禁令。就像禁止普通老百姓沉浸在（合法的）悲伤中一样，正态分布“禁止”投资人偏离市场某个限度。这种强加的正态分布否认个人具有跨过某个界限、探索某些领域、发现某种实情的能力。因此，这是一种极度一厢情愿而自我强迫式的假设。当然，你也可以说这是非常暴戾和专制的假设。如同任何极端主义反动分子一样，他们认为个人的能力是有限的，是需要预先设定某种规则、统一施加影响、被严格规定的。他们假定个人是不能超越某些限度，而应永远被制约在一个受限的状态中的。

一个由正态分布主导的金融理论世界就是一个人类（唯一可以影响市场的因素）被禁止意识到他们所有潜力的地方，是人们被限制、可能性大大减少的沉闷的地方，是自由仅仅只是一个单词的地方。也许禁令并不是历史上唯一与正态假设平行的事例。我能够听到X主义吗？对于那些急于从正态独裁统治中解脱出来的人们来说，历史事实也许可以让他们感到一些宽慰，那就是禁令以及X主义最终没能够逃脱惨败的厄运。为什么？简单地说，是由于这些所谓的禁令和主义严重违反了人性。从常理上来说，人要喝水，要自由。倘若某个人试图给人类的自然欲望、抱负或才能设置限制，那么最终注定是要失败的。

现实中的市场也展示了惊人的相似性，那就是投资人也想要获得自由（他们也都是正常人，尽管偶尔会有一些相反的证据）。他们想要展翅高飞，想要探索任何一种可能的价格水平，不论有多么遥远，多么难以企及，多么预想不到。他们想知道自己的潜力究竟有多大，而且他们一直都是这么做的。由正态分布所强加的理论紧箍咒看起来和禁令与X主义一样违反人性。违反人性的东西是行不通的，然而这些东西对于那些否认自由的技术官僚来说却是很有吸引力的。

有趣的是，非正态市场的必然存在很可能正是部分投资者和投机者普遍相信市场符合正态分布的直接结果（传统理论可能已经在形成这种期望的过程中发挥了作用）。坦白地说，正是人们对罕见事件的现实存在视而不见最终导致了罕见事件的发生。罕见事件始终是个意外，否则也不能被称为罕见事件了。这种理论假设会使人们采取自认为符合正态的行动，从而使实际情况呈现非正态分布的状况。长尾性的"宗教"将会衍生出厚尾性的"异教"。局外人正是由那些不信任局外人的人划分出来的。

正态分布所传递的信息是，大部分情况下，水域会十分平静，而且在地平线上未见明显风暴。这对于那些考虑在市场中"航行"的人们来说是一个令人欣慰的信息。毕竟，倘若他们预料到在这条道路尽头会有大崩溃，绝大多数的人是不会贸然冲入市场的。如果市场持续保持反弹势头，那么系统崩溃的可能性必然会被认为是不可能的。随着越来越多相信正态分布的投资者参与市场，人们就越发认为崩溃是一件不可能的事情，而这种想法已经成了一种潮流。越多投资者进入蓬勃发展的市场，跟风的投资就越显得正常。正态分布的设想不仅使进入市场变得相当合理，而且本身就是一个目的。市场已经到了人们不是在购买任何特定资产，而是在购买正态分布的地步（例如，完全没有令人讨厌的意外）。倘若这些人还期望些别的什么东西，那么他们是不会加入这场盛宴的。

然而，随着每一笔现金流入市场，罕见事件的发生概率也随之上升。进入市场的参与者越多，某个人或者某个地方对新动态（例如公司亏损、账目丑闻或者令人失望的经济数据）出现消极反应的概率就越大，他们会害怕，最终退场，而这些行为又会影响其他的投资者，引起他们的恐惧、清仓等行为，最后导致整个大崩溃的发生。本质上，当面对突如其来的意外时，正态分布的信徒们会吓得发抖，从而加速崩溃的进程。在经历大崩溃之前，这些信徒们从来不相信意外，但在现实面前，他们的反应给了意外更多能量，从而使意外事件变得更加活跃，进而出现了厚尾性。事实证明，人们总是不断改变他们的交易习惯，因此，非正态分布的出现是不可避免的。只要人们继续无视罕见事件的存在，罕见事件就必然会报复人类。

失效的历史数据

现在，让我们着手解决历史数据的问题。回归到塔勒布的观点：

> 刚开始，当我对计量经济学一无所知的时候，我对那些现在已经去世或者退休了的人过去行为的时间序列是否应该和预测未来有关这个问题感到疑惑。当然，比我懂得多的计量经济学家是不会有这个疑问的，这也就暗示着这个问题很可能是愚蠢的……我现在相信，也许大多数的计量经济学是没有用处的——大多数金融统计学所掌握的东西都是不值得了解的。

毫无疑问,这是有争议的问题。因为“金融计量经济学”似乎比以前更强大了，有很多杰出的学者和学术机构以极大的热情在关注它，而且其中一位刚刚在几年前获得了诺贝尔奖，但这一切似乎依然很难反驳塔勒布的看法。正如一位商人出身的著名哲学家所说的，在金融市场中，经济的计量分析与未来之间注定是无关的。

计量经济学的核心是，试图在过去所发生事情的基础上去预测未来。全世界每一位曾经和现在的经济学学生都能证明，这种预测涵盖了极其复杂的统计和数学策略。毫不夸张地说，在过去的几十年里，经济理论肆无忌惮、过分形式主义的作风背后的决定性因素是计量经济学所获得的广泛应用。

最近，计量经济学已经找到了适合进行金融学研究的途径，那就是通过时髦且拥有更加时髦名字的模型、使用过去的市场数据去预测未来的市场方向，比如 GARCH 模型、EGARCH 模型、AARCH 模型、APARCH 模型、FIGARCH 模型、STARCH 模型、TARCH 模型、SQGARCH 模型以及 CESGARCH 模型。这些模型确实设计得非常巧妙而复杂，要想成为它们的信徒并不是一件容易的事情，然而，简单的常识却残酷地提醒我们，过去的信息在预测金融市场的未来走向时并没有效果。

这是为什么呢？原因有很多（就像事实上我们从来都抓不住所有影响决策的因素一样），塔勒布富有独创性和深刻洞察力的评论清晰明了地指出了其中一点：**我们的模型试图基于以前的市场参与者过去的行为来预测当前那些金融参与者未来的行为，而这种预测的理论基础显然是不能成立的。**我们应该明白，在市场中，只有一个原因会导致价格变化，那就是人们的行为。倘若决定买的人比决定卖的人更多，那么股票价格就会上涨。倘若卖的比买的多，那么股票价格就会下跌。很显然，每一个人都有独立的决策能力。特定历史时期的金融价格是由那个时期参与市场的个人的行为造成的，因此，这些价格反映了恰好在场的市场参与者们鉴于有关情况所做出的平均一致的决定。

计量经济学家尝试使用历史价格来预测未来某些时刻的价格。问题是，许多原先卷入价格设定以及在分析中所使用的时间序列的个人，现在要么已经去世，要么不再活跃于市场中，计量经济学家事实上借用的是无效的大脑，试图从不再参与市场、具有独立思考能力的个人的决策过程中预测一群具有独立思考能力的个人的决策过程。为什么彼得 20 年前独特的股票挑选方法应该与今天保罗独特的股票挑选方法有关呢？何况彼得 10 年前就退休了。用彼得过去行动的数据来预测彼得当前的行动看似是合理的，但是用这些数据来预测其他的、不同的、毫不相关的人们的行为，肯定是会让人质疑的。

金融计量经济学家试图做的事，类似于通过一位足球队员以前在俱乐部的几段时间内的进球数来预测他下一个赛季的进球数。但任何一位球迷都会告诉你，通过包括那些不再参赛的球员的历史得分记录来预测未来其他球员的得分是不可理喻的，因为参与者已经完全不同了。由于（像股票、证券或者商品价格）

所涉及的目标都是人类，因此要假设历史时间序列能够告诉我们未来的进展如何，不论所用的技术有多么复杂，似乎都很牵强。具有传奇色彩的乔治·贝斯特于20世纪60年代在曼彻斯特联队时赢得了180个进球这个历史事实并不能绝对地告诉我们今天的前锋韦恩·鲁尼的得分能力。

著名的LTCM的故事可以帮助我们理解，为什么借用彼得的历史成绩来预测保罗的行为（例如，相信在不同形势下不同人的历史状况可以为未来提供可靠的指导）看起来并不像一个成功的命题：

> LTCM在固定收益和股票市场上下了很大的赌注，在基于历史数据的基础上大胆地作出假设，认为市场会回归正态。他们已经构建好整个程序，一旦基于历史数据的预测得以实现，基金就会大赚一笔。基于历史事实，这些程序看起来完美无缺，没有错误。
>
> 然而，LTCM没有考虑到新出现了一些让一切都严重扭曲、使过去的参考数据变得毫无意义的情况，那就是公司本身的变化。历史数据无法反映在一些特定的市场中采取如此巨大头寸的基金的存在——当然不能，因为如此大的手笔在此之前从未出现过。LTCM的行为已经改变了游戏规则和概率分布，因为如今该基金已经占据了市场的主导地位，其他每一个人的行为都以它的行为为准则，它与过去那个刚起步的、小规模的公司相比已经不可同日而语。LTCM的老板约翰·麦瑞威瑟做了最好的总结："飓风给我们带来的损失有限，因为飓风已被纳入保险范围，然而在金融领域却并非如此。越多人买保险，灾难就越有可能发生，因为那些知道你已经卖了保险的人们会让灾难发生的。"

基于历史数据回归正态的情况已经改变，因为一旦LTCM蒙受损失，那么市场中的其他人就会放弃他们的投资组合，也就是开始做空正态分布。结果是，事情变得比原来的更不正常，而不是更正常。LTCM是当时当地唯一以独特方式存在的实体，并且新加入的人们有其新运作形式，所有这些都使得历史数据变得鞭长莫及，毫无用处。

量化投资者，或者说是量化基金的广泛存在，现在已经成为市场上的一个普遍元素，也可能是被看作“街区新生儿”现象的一个特别案例，同时也是历史数据不可靠的一个突出例子。宽客掌门人（或多或少地处于时代潮流的前端）在寻找赚钱机会的过程中习惯运用非常先进的技术和科学工具，他们也趋向（按 LTCM 的方式）采取严格的统计方法来研究历史这面镜子，将其作为决定立场和风险测量的指南。

当然，问题在于，此前从未有如此多聪明的科学家和计算机天才蜂拥进入市场，他们通常使用类型完全一样的投资游戏，而且通常装备着数十亿美元的货币资金，因此，回顾历史数据（尽管历史这面镜子非常的复杂）时，他们并没有发现他们自己。他们当然看不到，因为他们不存在于历史中。在某些特定情况下的具体战略可能已由一两个先驱使用了二三十年，然而无论在参与者的人数、资金量还是技术的先进性方面，几乎都与今天的现实相差甚远。今天的量化基金利用的正是那些最新的计算机技术和数学模型。我们所利用的历史数据中的人和所使用的工具与现实完全不一样的时候，借鉴如此古老的智慧就显得有些信心不足了。

因此，宽客们将尖端的现代技术用于交易并且习惯对过去进行统计分析的状况也许类似一种摆脱不了的困境（至少有时如此）：由这些当前（而非过去）的宽客们所提供的历史指南是错误的。这是有风险的。量化基金可以通过对过去的业绩进行回归测试（back-testing）① 来评估一种策略的风险，并且建立起像在险价值这样的工具，然而这些数字不能用于解释基金和同期类似产品的活度，因为它们不能反应这样一种可能性：例如,宽客家族的一位成员的清算（不论出于什么原因）可以引发那些聪明的同行们进一步抛售产品,从而造成整体战略的重大损失。当然，正如 2007 年秋天所发生的金融危机，当量化危机席卷全球股票市场，量化的回报

① 目的在于检视金融机构发展的内部风险值模型的可靠度，为巴塞尔委员会所提出，用以检测过去一年间（约 250 个交易日）投资组合实际损失金额超过所估算风险值的次数。举例来说，在假定信赖水准为 99% 的情况下，则 250 个交易日的超限次数不得超过 2.5 次。——译者注

率戏弄了他们自己。

在某种程度上说，所有这些都可以被贴上“计量经济学反对计量经济学”的标签；随着新的复杂分析技术被制定并运用于市场，旧的战略和策略已经过时，人们难免会抱怨过去的数据不能为现行方法提供有效指导。随着这一进程的发展，人们越发难以通过历史数据来预测未来。倘若用最简单的基本面分析方法来采集彼得和保罗的历史资料，那么，他们居住在不同时间的这个现实就可能不再是一个问题了（尽管本质上是一个大问题）。考虑到所使用的工具（基本上都是通过读报纸获得他们的有关信息）具有相似性，因此从过去汲取一些有用的经验教训应该是合理的，但在量化领域并非如此，因为工具可以被大幅度地修改。

除了历史中的人与当前活动在市场中的人的不同之外——他们有可能已经去世或者退休，在使用历史数据预测未来的过程中还有一些简单的问题：我们所使用的历史数据应该追溯至多远的过去，我们怎能确信所选择的历史期间能够涵盖所有可能在预测期间发生的事件呢？这正是黑天鹅事件泛滥的原因所在。倘若在1987年的10月1日，有人用了50年的数据去预测美国股票市场的行为，样本数据中肯定没有在一天之内点数下挫25%的地狱般的市场行为，而一旦拥有这些认定的安全信息，你也许会很有信心地出售虚值期权，从而使标准普尔500指数上升。如果历史数据是对的，你可以获得许多溢价，从而让自己置身于永远都不会被套牢的幻觉里。可是三个星期之后，也就是到10月20日，你一定会被前几天华尔街下挫23%的大崩溃消灭。

黑天鹅是之前从未发生过（或者很少发生）的事情，这个定义使得梦想通过观察过去的数据来预测未来可能在很大程度上改变我们金融环境的事件发生的概率成为一种美丽而无望的任务。黑天鹅是不能被预测和理解的。在这次残酷的事件之后，我们充分认识到了我们想象力的贫乏。要求历史数据始终包含少有或者没有可靠先例的警告性证据，这并不容易做到。

安德鲁·罗列出了他的研究领域中最重要的未知问题："根据定义，倘若历史记录中没有发生过这样一些罕见事件，那么评估这些事件发生的可能性、管理由此带来的风险的最好方法是什么呢？"纳西姆·塔勒布会脱口而出，答道："我们无法找到最好的解决方法。"我们无法想象这么一个冷冰冰的概率数字能够科学地预测黑天鹅事件的发生。让我们想一想，倘若有人要你估计下周华尔街股市行情下跌 30% 或者下个月美元与欧元等值的概率，你会怎么说呢？概率是零吗？事实上并非如此，因为可怕的黑天鹅事件就潜伏在金融世界的黑暗角落，总是无处不在，从来都不可忽略。但如果概率不是零，那么究竟会是多大呢？ 2008 年 3 月 1 日（股价为 80 美元）的贝尔斯登公司（Bear Stearns）将在三个星期的时间内消失的概率是多少呢？通过使用历史数据来做出这些预测是相当困难的，因为贝尔斯登是一家有着 85 年历史的公司，在此之前从未消失过。黑天鹅事件的概率无迹可寻，计量经济学无论多么复杂，对它也看似无计可施。

在信贷危机期间在险价值普遍预测失败，这成了非常具有启发意义和相当鲜明的例子，它证明历史数据的作用是有限的（或是因为所使用的历史数据中缺乏可以预见的独一无二的金融黑天鹅，或是因为所选择的历史样本期间不足）。在险价值是监管机构认可的、工商界普遍使用的风险管理工具，它的目标是基于历史数据和统计设想（主流是正态分布）描述一个金融头寸或者组合金融头寸预期可能的最大损失（在一定的置信区间内）。令人不安的是，在险价值模型无法预测造成银行和其他金融机构痛苦不堪的巨大次级抵押贷款损失。金融危机之前的风险数值太低，太令人欣慰和安心了。也就是说，在险价值（定期由资深管理人员计算并向公众披露相关数据）在世界变得疯狂之前刚好成了一针镇静剂。这是为什么呢？

简而言之，在 2007 年夏天之前，由于在险价值所提供的低风险值，市场在暴风雨来临之前经历了一个被相对延长的平静阶段。也就是说，历史数据（银行趋向于使用 1～5 年前的历史数据）没有提供什么有价值的东西，而只让大家生活在一种舒适的假象之下。因为根据最令人尊敬的风险评估，不会发生令人失眠的事情。这些低风险值使得财务经理们精神振奋，并且因为有“科学的”统计数据的支持而信心大增（在险价值在一段时间里运作得不错）。这类似泰坦尼克号的船长：因为最近的记录表明，在大洋的那个区域里没有巨大的冰山，他因此加速前行。

人们对在险价值抱怨最多的是，危机前，那些在这次危机中损失惨重的公司的在险价值所显示的风险值比那些损失轻微的公司更低（当然，很多情况下，这可以用资产负债表规模不同来解释，但问题的关键仍然是，迄今为止，损失最为惨重的公司所报告的风险值确实相当低）。

> 美林（公布 2007 年第四季度的损失接近 100 亿美元，这是它有史以来的最大损失）第三季度的风险值比高盛（华尔街同行中唯一宣布第四季度盈利消息的金融机构）低得多。贝尔斯登公司最后的命运无须再说明，其第三季度风险值（平均日在险价值是 3 000 万美元）比高盛低 5 倍。在这些事实面前，美林似乎已经确信，数理风险工具的监控结果是不可靠的。美国证券交易监督委员会有关美林第三季度的资料表明：“在险价值、应力测试（stress test）和其他风险测量明显低估了这次空前的信贷市场环境变化所带来的巨额损失……在过去，这些 AAA 级担保债务凭证（CDO）[①] 证券从未发生过如此重大的损失。”

随着危机的不断发展和加强，在险价值的表现仍然无法令人满意。模型理论预期的最大损失随着市场动荡的发展而增至极限，模型甚至没有提供任何预示出这场即将来临的大屠杀的迹象（原因之一是，只有最近得出的数据才开始缓慢地发生变化，而这些变化被淹没在满载安全信息的历史证据的汪洋大海中）。就在贝尔斯登公司破产、其 80 亿美元资产蒸发之前，该公司的日在险价值仍然是很低的 6 000 万美元。在大多数的金融机构内，在险价值意外事故（实际交易损失超过理

① 是一种债务债券抵押产品，指把所有的抵押打包在一起并进行重新包装，再以产品的形式推放到市场上。——译者注

论估值的天数）都达到了有史以来的最高水平，因此我们不得不承认，在险价值这个工具作为风险监管的雷达而言是彻底失败的。这不仅仅是因为在险价值表现得太离谱、太不尽人意、后遗症严重，而且还因为在市场最需要指导的时候，在险价值失败了。无法原谅的是，历史数据在紧要关头误导了我们。

在险价值在这次危机中令人极度失望的表现引发了一场争论，那就是应该如何修正在险价值以阻止类似的失败继续发生。有人认为，应该使用更长历史期间的数据样本，以便提高捕捉极端事件的准确率；但是其他人则持有相反的意见，认为较短的窗口可以更快地给出预警信号。不管怎样，问题应该是更深层次的，而不仅仅是历史窗口的长短：

- 首先，在险价值是根据我们都很熟悉的标准偏离参数来计算的，再一次提醒大家，倘若我们假设市场是符合正态分布的（如此的概率分布假设自然是建立在不切实际的低风险数值的基础上的），那么，这种参数只能作为离差度量（measure of dispersion）；
- 其次，在险价值已经被它的研究者、宽客以及监管赞助商们指责为一项无法完成的工作：有人从中作梗时，历史数据不会成为未来的一个可靠指南。毕竟，2007 年的危机并非是人们有史以来对在险价值的第一次信任危机。

八九年前，这一风光无限的风险预警工具经历了另一个非常痛苦的时期，也拖垮了金融界。在 1998 年的危机中（紧随前一年的亚洲金融危机），银行界经历了很多在险价值的意外事故（例如，真正的损失比模型所预测的高出很多）。一项针对美国银行的调查研究结果表明，在 1998 年 8 月至 10 月期间，当模型（99% 置信水平）每 100 个工作日最多能预测到 1 次意外事件的时候，不少银行却发生了将近 3 次甚至 5 次意外。不仅如此，这些所谓的意外事件（在信贷危机期间）都相当严重，在某些情况下超过了 2 个标准差，在另外一些情况下甚至超过了 7 个。在正态分布的情况下，只有一个标准差的损失超过 99% 的概率几乎为零，因此，银行的实际利益遭受了巨大损失，比在险价值所提出的警告要大得多。有趣的是（而在有些情况下使用在险价值这个工具是相当可怕的），在险价值工具很可能是造成从俄罗斯的违约转变为全球市场明显失控，并最终导致 LTCM 毁灭的罪魁祸首，因此，**试图根据历史数据来预测未来不仅是完全不现实的，而且确实是非常危险的**，但这一点，我们留到稍后再说。

方法复杂≠预测准确

尽管不能预测黑天鹅事件是金融理论备受指责的一点（有一只大灰狼在家门口时却不能发出警报），但也许会有人大方地说，既然黑天鹅如此令人始料不及，那么也许理论家们无法预测也情有可原。（好的，这个说法可以反击一些憎恶理论的人，但是我们绝对不能允许金融经济学家以及量化分析师随便声称数理可以驯服市场，因为没有黑天鹅的存在，也就没有市场的存在。）然而即使受到如此慷慨的待遇，理论仍旧表现极差；对小事件的预测结果证明，经济学家也同样力不从心。这些小事件包括那些有规律的市场和经济走势，尽管非常重要，但也似乎不太可能引起令人恐慌的大震荡。也就是说，不仅是那些极受媒体关注的危机未被预测到，而且即使是关键变量中那些甚至没有危险的、半正态的变化也一直被普遍地误解。

我们熟知对未来的 GDP 增长、通货膨胀、失业率、汇率、股票市场或者利率市场的预测是如何形成的。毕竟，有一个巨大的市场（被称为政府公债市场）在如此不可靠的预测中得以继续发展和繁荣。交易员们在受现有预测影响的两种认知的基础上押注债券市场，这两种认知分别是他们对上述变量未来水平的认知，以及他们的同行对变量未来水平的认知。倘若这样的预测总是对的，那么资金就不会在市场上流通，市场活动就会枯竭。人们不禁得出了这样的结论：债券市场高流通性的原因之一是专业人士对经济形势的预测没有信心。

在黑天鹅这个概念出现之前的很长一段时间里，经济形势预测和模型化已经备受指责：

- 哈佛大学的名人、作家约翰·加尔布雷斯（John Galbraith）曾经抱怨道："经济预测的唯一作用是使占星术看起来更体面一些而已。"
- 保罗·奥默罗德（Paul Ormerod）是英国的一位杰出的经济形势预测家，他在20世纪90年代出版了一本辩论方面的书，名为《经济学之死》（*Death of Economics*）。他在其中写道："经济学家在宏观层面理解和预测经济形势的作为并不令人印象特别深刻。确实，没有良心的作家也许会倾向于把它描述成令人震惊的……日本自第二次世界大战以来最严重的大萧条也是没有被预测到的。同样，1992年下半年美国经济的强劲复苏及德国经济的衰退减缓都是没有被模型预测到的。"
- 受美国联邦储备理事会委托而公开的一份2001年的文件阐述道："经济学家从来没有大体预测到资产价格，特别是汇率的变化的运气……"
- 1994年，《华尔街日报》经济编辑阿尔弗雷德·马拉伯（Alfred Malabre）的一本通俗易懂的书《迷惘的预言者》（*Lost Prophets*）反映了他在职业生涯中见证的可怕预测："1969年9月末，也就是大萧条真正爆发前仅仅3个月里，我为杂志做了一个调查，我的文章标题就表明了调查的结果：'绝大多数的经济学家认为萧条不会发生。'对未来一年的一致预期是，整体经济活动将略有上涨，幅度会超过5%……事实上，国民生产总值在1969年底开始下降……1970年这种趋势继续……大多数预测员错误地暗示，1968年是经济衰退的开始。现在，他们又错误地预测，每一次衰退开始前都会出现强劲增长。证据似乎与其风马牛不相及。"

1999年，美国传统基金会对著名的国际货币基金组织（International Monetary Fund）每年两次的经济预测的能力进行了研究（作为国际货币基金组织世界经济展望的一部分）。鉴于国际货币基金组织的全球影响力，关键的是，它以博士为主导的工作团队的深度分析（尽管必须要说的是，这个基金最近似乎开始实行辞退博士的战略），国际货币基金组织的准确预测可以很好地帮助我们对经济预测"科学性"的一般可靠性进行分析。

美国传统基金会此次的研究范围跨越了1971—1998年国际货币基金组织所做出的包括对工商界和发展中国家的预测（作为一个拥有绝对自由行动权利的美国机构，美国传统基金会试图证明这个美国政府刚刚拨款数十亿美元的机构真正有效)。研究结果显示：在涉及发达国家的时候，总体预测表现相当不错（可以理解成，在欠发达国家的案例中，其预测是没有价值的），然而，国际货币基金组织的经济学家总是错过关键的“转折点”，包括20世纪80年代拉丁美洲的超级通货膨胀（通货膨胀预测出现了数百个百分点的错误），20世纪90年代中期的工业增长放缓（过于乐观，预测超过了1~2个百分点），20世纪90年代日本的经济危机（持续的高估）。换句话说，一些世界上最受欢迎的计量经济学家经完全错估了最具决定性的事件。

2001年，瑞典中央银行开始着手对投资银行、公司、评级机构以及大学（假设所有机构都使用了一些量化评估模型）进行研究，以证实相当多的预测者的预测能力，结果表明，在1990—2001年期间，这些预言家关于全年GDP的预测出错（包括上行和下行的错误）的平均误差是：1.2%（美国），1.6%（日本）和0.93%（德国）；在通货膨胀预测中的平均误差是：0.55%（美国），0.48%（日本）和0.61%（德国）。有趣的是，名头最响亮的机构（原则上，这些机构可以聘请到最有名气的预测者）预测的结果并非是最准确的。再一次提醒大家注意，拐点（直至它们已经发生）并没有被预测到。

对量化方法学预测未来的成功案例描述得最为详尽的也许是1979—2000年，由马克利达基斯（Spyros Makridakis）和米歇尔·伊邦（Michele Hibon，塔勒布在《黑天鹅》中提过他）所发起的研究。这两位是享有最高声誉的法国商学院欧洲工商管理学院的教授。他们的研究本质上是在计量经济学家中进行了一次预测竞赛，重点关注商业和经济时间序列。当然，他们的研究目标是想查出这些方法的准确率究竟有多高。第一次测试是在1979年，研究结果令人惊讶，那就是简单的方法比复杂的方法更准确，然而这一结果并没有获得经济学者们的普遍认可。为了反驳这些批评，马克利达基斯和伊邦在1982年又进行了一次所谓的M竞争法（M-Competition）研究，他们扩大了时间序列的范围并增加了方法的种类，关键的是，研究还涵盖了很多专家使用其偏好的工具进行的预测，然而研究结果并没有改变。统计结果表明，**复杂的工具并没有表现得更好，尽管它们的技术比较先进而复杂**。如此强有力的研究结果似乎被计量经济学家忽略了，他们公开承认了对这种研究活动的憎恨（很显然，他们并不愿意让全世界都知道这个结果）。相反的是，马克利达基斯和伊邦所提及的这些计量经济学家都集中精力研究更加深奥的模型，而不管这些模型是否能够更准确地预测现实生活中的数据。

面对如此不友好的环境，这两位教授决定于2000年进行最后一次尝试，来解决量化预测的准确性问题。他们使用涵盖更多专家、更多方法以及更宽的时间序列的M3竞争法（M3-Competition）。那么，他们所得出的惊人的结论是什么呢？统计结果仍然表明：复杂的方法不一定会产生更准确的预测。马克利达基斯和伊邦的研究报告结束语听起来也许是常识，却被认为是象牙塔中发出的恶意炮火：

> 纯粹的理论和复杂的方法学如果不能有助于提高样品预测的准确性，那么，它们就都是没有实际价值的……现在是接受这个结果的时候了，这能让我们找到更加务实的方法来改善预测……批评这种竞争法以及一般实证研究的人们不应该裹足不前，而是应该集中精力、全力以赴地去解决这种理论和实际的偏差问题。

数学魔法无法驯服金融市场

在本章中，我们提供的一些证据似乎可以进一步证实这样一种观点——金融理论也许被看成了一种矛盾的概念。市场中存在大量有独立思考能力的卓越人才和占有很大分量、无法预料并且史无前例的黑天鹅事件，历史数据对未来的解释能力有限，这些都说明了一个问题：**不论数学魔法有多么复杂（事实上，越复杂的数学得出的结果越不可信任），金融市场都是不可能被它驯服的**。那么，为什么经济学家和宽客要坚持使用量化模型来预测未来呢？我们是否应该关心他们的所作所为呢？我们会在下几章来回答第一个问题。现在我们来回答第二个问题。

我们是否应该关注几百名教授和金融工程师花费大量时间去运用数学模型这个现象，难道他们只是为了加强金融学科的实际价值吗？我们许多人认为这种结果是一开始就注定的，并因此感到绝望，而事实上，倘若一群门外汉也选择开始沿着那条不体面的道路前行，那我们应该怎么办呢？倘若他们很幸运，能够找到愿意采取这种量化方式的大学院长或者交易大厅的头儿（在有些时刻尤其慷慨），那么，他们就会拥有更多的权利，对吗？

不仅如此，也许量化金融研究确实值得鼓励（再一次假设其他人都不得不花费大量时间用于随机计算、计算方法以及时间序列分析）。想想，倘若确实能够通过一系列的等式和理论教条准确地塑造一个喧嚣的市场，那该有多么美妙啊！可以肯定的是，几乎没有哪一种发明能拥有这种魔法。在这种情况下扮演上帝并没有亵渎之意：因为最终的目标是非常有利的（倘若你想减少波动性以及获得“更公平的”资产价格），并且所使用技术的智能化程度相当高。难道我们不应该极力支持来自卡内基·梅隆大学（Carnegie Mellon University）、高盛或者标准普尔的天才数学家们，运用他们建立模型的才能锁定目标，永远地驯服市场的遗传基因吗？成功的可能性似乎很大。难道我们能否认金融经济学家们在商业上取得的胜利吗？

或者，与此相反，难道我们应该禁止他们做自己，并且（这是更重要的）防止我们变成他们那样的人吗？很难否认，由于金融量化，市场实践和研究在很大程度上得益于那些从未被怀疑、做过重大理论贡献的大人物（大多数来自自然科学领域）。分析和建模的重要性没有在交易大厅内获得极大提高，伊纽曼尔·德曼、威尔莫特或者史蒂芬·雪瑞夫（Steven Shreve）等人不会有机会对金融领域做出重要贡献。因此，金融理论化至少在人力资源的素质方面已经产生了明显的利益。

然而，不利的一面也存在。首先，因为经济学家和数学家总是喜欢研究深奥的问题，他们难免会遗漏很多东西。他们花在模型上的全部时间后来被证明是毫无用处的，而且，因为他们从没有关注其他方面，机会成本也增加了。倘若你要对市场这个令人兴奋的现实一面视而不见，那么，你为什么要全身心投入金融领域呢？为什么当现实如此精彩、不应错过，你却要把自己藏在一个幻想中的、自大的、柏拉图式的世界里呢？著名记者约翰·卡西迪（John Cassidy）曾经写道，1996年的诺贝尔经济学奖获得者威廉·维克里（William Vickrey）坚决拒绝被评论为是因为数学策划而第一次获此殊荣的（82岁高龄），相反，他坚持认为，是因为他的想法可以解决一些实际问题，比如地铁改革和财政预算赤字，他才获得了诺贝尔奖。事实上，维克里拒绝将诺贝尔奖授予其理论贡献，因为"我有些偏离到了抽象的经济学里……至少，从人类福祉的角度考虑，这些理论贡献并不是很重要的"。当今的金融理论学家们应该现在就行动起来，体验一下"维克里时刻"。不受限制的形式主义也许可以帮你赢得奖杯（以及有丰富报酬的工作），但是也许并不能让你获得（真正的）实用性，甚至连你自己都看得出来。

更糟糕的是，理论也许最终会引起伤害。在本节中，我们要求模型具有大量实际而不是错误的相关性。当然，在一般经济学领域内已经发生了非常多类似的事件。随着卡尔·马克思的理论的运用，人类福祉方面还有很多内容有待改进。凯恩斯理论被指责存在很多弊病，包括令人无法忍受的停滞膨胀。米尔顿·弗里德曼（Milton Friedman）和芝加哥学派可能有助于支持独裁者的权利。里根派的"供应学派"会促成可怕的财政赤字。金融市场的分支也受到了疯狂理论的牵制。尽管我们可以强调一些确切的、具体的事例，但那些潜在的危害更加根深蒂固，那是由于金融理论扩散并被逐步接受（是真的、感觉得到的，还是"假的"），错误地使用具有潜在危害的理论所带来的威胁是系统化的，难以消除。贯穿全书的一个关键主题是，理论可以提供错误、不合时宜、缺乏支持的自信心和确定感，因此，那些专家无视实际风险的大小，鼓励（劝告）人们投入有危险的领域。所有这些数学掩盖下的骗术最终是非常有害的。

然而理论最有可能导致的危害不是它们基于理解的幻觉而提供的很多错误的

指导（当然，理论本身就有那么糟糕），而是理论被普遍接受和使用会抹杀另一种可能性，那就是人类的直觉和智慧。当数学和统计学取代传统方法成为决策工具的时候，思想（它所积累的经验和教训是一笔宝贵的财富）就沦为缺乏重要性的后备角色。源源不断地从电脑中输出的没有灵魂的数字，而不是那些有学识的交易员或者其他什么人，成了决策的关键因素。通过一代代市场的勇士而传递下来的人类几十年的智慧，也许会遗失而无法补救，所有这些可能的后果都是那些不应该首先被科学化的所谓科学化造成的，这是非常重要的。金融情报中最具有深刻洞察力和情报意义的相关资源（例如人类的经验、直觉和口碑）也许被整个抛弃了，由不确定能否反应现实生活的量化工具取代。

总而言之，金融理论为这个世界带来了双重威胁，它一方面来自那些危险的、错误的、由数学掌舵的工具，另一方面是由于使用这些工具让我们放弃了最传统同时也是最原始的顾问：历经磨炼的人类直觉。

LECTURING BIRDS ON FLYING

02

商学院与华尔街

如果烹饪学校的老师没有亲自煎过一个蛋，你会觉得很可笑；但让那些从来都没有从事过商业活动的人担任商学院的教授，你却觉得没什么不对。为什么会这样？在商学院里，那些拥有丰富实践经验的学生，要接受没有任何商业实践经验的教授的教导，难道商业理论真的可以由没有经验的人们直接根据教科书来教授？

形式主义的桎梏

我在大学里主修的是理论经济学，我对这种专业并不是很感兴趣，但我的成绩很好。事实上，这门课程让你不得不学会思考，因为仅仅靠死记硬背一些深奥而乏味的定律、法则是学不好的。不论以何种方式回顾过去，我都认为我所做的决定是明智的：我决定不再将自己最美好的青春年华毫无保留地奉献给诸如微观经济学、计量经济学、拓扑数学之类的学科。因此，在18~20岁出头这段时间，我将大部分时间都用在了其他事情上，比如阅读，我几乎总是读原汁原味的第一手资料，而不是整天待在乌烟瘴气的房间里，想破脑袋去解正态分布变量、一般均衡经济学之类的东西。我读保罗·克鲁格曼（Paul Krugman）和米尔顿·弗里德曼的（非技术性的）作品，并且严格执行《经济学人》杂志的一些建议。因此我想说，在那些青涩年月里，放弃一心学习回归分析的专业知识而沉浸在对莎士比亚的语言的研究中，是我所做过的最值得称道的事。

尽管在本质上，尤其是精神上，我与世界闻名的经济学家还存在巨大的差距，但是我仍然努力培养自己形成一种感觉，那就是对在经济学界有至高无上统治权、无比强大的形式主义的一种准确认知。由于欧洲顶尖公立大学对理论经济学课程的本科教学世界闻名（事实上，与在美国精英机构攻读博士学位头几年的课程一样，非常复杂），接受这些教育有利于培养我从本质上辨别事物好坏的能力。

数年之后，我有幸在美国的（非博士类）研究院进修，那时我对研究院课程的态度已经积极多了。我学习了一些非理论的东西，例如债券和期权（金融产品）。学习这些存在于现实世界中的事物确实令人耳目一新，而这些知识可以为金融学新人的现实生活和工作提供指导。这件事使我重新树立起了这样一种信念，那就是大学校园是学习和思考的地方，然而正当我深入研究我刚开始感兴趣的金融经济学法则时，我注意到，金融经济学这一学术分支也将方法论和理论教条作为理论基础，这真的很令人迷惑不解。毕竟，如果相关的金融经济学课程（市场、公司财务）完全不能被用于实际，那么这些课程将毫无用处，但事实上你却能看到和读到一些描述超现实情况的教科书和杂志论文，它们描述的不是现实世界，而是一些令人惊讶的方程式和规律。

尽管我对大学生活重新燃起了兴趣，却感觉仍然不能完全摆脱经济学形式主义的桎梏。如果连金融都要屈服于理论的指挥棒，那么经济学领域中那些现实的、非教条的东西以及经济行为训练等等就更别指望脱离理论的束缚了。正如温斯顿·丘吉尔所说的那样，像现在这样频繁地出现众多深奥难懂的定律法则是前所未有的情况。

为什么会出现这样的情况呢？在只能靠事实说话的学科领域中，我们如何解释理论占有绝对优势的这种现实呢？法学院和医学院同样也是以人类和人类的行为作为研究对象的，然而迄今为止，它们都还没有像经济系或商学院那样被推上被置疑的风口浪尖。究竟是什么因素导致财经专家们（他们来自某个受象牙塔庇护的孤立而有局限的办公室）开始脱离市场，并且有勇气直接告诉市场它应该受某种特定数学模型的支配？倘若我们想了解金融理论是如何影响现实世界的，那么我们就必须知道究竟是哪些人群和组织机构正投身于设计如此多理论的工作中。

饱受指责的商学院

绝大多数金融经济学家都在某个特定大学商学院的财政部门工作。因此，如果我们深谙商学院的这一现状，就有助于我们理解这些隐藏在数学模型下并且可以塑造市场的力量，所有这些都会使我们理解风生水起的金融定律背后的人物以及他们的动机。

了解理论背后的人物和他们的动机相当重要。毕竟，要是没有这些理论家（各大专院校为这些理论家的量化产品支付报酬），我们就不会有那么多理论可担心了。并且，当前商学院的基本框架有助于解释金融理论如此流行而且如此理论化、抽象化的原因——这一框架已经占据至高无上的统治地位长达 50 多年。只要商学院保持现状，那么这些脱离实际的模型的潜在危险就将不受限制地继续蔓延。

以前风光无限的商学院，近几年来却饱受指责。尽管原因各有不同，但其中重点强调的一个事实是，通常，商学院的教授们没有任何有意义的实战经验。商学院充斥着这样一些人：

> 他们是从来没有达成过一项交易或者买卖过一份债券的金融学教授，是从来没有管理过一个人的管理学教授，以及从来没有真正制定过或执行过任何商业战略的战略学教授。这就类似烹饪学校的老师从来都没有亲自煎过一个鸡蛋，或者高尔夫俱乐部的教员从来都不曾进过一个球一样。

为什么对于商学院的学生由那些从未从事过商业活动的人来教这样一种事实，我们可以熟视无睹而不感到愤怒呢？更糟糕的是，在商学院里，我们发现有些学生已经具备分量很重的实战工作经验——许多学生可能已经是某个享有很高声誉的大型公司的负责人，有的学生甚至拥有创建自己公司的经历，他们却要接受没有任何商业实战经验的所谓的商学院教授的教导，听他们讲述商业活动是如何运作的。

烹饪或者打高尔夫球是纯粹靠经验的活动，如果你之前没有亲自体验过，就不可能教会别人任何有价值的东西。就像学者沃伦·本尼斯（Warren Bennis）和詹姆斯·奥图尔（James O'Toole）的鼓舞人心的反学院派声明里说的一样：要是你从来都没有弹过钢琴，就不可能成为一名钢琴老师。同样，没有烹饪经验的老师无法教人们制做焦糖奶油，但这些定律是否确实适用于商业学术界呢？我们是否不应该过多地关注商学院的老师没有实战经验这样一个事实，因为商业理论甚至可以由没有经验的人们直接根据教科书来教授？

第一个问题的答案当然是肯定的，第二个问题的答案当然是否定的。如果没有亲身实践、非理论化的实战经验，那么空谈的商业理论什么也不是。**是否经过实践检验是真知识和伪科学之间的区别。**借用球员出身的教授彼得·哈恩（Peter Hahn）的话：要是你的主治医生告诉你，他所有的手术知识都是从一本书上学来的，或者他仅仅是通过阅读医学杂志了解"你必需的手术"的，那么你肯定会被吓死。教科书绝不能代替亲身实践过的、真刀真枪的实战经验。事实上，要是备足教科书就可以学会如何从事商业活动，我为什么还要花 150 000 美元来商学院接受教育呢？我完全可以只花 10 美元去公共图书馆查阅相关书籍。

不要求商学院教授具备实战经验也就表明允许金融理论脱离实际，更进一步说，我们不要求商学院教授所研究的金融理论相关知识在现实中获得成功。因为只要他发表了更多关于多重回归的计量经济学论文，以此解释乞力马扎罗山上的降雪量与道琼斯指数以及新西兰债券市场之间的关系，就可以稳坐商学院教授的宝座。

最后一点可能也是最严重的。老实说，只要所有商学院的教授有那么一些值得称道的实战经验就已经相当不错了。事实是，有些人就是不喜欢在一种职业化、非学术性的氛围下工作，或许他们从来都没有过这种机会。在给《金融时报》的编辑的一封信的开头，我这样写道：

现实生活中鲜有机构能提供像商学院那样的福利，以及许多人可能认为很有价值以至于可以在金钱上做出让步的捐赠。大学校园拥有弹性的工作制，这有助于写作、教学和思考（当然，我们希望所有这些能够与现实联系在一起），置身于校园中，周围都是来自世界各地充满希望的年轻人，而且校园内居住环境舒适、资源丰富，所有这些听起来并不是完全没有吸引力的。对于那些有能力赢得这一切的人来说，大学校园确实是不错的选择。

不要急于认为只要商学院的老师不是真正的实干家，他们就都是学者。考虑到大学校园生活有如此多吸引人之处，有能力实践的人可能会犹豫不决。

然而关键是，这些人的兴趣从纯粹的理论研究转向关注现实相关性。这样，他们才会紧密跟进现实世界中发生的事情，并且与处于一线的人们保持紧密联系，他们所出版的图书或者发表的论文以及教学内容对那些已经或者想将理论付诸实践的人们就有了现实的价值。那么，尽管他们缺乏第一手的实战经验，但是此类型的人仍然很适合成为商学院老师，而那些经验不够丰富的人也会想参加此类学者的讲座或者阅读他们的著作。因此，这类教授同事的存在（以及商学院所提供的其他津贴，包括优越的条件和良好的机遇）就会使加盟商学院成为一件令人向往的事。

不幸的是，在今天大多数的商学院里，这样的教授已经成了稀缺资源，而他们甚至会因为对有实战经验的人及其领域产生兴趣而受到惩罚。

前几天，我重新看了一遍电影《心灵点滴》（*Patch Adams*），这部电影的主角是一位名叫帕奇（Patch）的理想主义的年轻人，由罗宾·威廉姆斯（Robin Williams）饰演。帕奇由于在医院里花费大量的时间与病人互动，“犯下了不可饶恕的罪过”，从而受到了学院院长的抨击和阻挠。很显然，这位学院院长认为一位真正的医生应该花更多时间去研究理论书籍而不是与病人和护士沟通交流。最终，帕奇只是因为参加了一次病人康复小组就被学校勒令退学。

根据电影所表达的内涵，反思商学院的状况，我们不禁要问自己：有多少教授想成为帕奇那样的人，在理论和实践之间，总是将实践和客户的关注置于优先地位呢？难道商学院的院长也有同样侧重理论的偏见，并且会压制像电影中的这位医生一样有主见的想法吗？像帕奇这样有想法、有勇气的商学院教授是否要面对会把他视为目光短浅者的这样一种体系？

标志性的转折点

如果有人说金融领域并非一直以来都由数理统治，那么，以最近十几年来始终密切关注金融经济学者们行为的人们为首的群体一定会很吃惊。事实上，今天的一些分析方法是在大约 50 年前才确立的。这一现象出现以前，金融世界完全是不同的景象——更少量化，更多具体；更少纯粹理论，更多现实描述；或者，借用传统学术论调，更少“严格界定”，更多“非科学”。《金融杂志》(*Journal of Finance*）中的大部分文章“与联邦储备政策、货币对价格和商业活动的影响、税收政策以及公司金融、保险和账务等问题有关。1959 年以前发表的文章中只有 5 篇可以被认为是纯理论的，而不是具体事实的描述。剩下的文章中包含了大量的数字信息，但不是数学理论”。事实上，1959 年可以被视为一般商业学术的非理论、实践性时代的鼎盛时期，其中商业金融尤甚。但很快，由于受到新经济模式的残酷挤压，后来的大部分文章都偏向理论。

正如数年前两所商学院的教师所形容的那样：“在过去的数十年间，许多商学院悄悄地采取了一种不适宜的、最终弄巧成拙的所谓卓越的学术模式。他们不以理解影响商业行为重要因素的能力，而只是单纯地以他们的科研成果来衡量自身的价值……当然，其中有些研究是非常出色的，但是由于几乎都没有建立在现实世界中的商业实践的基础上，商学院的研究生教育重点变得越来越脱离现实。这种学术模式建立在一种错误的设想上，那就是认为商业是一门学术课程，就像化学或者地理一样。事实上，商业是一种职业，类似医学和法律。”

这些评价标准催生了现代金融系统，从而允许并鼓励了来自象牙塔内的数理金融理论，然而究竟是哪一种因素，最初究竟是什么力量促使人们挑战旧的、具体的、非学术的方法，并且最终取代这种旧体系的呢？在这种貌似科学的体系统治金融界之前，我们的商业世界究竟是如何运作的呢？

一个关键的标志性转折点是 1959 年分别由福特和卡内基基金会赞助的著名的戈登 – 豪威尔报告以及皮尔森报告。他们鼓励商学院缩减侧重贸易的课程，雇用没有经过训练的职员，招收那些成绩比较差的学生，并且执行简单的教学和研究方法论。

这两份报告无疑是一枚学术炸弹，鲁莽地迫使商学院进行了 180 度的战略调整。这两大资金雄厚的基金使我们我们认识到：商学院需要被赋予“学术尊重”，就像社会和自然科学所享有的那样。最终，大笔资金被投入商学院，因此，商业学术的焦点如此绝对地转向所谓的严格研究也就不足为奇了（有一点值得注意：被挑选出的优秀模范是那些包含量化和科学方法学的机构，是自夸设有“严肃”课程的组织）。毕竟，当他们称呼你为头脑简单的乡巴佬，与此同时又给你很多的好处，让你变得更像一位经济学家或者一位数学家的时候，你又如何能拒绝呢？

1957—1965 年，福特基金总共提供了 4.63 亿用以帮助美国加强商业教育。福特基金认为他们的主要目标已基本实现，并且认为（历经改革的）商学院现在已经可以实现自我管理，因此终止了对商学院的继续资助。福特基金认定得以完全实现的目标有：完成了从职业本科生教育向专业研究生教育的转变；通过吸收社会科学的有关概念和严格的量化方法，大大提高了课程的质量；提高了商学院教职工的学术水平，使其达到了其他学科的教职工的平均水平。

商学院在获得这些慷慨的资助后变得异常繁华（也许主要是出于这个原因），一些原则性的变革行动为今天的不满播下了种子。可以这么说：要不是有这些资助，50 年前如此费尽周折地将金融推向科学化的事情也不会在商学院内发生，而今天那些可怜的抽象主义理论也不会如此迅猛地占据主导地位。有趣的是，福特基金本身也承认，事情的发展已经失去了控制，我们可以从他们的评论中看到这点：“针对这个项目的极少数批评中的一种指出，这些博士生的论文研究以及其他研究工作已经变得太过理论化，并且深不可测。”

因此，问题的关键在于：在追求科学化之前，慷慨的基金介入是否使得事情朝着不利的方向发展？是否将深奥的金融夸大为用于除去一种不可接受的旧式框架的可接受的方式？福特和卡内基基金会可以把我们从邪恶中解救出来吗？那些资助金融从现实化转向科学化的人当然认为可以。关注贸易的评论家“对当前泛滥的这种过于狭窄、极度专业的课程以及过于强调对当前实践的细节记述和过于严格的商业管理规则表示质疑”，并且“谴责那些过度强调职业主义的主张”。即使那些私下埋怨过这种理论现状的人也会迅速地提醒我们注意那些老前辈的不足：

> 20 世纪上半叶，商学院更像中等职业技术学校。绝大多数教授都很热心肠，他们会讲述战争故事，发表不成熟的见解，偶尔还会给出一些实践指导。我们记得在麻省理工学院工业管理系的生产课是由通用汽车公司装配厂的经理来教的，这非常有用，但是显然这种教学很难做到全面而专业……因此，回到职业教育的路子上去会是一个灾难。

然而，这种授课方式在有些地方还是值得称道的。20 世纪 50 年代一门典型的金融课程包括“机构安排，法律结构和长期金融投资项目”。坦白地说，这些课程听起来很有用。举个例子，我不介意生产课由一位真正的生产经理来教，正如我不介意期权课由专门做期权交易的人来教，不论他们的经验是否全部源于实践。有证据表明，并非只有我有这种想法。

我在一所国际顶尖的商学院任教，人山人海的礼堂里挤满了来自世界各地的年轻人。我教的衍生市场课程是百分之百的实用课程，而不是理论的、分析的或者数学的。在课堂上，我主要传授自己在投资银行的一些实践经验，它们完全来自活生生的现实世界。学生听完这些课程后就能够理解人们在现实生活中是如何使用衍生品的（包括简单的和复杂的）。课程中要求最严格的部分完全出自需要严谨应用的考虑。通过学习这些课程，学生们对于什么是换手、公司为什么会趋向于使用某种换手或者清空某种期权，或者信贷衍生品为什么能够帮助减少拖欠风险等问题都会有更深刻的理解。也许你会很吃惊，因为我发现学生并不反对学习那些立刻可以在现实世界中运用的知识。甚至没有人抱怨黑板上缺少公式，他们会愤然离开那些令人讨厌的所谓的“职业教育主张论”。（我们怎么敢把他们教的东西直接运用在现实的交易中呢？）因此，也许今天的学生推崇的是那些老的、现在已被学者遗忘的金融知识，但当今的学者却强调教条主义。

亚瑟·斯通·德温（Arthur Stone Dewing）在20世纪上半叶在哈佛大学任金融学教授。德温是一位很受欢迎的老师，他从不刮胡子，有时会让人误以为是印度的某位王公。1933年，德温被控非法储存黄金，从而被迫辞职（尽管后来证实，黄金储备是德温遍布新英格兰的实业的一种有效的避险方法）。尽管如此，德温作为前定理时期第一本金融书籍的作者还是得到了人们的尊敬。1919年《公司财务政策》首次出版，后来这本书被扩版至1 500页。什么是金融科学化之前的圣经？这种落伍的、最原始的金融符号究竟代表什么呢？

德温的代表作“把公司作为体制和法律的实体”（想象一下），“讨论了公司通过发行证券来筹集资金的方式”（谁需要了解这些），“讨论了公共事业和公司的总估价、会计学的基本技能、业务扩张的原因和形式”（这一切都很简单），“包含许多历史的独白”（但是数学去哪了）以及“一些心理暗示”（你的意思是，它使现实生活中的人们与其有了切实的联系）。换言之，在福特和卡内基基金会发现需要赋予商学院令人尊敬的科学地位之前，那些主流金融教科书都是超越基本算术的纯粹描述的典范，没有华丽的分析。

“新金融”对战“旧金融”

本质上，通过始于20世纪50年代末的金融科学化进程，商学院把关于机构和实际经营手法的描述（也许智能化程度不及吸引人眼球的航天科学，但毫无疑问是有用而无害的）置换成量化人类行为的模型。这种做法深受新涌现的数理经济学理论的影响。20 世纪初以来，量化模型的理论化程度越来越高（描述更少），第二次世界大战后，随着新古典主义运动强势地占据主导地位，量化模型的使用也达到了高潮。同时，量化模型还以建设理性优化经济行为主体以及一个理想化的全面的平衡世界为重要信条。

从新理论经济学家到最新出现的抽象金融模型都受到了著名的社会学家米尔顿·弗里德曼的思想的启迪，从而给量化模型提供了有力的辩护。米尔顿·弗里德曼被称为现代经济学的权威发言人，他说，理论不应根据其假设而进行评价，并且认为那些疯狂、不切实际的假设的存在并不能成为说明一个模型无用的理由。如此的论点来自这样一位声名显赫的大人物，实际上赋予了那些以量化为导向的新型金融学者无限的权利。弗里德曼的论文成了在持反对意见、传统的、趋向描述性和非理论的学者面前挥舞的一柄尚方宝剑。只要你喜欢，弗里德曼的论文就可以变成一种伟大的营销手段以及具有自我辩护能力的工具。难怪，杰出的早期金融理论学家默顿·米勒（Merton Miller）也坦率地说："在这里，我们只是理所当然地采用了弗里德曼的观点。"尽管有些金融经济学家比其他人更关心这些假设的现实性，然而在当前这种激进的社会形势下，他们的呼声似乎并没有受到人们的关注。

总而言之，商学院摒弃了明白准确的知识和信息，反而采用那些可以被视为弄虚作假的分析方法。商学院的学者也因此可以在金融领域拥有上帝般的权利，他们摒弃了用来描述上帝宗旨的实践行为，认为这种行为没有一点技术含量，也很麻烦。

有趣的是，这种替换过程要通过战斗才能够顺利进行。如今，处在数学的绝对领导下的商学院学术世界也许会让我们对量化分析的广泛使用遭到人们的强烈反对的事实视若无睹。我们可以认为这些反对是在商学院内爆发的某种形式的内战，是那些试图在一个阵地里保存描述性的人和那些致力于将金融科学化推上顶峰的人之间的一场战争。某些特定的金融案例中对新的科学化进程的反抗就是证据，例如：

> 在金融领域，人们几乎可以通过大量查阅文献来感受这些转变。早些年间，到处都充斥着描述性的文章，带有浓重的体制意味……慢慢地，出现了数学和建模改革……正反两方都情绪高涨……这是一场“新金融”对“旧金融”的战斗。有些人抱怨新方法缺乏相关性，而其他人则承认他们再也理解不了杂志中的内容了。年轻一些的成员则希望金融更“严谨”一些。

一位旧金融体系的捍卫者曾经说：“有些聪明的年轻人花了大量时间研究数学和理论，因此对金融知识了解得非常少。偶然一次，某位量化金融学的同事来问我一个关于金融工具和机构的问题，反映出了他对金融的完全无知。”一位著名的批评家认为，一旦旧的商业金融领域被打败和抹杀，金融经济学的发展方向就可以用下面一句话来概括：“金融新人已经失去了所有与现实的联系。总体而言，他们似乎只对展现他们的数学才能，而不是着手解决真正存在的问题感兴趣。他们通常看起来更像是在玩数学游戏。”

特别有意思的是，反对新金融经济学并不等同于完全反对量化方法。麻省理工学院的戴维·杜兰德（David Durand）是那个时代的一位著名学者，他批判性地指出，量化一词对金融来说实际上并不是什么新事物，精算师已经使用统计模型很多年了，然而关键的区别在于，精算师是使用工具去解决日常工作的，他们确实需要用数学来解决问题（即使可能是无聊且无趣的），而金融新人则似乎对运用没有什么兴趣，而是专门为了使用工具而使用工具。换言之，量化金融新人比先前的精算师更没有效率，因为精算师至少还“有一只脚踩在地上”。

甚至在那些支持科学化进程的人中也产生了分歧。最有力的证据是卡内基工业管理技术研究生院（如今是卡内基·梅隆大学泰博商学院，它在管理、金融经济学和量化金融教育等方面处于世界领先水平）“圣墙”内的争论。卡内基工业管理技术研究生院的理论成就斐然，处于全球领先地位，拥有充足的科研资金。原则上，卡内基大学的最高领导似乎完全同意金融以科学为基础的运作模式，但并不完全同意精确类型的科学。

有希望再次获得诺贝尔奖的人工智能之父赫伯特·西蒙（Herbert Simon）[①]的行为准则是：**拥护以观察为基础的经验主义，同时避免以教条为准则的经济理论。**他毫不留情地嘲笑金融经济学家关于人类行为的假设，并且嘲笑他们根据完全无法观察到的变量（例如预期回报）来创建理论的习惯。作为反击，经济学阵营发展了理性预期理论的初级阶段（教条主义超乎想象）以及米勒–莫迪利安尼资本结构无关理论[②]。随后，该理论在学术界中大肆流行起来（因此，这种理论在象牙塔外被当作传统智慧而被普遍接受，并且获得了两个诺贝尔奖项），我们由此可以得出以下结论：全力以赴去观察人类社会行为的人失败了，而集中精力做那些不符合现实假设的人却赢了。

象牙塔内的明星

我们已经见证了最初新的科学范式是如何通过那些来自对更加严格的职业化管理学教育感兴趣的人的慷慨资助而渗透到商学院内部的，然而，究竟是什么使得理论一直备受热捧呢？为什么直到今天，理论始终占据至高无上的统治地位呢？为什么新古典金融经济学与独裁统治联系到了一起？也许这一切可以被归结为自负和自我安慰。听一听有些教授对同事不知羞耻地紧抱着的科学模型的评论：

> 尽管几乎没有哪个商学院愿意承认这一点，但教授们确实喜欢目前金融

① 美国社会学家，1978 年获得诺贝尔经济学奖。——译者注

② Miller-Modigliani capital structure irrelevance theorem，下文简称为 MM 理论。这是一种大量建立在传统经济思想信条基础上的定理，这种信条认为假设没有现实意义、无关紧要，当然也不能成为怀疑数学架构是否健全的一个理由。

> 理论发展的方向。因为模型可以给他们喜欢的科学研究带来尊重，并且消除商学院教授曾经的职业耻辱感。简而言之，模型提高了商学院教授的职业地位，并且满足了作为教授的自尊心，而且坦白地说，模型使教授们想做的事情变得更加容易。尽管科学研究技术需要大量的统计学或者实验设计技巧，然而它们却几乎不需要很强的洞察力——对复杂的社会和人类行为的，以及可以在最短时间内发现该领域管理人员所面临的实际问题的。

也就是说，数学的大量运用使得原来臭名昭著（在其他的学者眼中）的商学院教师如今却在无知的世人眼中摇身一变，成了科学家。这种全新的地位和行事方式反过来又吸引很多刚毕业的年轻博士迫切地想把自己培养成一名商业科学家，并且花费大量的时间来解决方程式等问题，直到旧金融秩序的所有残余消失得无影无踪。一旦有哪位金融理论学家和其他的商学院教授获得了诺贝尔奖，金融教授曾经不受尊重的一切问题就将消失殆尽，至少在大学校园里是这样的（在大部分情况下，校园外也是这种情形）。科学方法成了一个不容置疑的观点，几乎就和宗教信仰一样，不允许出现任何质疑。

理论家知道他们现在的良机很难得，因此绝不会让别人将其从他们的身边夺走。由于教条主义就像玻璃房一样脆弱，只要一条小小的裂缝就有可能崩塌，也就是说，这些理论上的小小漏洞就有可能暴露出它们毫无现实相关性这个深刻问题，从而会引起人们对刨除了数学的现实主义金融的强烈要求，因此，等式爱好者们当然会紧紧抓住这次机会，毫不留情地捍卫量化分析，以免受到敌人的入侵。他们绝不会只因为技术性的问题，例如实用相关性，而让任何人剥夺他们钟爱的科学地位。理论金融已在商学院的象牙塔内实现其毋庸置疑的至高地位，并非常努力地将这种统治地位扩张到校园外。

关于自我安慰的问题，尽管听起来有些违反直觉，但研究先进的理论也许比发展对现实世界商业发展有真正实用价值的观点要容易得多（且不说在现实商业世界中真正有用的东西了）。一旦通过博士阶段的学习掌握了分析工具的使用方法，研究成果的出现只不过是反复使用平凡技术的结果，在许多情况下是处理一些来自同样平凡的理论成果的微小细节。真正意义上的创新是非常少的。只有那些能够提出具有运用价值和可操作性突破的人，以及那些拥有过硬专业知识的人，才可能拥有更多的创造性。

数学通常会令人感到特别舒适，因为它可以帮助人们建立起自己的王国。对现实金融世界仅仅是理解，更不用说领会，都是冗长、复杂甚至毫无希望的事情。现实世界如此混乱，任何有兴趣深入了解它的人都将不得不和大量的实干家联系，他们才是真正能够提供实质性帮助的人。倘若在大学校园里那个安全而舒适的办公室里，你能够结合自己的实际情况，并且得益于同事和老板们非常看重的方法论的帮助，那么事情就会简单得多，然而在试图分析这个现实的金融领域的过程中，要把你和其他人区分开来是很困难的，因此，数学为你提出自己唯一的理论成果提供了绝好的帮助，这样你就有机会独领风骚，成为象牙塔内的明星了。

从这个意义上说，金融经济学（这些都是基于柏拉图式的假设；米尔顿·弗里德曼会为此感到自豪）中最有名的继承人的显赫身份正是由他们这种可耻的、明显与实际生活相背离的本质造就的。也许默顿·米勒、弗兰科·莫迪利安尼、哈里·马科维茨（Harry Markowitz）、威廉·夏普（William Sharpe）、费希尔·布莱克、迈伦·斯科尔斯或者罗伯特·恩格尔并不是第一批想要出名的人（这里我不是在讨论剽窃的问题），而是第一次敢于将这种想法公开发表并将他们的名字与这些格言永远绑在一起的人。其他人则避免做出如此大胆冒失的行为，因为这种想法的抽象理论程度令人无法接受且不可逾越。他们可能会认为整件事情是臭名昭著的、荒谬的，因此害怕受到公众的嘲笑而将方案扔进了最近的废纸篓里。

与此形成鲜明对比的是，米勒等人却“不知廉耻”地陶醉在新理论时代的影响之下。不管怎么样，他们并没有表现出悔意，而是很高兴将自己和这些理论联系在一起。那就是说，当柏拉图式的理论成为金融领域的统治者的时候，这种乐意于毫不犹豫地接受这些激进的抽象理论想法的人数目剧增。其实，哪怕至少展现出一点为这个现实世界服务的兴趣（那么，他一定能成为优秀的学者），他们也可以逃离这个怪圈，为那些不太挑剔的人留下一个说辞。这些因为论文获得关注的人自然而然地暴露在公众面前，从而被认为是先进学术的代言人。是获得提拔还是变得声名狼藉取决于一个人对抽象理论的支持程度，而不是其真正的实力。这对于那些只相信模型的人来说是个天大的好消息。

学者们非常支持科学化进程还有一个理由，那就是，拥有理论，你会更强烈地感觉到自己是一位主导者，是一个傀儡的主人，可以用你的理论操纵市场。倘若你只是描述别人（真正的市场参与者）正在做的事情，那么你就没有傀儡可操纵，当然也不能够操纵市场了。描述太过于谦卑，缺乏尊严，它不能令你获得如此的荣耀，但要是你能够提出一种理论（比如你说没有人可以战胜市场，或者提出一种可以通过动态复制组合来定价的期权），同时利用学术机构的帮助和门外汉对量化的无知进一步使这个理论成为传统智慧，结果又会如何呢？这个理论会被华尔街关注吗？会被华尔街遵从吗？如果结果是这样的,那么你就很有权力了。你，也就成了市场的主宰。你有点像索罗斯和巴菲特甚至更好，因为你可以表现得比那些华尔街流氓更有思想深度和学识。

对冲基金经理约翰·徐（John Seo）（拥有哈佛大学生物物理学博士学位）曾用下面这段话来分析金融学术界："学术界没有弄清楚一个事实，那就是市场是不可战胜的，因此，他们总是以为模型是很有效的，所以，'顺便说一下，这里还有很多你根本无法理解的数学'。"

按照徐的思路来想象一下是很有意思的。如果让那些知名的金融理论家从事对冲基金交易员或者衍生品销售员而不是大学博士后的工作，那么科学的市场理论是绝对不会消失的。毕竟，当把这些理论运用于现实的时候，就没有必要编造另一种想象的、虚拟的，并让别人以为你在参与的游戏规则来蒙蔽他人了。

将灵魂卖给分析工具

自从戈登和豪威尔报告以及皮尔森报告发表近半个世纪以来，一种持必胜信念回顾其创始人的过程开始了。理论牢牢地统治着商学院。当然，最近几年，该阵营的许多杰出成员愤怒地抨击理论的优势战略，但现状似乎并没有发生什么惊天动地的变化。在一篇很受欢迎的题为《商学院的商业价值在哪里》的文章里，麻省理工学院斯隆商学院前院长理查德·施马兰西（Richard Schmalensee）写道：

> 管理学院的教师关注的通常都是学术领域，例如对策论或者计量经济学，而不是管理实践，而且他们的工作与实际商业问题没有什么联系……不幸的是，现行的学术奖励系统重点关注的是学者是否在有影响力的杂志上发表过特别的研究成果并且在同行间引起了轰动。这个奖励系统不是设来评价或者奖励那些投身于工商界并且认真研究它们所存在问题的人们的……学术系统现行的雇用和奖励教授的方法不能吸引或者鼓励那种以实践为导向的教职工，我们必须使商学院的研究和MBA教育得以应对今天和明天所面临的管理挑战……商学院的研究议程必须以现实生活中的管理问题为导向，然而为了实现这种改变，以问题为导向的研究必须被广泛认知，并且作为一种大方向进行发展，而不是被当成对学术职业有危害而被抵制。

施马兰西想说的是，商学院已经被那些最不了解或者最不关心商业的人们绑架了，必须把它们从这样奇怪的现状中解救出来（但是略有讽刺意味的是，MBA所表现出来的大男子主义情怀会让他们任由那些没有多少实践经验的技术人员完全主导商学院）。

耶鲁大学管理学院前院长杰弗里·加滕（Jeffrey Garten），也毫不忌讳地告诉我们他真正的想法：

> 当前的商学院教育模式需要进行很大的改革。我认为聘用和留任教授的标准应该不同……商学院需要做的是增加一些晋升标准，其中一条应该是要

有实战经验，这正像一位在医学院教书的医生应该给病人看过病一样。

我们需要战士来领导一场革命，然而那些可能成为乔治·华盛顿的人却发现他们很难在一群幼稚得多的大学老师当中竞聘上岗。这里有一个很简单的理由：严格遵守规则的奖励太高，而不遵守规则的惩罚则太重。这一切都可以归结为所谓的任期，它也许是人类有史以来所发明的投身于官方路线的最大动机（也许是长期以来的鞭策）。从本质上来讲，终身教授的制度使得理论秩序不会在内部受到质疑，并且会因此永远领跑下去。因为在科学模型主导的领域，被赋予终身教职的一项标准是同行评审的理论研究成果。而关注非理论、运用性、可行性、描述性、制度性等方面的事情肯定无法被赋予任期。当然，不能听我一家之言，大家可以借鉴那些具有丰富市场经验的人的说法：

> 一位在高质量杂志上发表过研究成果的管理学教授会被认为是明星，而一位将专业评论发表在谁都可以访问的网站上的学者，尽管其文章更有可能对商业实践产生影响，也很难被委以重任。我们都知道，一位发表了很多高影响因子文章的学者是不可能因为不善于教书或者不能有效地教授管理教育课程而被拒绝委任或提拔的，但是，我们同时也知道，当所在部门认定他不是一位严肃的学者的时候，金融学教授会被拒绝提拔重用。拒绝的理由可能包括在《哈佛商业评论》中发表的7篇文章和在所在部门的教师中获得的最高教学评级。商业教育的既定目的可能还是一样的：培养实践人才和创造知识，但是手段使得目标无法实现，因为奖励是针对其他项目来进行评定的。

当反启蒙主义者统治金融领域的时候，那些试图着手解决实际问题以及能够进行有见地的沟通的人也许会遭到无情的压迫。像托尔克马达[①]一样偏执地只喜欢模型的学者专门迫害那些向普通大众传达一些有用的观点，或者以某种极富吸引力的方式培养学生的人。正因为这些学者对事情的真相了然于胸，他们清楚，要保住自己的优势地位和唯一可能获得成功的领域（深奥的分析），最好的方法就是

① 西班牙第一任总裁判官（1487—1498年），掌管西班牙的异端裁判所，负责对犹太人、摩尔人以及其他被定罪为异教徒、巫师和罪犯的人进行迫害。——译者注

毫不留情地诋毁和迫害那些在其他领域有优势的人。毋庸置疑，在这个过程中，每一个人都有所失：没有创造出真正的知识，灌输给学生毫无应用价值的东西，专业人士无法学习到有用的东西。如此发展下去，商学院总有一天会名声扫地。

因此，终身教授究竟是什么，为什么有那么多的学者愿意将他们的灵魂出卖给分析工具来交换这个头衔呢？有人将终身教授等同于通过了欧洲顶级公务员考试，这足以成为让全家聚在一起庆祝的理由，因为聪明的小强尼（安东尼奥、阿努伊或者陈）经过了很长一段时间的闭门修炼，在这期间，连兄弟姐妹都不知道他是否还活着。经过如此艰辛的努力，现在他终于取得了一劳永逸的成功：相对较高的报酬，相对较高的社会地位，相对较轻松的职业，有时类似于官僚的角色，但是处于更高的层次（方便妈妈们向她们的朋友吹嘘），然而学术性终身教授不是一个永久性的定义，它是在不断的实践中获得生命力的。我们也听说过某老师被取消终身教授资格的例子，但是这种概率非常小，而且为了不被解雇，这些人可能做出一些非常奇怪的事情（比如鼓动学生炸毁一所大学的设施，或者剽窃他人的作品，或者隐瞒种族背景）。

商学院教授可以赚很多钱，特别是金融学教授。一位刚刚毕业的金融经济学博士，在世界排名前 50 的大学里任教，第一年的收入大约有 150 000 美元，还有其他奖励（包括有机会在美丽而绿意盎然的大学校园里居住和工作）。这本身听起来就是值得许多人努力长期保持这种状态的一个非常好的理由，而且各种报酬可以随着时间的推移变得更好。许多高级教授不仅可以获得加薪，还可以获得高报酬的管理教育课程。由于他们的学术地位，他们可以得到报酬丰厚的约稿合同和技术咨询工作，甚至有可能获得董事会的席位。总而言之，一位在美国或者英国享有盛誉的大学金融教授的平均年收入至少有 6 位数，但是你首先要获得终身教授的资格，然后才能够成为一位资深教授，因此，终身教授自然非常有吸引力。有了它，你就不会被解雇，而且沿着这条职业路线走下去，你会过得相当好，至少比欧洲公务员要好得多。因此，所有能够取得这种终身教授头衔的行为都是非常具有诱惑力的。

那么，究竟可以凭借什么来赢得终身教授的头衔呢？那就是许多理论研究成果。有趣的是，学者们认为终身教授的头衔是保护思想和言论自由的一种方式，但是根据决定任期的分析方法在商学院内部的极权统治来判断，可以认为它在这里获得了完全相反的效果：异议和个性似乎不能为评定终身教授加分，而顺从和屈服却可以获得很高的回报。

理论研究逼走明星教师

后面将要讲到的一个案例能够非常清楚地表明，正是任期制度赋予了科研机构完全的主导优势，它表明了这一制度是如何确保和保护理论贡献至高无上的统治地位的，而其他方面的贡献（软贡献）又是如何被无情地碾碎，将从事这些方面工作的人们逼入绝境之中的，任期制度是如何地妨碍那些有能力在其他非理论方面（例如教书育人或者服务学生的工作）做出杰出贡献的人们进步的，任期又是如何刻板无情地规定获取一份高报酬、稳定的大学教师工作的决定性因素是理论成果的。总而言之，这个案例很好地说明了任期如何被理所当然地看成了一种保护分析现状的工具。当然，这种现状几十年来始终向我们灌输着不健康、不符合实际情况的金融理论（任期及它所代表的含义会极大地鼓励这种灌输，还会保证它持续进行）。

2008 年 1 月，美国密苏里州圣路易斯华盛顿大学的奥林商学院已经决定，终止与会计助理教授察基·扎克（Tzachi Zach）的合约，他被解雇了（他很快就高兴地在俄亥俄州费希尔商学院非常著名的会计部门找到了合适的工作，在这里，他也可以享受到一流大学的足球和篮球比赛），奥林的学生立即群情激奋地反对这个决定。校报新闻中充斥着学生愤怒的评论以及对扎克的高度评价和崇敬之情。校友们跨出了更长远的一步，他们创建了一个名为“奥林商学院需要重新考虑其优先事项”的Facebook小组，鼓励其他有看法的人向校长投诉。

为什么学生们会有那么多激烈的行动和强烈的失望之情呢？因为扎克是一位广受爱戴的老师，他受到那些（应该）特别关注此事的学生的崇敬。“他是目前为止我在华盛顿大学遇到的最好的老师，”二年级学生瑞安·格朗丹说，“扎克教授深深地影响了一部分学生，他正是这部分学生读会计专业的理由。”扎克·弗里德曼，这位会计专业的三年级学生是在奥林商学院的周末派对中遇到扎克的，他说：“我认为奥林试图扩大自己的名气并努力提升在学生中的形象，其实察基·扎克是吸引人们的最大亮点之一。”

“我认为奥林商学院绝对犯了一个错误，因为它让最受尊重和欢迎的老师走了。”约尼·迪娜说。她是一位会计专业的二年级学生，同时也是扎克老师的助教。扎克以前的学生克里斯汀·哈格蒂认为他不仅仅是一位值得称赞的教授：“这年头称赞已经是轻描淡写、不值一提的了，然而在这所大学里，究竟有多少学生可以自豪地说自己有一位能够真正影响他们一生的教授？扎克教授的教育不仅影响了学生的职业道路，还影响了学生个人的奋斗目标和行为，与此同时，他还一直和学生保持着联系。他确实是一位能够鼓励学生充分挖掘潜能的教授，而他所做的只是教授一门极其枯燥乏味的课程——会计学。我知道我并非唯一一位把自己的职业生涯归功于扎克教授的会计师。我虽然已经毕业两年，并且5年前就已经不是他的正式学生，但是我仍然和以前一样敬重他。”

扎克的学生亚历克斯·诺伊曼在一篇《不要把最好的教授逼走》的文章中宣称：“扎克正是华盛顿大学的学生想要的老师的光辉榜样。我们想要的老师应该是有魅力、诙谐、聪明而善于表达的。”2007年，扎克获得了最佳教师奖。

扎克究竟是为什么被解雇的呢？很明显，是因为缺乏有力的理论研究成果。奥林商学院的院长，同时也是最终签署扎克“死亡证书”的人马瀚德拉·古普塔

（Mahendra Gupta）说："扎克是一名非常好的研究员，然而非常不幸的是，他没有相关成果。"分配给每一位教授的每一部分工作（教书、研究和服务于学校）的价值分量仍然是保密的，因此，学生担心在扎克的案例中，大学过分地强调研究而忽视了他的教学能力。奥林商学院的一位前院长承认扎克是一位有奉献精神的老师并且受到学生的广泛爱戴，他指出，学生的担忧只是"不能理解科学研究在教学中起到的角色以及学术成就在学生教育中的重要作用，除非学生能够理解本科教育中思维的重要性，否则，他们就没有办法理解学校的这种做法"。当然，他的意思是说，真正重要的想法和知识来自含义抽象的方程理论研究（现实世界的发展和专业人才的培养就该被诅咒）。倘若你不能够理解这一点，那么你就没法理解学校的做法。如果你是这个行会的成员，那么这确实是一套漂亮的托词。

校友克里斯汀·哈格蒂认为这样的推理很侮辱人："学生们并不只是因为扎克的笑话非常有趣，或者因为他总是很乐于在学术或者个人问题上帮助学生，就盲地参加他的课并认为他是一位很好的教授。扎克教授是一位很特别的教授，因为他在谈笑风生之间给了他的学生一流的教育。他的任何一位现在或者以前的学生以及其他的会计老师都可以证明，作为一名会计学老师能做到这一点是非常难能可贵的，并且他们可以证实扎克所教的班级是如何济济一堂、大受欢迎的……缺少发表的研究成果当然并不代表缺少技术知识……古普塔院长甚至指出，扎克教授的问题不在于他的研究能力（因此也不是他的专业知识水平问题），而在于缺少发表的文章……究竟是那些读《今日会计》的人假设奥林商学院的学生正在接受良好的教育重要，还是学生自己认识到他们正在接受良好的教育更重要？"

扎克的案例（可能还存在许多类似的其他更有代表性的案例）向我们揭示了商学院的运作模式。超级明星教师毫不费力地被驱逐出去，就因为他没有按照那些认为理论高于一切的人所制定的规则行事。在科学化方法之下，商学院真正关心的问题显而易见。扎克的前资深助教索尔·科佩洛维茨（Saul Kopelowitz）认为，奥林商学院的决定向学生们发出了明确的信号："学校管理部门认为，老师对学生的教育投入不如他们的研究能力重要，也就是说，研究任务优先于学生教育。"索尔的观点非常好，但我认为学生并不是此类信息的主要接受者，相反，这些信息主要是针对其他学者的：倘若你想获得一份终身职业，那么你最好以理论研究作为奋斗目标。扎克的案例阐明了任期是如何有效地保证商学院能够继续创造理论的。福特和卡内基基金会是不会以此为傲的，这两个基金协助培养出的商学院这只猛兽展示出不懈的韧性，拥有土星般的能力，正在吞噬它最有希望的儿子。

另一位奥林学生要求校方"向我们证明教学质量以及教师同学生的课外互动在学校的评审过程中占有多大的分量"，然而令人遗憾的是，"最后，奥林和它的学生们在让扎克教授离任的决定中损失惨重……学生们失去了一位杰出的老师，一位良师益友，一位独一无二的朋友。"学生们眼泪汪汪地得出这一结论，向老师说再见："扎克教授，谢谢你给我们的生活带来的影响。我们给你最好的祝福。"

对改革的需求视而不见

看完这些，有些读者可能会很迷惑。金融部门通常是一所商学院最重要、最突出的部门。金融学教授（以及他们的许多学术同行）往往由于缺乏相关实际工作经验而容易在抽象分析中出错，他们深受上级领导的鞭策和鼓励，而努力朝着抽象分析这个方向发展。不可否认的是，近几十年来，商学院在全球范围内取得了绝对的成功。这些会有怎样的结果呢？为什么商学院能够基于如此不符合实际的模型（一般而言,总有意外）而获得成功呢？这些疑问是微不足道的。重要的是，只要人们认为商学院是成功的，这些疑问就不会给现状带来实质性的挑战，而商学院也因此不会停止制造这种挑战现实主义、能够为象牙塔带来体面标签的金融理论。基于这一点，我们可以认为，这种金融理论给现实金融世界和经济领域带来了极大的危害。除了这些明显的内因，我们还需要了解其他因素，例如早前分析的任期制让教条式的金融经济学家毫不费力地一路小跑前行，同时，任期制也给理论这台机器添加了润滑剂，从而不停地炮制出无数的理论。

商学院对改革的需要视而不见主要有两个方面的原因：

- 在很多情况下，缺乏工作经验的教授和理论占据统治地位的消极影响很容易被学生和招聘人员所忽略，因此似乎没有危害性；
- 由学校呈现出的积极的一面仍然有足够的吸引力，会弥补人们对商学院的失望情绪。

一般而言，商学院的教授因为缺乏实用的职业经验而只会进行理论研究。不少学生和管理者可能会回答："我们不打算改变现状。"确实，双方都没有什么动力在内部发起一场针对现实相关性的改革，因为一旦承认这一点，就相当于要一位学生（报名攻读 MBA 的学生）大声宣称自己所接受的教育是没有现实意义的，这对他们绝对没有任何好处。为什么要贬低他的教育投资价值呢？为什么要自愿伤害自己的求职前景呢？因此，把满腔愤怒留给自己也许是比较明智的选择。当然，几乎不会有项目董事和院长会愿意（至少在进行一些改革之前）公开承认在他们的机构内理论占有绝对的优势地位。

他们的搭档，也就是负责招聘 MBA 的人，习惯上对质疑学术现状也没有过多的兴趣。商学院（再一次声明，是著名的商学院）提供了一个非常方便的平台，成功吸纳了一批批雄心勃勃、才华横溢的年轻人。相对于其他资产，这些年轻人是投资银行、顾问公司、私人股权公司非常重视的无形资产。因此，为什么要质疑那些看起来运行得相当不错的体系呢？

而且，最终，这些精英机构承诺的高报酬的工作机会（还有和来自世界各地的人们相聚、享受具有田园般风光和丰富资源的大学校园环境、偶尔还能学到一些有用的新东西的机会）又继续吸引学生就读商学院。真正自相矛盾的是，高盛和麦肯锡公司通过不断地招聘 MBA 让这些金融经济学新手们可以继续享受安逸的、与世隔绝的、脱离现实的理论生活，还不用接受任何惩罚。

人们急切地筹集超过 15 万美元的学费，并且决定花费几年的时间投身于商学院的理由是：

- 毕业后获得享有声望的高薪职位的可能性；
- 毕业后获得享有声望的高薪职位的机会；
- 毕业后获得享有声望的高薪职位的机遇。

因此，只要学生相信 MBA 是打开伟大职业机会大门的钥匙，那么无论商学院怎么样，都不会改变他们的决定和对自己未来的规划。当客户年复一年地自动回到你身边时，为什么还要去实施大刀阔斧并且有可能非常痛苦的改革呢？当然，偶尔会有生源不足的时候，但是市场总是会回归正常水平的。

本质上说，尽管商学院的教授们缺乏实战经验和知识，但他们仍然能够在内部畅通无阻（在商学院之外也是一样，至少那些有关的人们不会责怪他们），这是因为没有一方有真正的动力去实施这些改革。年复一年，购买产品的人（MBA 的雇用者们）似乎对商学院培养的人才都相当满意，那么，商学院的管理层也就不会公开承认存在某些不对劲的地方。倘若大惊小怪并开始着手于内部改革进程，那么无疑是向外界传达了这样一个信息：商学院内部所做的事情其实没什么特别。你不会告诉招聘人员你已经愚弄他们好多年了，给他们输送的毕业生其实根本没有接受过相关的训练。作为学生，只要能够获得工作机会，他们就更不会有动力去促成这种变革。你什么时候听说过一位 MBA 毕业生在接受年薪 20 万美元的工作面试时说，他在商学院所接受的纯理论教育完全是浪费时间？我也没听说过。对于那些招聘人员来说，商学院一直是提供商业人才的可靠基地，他们所接受的教育不适用于现实世界已经是公开的秘密，但这点从来不会成为他们拒绝使用这些人才的障碍。只要看看投资银行内部对研究生的培训计划就可以明白，人们并不认为 MBA 毕业生在学校里已经接受了足够的教育。

当然，学生和招聘方都没有兴趣推动这项改革，最终都成了吃亏的一方。究竟是哪一种情形更有利于商学院学生在华尔街的前途呢？是曝光商学院内部究竟发生了什么，还是让那些没有实战经验的理论家继续在其中横行？这难道还不够明显吗？如果商学院教育与现实紧密相连，那么学生就会真正理解产品和市场（而不是深奥难懂的数学），也就有机会获得更好的工作，同时有更多的机会实现自身价值。同样，招聘方可以节约大量时间和金钱用于新晋毕业生的培训，并且能够得到那些真正可以胜任工作的人员（甚至可以避免过度的理论灌输导致新入职人员的行为给机构带来危害的风险）。

总而言之，不愿改革的金融学者应该可以放心。那些最能威胁到他们安逸现状的人似乎并不打算有所作为。这种不情愿改革的情绪反过来又否定了那些立场更为坚定的外界所做出的努力的成效。过去，著名的专业人士会使用《金融时报》这类期刊的网页发表强烈反对传统金融经济学的声明，他们最常用的理由是金融理论脱离实际，因此那些生活在现实世界中的人不应该太把它当一回事。这些专业人士表达这些观点不仅是想揭露不符合现实的理论教条，还要揭露这些教条的追随者都是什么人，然而，这些文章在使许多人开始重新审视和怀疑金融理论的同时，也很可能激怒了经济学家。但对于那些阅读《金融时代》杂志和那些公开考虑非任期意见的人来说，这些批评的话似乎无关痛痒，它也许只是在一定程度上引起了这些人的愤怒，但没有对他们造成什么实质性的损害。没有哪位金融经济学家会因此失去工作，或者因此将其学术声誉所受到的严重损害看作这种揭露的结果。这些文章甚至不会使那些选修理论课程（充满了教条主义）的学生数量显著减少。

那些正统金融系统批评家的致命弱点是，他们经常只是歇斯底里地喊出他们的想法，却不能击中敌人的要害。理论家的主要防线正是专业人士竭力强调的这种脱离现实的特性。正统的金融经济学如此成功地在现实世界中掩护了自己，以至于其健康状态不会受到任何来自现实世界的影响。教条主义已经取得了相当大的成功，我们根本无法指望，更不用说要求金融学者留意市场的现实情况了。当不需要教授和发表与现实世界有关的内容作为成就成功学术职业生涯的必要条件（却很可能是个阻碍）的时候，实战者（并非招聘人员）提出的异议就不可能对理论家的现状产生任何实质性的影响了。当然，精明的理论家只是非常清楚这些情况罢了。

被误解的费希尔·布莱克

对于大多数金融理论学家和金融数学家来说，费希尔·布莱克是一位英雄、一座灯塔、一个参考图标，更是一位值得尊敬的先驱者。人们认为布莱克对量化金融革命的爆发具有决定性的贡献，多年来，令许多学者在运用大量数学、统计学和计算方法的模型处理金融问题的过程中获利颇丰。但分析家在对现代期权定价理论之父顶礼膜拜的过程中，也许选错了偶像。

因为当第一次谈到金融经济学过度数理化的时候，布莱克不仅自称怀疑论者，实际上还极其公开地批评了金融经济学学术机构。布莱克花了 10 年时间充满激情地在麻省理工学院和芝加哥大学寻找金融经济学真相，当高盛邀请他加盟时，他很乐意投身华尔街。根据他在高盛的同事伊曼纽尔·德曼所说，布莱克最引人注目的特点是："他的固执和只投身于简单明了的事情……因为他喜欢清楚的东西，同时也许正因为他没有接受过正规的经济学教育，他总是避免过于形式化的东西。他的论文与那些充满了不必要的严谨定理的金融经济学杂志上的研究论文完全不同。"

这种率直决定了他的研究方法"似乎包括不惧艰辛的思考和直觉，并且没有过分地依赖复杂的数学理论……在求助于数学之前，他顽强地试图理解金融经济学"。在模型化过程中，"他喜欢用观察到的现象而不是隐藏的统计或计量经济学变量来描述金融世界……费希尔喜欢事实胜过喜欢优雅"。

根据德曼的回忆，在高盛内部，布莱克的一篇短文曾在私下里流传。

经济学家说

LECTURING BIRDS ON FLYING

文章中，布莱克抓住了金融经济学的根基："某些经济数量很难预测，我称它们为'不可观察的'，一种难以观察的指标是预期收益。来自马科维茨的如此多的金融理论毫无疑问是用来处理这些经济数量的，然而，我们对预期收益的预测是非常糟糕的，因此这种估计总是显得很可笑。"当布莱克指出"最终，理论被人们所接受，不是因为通过传统实践的证实，而是因为理论研究者相互说服，认为理论是正确的、具有现实相关性"时，也许是对理论知识分子的一次更大的打击。

1994年10月，在被授予年度"最富有声誉的工程师"的称号时，布莱克发表了最令人印象深刻的反对形式理论的声明。他坦然地表达了自己更喜欢运用型研究而不是纯理论型研究的想法，并且认为教授的聘用、提拔和酬劳获得应该根据教学成果，而不是研究成果（研究应该是自愿而非强制性的）来决定。他认为大学制度与官僚统治、一成不变的苏联相似，还发表评论说："商业和经济学中研究的根本问题不是太理论化或者太数学化，或者过于脱离现实（尽管所有这些都是很严重的问题），根本问题是，我们进行了太多的研究，并且是方向错误的研究。"

令人惊奇的是，费希尔·布莱克所说的话听起来与当今一些积极进取的正统金融批评家，例如纳西姆·塔勒布等人做出的评论如出一辙。这些信息会被今天的商学院所普遍接受吗？我可不这样认为。人们几乎是偶然地发现，被臆断出的纯理论的楷模变成了正统学者所厌恶的信仰领袖，就像氪石之于超人一样。

倘若金融部门在布莱克去世后的10多年里关注他的有关信息，会非常有帮助。即使金融专家不这么做，他们的上司至少应该这么做，因为商学院是非常重要的机构，它们寻找有才干的职员（或者只是新人）的雇主和雄心勃勃的年轻人之间架设了一座桥梁；它们在那些希望在新领域做出重大贡献的人提供了独特的转型机遇；它们为那些错过了第一艘船，但是很有价值的人提供了第二次机会（如果你没有如愿进入哈佛大学，你可以努力争取今后进入哈佛大学商学院）。所有这些功能使得商学院在丰富全球人力资源方面发挥了非常重要的作用。

商学院应该主动避免受到那些令它们脱离实际的势力（像过度的形式主义或者物理学嫉妒）的威胁。应用费希尔·布莱克的观点，就是朝这种正确的方向迈出了重大的一步。布莱克绝非一位疯狂的局外人，他从哈佛大学获得了博士学位并且在两所世界顶级大学里任教，要不是因为身患癌症去世，很显然，他也会得到诺贝尔奖。总而言之，布莱克所持有的不同意见是值得尊敬的，我们没有理由不按照他的指导采取行动。

首先，倘若那些勇敢的院长和金融部门的负责人想要赋予他们所领导的领域现实相关性，那么不妨采用费希尔·布莱克的方式。这样做，他们会获得相当有价值的成果。首先，尽管我们前面提过，商学院获得的无可争议的成功（如稳定而强劲的对毕业生的需求、提升职业生涯的可能性、全球竞争力、积极的扩张活动等）削弱了改革的紧迫性和动机，管理者也不应该过度沉浸在自我满足中。要是不那么自满，也不会惹来外界如此多的负面宣传（自满引来对商业学院式作风的抨击似乎是很公平的游戏规则）。众所周知的《哈佛商业评论》或者《商业周刊》都开始对当前的商学院模式进行严肃批评，这足以引起外界的关注和怀疑。如果商学院管理者仍然不做回应，难免会让人觉得有些气焰嚣张或者漠不关心。不采取行动的结果可能导致衰退期的延长，有可能导致公司逐渐减少直至放弃对 MBA 毕业生的招聘。一旦这种放弃达到临界点（例如一旦高盛不再聘用商学院的学生），那么商学院本身也会陷入危机。连大亨唐纳德·特朗普（Donald Trump）也感到了市场对运用而不是理论的商业训练的需求，并且他已经开办了自己的网络大学，提供有关战略、市场和不动产的课程培训。商学院院长只要想到有朝一日有可能不得不和《学徒》(*The Apprentice*)[①] 里的明星正面交手，就会在睡梦中惊醒，吓出一身冷汗。因此，将商学院从量化的紧箍咒中解放出来，让其继续保持成功地位，

① 美国广播公司播出的节目，参与者是 16 名雄心勃勃、拥有高学位、已经小有成就的年轻人，这些人希望在特朗普的地产王国中得到一份年薪 25 万美元的工作。——译者注

避免受到严重的损害，越快行动越好。

其次，勇敢地公开强调现实意义优先于教条主义，商学院的教授不仅可以更好地服务于学生的兴趣爱好，还可以恰当地履行教师的义务。金融经济学家必须明白，他们所选择的学科本质上就是意在应用的，他们并不能影响这种学科的性质。现实中的每个人是通过自己的决策而塑造了金融世界的状态的。除非教授们想转行成为物理学家，否则他们必须明白，他们已经选择了将自己和一门实用性的、只受人类影响、非科学的学科联系在一起。倘若他们想要教书而不是搞研究，那么他们就应该谦卑地学习实战者真正做的事情，并对它们进行综合分析，然后将这些知识以一种全面、翔实与有趣的方式传授给学生。只有这样才能真正发挥作为教员和指导员的作用，只有这样才能充分发挥他们的许多优秀才能。

最后，学术巨头们有机会做一些受欢迎的公共服务性工作。例如，作为各种类型的政治家，为公众谋福祉；或者成为现实相关性圣殿的把门人，毫不留情地过滤掉任何危险的、不符合现实状况的理论。很显然，在预防理论对市场和整个经济造成严重危害的同时，也应该预防那些迄今为止为理论家遮风挡雨的机构带来的危害。一旦一种理论被炮制出来并且进入现实世界，因为它拥有象牙塔的庇护，我们更难避免理论所带来的致命后果。在象牙塔外面，那些被官僚和资格所蒙蔽的人们一般不会轻易地相信那些由著名的博士学位拥有者创造的理论会有缺陷，因为这些博士来自受大众支持、受数以百计的其他同样来自著名大学的博士所拥护的著名学府。（倘若哈佛大学让首席教授说某件事情是对的，那么它肯定是对的吧？）一旦理论走出校园，想有效地打击它就变得相当困难，太多的人只是让自己成为接受官方立场的奴隶。

因此，想成功阻止任何有害的理论化行为，就必须从根源处着手。院长们应该面对这些近在咫尺的威胁，协助保护现实世界免受那些广泛存在、不符合实际、会背叛其用户的数学的危害。从这个意义上说，合理的行动应该是打消如今人们对金融学博士的幻想，实施一种教学内容经实战者监督的学位教育方式（你能想象博士正在烹饪而厨师却没有发言权的场景吗）；或者取消任期制，至少做出大幅改革。采取行动已经不再是一种展望，因为史蒂芬·莱维特（Steven Levitt）刚刚提出了具体实施的措施，所有这些措施都将保证未来的金融专家采取完全务实的态度并全力以赴为学生和专家带来真正的实惠，而不是通过更加复杂、有可能为现实世界造成混乱的数学噱头来取悦学术同行。

我不打算帮助读者做出从商业金融演变成为金融经济学是福是祸，或者两者兼而有之的判断，我也不会在其他人面前下商学院究竟是否选择了错误方向的定论（尽管正如本章所展示的那样，我在这个问题上确实有自己的观点）。本书所传达的信息当然不是金融理论完全是一件坏事。我敢肯定，许多人会认为针对金融经济学的变革是一件非常有意义的事情，并且惊叹于数学的神奇魔力。金融理论甚至也许已经为世界带来了很多积极的因素。一位非常著名的作家将理论表述为：

> 创新者和思想家向我们展示理论应该是什么样子的。理论帮助投资者处理不确定性，为判断期望是现实的还是空想的，或者风险是合理的还是愚蠢的提供了标准，它们再次形成了这些熟悉的概念，比如风险、收益、多样化、保险和债务。这些英雄的名字也许并不为投资大众所熟悉，但他们的思维却是点燃当今这场涉及投资者所做出的每一个决定的革命的导火线。理论学家也能够帮助我们完善我们的系统。

事实上，金融量化意味着许多事情对许多不同的人会有多种不同的效果，例如，一种对基础金融市场的影响有可能，并且在很多情形下是完全负面的影响。本书主要是为了阐述潜在的危险，而不是对理论所做出的努力进行全面的恶意攻击。当然，倘若一种晦涩的理论工具会给市场造成严重危害，那么我们应该用深表怀疑的眼光审视它，并且采取预防措施来纠正这一混乱的局势，但这并不是说，所有的学者都应该放弃他们如此深爱的理论。倘若他们想倾尽精力来研究这些理论，雇主也愿意为他们的这种努力支付高额报酬，那么我无权对此做评价。我确定我们应该抵制坏的、有害的金融理论，但我并没有说我们应该完全放弃金融理论。我确定 50 年前启动的科学化进程诱发并鼓励了这些有害理论的产生，但我没有说科学化进程的所有方面都是消极的。我确定我个人不认为市场都可以被数理化，但我并没有说，数理化必须立刻停止。

我所能做的只是谦卑地回顾这一基本主题，并且让读者自己做出判断，我在这里只是列出了一些无可争辩的事实。商业金融完全建立在对现实生活中的实践和机构描述的基础上；商业金融教你关于现实商业世界的东西；商业金融没有使用过多的数学作为噱头。然而，金融经济学却催生了严谨而复杂的数学和经济学的定理；金融经济学完全建立在让那些没有实战经验的人从理论上塑造金融世界的基础之上；金融经济学的整个做法基于这样一种观点，那就是不论一种模型的假设如何不现实，它也不会影响这个模型的声誉，并且关键是更不能成为一种反对该模型可接受性的借口。古代的商业金融似乎是方便而无害的，而现代的金融理论可能会对金融和经济领域带来（或已经带来了）不愉快的影响。换言之，倘若你是一位科学模型的忠实粉丝，那么不要过分在意可能造成的危害，也许你还可以得出这样的结论，那就是金融经济学的到来是一件非常棒的事情。另一方面，倘若你更倾向于投身无害的、现实的、制度性的和描述性的东西，那么当科学化主导这个世界的时候，你会后悔的。

摇滚歌手布莱恩·亚当斯（Bryan Adams）关于 1969 年夏天的那首赞歌非常有名。也许我们不难发现，如今许多忧心忡忡的学术金融理论现状观察员都渴望回到那个美好的、没有教条主义的、以描述性为主的 1959 年夏天。

LECTURING BIRDS ON FLYING

03

宽客入侵

随着宽客逐渐踏入金融领域，他们永久地改变了华尔街的文化气氛。他们最初被视为无法公之于众的尴尬异类，但如今俨然成了主流的一部分。他们的存在完全得到了承认，甚至变成了金融机构的必备资产，成为一种在表现现代化、先进性以及独特性过程中不可或缺的标志。

渗透到金融领域的机器学习

我是在 20 世纪 90 年代中期才对量化金融有所了解的。当时我生活在华盛顿，正努力寻找一份多边组织（例如世界银行）的工作。由于我大学的教育背景是理论经济学，我根本不知道所谓期权或者换汇这些概念的存在。我会经常光临杜邦环岛和 K 街的书店，但国际经济学和政治学方面的图书永远是我的最终选择。我对衍生工具一无所知，因此有关结构性产品或者随机演算的著作并不会对我产生任何吸引力。

然而在 1996 年，所有这一切都发生了改变，其中主要有两个方面的原因。第一个原因是，我非常有幸地参加了在美利坚大学举办的讲座，它们涉及的恰好是衍生工具和风险管理之类非常重要的现实问题（不仅仅是计量经济学或者拓扑学，就像我在本科阶段所学习的那些）。借此机会，我了解了奥兰治县（Orange County）或者宝洁的一些非常有趣的案例，并因此产生了浓厚的兴趣。但当时并没有发生爆炸性的量化事件，衍生品只是另一种类型的金融产品，衍生品行业也只是另一种类型的商业罢了（虽然具有独特的吸引力），它们还算不上科学事业的分支。最初我接受到的观念就是，衍生品与金融有关，与数学无关。有趣的是，如果时间充分，事情有时候就会回到原点。

第二个原因是，有一天，我正在美利坚大学经济学系的大厅散步，无意间看到了一张宣传哥伦比亚大学数学金融项目的海报。海报吹嘘说，这个项目在随机、数字和金融运用方面非常有优势。我被唤起了兴趣，立刻去查看了他们的网站。该项目似乎是专门针对数学天才而设立的，你可以借助超级复杂的量化方法在市场中赚钱，对我而言，这无形中产生了巨大的吸引力。智慧和收益率的结合带有一丝神秘和独享性，所有这些都让人觉得是无法抗拒的诱惑。后来再次前往书店的时候，我决定冒险涉猎未知领域，并且开始拜读金融和数学方面的书籍。我也因此养成了一个长期的习惯（后来这种强度有所减弱），那就是花费上千美元来购买衍生工具相关的书籍（最多读了一半）。

1996—1997 年间（这期间我正努力设法获得在多边组织工作的机会，那却是后来让我后悔的工作），我研究了与量化金融学相关的其他研究生课程，其中最令人印象深刻的是卡内基·梅隆大学的量化金融学研究生课程，这所大学在当时恰好处于这一领域的领先地位。早期的一种说法是，即使你拥有一个物理学或计算机博士学位，你也只是具备参与这些课程的资格而已，这肯定会给人带来极大的压力。卡内基·梅隆大学的机器人研究所就有这样一门课——“金融领域的机器学习”，光是名称就足以令人望而生畏。对我而言，整件事情给人的感觉就像是美国宇航局遇到了华尔街。卡内基·梅隆（以及其他学校类似的领先性课程）以一种新型的金融专业顾问的姿态出现，并且展示出了前所未有的技能和智力的实力。

这些“金融宇航员”组成的精锐部队似乎注定要拥有无限的荣耀和财富。我开始非常迫切地想加入他们的行列（这是一种非常天真而奇怪的迷恋，因为我从未对高深的数学或计算机程序产生兴趣，当然也不具备特定的技能）。我的意思是，谁不想通过一种捷径成为宇航员或者百万富翁呢？在当时，衍生品行业备受爱因斯坦之类非常优秀的科学家的推崇，哪种职业的前景还能比衍生品行业更酷、更时髦呢？

我们是如何得出这个结论的呢？该如何解释市场中量化专家泛滥的现象呢？随机演算与华尔街是如何和谐共处的呢？交易大厅的“宇航员”（也可被叫作“宽客”）究竟在做什么呢？他们也像学者一样拥有玩数学游戏的潜力吗？

从异类到主流

一个古老的西班牙故事讲述了一位斗牛士被引荐给哲学家的事情。“你在做什么呢？”这位超级大力士问。“我在思考。”哲学家回答。这位斗牛士对哲学家的聪明才智产生了羡慕之情（即使可能不是完全的尊重）。“嗨，你永远都不会失业！”斗牛士最终说。

不久前，我阅读了一篇对一位顶级量化金融人士的采访稿，在看到“想知道失败所在，对模型有所了解是至关重要的”这句话时，上面这个故事突然跳进了我的脑海。这篇采访稿让我意识到，通过使用这个人们耳熟能详的托词，金融模型家展示了那些令强壮而暴戾的斗牛士无比钦佩的自我服务的生存技巧。假如你创建了一个不合理的模型，会引发严重的后果吗？你会因此而失业吗？就你而言，人们需要做的就是要了解你的模型为什么是错误的，以及谁又能对其做出更好的诠释。即使模型是完全错误的，为了弄清错误所在，我们也需要学习它们。事实上，这种扭曲的逻辑反而会促使人们创建不良模型。错误越多，就越需要解释，这就产生了恶性循环，与这位西班牙哲学家所面对的情况一样。

当然，需要提醒一点：在某些交易大厅中某些地方的某群人也许会和我们的斗牛士一样产生困惑，为什么在建模专家证明一个错误模型具有致命缺陷时，人们仍然会把它放在首要位置呢？

无可争辩的事实是，投资银行、对冲基金和其他的金融参与者雇用了相当多的量化分析师（尽管宽客仍然只是金融专业领域中的极少数）。尽管我在前面的章节中很清楚地表明，数学对市场的驯服是有限的，但至少在过去的 20 年里，地球上一些最精明并且对金钱极其感兴趣的人仍不断雇用大量物理学、统计学、数学和计算机博士，最好的量化金融研究生项目总是将他们的学生放在世界一流的机构中进行培养。换言之，没有人会否认银行和基金总是习惯聘用那些所谓的“建模者”。

因此，究竟发生了什么？一种情况是，模型是错误的，只是交易大厅内没有人决定做出更多改变，或者这些现代的数学哲学家完全相信“要想知道失败所在，对模型有所了解是至关重要的”这一观念，因此不得不继续这份“永恒的事业”。另一种情况是，模式非常正确，因此宽客可以当之无愧地长期存在。对他们来说，两种可能性都包含一定的真实性，但也许还存在第三种选择。也许另一种因素可以解释宽客在金融领域中无可争辩地存在的理由。也许模型是错还是对并不是问题的关键。

尽管数学在市场中的能力有限，但宽客仍然被雇用并受邀继续留下来的关键原因也许就是，能够持续存在的核心模型并不多见。你看，量化世界的一个肮脏的小秘密是，尽管某些具有创意的数学构想的确实现了，但建模者的主要责任似乎并不是纯粹的建模。他们反而把大部分精力都用于解决技术问题，在他们的办公桌上编码，建立软件、界面和数据库，交易员和其他想挣钱的人可以由此有效地运营业务。因此，从这个意义上来说，在计算机革命到来的同时，华尔街或伦敦宽客泛滥成灾并不奇怪。

萨特雅吉特·达斯（Satyajit Das）是早期的衍生品参与者，在那之后，他成了一位备受推崇的衍生品作者，他用通俗易懂的语言解释了这一现象：

> 交易员并不完全了解宽客所做的事情。迈伦·斯科尔斯和罗伯特·默顿来到学术界以后，发现他们的计算技能可以为那些老科学家提供非常大的帮助。在交易大厅里，情况也很相似。宽客提供基本的电脑知识，在现代交易大厅中，这一点仍然没有多大的变化。宽客逐渐成了一种固定配置。关键在于交易几

乎完全依赖电脑。宽客掌握着这把钥匙，从而维持着支持交易的技术基础设施。因此，他们变得必不可少。

直到20世纪80年代初，宽客才开始正式出现。在电脑的使用问题上（IBM在1981年首次推出了个人电脑），人们会愿意花费大量时间从事技术工作，这是由另外两种因素决定的。一方面，在20世纪70年代后期，固定汇率的布雷顿森林货币体系走向灭亡，石油危机出现，凯恩斯主义模式结束了对利率的官方控制，市场也变得不稳定且难以预测。所有这些新出现的混乱使风险管理成了更应该优先考虑的问题，同时也增加了对衍生品的需求，其中包括传统的衍生品和更加复杂的衍生品，因此，人们通常会认为自己需要的是设计和管理这些衍生品的量化方式。另一方面，拥有高技能的大量人力资源突然在这个领域中涌现。20世纪70年代末（至少在美国），物理学家和科学界的其他成员在学术界开始出现就业困难的现象。在早些年，博士生大量涌现，但随着研究经费的大量缩减，这些在后越战期间获得物理学位的人努力为自己谋得一席之地。他们最奢求的工作就是像游牧民族一样游走于各大高校间，从事低报酬的短期合同工作。许多人选择背叛他们对科学的渴望，决定响应财神的号召。

起初，技术性人才只受雇于科学研究。在永久地改变了华尔街和这座城市的文化气氛之前，这艘量化“五月花”号船上的乘客逐渐踏进金融领域。

马丁·莱伯维茨（Martin Leibowitz）就是其中非常著名的一位，作为一位数学博士，他早在20世纪70年代就帮助所罗门公司建立了富有传奇色彩的固定收益研究部。在对冲基金巨头LTCM中，某些最具影响力的成员所具备的技能都是在负责量化研究工作期间在莱伯维茨的指导下获得的。高盛集团的斯坦利·迪勒（Stanley Diller）也是一位著名的先驱，他在1976—1985年间创建了高盛公司的量化研究模型（以及后来的数学和计算机建模）并使其得以应用。

宽客最初被视为无法公之于众（特别是客户）的尴尬异类，而如今俨然成了主流的一部分。他们的存在完全得到了承认，甚至变成了金融机构的必备资产，成了一种在表现现代化、先进性以及独特性过程中不可或缺的标志。也许是为了补偿之前所受到的屈辱，宽客变得自负起来。例如，对于图书出版商、会议组织者和大学来说，宽客如今是一种巨大的收入来源，猎头为争夺他们而陷入了激烈的竞争。所谓的量化基金经理成了这一领域最富有的一群人。如今，几乎所有人都已经接受了这样的观点（即使有些天真）——接受先进的科学训练是在金融界中获得职业成功的关键，这是宽客打得最漂亮的一仗。尽管我不能完全把这定义为“菜鸟大反攻”，但对宽客而言，这确实在很大程度上证明了其公众声誉的提高。

坦白地说，这些宽客中的某些人确实从他们早期的雇主处得到了皇室成员般的待遇，他们不再是卑微的技术支持人员，而被吹捧为高级明星雇员。一个很好的例证当然是费希尔·布莱克，他于 1984 年加入了高盛。布莱克被从学术界挖走，只不过是遵从了罗伯特·鲁宾（Robert Rubin）的命令。布莱克并未被局限在一个地下室里处理数据和编写软件，他的意见受到了重视，因此他会冷静地思考一些大问题，例如如何通过改善某种现存的实践或者通过着手全新的冒险而帮助一些公司的业务运作得更好。也就是说，布莱克是一位宽客，他的头号任务是充当机构内部纵观全局的智力大师，他可以通过深层思考为交易者和销售人员带来更多的利润。换言之，高盛非常希望布莱克能够对公司真正关心的东西产生影响。他不仅是一位拥有数学博士学位的技术人员，更重要的是，他是能够真正改变公司战略的人才。用普通老百姓的话说，高盛希望布莱克成为一位特别顾问，而不是一个斤斤计较的账房先生。经过一段简单而成功的试用期后，布莱克确实为自己赚取了很大的利润（1986 年，他赢得了高盛的股份）。很明显，他已经不再是隐藏于幕后的“异族人”了。

很自然，布莱克也花费了相当多的时间和精力进行亲身实践，处理分析项目。

在高盛任职期间，他参与了最著名的数学金融模型的研究，例如布莱克－德曼－托伊（Black-Deman-Toy）和布莱克－利特曼（Black-Litterman）模型。他不是上述计算程序的具体操作人员，也没有具体设计那些可以帮助交易员操作得更加舒适的界面，而是建立了华尔街上最令人瞩目的宽客队伍，并且用同样务实的态度，运用他的职业生涯的特点和学习知识的方法去感染他们。

从高盛的角度来看，这是非常重要的贡献，此时，高盛的高级管理层正致力于“建立其量化运作系统，但与此同时仍然不能确定哪一种量化运作方法更适合高盛的文化”。由于布莱克对纯理论和学术贡献有根深蒂固的怀疑，高盛保证其未来的宽客都将受到以一种非教条式的、严肃的、谦逊的方式的指导，那就是，用与实际最相关的实用方式学习量化魔法。对于一个机构来说，承诺在现实世界中做生意并不是一件坏事。

宽客与理论家的区别

本书多次提及伊曼纽尔·德曼，这不是免费借名人来提高本书声誉的行为，而是因为德曼代表了非常有用的资源。这不仅是因为他是一位非常成功的量化金融专家,或是因为他是一个全球公认的品牌,或是因为他供职于顶级的华尔街公司,或是因为他刚好说过一些精辟简练而又富有洞察力的话，而是因为由于拥有上述所有便利，德曼是站在前沿见证这场革命的先驱。也许“五月花”船员的数量相当有限，然而，他确实是华尔街上第一批庆祝宽客感恩节的朝圣者（第一批也许只有10~20个人，我是比较早期的，但我不是第一批）。因此，在量化领域的演变过程中，他是一位不可替代的高手。

德曼提醒我们，交易大厅和大学办公室之间的区别是非常大的。1985年加入高盛后，他受命修改一个已经存在的期权模型，当时他仍然是一位非常传统的科学家。德曼非常努力地进行着这项工作，并努力从这个项目中学习更多的知识，但出乎意料的是，他的老板对他的缓慢进展失去了耐心。他的老板解释说，在交易大厅中，在快速递交的过程中犯错误总比在延期递交中犯错误更具价值。“你知道，”他向德曼解释，“在这份工作中，你只需要了解4件事：加法、减法、乘法和除法，大部分时间你可以不用除法！”这位南非出生的科学家很快就领悟到了这一关键观念（并且很急切地拥抱这一天），那就是不同于由孤立的教条统治的学术界，在现实世界中，简单的行动总是比过分的抽象更合适。从这个故事中我们可以得出另一个有启发性意义的必然结果：德曼确实改善了这个模型，他通过努力获得的成果中最受交易员欢迎的就是，新的友好用户界面允许同时处理更多的业务。

在努力理解学术理论家和金融公司所雇用的宽客之间的区别时，德曼的效用也显现出来。尽管这两个分支都属于建模者这个大家族，然而学术理论家在潜意识里非常强烈地相信数学方法能够描述市场的力量，因而很可能给市场带来一场浩劫，这是与宽客非常不同的地方。这些博士分属于不同的学科，当然，在金融领域的金融经济学家都拥有博士学位，尽管有些以理工科博士自居。记得几年前我读过一篇热点文章，是关于一位刚刚毕业的斯坦福大学华裔金融博士的，文章中的两种说法给我留下了深刻的印象：

- 广受欢迎的学术明星不如基努·里维斯好看；
- 这个幸运的家伙以前获得过康奈尔大学的物理学博士学位。

宽客大多拥有理工科而不是金融学博士学位，大概是因为雇主们更喜欢拥有真正科学的博士学位的人。

当谈到对那些关注实际的专业人士而言金融理论是否存在价值的时候，我认为这是由市场给出的薪水决定的。面对技术人员的需求，银行和对冲基金似乎更喜欢亲自动手解决实际问题的科学家和工程师，而不是那些整天梦想着一个柏拉图世界的经济学家。即使面对一群书呆子类型的专业技术人员，金融家们也知道如何挑选会干活的人。当然，这是一种一般化，与所有的一般化一样，这也许是一种夸大与不公平的现象；一些著名的案例都表明金融经济学家最终也进入了这个行业，但是他们的数量和物理学家和数学家相比显得少了很多。

除了文凭上的专业不同外，宽客与学术理论家之间还有一个关键的主要区别，那就是宽客比金融专业人士更乐于承认模型的局限性。不论这种谦虚是来自原来站在交易大厅里帮助客户认识模型的经历（或者相反的是，失去了对教条式学术的警惕而允许其蓬勃发展），还是出自科学家的本性，一个不可否认的事实是，许多宽客更了解他们的能力，并且很愿意和我们分享数学在市场中并不是个很理想的伴侣的观点。那些每月要接受金融机构检查的人总是将模型看作用于思考的谦逊工具，而不是作为无可辩驳的数字的傲慢计算器。德曼总是表现出自己特别诚实的一面，然而无论如何，他不是唯一承认“皇帝没有穿衣服”这个事实的宽客。因此，这位宽客中的宽客说：

> 宽客在赚取世俗的利润时却追求着神圣的规则，我有时会为这芸芸众生中的崇拜者感到不安：交易员怎么能相信这些东西呢？这是不是一些物理学的崇拜者努力误导的结果，错误地尝试用错误的模型来模式化杂乱的人类系统？难道量化金融本身就是一门科学？他们是宽客科学家还是一群怪人？

你可能不会从一位金融学者的嘴里（或者笔端和手提电脑里）听到（见到）相同的自我反思。金融象牙塔很少会用下面的话对我们如实以告：“数理经济学比数学物理学正式得多，他们大多数像欧几里得几何学或者集合论一样充斥着公理、定理和辅助定理。你也许会认为所有这些程序会让事情变得更加精确，然而和物理学相比，经济学解释力明显不足。每一样事情看起来都那么可疑：到处都是问题。”他们竭尽全力想获得和物理学一样的地位，金融经济学家也许已经变成绝望的、不可理喻的教条主义者，甚至变成了物理学家。

交易大厅里的数学爱好者和他们的学术同胞的另外一个重大区别在于对于教

条至高无上的统治地位的认可程度。宽客和学术理论家都在使用先进而复杂的工具，但对后者来说，数学证明的辅助定理是绝对的硬道理（以自身为目的），而对于前者来说，这些定理只不过是争论的开端，并且最终可能被完全抛弃和扫除。宽客可以制造出漂亮的论文来回答一些困扰雇主的关键问题，但这并不意味着模型最终会被使用，至少不一定会如一开始所设想的那样使用。起初极其复杂的模型可能会被大大简化，变得符合终端客户，即交易员和营业员的需要，也就是说，在面对那些以赚取短期利润为第一目标的人时，宽客的数学游戏会遭到反对。不用说，这样的否定在象牙塔内是不会存在的。宽客的模型必须通过严格的赚钱测试，而理论家则可以自由地发挥想象力。换言之，当抽象的理论在学术界获得奖励的时候，它仍然要接受现实世界的检验（当然，这不是说银行和对冲基金不会采用过于抽象的理论，只是学术分析要占据统治地位是很有难度的）。

现实世界中的许多情况下，超级复杂的产品并不是直接通过数学模型来定价的，即使存在这样一种产品，也只是通过更简单的工具来定价的，模型只是已知和未知之间的联系机制。这样一个实用的、工程类的方法证明，在现实生活中资金有风险的时候，量化教条主义必定会将务实的方法摆在次要的地位上。伊曼纽尔·德曼曾经说过："我们通常会假设，华尔街的物理学家会花费大量时间预测未来，但他们很少这样做。我们大多数人在量化这个高级包装下工作，使用模型来评估客户定制的现有产品的风险状况。"我非常清楚地记得，当我向交易大厅里的一位同事解释数学的微妙之处（建立在学术论文的基础之上，现在我已经忘记了）时——其中包括数字定价和障碍期权（两种类型的外来衍生品），被他以务实为主的主张打断了，他说他一点都不在乎这些模型，因为这些期权种类都可以被普通的合约组合所复制（并被估价）。**也许学术金融和真正的金融之间的首要区别就在于前者必须包含深奥的数学，而后者对此却根本没有要求。**也就是说，专业人士是更迂腐的，而且很可能是完全没有必要的。

最后，宽客和金融专业人士的一个关键分歧在计算机程序方面，包括程序的使用和支配问题。直截了当地说，倘若你不会编程（最好是会运用 C++ 语言），那么你就不可能是一名宽客。更直接地说，你很难找到一个会编程的（特别是会用 C++ 语言编程的）金融学者。让我们看看量化金融学和金融经济学的研究生课程，它们最大的不同在哪里呢？前者处处都有计算机程序课程的影子，而这些课程与后者完全无关。这表明了宽客和教授的关键区别在于前者是实施者，而后者不是。宽客如果不会实施模型和包含模型的软件基础建设，他们就是没有用的。交易员不太可能这样做，而销售员当然也不会做（那就剩下总裁……他更不可能会去做），这就是聘请物理学或者计算机博士的原因所在。

事实上，和预料的一样，大部分宽客所做的大部分工作并不纯粹是数学建模，还包括管理和计算运用程序的构建（数据库、系统、界面、结算室程序和交易验证）。不久前，德曼解释道："在高盛，尽管我们建立模型、发表论文并拜访客户，但我们股票衍生工具量化策略团队的 30 个人中也只有 4 或 5 位直接涉及模型：那就是说，只有这几个人的工作是负责分析金融变量、研究它们的动态关系、把它们制定进微分方程或是统计关系中、解决它们并且最终写成程序、实施这种解决办法。"在伦敦工作的著名宽客猎头多米尼克·康纳（Dominic Connor）说："宽客 60% 的时间都用于计算机编程。"曾经的宽客马克·乔希（Mark Joshi）也持有相同的观点："所有宽客都要花费大部分时间来进行计算机编程。"他同时还加了一种观点，认为宽客未来的工作中更多的是日常性质的内容，用于研究的时间会相应减少。有一些特殊类型的宽客，即所谓的"量化研发者"，他们把所有的时间都用于计算机编程。这些宽客的工作分工在宽客家族中形成了一种紧张的关系，因为研发者嫉妒他们的"桌面宽客"可以和交易员聊天般地互动，可以切实地做一些与数学相关的工作，而更糟糕的是，"桌面宽客"可以享受更可观的奖金（很明显，有些想成为量化研发者的人获得了银行的承诺，受到有一张办公桌并可以因此逃避部分编程任务的诱惑，从而选择了站在交易大厅和交易员沟通的工作，当然这些承诺后来没有完全兑现)。无论如何，正如康纳所说的，总体而言，宽客不得不编很多程序，以至于所有宽客都可被称为“量化研发者”。

作为宇宙的主宰，我也许并不需要做白日梦的理论家，但我肯定需要软件设计人员。从这个意义上来说，我们可以将金融理论家与宽客之间的关系看成足球记者与足球裁判之间的关系。两者都不参与比赛，但他们中的一个积极地帮助比赛参与者创立有价值的工作结构；而另一个，从远处观看，充其量是描述参赛者做了些什么（并且在观察的基础上提供一些也许有用的行动建议和看法），大部分人都是在纸上谈兵而已。

因此，宽客和金融学者属于完全不同的类别，他们分属建模者和理论家。宽客也许更熟悉量化（毕竟，我们是在谈论真正的数学家和计算机科学家），他们在如何熟练地使用这些工具方面也许更有压力。他们要面对交易员和销售人员的否定，因此他们想法的成功与否完全取决于其实际使用的效果，并且主要取决于它解决实际问题的能力（加上宽客用通俗易懂的语言解释模型的能力）。这种对宽客想法的严格要求可以通过一种面对面的交流来实现，许多宽客就坐在交易员隔壁，他们像小学生一样随时等候老师没有事先通知的提问，这样可以阻止宽客花时间做别的事情，而使他们只专注于解决那些充满质疑的同事的实际问题。如果这些问题恰好不需要多有创造力的分析，那么就太糟糕了。当然，教授并不需要像警察那样时刻具备警觉性，因此可以自由地投入一些宏伟的想法或议题中，而这些想法或议题可能只是为了显示微不足道的科技能力。

这种最根本的两重性在我们尝试决定哪一种建模者会带来更多危害时提出了更多的挑战。一方面，与世隔绝、不受限制、无需审查的教授们拥有更好的平台，他们可以提出自己能想到的任何一种理论，没有太多的现实主义会限制他们的想法。从这个意义上说，在象牙塔内生产出的模型可被看作更不现实、更不可靠、更危险的幻觉。

然而事情有其另外一面：那就是宽客会对实际操作人员产生更多的直接影响。一位交易员也许从未读过金融杂志或者计量经济学杂志（更不用说针对这些杂志上所发表的观点采取实际行动了），但是交易员肯定每天都通过电脑使用宽客所建立的模型。宽客创建的模型（不论有多么复杂）会产生造市的力量。由此得出的结论是：与学者相比，宽客更具独断性，但错误的假设也会给市场带来更大的影响。最后，尽管我们欣赏宽客对现实世界谦卑的态度以及他们的足智多谋，但出于我们对世界人民福祉的深度关切，我们对他们在糅合高科技的过程中可能存在的安全漏洞深表担忧。尽管我们也许会为宽客提供一个很舒适的职位，但我们仍可能被迫对他们进行严格的审查。

市场中的模型与学术界的模型

那么，学术界的模型和交易大厅里的模型这两种角色之间的主要区别在哪里呢？学者更为严肃地看待模型，并且同样重要的是，他们信仰诺斯替主义：他们不仅不懈地宣传福音，事实上，他们也强烈地相信理论就是上帝，并且相信它们永远都是正确的。而专业人士（包括许多宽客）却把模型看得很轻，几乎算得上嗤之以鼻。尽管不是绝对的无神论者，但他们也不会像教授一样热情地屈服于理论上帝。银行和对冲基金当然也会使用模型，而且有时也很盲目，但有些时候，金融玩家对数学玩具的信奉可能只是自我服务的一种表现而已，这可能是为了在局外人眼中表现得更加有智慧，为了冒更大的风险找借口，或是为可能错误的信息辩护（更多的细节见第 6 章）。在金融机构内部使用的模型值得我们关注，因为它们能对我们产生非常快的影响，但我们并不总能根据表面现象来判断专业人士自称的对分析戒律的忠诚。另一方面，没有人可以以假装的狂热为由来指责那些象牙塔里的居民。

在交易大厅里，模型更像被当成实验玩具而不是福音派教义，目的不是为了赢得诺贝尔奖或者取得学术界的敬畏（至少不是主要目的），而是可以让交易员和销售人员能够就一个金融产品的价值与市场和客户展开对话。模型可以只被用来当作交流工具，根据波动情况对期权进行报价。模型会以一种便利的方式让专业人士的眼光从易于理解的内容（香草期权价格、标准市场参数）转移到令人费解的内容（奇异期权价格、非标准参数）。也许模型就应该是那样的，在现实生活中使用模型的人不该问太多关于模型的问题。听听德曼是怎么说的："倘若模型是一种思考问题的有效方法，那么我认为这个模型是成功的（达到了它的目的）……如果利率、波动率或者股息收益率上升了，我的处境会有什么样的改变呢？我诚实地认为，一切都要靠你自己——既然你已经确定了影响价值的参数，那么你就要以一种理性的方式探索可能发生的事情。"

宽客设计模型，赚钱的人则进行实验并展示出不同情况下的实验结果。模型是否会起作用完全取决于操作模型的人。有时，模型被当作行动的指南，其他时候，模型则会被完全忽略。当然，金融专业的学生是没有这种自由选择的权利的（想象一下，要是一位金融经济学博士告诉导师，他已经下定决心不通过研究任何一种既定的模型来继续完成他的项目，那会有什么后果）。

这里指出了另外一个关键问题：不好的模型在市场中的寿命要比在学术界中短得多。

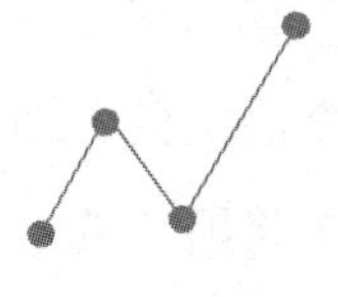

经济学家说
LECTURING BIRDS ON FLYING

正如衍生品大师斯坦·乔纳斯（Stan Jonas）曾经提出的，现实世界中有一个非常直接而强大的检验标准：当交易员赔钱的时候，模型要么被彻底地改变了，要么被完全地驳倒了。不管怎样，最终的结果都是，这类最初模型不会在市场上继续使用了（即使我们认为人们还在用它；在本书稍后部分我们会看到，BSM 模型就是这样一个非常好的例子），然而在学术界，想驳倒被接受的理论要困难很多（如果有的话）。正如布鲁斯·威利斯（Bruce Willis）所饰演的约翰·麦克连（John Mcclane）不会在电影中死去，理论年复一年顽固地在学术界中存在着，一次又一次给市场带来困扰，一次又一次地

> 重演。尽管这种理论存在着众所周知的缺陷，然而金融经济学的大牛从来都没有接受过真正的反驳。相反，这些大牛继续发挥着重大的作用，还获得了诺贝尔奖的支持。

这意味着当量化模型与实际行动联系在一起时，模型的缺陷很可能带来诸多伤害，然而这种伤害可能也是短暂的，因为检验标准决定了这个“匪徒”很快就会被消灭（也许会被更糟糕的模型取代，但我们可以认为市场在这个过程中吸取了教训）。另一方面，不好的学术模型却总是继续存在，并且准备择日再战。因此，不论学术模型的潜在危害有多大，都不会阻止它在以后再次出现，就像经验老到的市场参与者（他们非常清楚理论会导致灾祸）被新人代替，这些新聘用的人员对最近发生的事情一无所知，因此天真地接受这些理论名言，这就为再次引发相同的崩盘创造了条件。只要这些理论没有被驳倒，它们自然就会获得进入传统智慧神圣殿堂的理由。从这个意义上来说，尽管学术模型离实践尚远，它们仍然可被看成对现实世界影响更长久的模型。

首席建模官登场

我们能想象出一个没有模型、学者或者宽客的世界吗？换句话说，哪种模型的寿命会更长一些，甚至成为不朽？回顾前面提过的那些内容，学术模型看起来似乎可以比宽客模型拥有更加安全的未来，这似乎难以置信（至少从现在看来），20 世纪 50 年代受到福特和卡内基基金会资助而发起的科学革命很快会面临重大的转折。金融经济学家似乎不太可能突然决定（或者被迫决定）将所有的数学和计量经济学弃之不用，而用柔和的制度主义方法将其取代。我有很大的胜算（尽管不能完全肯定）赌赢理论会继续在商学院的金融部门占据统治地位。毫无疑问，没有一位金融教授会希望听到约翰·列侬音乐风格的论调：“想象没有模型的日子 / 如果你努力做出尝试应该很容易做到 / 我们没有 GARCH 模型 / 陪伴我们的只有现实生活 / 想象所有的学者 / 依靠市场生存 / 你也许会说我是一个梦想家 / 悲伤的

我是唯一的一个 / 我希望某天有人会加入到我的行列 / 我们不会再做更多的数学研究。”

然而银行会有什么反应呢？在这样野蛮的环境中，模型真的很安全吗？迄今为止，模型一直被允许存在，即使在一些紧急状况下，不成功的模型会被及时（据称）而彻底地改革或者化为灰烬，但可以肯定的是，没有人会保证这就是事情发展的正常状态。大亨们真的不可能阻止数学之舞并且禁止所有的量化模型吗（并非禁止宽客，人们仍然会迫切地要他们做计算方面的工作）？相关的第三方也不会强迫他们这么做吗？斯坦·乔纳斯在这一点上也许确实很有先见之明，在关于银行是否应该投资建模这一点上，他回答了自己先前的质疑：

> 我们看看一直在创建的模型以及衍生证券的生产方式就会发现，尽管我们好像拥有聪明的分析人员在创建这些模型，但购买产品的人却是相当天真（非科学的）的。讽刺的是（幸亏是从道德意义上说），长远来看，这些天真的人总是比卖这些产品的人挣得更多。作为一位金融机构的股东，我感到我们的努力方式发生了偏差，因为有些人只是读报纸，并根据自己的偏好下赌注。曾有一队俄罗斯物理学家试图弄清两个月的伦敦同业拆借利率与10年的伦敦同业拆借利率之间的关系，而艾伦·格林斯潘则会适时地调整风险来赚取更多的利润。也许那是对资源和手头的风险资金的一种浪费。如果我是一位投资者，一位银行股东，我不会把我的资金花在这上面。

这提出了一个对我的知识面来说全新的关键问题。银行股东和对冲基金投资者是否应该更关心他们投资的模型的使用问题呢？他们也许可以更好奇，并开始不断询问一些不方便问的问题：你为什么一定要使用模型？如果没有模型的话会怎么样呢？从模型中我们可以得到什么？使用模型的风险是什么？我们为什么需要使用模型？你是否能给我们提供一个例子说明在很艰难的时刻模型是有益的？我们是否应该为模型的使用支付费用？由于在最近的信贷危机中，数理化模型没有发挥其应有的作用，所有这些问题当然就显得更有必要一问。我知道至少有一些股东（这些股东所投资的投资银行，因为复杂头寸的价值完全取决于建模设想，股价在短短几个星期之内从 100 美元下跌到 2 美元）会喜欢更明确地预测将他们辛苦挣来的钱投资于神秘量化模型的可能回报。

也许我们很快就会看到金融机构创造出首席建模官（Chief Modeling Officer，等一下，这样就缩写为 CMO 了，鉴于最近担保抵押债券给人们带来的痛苦，这也许并不是最好的缩写。因此用 CQO，也就是首席量化主任，Chief Quant Officer，可能会更好一些）的职位来处理这件事情。当然，这与学术界形成了鲜明的对比，因为在学术界，利益相关人员（包括学生、学院院长和学校的管理层）是不会让他们的建模者接受相同审查的。最终的结果是形成了一套缺乏求知欲的大学行政管理制度，从而使利益相关人员接受了比宽客少得多的问责。换言之，这为理论创造了完美的环境，从而使其可以毫无疑问地永不凋谢。

走近量化基金

1999 年 9 月，我遇见了尼尔·克里斯（Neil Chriss），整个过程只有 10 分钟左右的时间。当然,我已经认识他一段时间了,大部分是通过他的优秀著作《布莱克 - 斯科尔斯以及其他》(*Black-Scholes and Beyond*)，而且我也充分认识到了克里斯对量化的态度。即使没有其他的成就和赞誉，他目前的职位本身也表明了他在金融工程方面的声誉，这也正是我会因为 10 年前那短暂的几分钟而愿意与他共享同一个空间的首要原因。作为纽约大学非常著名的柯朗数学研究所（Courant Institute of Mathematics）数学金融项目主任，克里斯有权决定谁能旁听该研究所（一直位列该领域全球精英)所提供的任何一个讲座。尽管我是纽约大学商学院的一名学生，但是我也选修了一门衍生工具和金融数学的专业学位，因此我对柯朗数学科学研究所（对于那些不知道内情的人来说，柯朗只在商学院中位居前列）的讲座非常感兴趣。我主修的课程允许我自由安排时间来选修这些专业课程，但我也必须获得特别同意才行。为了获得这种许可，我必须跨过这种鸿沟：迄今为止，主修数学、想要挤入商学院大门的学生非常多，而商学院的学生想要转学数学的则非常少，学校则要平衡这两者之间的这种矛盾。

我敲开了克里斯的办公室，被允许进入。我对于细节记得不太清楚，但可以肯定的是，这个地方既狭小又昏暗。我想我们就他的学生交叉选修商学院（当然是指特别著名的商学院金融部门）课程有多么困难做了一次简短的谈话，这让我很担心他是否也会给我同样的待遇。真正重要的是，最终，他批准我选修由一位所罗门公司前套利交易部的部门经理和一位前大通衍生品主管主讲的“银行和金融”课程。我想我肯定（应该）受到了很大程度上的特别通融，才可以和如此杰出的专业人士和学者共享这一盛典。

如今，10年过去了，尼尔·克里斯现在也已经是最有实力的量化基金经理之一。他进入多家杰出的投资银行（20世纪90年代中期，他也花了些时间做编辑程序的宽客，帮助伊曼纽尔·德曼在高盛建立全新的期权定价模型），在量化资产管理领域花了几年时间磨练技巧，同时也作为电子衍生品经纪人拥有了一次成功的创业经验。在之后的2003年，克里斯加入了著名的美国对冲基金SAC资本，他的任务是建立一项量化贸易业务。克里斯干得非常好，4年以后，这位芝加哥大学的数学博士创立了他自己的哈钦山资本，该量化对冲基金总部设在纽约，获得了文艺复兴科技公司强大的财政支持，并有可能是世界上最大且最成功的量化基金。

那么，尼尔·克里斯和他的量化交易员同事们究竟做了些什么？怎样才能解释（许多）量化基金所取得的巨大成功呢？是什么使得量化基金与传统形成鲜明的对照？量化基金经理是被归为“宽客”还是别的什么完全不同的类别呢？

尽可能简单地说，如果一个基金在很大程度上利用了计算机和数学或统计学的指标，而不是人类的思维去选择其投资和应采取的头寸规模，那么这个基金可被视为量化的。倘若用更加规范的术语来表达，那就是：“倘若一种投资过程是通过一位资产管理人使用信息和判断来实现的，那么这是最根本或传统的基金。倘若增值的决定主要以由计算机驱动、配有固定规则的模型所产生的量化产出作为依据，则称之为量化基金。”这两种方法的混合使用是相当普遍的，正如许多传统的管理人员经常使用一些以计算机为基础、统计为辅的工具，从而给他们心爱的判断战略加入了一些技术味道。很明显，计算机要被告知做什么以及如何成为一位电子投资组合经理，从而可以达到量化基金工作者的技术水平，科学博士们也因此被赋予了创造合适软件的任务。这种计算设计的背后是否存在极其复杂的证券价格预测模型（交易大厅制作的金融理论）或者更有可能是直接的基本指令，这一点还不明确。那就是说，为了运行某个量化基金，你似乎不一定需要执行相应的量化程序。

使用量化模型投资策略的第一步似乎是选择输入（数据和规则），然后建立起提供未来价格和风险预测的预测模型，接着，这种输入和预测模型都用来服务于投资组合程序。管理者会参与这个自动化的过程吗？这取决于你对量化的痴迷程度。有些人认为模型是不可超越的。其他人则认为可以允许一小部分超越，只是要确认这些数据有意义，而且交易命令不会在最后一分钟对市场发展产生负作用。

> 一家公司的基金经理结合了纯理论的量化策略和所谓的基本面分析：“我们阅读年度和季度报告以及脚注，再加上可以体现销售每天都在增长的发票等。我希望我们能继续使用基本面分析，因为我们不能忽视现实世界的情形，而它恰好能够提供一种常识性的审查。”另一位混合量化和基本面分析人员给出了一个能够体现使用这种混合方式的价值的例子：“我们在量化基金中没有使用基本面分析，但如果我们想进行更大的动作，这种全局的观点还是很有帮助的。例如，当基本面分析显示德国银行大量投资次优级抵押贷款（subprime）时，模型会提示，要购买这家德国银行的股份。”

受量化方面成功故事的影响，杂交投资组合管理的流行似乎在很大程度上涉及了兼具量化方式的传统管理方式（通过所谓的“量化筛选”提供更严格的选择）。

另一方面，作为区别于该领域其他竞争者的一种方式，纯量化分析也许在一定程度上又会接受基本面分析。对这两种方式而言，相互交融似乎是获得多元化 α 测试的有效方式。据那些了解利用科学方法赚钱的人们所说："目前，我们只有一小部分业务是通过基本面管理来运作的。展望未来，我们希望能大规模增加这一方面的业务。这是一种伟大的分散投资风险的方法，但是需要承担一些责任。基本面分析可以保持他们自己的投资组合，但是量化方法会被用于筛选、绩效归属和风险控制。"但是作为一般规则，一个称职的量化过程应该保持最低限度的判断监督（或覆盖）。毕竟，主旨是为了将那些讨厌的情绪剔除出去。

不论实际选择何种计算强度，用量化方式投资的基本原理是什么？为什么要用量化方法来实现对财富的追逐？市场参与者和各类专家调查发现，其中存在 5 个方面的主要动机：严格风险控制、更稳定的回报、更好的总体性能、多元化利益以及创始人的利润或内部文化。该调查还列举了量化方法相对于传统投资的几项特别的好处，包括能够对战略进行后向测试（back-test strategies），有能力提供一个与众不同的丰富的产品目录，以及在涉及复杂应用程序时所存在的优势。

量化基金真的有出色的表现吗？显然证据是很不充足的。基于模型的投资是相对新的方式，与有着几十年经验的传统方式相比，基于模型的投资只有差不多 10 年的使用记录。最常使用的辩护是：量化基金回报率也许并不特别引人注目，但其回报肯定是很稳健的。正如一位专家所说："因为量化基金大体上是多元化的投资，因此收益也会大打折扣。宽客的业绩并不惊人，但还算平稳。"就算没有一流的业绩，平稳的表现也是很棒的交代。当然，最好的量化分支确实表现得相当稳健。

例如，总部位于纽约的文艺复兴科技公司在过去的 20 年里实现的回报率持续为 30% 以上。1982 年，它的创始人詹姆斯·西蒙斯，一位前大学数学教授，赚取了数亿美元（他所赚的大部分钱都捐给了慈善事业，例如自闭症研究或者数学教育)。总部同样位于纽约的肖氏企业也干得相当漂亮，据报道，在它成立的前10年，该基金的平均回报率接近20%，然而到了1998年，俄罗斯危机期间及之后，它确实经历了困难，如今似乎已经从灾祸中恢复。今天，肖氏企业管理着大约300亿美元的资产（相当于文艺复兴科技公司2008年的数据），并且现已扩展到了风险投资和价值投资的领域。总部位于芝加哥的Citadel基金（2008年中期管理着200亿美元，成立于1990年）是另一个著名的定投巨头基金，尽管最近遇到一些挫折，它仍以年回报率（+）25%的纪录成为了一个典型的特别成功的例子。1999年，Citadel的创始人、哈佛毕业生肯尼思·格里芬（Kenneth Griffin）以6 000万美元的价格买下了塞尚（Cezanne）的一幅画作。

据有关人士透露，2007年并不是一个理想的量化投资年，特别是在总体表现不佳且更趋向于传统的一些领域（当然，我们在秋季经历了讨厌的“量化基金危机”，后面的故事更精彩）。大部分宽客似乎对价值投资情有独钟，2001—2005年的价值市场也相应地表现非凡。到了2006年，股市重新回暖，结果量化基金受到了损害。自然，这意味着量化表现并不是孤立的周期性模式。

令人失望的量化结果背后的另一个关键因素是基金经理之间的策略、模型和数据的同质化。随着越来越多的人从事量化分析，回报率也因此受到损害。以往，因为人们更注重输入的专利和机密，参与量化领域非常困难，随着这些障碍的消除以及业绩的显著飙升，越来越多的人加入了量化的队伍。量化投资遭受挫折（至少是暂时的）可能是量化模型取得成功的直接结果。这对量化基金的未来和市场的冲击以及他们的公众声誉而言都是一种凶兆。当你把大量资金交给那些行为机械化（或者半机械化）且采用带有相同因素的模型的人来管理时，事情一旦变质，大麻烦也就会随之而来。如果你这时抛售头寸，很可能根本没人接盘，这会导致人们对流通性的恐慌，从而形成大规模破坏性的抛压，这正是2007年夏天的股票市场崩盘期间所发生的事情。

即使回报率有时很令人失望，但无论如何，数学家和计算机科学家都被认为是更好的风险控制专家。人们发现量化基金提供了更漂亮、更有吸引力的风险与收益均衡（例如卓越的风险调整业绩）。一项研究表明，2002—2004 年，在美国大盘股案例中，量化基金以一半的风险击败了基本面经理人。人们发现，作为一个团体，宽客更擅长风险管理。其他人也一致认为，显示风险控制是量化资产管理最大的价值之一，从而与数次未发现潜在风险的传统资产管理形成了鲜明对比。因此，作为一位投资者，倘若你决定求助于宽客（不要介意这实际上会比无聊、稳定、传统的案例花更多钱），你不仅要知道赚钱的记录似乎不错，同时也应该意识到，总体而言，这种产生巨额收益的可能性是微乎其微的。

量化，消除令人讨厌的因素

我们应该在量化领域中走多远？这种完全自动化是最好的方式吗，还是说，将人类的判断力与量化方法相混合才是最好的方式？是否应该将模型当作技术支持从而帮助人类做出决策？人们是否应该对机械天才卑躬屈膝，言听计从，并且作为不插手的管理人，谦卑地确保机器不受干扰地运行？计算机一开始的优势在于机器可以比人花更多时间，并且它们的效率不会因为疲惫和个人问题的干扰而下降。最后，不必忍受不可避免的人为因素可能成为全自动化处理的最佳理由。

量化基金的关键不是令人讨厌的高科技模型和技术，而是那些他们通过计算方法所避免的东西。当用机器来进行挑选时，人类的情感当然是被排除在外的，毕竟这正是最初的预期结果。你求助于量化，并不完全是因为你对你的博士们的预测和理论能力信心十足，而是因为你想消除一些与更多传统的投资组合选择相关的讨厌因素。量化基金的这个特点也许是吸引投资者的一个重要原因，近些年来还有不断扩大的趋势。例如，先锋基金 1985 年首次组建了他们的宽客团队，其管理的基金数量从 2002 年的 40 亿美元上升到了 2006 年的 200 亿美元。计算机可以对特定行业不断积累的重大风险给出指示，以确保为那些勇气不足的人提供一种严谨的承担风险的方式。对于部分交易员来说，这种非理性繁荣的可能性也会因此大大减少，这正是许多投资者可能会觉得非常宝贵的一种属性，毕竟电脑不容易受到潮流的诱惑，或者忽然被偏执的恐惧所击溃的可能性是比较小的（但有必要强调这种矛盾性，那就是一门被设计来避免传统人群行为的学科，结果却创造了具有自己特色的人群行为，这也正是导致2007年夏天量化基金受到重创的关键原因之一）。

关键的是，对以量化为导向的资产管理而言，一种（针对那些喜欢量化的人们）特别积极的属性取决于另一个关键的限制，那就是，它帮助我们克服了人类的能力极限，让我们可以吸收源源不断出现的金融信息。即使知道人类的行为是不可能完全被模型所捕获的，现代人这种快速分析和处理大量信息的需求却成了偏好量化投资的一个强大的理由，甚至可能是唯一的理由。

因此，在向投资者兜售量化基金的时候，他们一味强调量化的这种属性也就不足为奇了，他们当然会把这个属性描述为他们主要的相对优势。支持这一观点的人说："量化方式相对于基本面方式有明显的优势。前者更不容易出现行为上的偏好，而这些偏好对结果影响重大。当然，量化过程也是容易产生偏好的，因为量化模型是由人类设计的。建模者在检查模型时，如果它们在过去行之有效，那么他就会设定它们未来仍会产生同样的效果，过去的结果却可能只是偶然现象。但量化过程是更加系统化的。""量化方法考虑了人性的弱点。它是客观的，并且可以通过一种标准的和重现性的方式来看待事物。每只股票的研究方法都是相同的，量化过程消除了主观性。基金经理不可能爱上一只股票或者一位首席财务官。"另外一位量化迷补充说（尽管这种声音绝不会对那些渴望将钱投入更加迷人的虚伪卖点中去的人产生非常强烈的吸引力）。

正如普通宽客的案例，量化基金经理早已不再是金融动物王国中新增的奇怪一员了，并且在这个案例中，他们以一种特别激烈的方式成功地将自己切换到了主角的位置。而那些更倾向于传统方式的人也许仍然会嘲笑量化交易员，认为他们对经济和商务世界一无所知（更不用说有兴趣了），是没有任何见解的书呆子。那些通常用功研究资产负债表和报纸专栏以及那些注重培养与行业领导个人关系的投资者会由衷地厌恶这些不能适应社会环境、不称职的科学家进入他们的投资领域，因为这些邪恶的科学家只对市场产生的数据，而不是对如此喧嚣的景象背后的人和机构感兴趣。一个人在不阅读《华尔街日报》以及不观看 CNBC 的情况下怎么能做出投资决定呢？

然而事情的真相却是，传统的市场参与者也许已经被看作异类而被三振出局了。量化基金不仅变得更加神秘，同时也对智商提出了更高的要求。最优秀的基金已经实现了非常高的回报率（持续了许多年），从而也让他们的经理享受到 9~10 位数的收入。对那些具备必要条件（不可避免地包括拥有顶级大学的理学博士学位，并且有从事顶尖研究和科技生产的经验）的人们而言，加入像文艺复兴科技公司、肖氏企业或者 Citadel 这样的机构会比在金融产业的任何其他情况下更容易脱颖而出，这也许是事实，也就是说，量化基金已经取得了令人瞩目的成绩，能够使他们跻身于世界上最有利可图和追求财富的实体。倘若德曼的同事们高兴地声称他们不再是寄居在银行地下室的“异族人”，那么詹姆斯·西蒙斯，大卫·肖（David Shaw）和肯尼斯·格里芬就可以更加骄傲地大声宣称，他们已经将非科学竞争者囚禁在业绩欠佳的地下室里，他们不再将金融界看成激起好奇心的特殊样本，而是把它作为确立他们主导地位的力量。

量化危机

我们似乎花费了大量的时间讨论量化基金，却并没有解释他们的数学和计算游戏可能对市场以及我们这些人产生的影响。我们可以清楚地看到量化基金的实质以及它们是由谁来运作的（这是我们最初工作中的一个重要部分，即提出那些在分析工具的帮助下在金融领域中备受煎熬的人们），但如果我们想要贴合本书的中心思想，那么我们至少应该尝试着去分析在量化上下赌注的人是否会影响甚至是危害市场。幸运的是，信贷危机为我们提供了做这件事的一个绝好的机会。

这场危机不可磨灭的特点已经在世界范围内的股票市场上引起了极大的骚动。在一系列看似无休止且令人不安的动荡运动中，我们看到过去两年中股市经历了之前被认为非常罕见的行为。股票几乎每天都在上涨了5个百分点后又很快下挫5个百分点。每天浮动（上浮或者下行）1个百分点被描述成令人震惊的事件时代已经远去。事实上，在这次危机中，市场的浮动几乎很少小于1个百分点。多个国家在这一时期经历了历史性的股票市场混乱（包括华尔街有史以来规模最大的单日跌幅，或者西班牙证券交易所有史以来最大的单日涨幅）。像过山车似的市场行为首次出现于2007年的夏天，我们见证了令人难忘的场景：道琼斯指数令人惊奇地连续上升或者下降200~300个百分点。

传统的常识告诉我们，如此惊人的过山车行为背后体现的是量化对冲基金这个推手的活动。毕竟这场危机并不是被无缘无故地称为“量化危机”的。简而言之，许多在量化上下赌注的人（他们中有相当一部分人退了出来）被迫在股市中采取断然的行动，乘其不备套牢了无辜的散客，并间接对第三方投资者造成了很大的冲击。这期间究竟发生了什么事情？是什么原因促使这些博士忽然采取了这种轻率的行动？

让我们再一次借用传统口号来说明这点。被公认的故事情节应该是这样的：

> 许多使用股本手段的多重策略基金（multistrategy funds）也被投资于复杂的结构性信贷。随着后者的市值开始急剧变化（由于释放出了次贷危机的力量，相当多的抵押贷款违约概率和评级降级接连产生，那些迫切想要打赌没有意外会再次发生的人们损失惨重），基金要面对大幅增加保证金的要求。换言之，他们需要快速筹集资金。考虑到复杂信贷市场的（大幅度提高的）非流通性，顾客除了变卖股票之外别无选择。这场突如其来、毫无预兆的大量抛售行

为反过来又影响了无数的股票量化基金（原因我在稍后会进行简单介绍），这些量化基金为了减债和降低风险也被迫出售股权。宽客大溃败，面对这些无法解释的市场波动，非宽客也加入了这场抛售的盛会（或者热衷于看起来无法抗拒的特别是当日特惠购买议价）。

这个主题肯定是令人激动的，但我们不会深究宽客所追求的实际战略或者这件事情背后的真相，相反，我们会更加关注那些更贴近我们主要目的的问题。那些使用量化交易工具的人究竟有什么特别之处可以对市场的稳定性产生危害？在 2007 年的秋天，普遍性显现了吗？ 2007 年秋天难道只是一个意外吗？只是一个不正常的巧合吗？或者只是由量化交易员呈现出来的内在危险的一个外化的具体威胁？究其本质，量化基金是否会对我们的市场造成危害？ 2007 年的秋天究竟暴露出了多少问题？

简单地说，正如本章前面所预期的，金融赌徒是非常危险的，因为他们可以大获成功。宽客可以获得如此丰厚的财富，着实非常诱人，于是很快引来无数嫉妒和羡慕，同时也引来了许多想成为下一个西蒙斯、肖或者格里芬的人。与非犹太人相比，这群极其聪明的人更容易盲目模仿。当“宽客向心性”已经到达一个临界点的时候，拥有大量资金的人就会集中持有相同的头寸。这就像是酷暑中加利福尼亚的干草，哪怕有丝毫意外的发展都有可能引发一场不可控制的野火。

当然，交易集中化是任何一种策略都存在的问题，量化也不例外，但量化交易特别容易发生这种危险。再一次考虑到量化方法的内在性质，要真正注意的是，人满为患的现象在量化领域中更容易出现。直截了当地说，当命令是由计算程序、数学和理论给出的时候，互相模仿彼此的行为（精美的细节）就会变得更加容易。毕竟，宽客只是在机械地遵循他们的模型，因此倘若你想像他们一样了解并复制他们的使用方式，那么你就会很好地确保双方的行为在任何时间都能保持基本一致。而直觉是更忠诚且难以被精确模仿的。与之形成对比的是，当人们在同一所大学并求教于同一位教授时，或是当有些人对别人所使用的模型有所了解时，理论模型就会更容易得到分享。而直觉本质上更倾向于个人主义，它难以被复制，更难以被学习和传播，直觉永远不会被认为是确定的（即使你自信你非常理解直觉，它也只是一种直觉），而理论模型通常被认为是非常确定的，因此容易被那些坚持分析方法的人所分享。精确的数学产物比人类的情感更容易被准确地复制，这就是为什么庞大的量化王国可以给市场的稳定带来威胁，因为这里的人们互相吹捧和模仿对方，他们不得不同时处理他们的投资组合，从而导致了市场的不稳定。

无可争议的事实是，量化投资刚好在 2007 年秋天的崩溃之前一年达到了爆炸式的规模。有资料显示，在 2000—2005 年之间，以量化为基础的股票基金的增长率是其他替代基金的两倍。另一条信息表明，在 1998—2007 年期间，量化基金的规模增长了 6 倍。量化基金再次在危机前业绩良好。许多新进人员显然不是铁杆信徒，而是投机取巧的多重策略参与者，看到以量化为导向的量化模型的潜在利润以及更多与量化战略相关的信息和情报，他们不免会被吸引。关键是，这些新来的书呆子和菜鸟们使负债率大幅上升，因为越来越多的人在相同的获利方法上下了更大的赌注（考虑到非常低的官方利率和低波动性降低了过度负债的成本和风险性，负债率肯定会无限增加），然而，许多新的和老的股本参与者都采用了相同的赚钱策略。

因此在 2007 年夏季之初，成百上千过度负债的金融机构持有相同的头寸。市场的任何骚动都会引发严重的混乱并带来痛苦。对量化家族的影响也是相当严重的，包括对那些最著名的基金。8 月上旬，文艺复兴科技公司的机构股票基金亏损了 8.7 个百分点，对冲基金高桥基金管理公司（Highbridge Capital Management，属于摩根大通银行）的高桥统计机会基金、肖氏企业综合基金下跌了大约 15 个百分点。值得注意的是，许多量化基金迅速从此次失败中恢复过来，其中包括文艺复兴科技公司和肖氏企业，它们甚至努力在 8 月实现了净盈利。尽管恢复得如此迅速，这次危机也很直接地表明，计算机量化模型存在破坏稳定性的危险，同时也表明，尽管量化基金拥有强大的科技精英，它也并不是绝对正确的，也会通过大量的交易现象制造严重的混乱。事实上，2007 年 8 月就首次向大众展示了这样的危害，用一句局内人的话来说："量化股票战略（quant equity strategy）首次明确地成为一种万众追求的交易类型。在此之前，没有人知道这种交叉所有制会发展到如此大的规模。"

矛盾的是，作为本次危机的结果，量化基金可能被迫进行更加公开的披露，以免投资者撤市。当然，这种披露有可能使得未来危机发生的可能性增大，因为这种会引起麻烦的模仿过程变得更加可行了。一位量化经理明确地表达了这种担忧："从 2007 年 7 月至 8 月的金融危机中吸取的教训是：我们在描述我们正在做的事情时会更加小心。我们的详细披露会导致其他人的模仿和复制，从而使利润空间大大减小。"对于那些希望拥有条理清晰的金融构架的人来说，一个更加隐秘的量化世界听起来还是相当有吸引力的。

非常有趣的是，如果你注意到接下来会详述的一个关键主题，那么你就会发现，在险价值让使用者遭遇了失败，并以一种不可忽略的方式导致了混乱的产生。这个有科学支持、被授予了诺贝尔奖并由监管机构认可的市场风险指南严重地误导了我们：正如危机前的这一段时间被冠以稳定的特征，整个在险价值的数值（大量地借用过去的数据）被"预测"是风平浪静的。这些利好的"风险"数值可能导致过度自满，并且促使负债率增加（据预测，2005 年 8 月至 2007 年 8 月之间，基于非常低的在险价值数值，股票定投基金的负债率至少翻了一番）。一旦混乱发生，在险价值会把事情弄得更糟。经纪人粗暴地大幅增加他们的保证金要求，面对市场的急剧动荡，人们不再相信在险价值所表示的意义（是资金意向的参考），结果导致了对资金大量而急迫的需求，并且迫使对冲基金进行进一步清算。

也就是说，如果在市场中不受约束，数学家和理论家也可能成为量化金融结构的牺牲品。误导和有缺陷的理论会如此残忍地带来伤害，甚至不放过那些彻底捍卫高于人类精神的运算法则、占有绝对优势的人。

如电影般引人注目

我们已经见证，许多所谓的宽客（典型的那些，而不是大腕级的）确实更具有官僚主义倾向。宽客似乎花费了大部分的时间为交易员和销售人员提供支持，比如设计数据库、改进软件或者计算在险价值，但他们并不期望获得新的理论突破并设计令人敬畏的数学模型。不用说，这些事实确实没有从任何形式上削弱宽客为雇主带来的价值，或者说没有削弱这些贡献的信誉强度。事实上，我认为，像有效率的工程师一样拥有处理细节的能力应该被视为很大的优势，而不是丢脸的事情。倘若人才市场不需要你从事专门研究，而是需要你更密切地关注市场，同时你也有这样的能力和精神，那么你的实用主义模范作用应该受到表彰。如果你追求纯粹的思想和宏伟的理想，那么象牙塔应该是更欢迎你的地方。

与宽客实际专业活动相关的证据似乎与我在交易大厅的亲身经历不谋而合。宽客和风险经理本质上是交易商可支配的另一个（非常有用的）资源。这也许是对宽客的一种剥削。许多交易商确实不懂这些以电子数据表为基础的模型到底是如何运作的，就算事先已经向他们解释了 10 遍，因此他们经常迫切需要宽客的指导。与此相似，由于不免要随时修改模型结构，并且由于市场的转移，一位风险经理可能会被要求连续数天、每天数次计算一种交易风险可能性的大小。我总觉得宽客有点被过度剥削和滥用了，他们总要随时准备为交易商提供服务，而且大多是重复而没有多少创造力的任务。

这也许正是博士们往往会充当宽客和风险经理角色的关键原因。当然，从事这一工作需要一些专业技术，同时也需要个人认可这样的工作方式并且感到舒适。倘若你想要的是行动自由，与客户会面，体验痛宰人的快感，那么你不可能成为一位宽客或者风险经理，因为只要工作两个星期你就会痛不欲生，迫不及待地想退出。银行显然不会要这样的人来当宽客或者风险经理，因为这些人很快就会辞职。

但对博士们来说，事情可能有些不一样。说穿了，与那些在安静的大学教室里接受本科分级考试然后赚取微薄工资的人们相比，银行里的宽客或者风险经理的职位被认为是成功者的选择。为了能在人头攒动的交易大厅占据一席之地并拥有6位数的收入，他们可能没有任何犹豫的机会。他们会永远地感激你，爱你，并且全身心投入工作中，即使他们大多数人从事的工作只包括建立数据库、发现软件中的小毛病并进行数以百计的每日风险计算。

倘若你想聘请宽客和风险经理，你需要的是那些乐意成为宽客和风险经理的人，而且是那些把宽客和风险经理视为其最佳职业选择的人。博士们最适合这种职业模式。是的，很显然，他们的专业技术迟早会派上用场，但是光有这一点还不够，你还需要有适合这一工作性质的个性。那些不太喜欢运动，不太喜欢创业，性子不太焦躁，不太聒噪，对重复性任务不太敏感，甚至是对金钱不那么渴望的人比较符合宽客和风险经理的个性要求。理学博士也许具备所有这些属性，这也许就是理学博士成为（并且依然是）宽客和风险经理的很大原因。

当然，即使他们的角色和个性并不像我们想象中那么明显，宽客在现代金融体系中也确实发挥了重要的作用，同时，他们的核心贡献还增强了金融机构的优势。这个世界需要宽客，这种说法并不荒唐，但他们真的像我上面描述的那样无趣吗？他们是否不可或缺但又很无聊？换言之，宽客是有必要存在却没有激情的吗？不是的，我不认为这是一个很明确的结论。宽客即使不比交易员更有趣，也可以和那些脾气暴躁的交易员一样有趣。所有电脑编程的背后都隐藏着似乎很具吸引力的欲告知世人的故事。也许他们的故事甚至值得搬上荧屏，代代相传。

以伊曼纽尔·德曼为例。“宽客院长”当然不是一种单调乏味、普通而寻常的生活。第n次（这些天来，我不再读书，只是随机浏览，寻找有关信息）借用德曼的传记中的话，我不禁想到，总会有人在适当的地点、适当的时间将这本大部头翻拍成电影。

我疯了吗？一部关于宽客生活的电影？我是想对好莱坞的未来前景造成无可挽回的伤害吗？我在电影选材方面的眼光真的有那么差劲？

我可能是发疯了，但我认为人们会希望了解德曼极具鼓舞力量的人生。我知道，你也许会想象理学博士们排着长队迫切地想看他们的偶像被搬上荧屏的样子，但我在讨论这部电影可能受到的欢迎程度的时候指的并不仅仅是这些聪明的博士们，我想说的更多是，这部电影会受到普通老百姓的欢迎。

是什么促使我这么信任德曼这部电影题材的？因为他的书中提到了几段我认为非常有吸引力的经历。这位外国学生孤身一人闯荡犯罪猖獗的纽约城，在富有传奇色彩的物理系攻读博士学位，并且有志于继续从事博士后研究。他的书中有在华尔街上最著名的机构取得成功的故事，有金融产业量化革命的故事。

然而人物传记中的这些卖点还不够，这部电影需要体现一个主题，它应该是鼓舞人心，从而必定会吸引人们注意力的。我们在回顾德曼的人生之际会体会到一种背叛纯真的感觉，一种缅怀失去的爱的感觉，以及那种尽管绝望但仍不屈不挠地努力实现自己的激情梦想的感觉。德曼是一个爱得很深，同时因为备受不利条件的打击而变成为获得这种爱的回报而艰辛奋斗的人。德曼的至爱当然是物理学，我们把他看作一位终生投身于物理研究的年轻的理想主义者，这是德曼的追求，是他生命所必需的、具有生命意义的事业。他想成为物理学家的原因是希望找到真相，为了实现这个富有罗曼蒂克色彩的目标，他愿意做出艰苦的牺牲并忍受无法言表的痛苦。他继续战斗并且希望接受挑战，拒绝放弃他的理想。

对读者来说，我们是不可能不为这样的英雄喝彩的。我们希望德曼获得成功，我们非常希望在本节的最后，会有一所大学最终为他提供一个令人羡慕的全职工作。当失望再一次降临的时候，我们和德曼一起陷入痛苦之中。纯真没有了，梦想破灭了，寻找宇宙的真相也不得不推迟了。

但是，即使我们会因为德曼离开他心爱的物理学领域而伤心落泪，但当他最终在华尔街一举成名，获得了快乐与成就的时候，我们仍会真心地为他感到高兴。我们为生活最终公平地对待他而欢呼雀跃，我们觉得他的胜利是公平的体现。即使他在华尔街最杰出的机构，即高盛集团中的成就达到了顶峰，他仍保留着谦虚和谦逊的美德，这让我们感到敬佩。我们为他无限的求知欲所折服。

我认为普通人也会支持我们电影里的英雄。我想他们也会被这个故事里的主人公所感动：因为充满着追求科学真相的激情，德曼来到了纽约，成为哥伦比亚这个天才聚集地的一位杰出的居民，为追求科学而奋斗不息。我想，当这位英雄最终面对这样一个现实，那就是他再也不能够继续追求梦想的时候，人们也会感到心情低落。看到德曼离开物理学界，人们会心碎，正如这本书让我们的读者心碎一样。这个故事就像是碰巧发生在我们这些书呆子身上的，它会激励和鼓舞这些书呆子朝着胜利的希望前进。观众在看完这部电影后，会面带微笑地离开剧场(恰似这部关于波动微笑曲线的创造者的电影所描绘的)。

总而言之，我建议好莱坞老板们拍这部电影有几个理由。这个故事包含很多曲折的小情节；在世界顶尖的大学，追求科学成就的年轻人本身就应该是一则引人入胜的故事（你喜欢《证明我爱你》这部片子吗？)；寻求学术岗位的艰辛也是一个抓人眼球的卖点；在华尔街使用深奥的量化技术来赚钱和进行风险管理绝对是一个热门卖点；德曼确实是一位有趣而引人注目的人物（所有这些都将在电影中得到体现)。

但是，最大的卖点将会是一位理想主义者为了追求自己对科学的热爱所付出的巨大牺牲，虽然他不得不忍痛放弃毕生追求，但他并没有背叛他的基本品质以及对知识永不停息的追求的激情，并最终取得了巨大的成功。

如果数年后，德曼最终作为金融工程教授回到了他所钟爱的哥伦比亚大学，回到他梦寐以求的物理学领域，回到这个仍然充满纯真的地方，那该有多好。

第二部分

炮轰金融市场的弊病

LECTURING BIRDS ON FLYING

CAN MATHEMATICAL THEORIES DESTROY THE FINANCIAL MARKETS?

LECTURING BIRDS ON FLYING

04

联姻梦魇

定价工具被认为能够将极其复杂的贸易归纳成一个简洁的数字，并能够排除这个数字为零的可能性，这使银行管理人员和交易大厅的老板们相信任何克制的行为都是多余的。但如果没有误用那些通过精密分析而得出的不恰当的确定性，始于 2007 年的金融危机就像轻轻打了一个嗝一样无关紧要。

CAN MATHEMATICAL THEORIES DESTROY THE FINANCIAL MARKETS?

如果监狱不够，就要进行改革

大约在 2008 年 7 月中旬（那时，经历了一年的全球信贷危机，形势依旧很严峻，抵押贷款巨头房地美和房利美深受其害，美国政府不得不出手相助），纳西姆·塔勒布在他的个人网站上毫不避讳地指出：

> 当前的风险值并不小。即使你明知道这种工具是不对的，它也会让你做出愚蠢的举动。如果我说出来，就会有许多人（那些为金融领域提供风险测量工具的人）要承担责任——但我可以说出事实！房利美的一个主管，一个冒充行家和支持“现代金融”骗术的人，不断地宣扬那些根本无法充分衡量风险的所谓“科学”风险评测方法论，误导了许多人，让人们在承担更多风险的同时愚蠢地认为自己了解事实真相。这就是为何我在《黑天鹅》一书里把房利美看作一个危险的公司，把国际金融工程学会看作一个对社会有害、专卖江湖医生的万用药的团伙。在损失了 1 万多亿之后，我可以肯定地说，银行体系已经承担了比他们所预测的更多的风险，这种说法应该受到更多的关注。我认为给人不良的风险评估法和给人用错药一样罪恶。长久以来，人们都不会容忍那些毒害病人的医生，然而，我们为何会容忍那些量化风险管理的倡导者，为什么不把他们关起来，阻止他们进一步伤害我们呢？

很显然，始于 2007 年夏天的那次金融危机的起因是人们普遍依赖量化方法和模型，至少人们的这种做法对这次危机起到了重要的推动作用。危机首先发生在美国住房按揭贷款的一个不起眼的角落，然后像病毒一样传遍世界各地的信贷和金融市场。现在可以明显地看出，以前为人所接受（或者至少被广泛认可）的量化手段以及支持它们的“思想意识”在这种危机中已经变得令人无法信任了。

我们能为此做些什么呢？就像塔勒布所建议的，我们可以将所有那些“9·11量化事件”的直接责任人关进监狱，也许可以在关塔那摩湾（Guantanamo Bay）给他们腾出一些房间，与奥萨马·本·拉登的追随者为伴。毕竟，如果我们完全赞同塔勒布的观点及类似的评论，那么金融学理论家和金融数学家所犯的罪行就跟塔利班分子的如出一辙了。

但是这样的一种措施可能不太现实，并不只是因为人权或者法律程序方面的问题。除了给他们穿上量化类型的橙色狱服并将他们送到加勒比海，还有一种更为高效而且暴力性更低的方法，那就是我们可以支持必然发生的改革。如果这次信贷危机（乔治·索罗斯是关塔那摩湾的一个劲敌，用他的话说，这是自从1929年崩盘以来最严重的一次）说明了什么，那就是我们必须彻底地重新思考、重新考虑和重新评价金融量化工具。

从这个意义上说，我们首先要做的最实在的事就是问自己一个非常简单的问题：为何金融世界里需要量化工具？为何金融需要定理？从金融特有的本质来说，不论在过去还是将来，它总需要在一定程度上依赖数学和类似引理的真理，但这是非常自然的，因为涉及数字问题，你需要能够做一些算术（你也知道，如果买1 000股，每股的价值是25美元，那么你就需要用25 000美元）或者至少会用某种机器来帮你做这种运算。有些产品都有预定支出公式，有些必然的关系是可以被推测出来的（如果债券价格上涨了，那么投资收益就会降低；或者当标的资产价格上涨时，定期看涨期权的价格就会上涨），但我们真的需要超出这些基本原理范畴的额外的数学公式和定理吗？更直接地说，我们需要让这些附属物变得如此复杂吗？

对那些挑战数学的资深行家而言，金融量化过程很可能并不是由真正存在的需求所决定的（当然了，我们不考虑曾经释放了那些专门制作软件、设计交互界面和数据库的人的需求的计算机革命，在这里我们只考虑量化金融的建模–预测–理论化方面的问题，而不管那些被视为宽客日常技术活动的活动），而是大量局外人凭借想象强加在局内人身上的，因为只有1/5的局内人（既有可能是因为单纯地相信这种工具的增值能力，也有可能是为了加强他们彼此间的内部联系）会积极地参与这些过程。

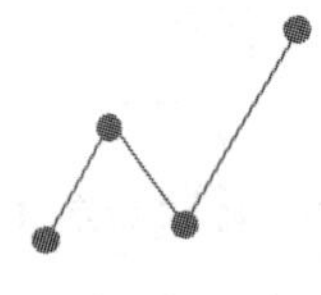

经济学家说
LECTURING BIRDS ON FLYING

我所说的这一切是为了说明：即使产品和市场已经变得更加复杂，金融本身也并不是一种极其复杂的活动。除了早前重点提到的那些基本要素之外，你真的不需要过多地考虑其他了（再一次假设你可以依赖计算技术的支持）。你并不一定需要用高级的数学理论来运营一个当代的金融机构，科技实力并非是一种对冲基金、一家资产管理公司或者一个投资银行成功的必要条件，任何市场或者产品都没有规定你必须预先掌握经济计量学或者计算方法并具备使用能力。即便是花了20年的时间深入衍生工具改革，基本算术和实用的市场知识依然是真正需要的东西。在有人设计出一种金融市场之前——支出款项取决于对随机微分方程或者多元回归模型的求解结果，这种情况是不会改变的。

这并非只是为了说明高级量化法没有用，而是为了强调不管它们潜在的利益是什么，它们并非是必要的。如果没有数学金融学和金融经济学领域的存在和发展，同样的市场和同样的商品照样能够出现（但肯定不能没有计算机，至少在相当的活动水平上不可或缺）。对于一部分市场参与者而言，没有什么极端的、不可避免的紧急情况一定要用到时髦的预测和估价工具。倘若这些预测和估价工具是有用的，那么它们对交易员、宽客和交易商都会有很大的帮助，但如果它们没有用，至少也不会造成什么无法弥补的损害，不会妨碍任何革新，更不会漏掉任何一条解决方案。如果人们想进入一个资产市场或使其提升到另一种水平，他们完全可以不经过数学的授权做到。金融衍生工具（可能是金融领域里最为复杂的部分）的发展历史表明，专家更愿意而且也能够在相关的技术文献出版之前创造出新的东西。

相比之下，那些被赋予设计和实施这些工具的技巧的人，以及那些渴望加入金融产业或者想要扩大在这个领域内的相关业务量的人则会表现出更多的紧迫感。如果你是一个计量经济学家，可能会去赞扬经济计量学的贡献，并且将它当作上帝赐予的方案来向世人兜售。如果你是一个建模师，就更可能会去说明建模的必要性。然而纵观历史（尽管当今不如过去明显了），理论家和建模师一直都是局外人。

那么究竟是什么激发了那些局外的宽客（学者、科学家）来统治这些金融领域呢？是的，这些被兜售的词的潜在利益极其丰厚，远非一份体面的工作所能比。这里所说的利益并非仅仅指金钱。量化金融是一项非常刺激的智力冒险游戏，充满各种挑战。谁不想亲自用华丽时髦的数学魔法来努力揭开市场神秘的面纱呢？谁不想第一个将刚面市的热门产品拿去卖个好价钱（据称是公道的）呢？从某种非常重要的意义上说，市场也特别适合那些对研究和分析非常感兴趣的人，因为它能为这些人提供大量可靠的数据。最后一点便是受到了名利的驱使，金融为那些不太有希望获得诺贝尔奖的科学家提供了更多名利双收的机会。

同时，得到所有这些好处（例如有机会被金融机构聘用）也不是没有可能的，这确实很吸引人。目前，投资银行和对冲基金雇用了大量受过量化培训的人，这种情况大约在 30 年前就已经开始了。如果你是那种希望进入金融领域的书呆子类型，并且有耐心成为有一定数学基础的理学博士，或者有财力去参加其中一项近年来日益流行的专业硕士课程，那么这确实很有可能让你梦想成真。尽管前面所提到的数学怪才并非是绝对需要的，但毫无疑问的是，金融机构更习惯聘用数学怪才。但就像本书中前面所详述过的，这些天才中的大多数会花大部分时间去做非数学性的建模或者无法识别的预测，而不是作为一个高度熟练的技术支持，为那些金融组织提供一些必需的计算机服务，然而即便事实如此，在科学家眼里，金融业仍然显得比其他职业更具优越性。

交易大厅附近无处不在的宽客（大众媒体多次报道过）可能会给人造成一种印象：如果你想在市场中赚到钱，第四代分析工具是必不可少的（那些都是超越电脑能力的东西）。这些人都强烈希望世人相信金融界确实需要先进的量化工具。（尽管我们必须承认，那些顶级宽客对我们用数学来驯化市场的能力大声质疑时所展现的诚实着实令人钦佩。）有时候，讲求实效的非宽客专业人士为了谋取私利，也会支持这种观念。这种印象往往都是错觉，但它们也确实传达了这样的一种信息：一些数学和统计概念确实已经成了金融产业的主要元素，这是一种将现代市场活动和旧有市场实践活动明显区分开来的革命性发展。

然而需要再次强调的是，在这种情况下（科学家的存在并非表明金融是就一门科学，而这不仅是因为这些科学家并没有在新的金融环境下从事足够多的科学活动），这种印象并非是真实的。毫无疑问，那些在 20 世纪 70 年代末期和 80 年代早期就开始不间断地入侵金融领域的量化方法和理论分析已经建立了非常牢固的基础。（至少有一部分）数学模型会受到信奉，统计度量更是受到了极度的追捧，计量指南也会被人们所遵循（不算很频繁）。尽管现有的市场、产品和实践活动能够在缺乏数学的环境中出现，但也不能否认在过去的数十年里人们已在使用高等数学这个事实，就算并非如传统上所认为的那样热切和虔诚，也确实是在使用。

2007 年 5 月，金融市场是过往 30 年的忠实信徒。金融秩序的盛行就如同次贷危机开始抬头一样，是一种理论模型和被指控的量化格言享受特权的存在。它们没有受到广泛的规避，相反，大部分都被当作顶梁柱恭恭敬敬地遵守，并受到了人们全心全意的认可和拥护。那些心存疑虑的局外人已经喊了一阵“狼来了”，然而有关人员（参与者、评级机构和监管部门）已经下定决心不完全禁止数学涉足金融业。金融巨轮“泰坦尼克”号已经于 2007 年的夏天撞上了冰山，并开始朝着黑暗的深处开始了痛苦而又漫长的下沉过程。在现代概念里，这艘巨轮不可避免地包含许多量化“智慧”。正如我们应该看到的，那些“智慧”不仅没能事先对前面有冰山这个情况提出警报，事实上它们甚至将我们的船引向了冰山，而正是理论模型和量化格言制造了这座冰山。

我们有理由相信，到了 2007 年 5 月，量化工具在金融领域里的应用已经达到了历史最高水平，但这却孕育了一场反对理论工具的风暴。简单地说，这次危机同时暴露了太多的问题。模型没能发挥效果，指导方法可怕地失灵了，神话般的假设也破灭了。数学不再具有预警能力，反而给人以沾沾自喜和误入歧途的信心，甚至还让他们为那些致命的商业活动辩护。最重要的是，这种危害帮助我们认清了许多人已经知道或者至少怀疑过的东西：**市场是不能被数理所驯化的，如果执意要这么做，我们可能会走向毁灭。**

我们真的很难辨别什么对金融的发展是多余的，哪些方法是不可能成功的，哪些会给我们带来无尽的痛苦，以及哪些能够在市场中长久地发挥重要作用。那些学者和一些业内人士花大量时间去思考一些关于金融数学的宏伟想法是一回事（影响不是很坏，如果一些人真的能够提出有价值的见解，也许还能有一些意义重大的正面影响），但是允许这些思想毫无保留地影响实践活动就是另一回事了。也许时光应该倒流 30 年，在那个时代，理论“确定性”并不是金融产业根深蒂固的一部分。

建模末日

当被问及信贷危机背后的原因时，估计那些专家学者、分析人士、政客以及其他各种各样的局外人都会无一例外地大量引用那些经常被提到的问题：非常宽松的按揭贷款政策、不可持续的房地产泡沫、失控的证券市场、心不在焉的监管措施、无数贪婪的投资者和银行家，等等，但是很少有人（如果有的话）会独树一帜地站出来指责所谓的高斯关联函数（Gaussian Copula）。我必须澄清，高斯关联函数是一种数学模型，被广泛地用于概率量化和预测不同变量之间的相互依存性中。这种概念源于晦涩的统计学领域，大约在10年前开始进入金融领域，并在衍生工具领域里成了宽客和学者热捧的对象。许多用高斯关联函数来评估和定级的复杂结构体最终都在危机面前显现了它们的真面目，高斯关联函数理所当然地就显得不那么完美了。**简而言之，这些被模型所标榜的东西，不管原来价值或者可靠性有多么高，在现实面前都被贬得一文不值。**

在研究危机的时候，量化模型也应该被列入罪人的行列，也许它们的罪行还应该处于前几名，仅次于“忍者贷款”。没有商人、宽客和评级机构基于模型之上的自信评估，不良信贷就不会大量证券化，也不会扩散到金融领域的各个角落，也可能不会如此无拘无束了。这些通过数学认证的AAA级让大家感到安全而有保证，并因此放心地将其运用到商业中去。定价工具被认为能够将极其复杂的贸易归纳成一个简洁的数字，并能够排除这个数字为零的可能性，这使银行管理人员和交易大厅的老板们相信任何克制的行为都是多余的。但如果没有误用那些通过精密的分析而得出的不恰当的确定性，这次危机就像轻轻打了个嗝一样无关紧要。

一个关联函数（在统计意义上来说）是一种获得多元或者联合概率分布的方式，而且技术人员认为这种方式非常简单和方便。一旦我们知道每一个相关变量（例如个人）的边缘概率分布以及这种结构的相关性（即这些变量是如何紧密地相互影响的，这种方法能明显地看出这种非独立性），这种关联功能就可以将单变量边缘分布转变为多变量分布：

> 大致来说，我们会试着将各种不同事件发生的可能性放在一起建立模型，但这些事件彼此之间要保持某种程度上的独立性，也就是说，你不仅对X和Y一起发生的概率感兴趣。一旦你知道是X引起Y或者由Y导致X，就会想算出X和Y一起发生的概率。

在金融领域中，这种方法常用来对违约之间相互依存的关系进行建模，而违约恰好是现代名称众多的信贷衍生工具结构的核心，而后者又恰好处于2007年金融危机的台风眼。为什么许多单个债券或者贷款的违约概率被认为是相互依存的呢？或者说得专业一点，为什么需要用关联函数来模拟产品在许多不同资产违约时的概率问题呢？仅仅靠那些单变量、边缘分布就够了吗？答案是否定的，至少那些理论家、宽客、交易员和评级机构不这么认为。他们似乎有自己的观点，对独立的信贷风险进行代替的假设似乎是不切实际的。

就像将关联方法论应用在信贷衍生工具中的先驱者所说："对于一组信贷群而言，违约概率在经济萧条期会比较高，而在经济昌盛时会比较低。这说明每种信贷都要受到同一种宏观经济体系的约束，而且在这些信贷之间存在某种积极的依存关系。"如果一个或者更多公司在债务方面存在违约问题，当这种破坏通过几种似乎可靠的渠道（信贷紧缩、供应中断、客户流失、总体经济形势持续恶化）酿成了更大的破坏时，就可能会引发更多的违约。更不用说，如果这些公司属于同一类行业，就会很容易加强这种相互关联。

对于引发如此多金融灾祸的工具背后的数学而言，令人害怕的悖论是，建模的想法受到了研究（人类）死亡相关性的启发。在精算学里有一个"伤心"的概念：在自己所爱的配偶死亡之后，人们的寿命会缩短。破坏这种相互依存的关系对于人寿保险公司来说是十分有用的。宽客李祥林（David Li）的那些建立死亡模型的学者朋友让他首次产生了使用关联技术的想法，借用他们的话来说，他相信"违约就像是一个公司的死亡，所以我们应当像给人类寿命建立模型一样给金融建立模型"。当他那篇具有开创性意义的论文在1999年出版时，李和他那套复杂的单因子高斯关联理论（One-Factor Gaussian Copula，"单因子"指每一个单独的资产业绩都与一个共同的附加因子相关，特别是经济变量；"高斯"表明这些模型深受正态分布的影响）打开了复杂信贷衍生工具的"泄洪阀门"。他为计算联合违约概率以及混合定息债券的违约相关性提供了一种简单明了的方式。

从那以后，这种模型就成了一种标准。它借用了市场对每一种贷款或者债券违约概率的评估，将个体预测（与相关性评估一起，这种评估要求在一定时间内的稳定性和结构单一性）贯穿于关联函数之中，并用理论概率来映射所有资产的联合违约行为（也即，如果一些资产违约，另一些资产发生违约的可能性，或者如果一些资产有偿还的能力，另一些资产也有偿还能力的概率）。一个信贷事件可能会影响至少一种证券的衍生工具，就此而言，这种数字对它的价值和回报率有直接的影响。如果这种可能性比较低（理论上所有信贷同时维续或者同时违约的概率很小），该模型就会认为，联合违约的风险或许不应受到过度鼓励或被评价过高。反之，如果可能性比较大，那些敢于面对风险的人将会获得丰厚的利润。同样，当违约相关性高时，那些乐意投资高风险领域的人所获得的收益与那些比较保守的人所获得的收益之间的差距就会缩小（因为双方都有遭受相同痛苦的可能性）。

人们普遍认为，最冒险的投资就是长期违约相关性，因为它在信誉共同恶化的情况下几乎没有什么损失，但在普遍不存在违约的情况下却能获得较大的收益；短期相关性是最安全的，但联合改进并不能带来过多的收益，同时，一旦相关性发生恶化，损失就是巨大的。以著名的抵押债务为例，它们可被认为是这场危机背后的真正元凶，另外，宽客和评级机构都是通过高斯关联函数对其进行评估的。它们包括多种不同的固定收益证券（借贷、证券和抵押贷款）或者基于这些证券的衍生工具，投资者可以选择投资哪一种风险股，资产组合中最具风险的部分（在业内被称为“股权”）会首先因违约而受到损失，而最安全的部分（“超优先级”）最后才会受损。违约相关性能决定每种投资的效益。股权投资者希望的是高相关性，因为他们存活的唯一希望存在于极端的局面之中（没有或者很少存在联合违约现象，即损失很小）。另一方面，高级玩家想要的是低相关性，因为他们的存在只受到极端局面的威胁（存在大量的联合违约，损失非常大）。

现在，在这个壮观的信贷衍生工具的新兴领域里，相关数值如此重要的原因已经越来越清晰了：它决定了赚取的回报和产品的市场价值（稍后我们将会看到，它对评级也起到了至关重要的作用）。对违约相关性正确地进行建模能够带来许多好处，然而建立错误的模型也会引发巨大的灾难。高斯关联模型根据每个标的资产的差额以及相关性方面的假设，计算出每一个份额应获得的差额（或者收益），然而关键是，这个模型所用到的相关数值事实上是资产相关性，而并非违约相关性。后者推测起来实在是太过复杂，因为几乎没有什么现成的数据可以利用（毕竟违约并不常见）。另一方面，关于资产价格相关性的数据十分充足（比如股本价格），所以行家们关注着它，并将它作为违约相关性的替代物，希望它们之间会存在某种关系。事实上，使用高斯关联模型最吸引人的好处之一是：在给定违约概率和资产相关性的情况下，它有可能推导出（理论上的）违约关联性的概率。

2005年的预警

当然，如果市场实际的违约相关性与模型所推导出的（根据最初的资产相关性推测出的）不一样，那么这种理论结果的表现就会明显不如预期。由于高斯关联模型假定所输入的相关性数据是平稳的，基本信贷市场会很容易发生过度波动（建立在正态分布的基础上，该模型认为那些极端事件发生率较低；相关性可以用正态分布来表示，从而不可避免地为灾祸的发生埋下伏笔）。比如2005年5月所发生的事情，在所谓的“相关危机”时期，就有人警告说，也许理论金融工具并不总能在不愉快的现实发展中全身而退。

该模型输出的数据包括一个所谓的delta率（delta ratio），它从理论上说明了如何对冲一种信贷份额。就像在货币和股票期权的情况一样，这种比率建立在某种能够将它们联系起来的数学模型的基础上，试图测量头寸的价值风险随着基本参照变量的微小变化而变化的程度。如果你信任该模型，那么你也同样可以放心地将delta作为对冲指南。一切都足以表明，当delta首次被运用于市场（外汇、股票、利率、商品）中时，它就是一种带有致命缺陷的辅助工具。受一些因素影响，

delta 对冲在现实市场上并无效果。结果同样表明，以分析为主的对冲在信贷领域中也是稀有的。delta 对冲在更传统的领域中的失败给它的创造者（也就是 BSM 模型）带来了一片反对声，同时，也引起了一场针对高斯关联模型的批判运动。

关联性 delta 对冲使许多交易者对数学产生了信心，并因此备受鼓舞（不管他们是因为真的相信数学还是因为想为他们的冒险选择寻找一种托词）。到了 2005 年 5 月初，他们都加入了一种特别的所谓“权益 vs. 夹层”的运动，其目的就是获取那些可以完美对冲并因此毫无风险的利润。由于一种债务抵押债券的权益券次长仓所提供的回报率要比夹层券次长仓（在资产池的资本结构中的级别较高，在基本资产组合中出现几个损失事件之后夹层券次才有可能出现问题）所提供的高得多，因此不如购买权益券次（例如，卖出这种系列的信用保护，获得相应收益）而出售夹层券次（购买这种券次的信用保护，支付相应的收益）作为保护措施，但是究竟需要买进多少呢？我如何才能保证对冲量既不会太低也不会太高呢？

我愿意做那些有希望的权益－夹层券次，但它们看起来太复杂了，很难全部做好。幸运的是，对于你们当中那些盈利至上的宽客来说，数理金融就是救世主。李祥林最喜欢的产品（以及后面较好的品种）可以教你具体做法。

我们将通过一个例子来看看它的工作原理。下面的表 4—1 中的参数引用了 2005 年 5 月 4 日，也就是危机来临的前一天，欧洲 iTraxx 5 年期一篮子指数的权益券次和较低级的夹层券次参数。

表 4—1　　权益券次和夹层券次参数

	预付	价差	避险比率（delta）
iTraxx 0%~3%	29%	500	17
iTraxx 3%~6%	0%	168	6

也就是说，权益片层（遭受了第一个 3% 的损失）要提供占投资名目额度

29% 的预付金以及每年 500 个基点（5%）的款项。夹层片层（是下一个遭受损失的投资组合系列，损失达 6%）不需支付任何预付款，只需每年支付 168 个基点。换句话说，权益 – 夹层交易将会净产出 29% 的预流入，加上一个年度的正流入（取决于每个片层的交易额）。这种情况势必会让权益券次在标的资产池中面临违约的风险（使投资者遭受严重的资金损失），而夹层券次则不会出现这种情况。

假如权益券次中存在一个量化的投资额，需要交出多少夹层券次名目金才能保证净头寸成为一种按照市价计算的对冲？也就是说，夹层投入量需要多大才能在理论上保证这些投入资本的价值不会因市价调整而波动？不管这两个 delta 值（权益券次和夹层券次）的比率是多少，这种比率可以理解为权益券次的价值对指数微小变化的敏感度除以夹层券次价值对指数微小变化的敏感度，同时假设所有其他的参数（包括相关性）都是固定不变的。

假如上面例子中股权交易额为 1 000 万美元，那么避险比率为 17/6=2.833，这说明了相对夹层片层而言权益片层对指数变化的敏感度（这是很有意义的，因为在投资组合中失信度每增长一点都有可能摧毁最具风险的系列）。这样，如果我们想要采用 delta 中性避险战略（理论上不会受指数变动的影响），我们应该建立一个价值 2 833 万美元的空头夹层头寸（short mezz position）。在零风险的市场中，根据受到广泛认可的科学方法，净头寸将需要如下的现金流：290 万美元的预付金再加上每年 24 000 美元的基点（1 000 万美元 ×5%–2 833 万美元 ×1.68%）。难怪许多对冲基金认为这种诱人的暴利（别忘了，它占据了 20% 的业绩）不可抗拒。数学构造出的 delta 正在量化屋顶上大声喊道："快来投资权益券次，享受它所带来的丰厚利润吧。即使你所投入的价值贬值了，你也不会破产的！"真是太诱人了。

但其中显然存在两个主要的问题。首先，17 和 6 这两个数字也许和沙皇俄国所发行的国债一样一文不值，也跟安然公司的资产负债表一样不可信。它们只在由宽客和专家学者在信贷模型背后构造的数学王国里才有意义。数学符号 delta（相当自负地）告诉我们头寸价值随着指数变化而变化的程度，然而在现实生活中，头寸价值的变化是随意的（不管这些资产的供求关系能共同决定什么）。其次，delta 对冲比率假定这两种券次对指数的变化都会发生同样的改变：如果价差变大，这两种券次都会贬值（都会被扩大），只是程度不一样而已。这样，一个空头夹层头寸（它的本金会随着指数的增加而增值）可以作为多头权益头寸（其本金会随着指数的增加而流失）的对冲。使用 delta，你就可以通过买进夹层保护，安心地卖出权益保护，只要这种设想能够实现，那么就能赚取一笔横财。

然而，在 2005 年 5 月 5 日，这种美丽的幻想被现实中最令人难堪的宴会扫兴者粉碎了。在那天引发了市场动荡之后，贸易的“两条腿”（权益券次和夹层券次）开始对交易人员产生不利。随着信贷价差的激增，权益券次变多了，而夹层券次变少了，也就是说，最冒险的部分贬值了，而更保守的部分则增值了。delta 形同虚设（不仅在数值上，也包括它作为算术符号时），特别是在最为紧张的时刻，在人们最需要保护的时候，最终造成了巨大的市值计价损失。据报道，当时受创的对冲基金正考虑放弃已变得危险而又复杂的整个信用市场。显然，许多业内人士对这种模型的意见越来越大。

究竟是什么引发了这次惨案？是什么让数学之神降临到了地球上？是什么暴露了这些模型的不可靠性和危险性？ 5 月 5 日，通用汽车公司和福特公司的债务级别都下调至垃圾等级，从而导致特异风险急剧增加，信用指数波动幅度也不断加大。当波幅最后回到危机前水平时，债务市场受到的影响变得更为结构化，债务评估受到现实的影响也变得更大。为什么通用和福特会有那么大的影响力呢？首先，对于初学者来说，他们都是非常大型的借贷者，许多信贷体制都会将它们作为参考对象。它们也曾陷入困境，让市场着实紧张和警惕了一阵。5 月 4 日那天，超级投资家柯克·科克莱恩（Kirk Kerkorian）宣布对通用的大额投资后，这些让人担心得睡不着的事情似乎有了转机，同时，这一利好消息也在各专业人士心中燃起了极大的希望，所以第二天当标准普尔丢下垃圾炸弹时，这个短暂的梦想就迅速地破灭了，所有事情都变得一塌糊涂。它是如此让人难以预料，以如此新奇怪诞的方式影响了各个担保债务权证券次的价值，让数学指南束手无策。

评级把我们推入地狱

为什么要把这次危机称为“相关危机”呢？因为从原则上说，债务价值是随着相关系数的改变而改变的。也就是说，多头权益头寸下跌就等同于在那个领域的相关性下降，多头夹层系列头寸下跌就意味着在那个领域里的相关性提高了。这只是一种情况的另一种说法。就像商品期权交易商在另一个市场里谈论价格时会使用“隐含波动性”，所以，在信贷领域里，当分析价值变化时，“隐含相关系数”就成了术语。就像隐含波动性在 BSM 模型里常见的作用一样，通过关联模型，隐含相关系数可从被交易的系列价差中获得。不幸的是，这种共性发展成了著名的微笑曲线；在波动性领域里，市场似乎不止引用了一种隐含相关系数，与此同时，每一种系列都引用了各自不同的相关水平，这直接违反了高斯关联模型的附属细则。这正表明信贷交易商，就像货币或者股票交易商一样，似乎并不完全相信号称标准的定价模型，并且认为估值调整必须通过处理相关系数来进行；或者，这将意味着信贷交易商根本就不会使用这种模型，在这种情况下，价值的大小只由供求关系的相互作用决定，而隐含相关系数并不是据称的相关度指示器，但这不过是从一个未被应用的数学公式中制造出来的幻象。就像期权交易商不会在交易时将波动估价带入任何公式，信贷交易商也不会将任何相关估值输入任何模型。隐含波动性和隐含相关系数对于他们来说都是没有任何意义的，当然也跟市场对波动性和相关性的评估无关，但是它们仍然被当作交流的工具，主要用做表明资产价值变化的信号，不管是升值还是贬值。

在危机期间，就在指数突破 55 个基点时，iTraxx 股权的隐含相关系数从 20%

以上跌至15%以下（它的价值在预付率达到50%的情况下贬值了）。当价差（大部分）缩小时，夹层片层的隐含相关系数也降低了。以道琼斯CDX信用指数北美投资级别指数为例（见表4—2）：根据模型，当整体指数在5月5日之后的两天内增长了约3个基点时，夹层券次本应增长大约20个基点，但让大多数交易商吃惊和郁闷的是，它反而缩减了16～212个基点。从表4—2中可以看出，被认为能够推测出不同系列之间相对价格的所谓相关曲线变得更加陡峭了。相关性出现了"裂痕"：权益隐含相关系数的降低伴随着夹层隐含相关系数的降低，而delta对冲则失败了（注意，权益－夹层券次是多头－多头相关的）。只要多头权益券次的价值变得极低，那么空头夹层券次也会不可避免地变得非常没价值。一切都是那么难测。

表4—2　　权益券次和夹层券次参数变化A

	5月4日	5月5日	5月6日	5月17日	5月26日
iTraxx 3%	0.23	0.22	0.21	0.16	0.18
iTraxx 6%	0.33	0.32	0.31	0.30	0.29

究竟是什么引发了这种反理论的市场运动呢？显然，在危机之前，交易商（也就是投资银行）已经在市场上投放（或者说卖出）了大量的债务抵押债券的夹层券次。有些账目高达1 320亿美元，大部分是那些现金账户，比如保险和养老基金，由于获得了有安全保障的权衡，他们卖掉了夹层券次保护，并决定集中买入风险股。随着通用和福特公司的债务级别下调以及美国汽车制造业的价差飙升，信贷分散性（信贷趋势逐步变得不相关）的增加把风险从夹层券次转移到了权益券次，这使得后者显得更加凶险。最终，当所有人都争先恐后地购买权益保护时，股权系列遭遇了一次市场价值的大贬值。随着夹层价差的缩小（当夹层券次开始聚集时，这也许反映了某种安全避风港效应的存在），那些购买夹层券次保护的交易商需要对冲他们按市值估价的风险暴露，在许多情况下，这就意味着他们要卖掉自己的

夹层保护。这种多头夹层交易的突然累增致使夹层价差急剧紧缩（并不会像 delta 所预示的那样扩大），就像指数价差会无止尽地扩大一样。

很自然，对冲基金和其他基金使得权益夹层资本发生了退潮，所有这些活动也同时发生，当数学被证明是错误的时候，以量化确定性为基础的交易就会引发混乱，事情如滚雪球般越演越烈。表 4—3 反映了这种系列行为，强调了一旦这股热潮退去（5 月 17 日以后，最艰难的日子），在权益水平（代表预付款项）仍然高于危机前的水平（例如牢固建立了较低的估值）而夹层水平（代表价差）依旧低于它危机前的数字的情况下，会发生什么样的根本性结构转变；正如事实所展现的，权益夹层的混乱或者相关性的破裂导致了 delta 对冲的失败，并让金融领域遭受了如此多的痛苦。我们也可以从中看到指数参考价差是如何扩大，然后又是如何缩小到原来水平的。

表 4—3　　权益券次和夹层券次参数变化 B　　单位：%

	5 月 4 日	5 月 5 日	5 月 6 日	5 月 17 日	5 月 26 日
欧洲 0% ~ 3%	29%	30%	31%	49%	34%
欧洲 3% ~ 6%	168	158	165	170	122
欧洲 6% ~ 9%	49	41	41	49	41
欧洲 9% ~ 12%	25	23	23	34	24.5
欧洲 12% ~ 22%	16	14	15	24	15
参考值（欧洲）	44	43	45	57	44
美国 0% ~ 3%	44%	46%	47%	62%	51%
美国 3% ~ 7%	235	229	211	275	185
美国 7% ~ 10%	55.25	54	47.5	54	51
美国 10% ~ 15%	28	28	24	30	22

续前表

	5月4日	5月5日	5月6日	5月17日	5月26日
美国 15% ~ 30%	10.5	11	9	18.5	12.5
参考值（美国）	59	60	60	78	60

这种发展情况对高斯关联模型（以及金融理论的整体信誉）非常不利，原因有几点：该模型假设了常量和平稳相关性，这与现存的微笑曲线以及危机中表现出的隐含相关性数值迥异的事实相悖；市场并不服从于正态分布；delta 对冲无法实现。一些观察员总想为此找一些借口，他们说系列相对价值的异常改变应该归结于相关性系数的异常行为，而 delta 所获得的价差风险并非是相关风险，所以我们不应该对可怜的数学符号 delta 要求太苛刻，但是，就像 BSM 模型假设持续波动性一样，高斯关联模型认为相关性是不会变化的，所以 delta 是理论上应受到重视的唯一风险。同时，这种有关相关性的说辞也许也存在结构上的缺陷，因为市场也许并不会改变它的相关性估值，或者根本不会使用模型，隐含相关性只是以模型为介质来反映价值的变化，而且这种变化完全可以由指数价差的波幅和它们背后的动物本能来解释，由此得出的结果与数学上的 delta 值完全相反。

交易商是否都认为，在相关性改变的情况下，他们在模型中所使用的参数也应当做出相应的改变呢？根据这种假设（假设交易商在对系列进行估价时完全使用这些模型），我必须说明，正是对资产池中联合违约概率数据的修改引发了 2005 年 5 月的那场混乱，系列价值的变化完全是因为对相关度的预测被草率地修改了。在这种情况下，没有将相关度的波动性考虑在内是 delta 的责任；而在价差扩大之后，假设相关度是常量，权益的 delta 和夹层的 delta 的变化一致，是模型应该负的责任。

但也有另外一种可能，也许交易商毕竟没有频繁使用那些模型（在给债务抵押证券系列定价时才会使用，但那些开始从事股票游戏的人确实遵循了基于模型的 delta），所以修改相关性的观点并不是用数学方法来表达的。不管是什么原因，隐含相关性只会随着系列价值的升高或者降低而升高或者降低。首先是市值发生变化，然后再从模型里推算出隐含相关性。从这个意义上说，隐含相关性会错误地被用于解释债务行为，而这些行为可能并不是建立在数学模型（而是稳定的供求关系）之上的，却可能被借以用来证明模型的优势（就像在其他的期权市场里使用隐含波动性的概念来证明交易商使用了 BSM 模型并且在其中引入了波动预测一样）。在这种情况下，这些模型完全是错误的。对于建模师而言，这种结论很可能不是最好的。对于宽客和学者来说，与“血肉之躯的骗子得出了一个共同的结论，那就是：系列 A 的价值比较低而系列 B 的价值比较高，这跟模型无关，而事实上也跟相关度无关”这种实事求是的论调相比，“交易商决定把他们对相关度的评估转变成模型，价值也因此发生了变化”这种口号听起来要好得多。

那些模型变得声名狼藉是一回事（可能是暂时的），而世人听说那些之前被认为很流行的技术思想在现实生活中并不常被那些行家所用则是另一回事。前一个问题对宣扬数学的人来说还可以忍受（嘿，这可能是建立全新模型的一次机会），然而后一个问题他们肯定不能接受。

理论引发的惨案

这次信贷危机最让人吃惊的一点是，交易商报告的那些损失大部分源于他们持有的优先级和超优先级的担保债务权证系列，而它们曾经被认为不会受到这场混乱的影响（相对于其他系列而言，这种系列的回报率比较低，但仍然比其他大部分级别相近的债券高）。

比如，瑞士联合银行（UBS）在 2007 年第四季度的报告中提到：大约有 80 亿美元的亏损源于次级抵押贷款的超优先级系列。UBS 解释说，美国住房借贷市场的恶化对于近代市场历史来说比以往任何一次都来得突然和严重，而房东拖欠贷款行为的加剧促使人们对未来房产价值走势的预期进一步走低，从而使结构性信贷资产市值贬值。在这种情况所暴露的超优先级次优级担保债务权证中，UBS也损失了8亿美元（虽然风险还不及次级抵押贷款，但也应该受到质疑）。在2008年的第一季度里，UBS在超优先级次级担保债务权证中亏损了50亿美元，而在超优先级次优级担保债务权证中则损失了4.3亿美元。2008年第二季度它们分别降到了7.5亿和4 200万美元（到那个时候，UBS投入美国抵押贷款市场的资产不是被变卖就是遭受贬值，总额已经大幅减少了）。那么美林的情况又怎么样呢？据称，2007年它在超优先级次级担保债务权证上的损失将近150亿美元，2008年第一季度损失17亿美元，而2008年第二季度则损失35亿美元。其他投资银行也有类似的情况，那些被认为是优先级的抵押贷款最终却侮辱性地成为了非优先级的抵押贷款。

这些令人伤心、不太可能出现的事实凸显了与罕见事件有关的危险，特别是当指引着许多人在信用市场竞争中存活下来的数学工具是建立在这种假设上时——罕见事件（在这种情况下被定义为罕见事件的是资产池中的许多名目会违约或被认为很有可能违约的事件）不会以某种奇怪的方式突然发生。

将优先系列评为AAA级的评级机构，在提出令人崇拜的权益激励（letter soups）时也会使用高斯关联模型式方法论。当一个忽略联合违约概率的模型和忽视大量不良信贷信息的相关性同时存在时，事情就在很大程度上简化了。倘若你希望确保从数学的“香肠机器”里制造出AAA级，那么，你除了将原料放进关联“震动器”里搅拌外别无选择。在危机面前，主要的这3家机构分析等级的原理是相似的：惠誉国际（Fitch）、穆迪投资者服务公司（Moody’s Investors Service）和标准普尔都使用了默顿1974年提出的结构模型，通过高斯关联模型来获取相关违约价值。每个机构的方法的不同之处在于，它们获取核心输入参数——单个资产违约概率、单个资产恢复率以及资产相关性的方式不同。

默顿模型在获取某个公司的违约概率，即零股权概率（也就是说资产价值小于负债价值的概率）时，在相当程度上借鉴了BSM模型期权定价理论。为了适应结构性信贷壮观的新世界，存在某种缺陷的模型已经被数学家完善了。这种构架被这些机构用来获取违约概率。一旦违约概率被推算出来，就可以通过关联机制来获取（多元正态的）联合分布，然后蒙特卡罗模拟法（Monte Carlo simulation）就可以产生许多种可能的违约状态，而这些都成了系列评级的基础。据我们所知，通过高斯关联方法获得的联合违约分布呈对数正态的形状。极少违约的概率和极多违约的概率都是很低的。换句话说，处在资本结构顶部的那些系列（它们只有在大量的违约事件发生时才会受到影响）会被认为是最安全的，最值得获得最为荣耀的级别——AAA 级。

我们要明白，那场最混乱、产生的结果最严重的危机背后的原因是：投资银行在他们的资产负债表里积累了大量与抵押贷款相关的担保债务权证头寸。如果只有美国的一些次级借贷者本身违约，对我们来说是没有什么影响的。如果没有无节制地将那些贷款改造成复杂的证券，造成的损害就不会让人如此难以忍受。2007 年初期，担保债务权证市场的暴跌所引起的灾难导致交易厅蒙受巨额损失，资金以每季度数十亿计的速度流失，并且引发了银行同业借贷市场的冻结以及金融股票市场的极端动荡，从而使得信心瓦解和恐惧的氛围在世界信贷和股权市场里四处蔓延，让华尔街里威望最高的机构变得声名狼藉。同时在这场梦魇中，永无止境的波动使大量的股票被侵吞，借贷全面受限。这一切又迫使政府出面干预，对经济进行大规模的宏观调控。如果让列宁看到这一切，他一定会深感自豪。要是没有担保债务权证，美国财政部长亨利·保尔森（Henry Paulson）的光头也不会经常出现在全球的电视机上。

要是没有这些具有鼓励性、令人消除疑虑的 AAA 级别，担保债务权证可怕的一面也绝不会如此猖狂地表现出来。（评级对所有担保债务权证系列的产生起到了关键的作用。在一个不到 10 年的时间里资产价值就超过 2 兆亿美元的产业发展早期，评级机构所提供的合法评级起到了决定性的推动作用。）不只是大量的投资者，比如货币市场基金，投资于任何低于超优先系列的尝试受阻，银行也有强烈的动机去持有高评级、高收益而且受到良好监管待遇的资产（在资本支出方面遵循巴塞尔新资本协议）。换句话说，如果大家没有遵从评级机构的话，那么信贷的典范就会让贫穷、失业的美国乡村家庭向6间卧室的豪宅告别了。多亏了地方互助储蓄银行提供的忍者贷款，而不是贝尔斯登公司的消失或者被仓促通过的70亿美元的救市方案，才能使他们住进两年前不敢想象的豪宅。将次级担保债务权证评为AAA级决定了这场危机最终会打破1929年的那场危机所保持的纪录，一跃成为最严重的危机。数学金融用它最为得意的产物——高斯关联模型为金融危机的发生做了不少贡献（至少有明显的迹象表明，根据高斯关联模型推测得出的违约概率和相关度要比根据先前的评级方式所得到的误差大一些，从而使得信誉误判率大增）。

最近这场席卷金融领域的危机被人模糊地贴上了“信贷危机”、“次贷危机”以及“投资银行危机”的标签，当然，这些命名都不是太离谱，然而除了这些名称外，这场危机首先也是一场“评级危机”。事实上，在没有后者的情况下，其他种类的危机也不会如此壮大。很有可能的是，信贷评级从未被证明错得如此离谱。在过去的两年里，通过严格审核的AAA级证券频繁地、一次接一次地被视为几乎分文不值的垃圾。就如权威专家所说的，评级机构已经不止一次犯错了，这是第二次：

- 首先，它们过于乐观地评定了所谓的住宅房贷担保证券（RMBS），最初的房贷证券化方式（主要是次贷，考虑到它们最近所处的支配地位以及那些风险较高的资产所承诺的额外收益，据我们所知，它们打入结构性信贷产品的一个很大的动机在于想要在官方利率长时间保持较低水平的时期里尽可能获得高回报）大部分源于美国；
- 其次，它们对于那些住宅房按揭抵押贷款证券的担保债务权证，或者有资产担保的证券的担保债务权证的评级也过于乐观，从而影响了证券证券化，或者再证券化。在2007年被评级机构降级的担保债务权证中，有90%来自有资产担保的证券。

评级系统的表现如此差劲，业内人士和监管者都不再信任评级了（信用违约交换和债券市场中的表现就是一种体现，其中的收益率和价差水平跟评级系统所展现的完全不一样）。那就是说，由评级系统引起的危机可能会让那些机构认为它们本身就是受害者。这是另一个（非常明显的）由误信量化金融引起的事故。

让我们进一步深入探究那些评级机构令人失望的表现。比如，在 2005 年和 2006 年间发布的一篇报告里，穆迪投资者服务公司指出，BBB 级的债务担保凭证系列的性能不比 BB 级好。对谦卑的业外人士而言，这种指责似乎无关痛痒，但事实上这是个大问题。BBB 是所谓的“投资级别”领域的底线；任何比这更低级的（也就是 BB 级以及其他更低的级别）都将属于更低贱、更普通、更差的“投机级别”领域（只是一种更好听的代名词，其实被称为“垃圾”更合适）。有些甚至无法相互区别，比如 AAA 和 AA 级别相比差别不是很大。在辨别 BBB 级和 BB 级时要额外小心，因为其中的含义非常重要。当你说“它是 BBB 级”时，你最好经过了认真思考，你必须确信能让你如此目瞪口呆的工具是众所周知的，因为许多人都冒着失败的风险。如果最终表明 BBB 级和 BB 级是一回事，那么，你会伤很多人的心。

- 一方面，许多投资者不被允许去投资低于投资等级的东西。但如果 BBB 级别的商品结果却表现得像BB级的商品一样，那些机构所提供的安全毛毯就完全是个笑话。那些投资可能没有被当作垃圾，但它的表现也不过如此。
- 另一方面，资本费用取决于信贷评级，它需要为那些属于垃圾范畴的证券付出很多；如果 BB 级看起来跟 BBB 级一样，那么许多人就会发现自己被骗了，花了许多冤枉钱。

2007 年初，市场突然草率地认为评定等级不再可靠。尤其在相关的 BBB 级系列中，这种争议非常明显（评级相近的系列价差几乎达到了 1 000 个基点），当然这种争议也存在于其他级别中。这种前所未有的差异发出了一个明确的信息：担保债务权证评级是错误至极的。

如果说，来自担保债务权证的坏消息（直接引起了可怕的信贷危机）于 2007 年春季才正式出现，那些潜在的问题早在几年前就已经在不够成熟的美国次级借贷领域里初露端倪了。在次级借贷领域里，拖欠率的增加大约始于2005年中期。而到了2006年末，这些数字已经开始在极大程度上令人担忧了，在可调整利率次级抵押贷款和固定利率贷款中，拖欠率分别为14%和10%。有趣的是，这种突然出现的诡异趋势主要是由次级担保债务权证市场本身引起的。当时，担保债务权证经办商（急于满足他们那些渴望获得收益的顾客）对BBB级按揭抵押证券的需求非常大，这种天生的欲望使得次级领域里本就已经极其松懈的借贷标准大为降低，甚至可能出现信誉良好的借贷人被误导去借那些风险更高的抵押贷款的现象。当然，我们知道大量有资产担保的证券的担保债务权证在投资银行的资产负债表上，而不分散在其他投资者手里，但是在这里，涉足次级垃圾抵押贷款的理由同样也很可靠。

就像前面所提到的，那些成为担保债务权证的抵押贷款池（一种组成结构化工具的非流动资本，以次级担保债务权证为例，有资产担保的证券一般会被评定为BB和AA之间的级别，平均级别为BBB级）的BBB级高收益债券很可能从来都达不到“投资等级”。有些人可能会奇怪，这有什么大不了的？我的意思是，我理解为什么将实际的系列评为BBB级或者更好的级别会让某些人得到一些既定的利益，但是无论如何，评级机构不能对标的资产证券过分慷慨，从而给出有利的评级，为何要犯这种双重错误呢？

对资产抵押债券的好评价为什么这么重要呢？其中一个关键原因是（不仅仅是因为倘若你事先未将标的资产当成垃圾，那么系列显然很容易被评为AAA级）：担保债务权证经销商通过发行债券资助收购标的资产（次级贷款等）的行为，这等于说，那些债券的收益要尽可能低（例如，购买担保债务权证所花费的资金要尽可能少）。一种获得较低收益、经受了时间考验的方式就是要获得非常高的信用评级，而如果你的资产质量很高，那么获得较高评级必然比较容易。换句话说，为资产抵押债券评级的时候使用宽松的标准，评级机构就能保证担保债务权证经办商获得廉价的资本，从而确保商业活动顺利进行。（所谓的担保债务权证信托业务就是用低收益的债务所提供的资本来购买高收益资产，从中获取大量的净现值利润。依据评级机构的说法，这种行为不存在什么风险。当然，评级机构在这一点上两次都出错了：资产抵押债券和担保债务权证都不那么可靠。有人认为，由于通过成功地管理好担保债务权证就能够获得一笔丰厚的收入，宽松的货币刺激政策对于这些评级机构来说实在是太美好的事情。例如，穆迪投资者服务公司超过 40% 的收入来自于对结构性信贷评级）也就是说，这些评级机构失败了三次而不是两次：最初是对资产抵押债券的评级，后来是对担保债务权证系列的评级，最后是对结构化和打包的担保债务权证信托业务所发行的债券的评级。

在 2006 年夏季，面对越来越贪婪的次级抵押贷款市场，评级机构开始做出反应，发了好几个警告信息。穆迪投资评级显然是第一个行动的，它把同年发行的次级贷款于 12 月份降了级。2007 年 2 月，标准普尔空前地对前一年关闭的交易进行密切监视。到了 2007 年第三季度，标准普尔报告说，有 66% 的资产抵押债券的担保债务权证都被降了级（在不到几天的时间里，44% 的担保债务权证从 AAA 级降为垃圾，其中甚至不乏有违约现象的存在）。单就 2007 年 7 月的第二星期来说，标准普尔将 2005—2006 年间发行的价值达 70 亿美元之多的按揭证券降了级，与此同时，穆迪投资者服务公司也立即做出了相应的回应，以其效益很差为由，将于 2006 年发行的价值近 200 亿美元的按揭证券（最初大部分的证券都被评为 AAA 级）大幅度地降级。为了不落伍，惠誉国际也加入了这场将次贷降级的盛会。

2007 年，这种“大屠杀”此起彼伏。到了 10 月份，被标准普尔降级的住宅资产抵押债券总价值达 220 亿美元，而在 11~12 月间，穆迪又将 500 亿美元的不稳定债务降了级，同时又对总价值超过 1 000 亿美元的债务重新进行审查。据估计，在 2007 年间，被穆迪、标准普尔以及惠誉国际降级的资产抵押债券的担保债务权证的价值量总计约为 2 500 亿美元。在 2008 年，又有更多的担保债务权证被降级。这种降级通常不只是一种降级，它会把 AAA 级系列在一瞬间变成垃圾股。在这次危机之前，AAA 级都以稳定著称（就像美国国债和世界银行一样），然而现在不再是这样了。

显然，评级领域出了问题。被市场的发展所迫，人们观念上如此大的变化实在是太过突然。显而易见，这种方法论存在某种根深蒂固的缺陷。联合违约和复苏相关性的建模出现了极大的错误，而这就是前面提到的那些“不容置疑的”超优先次级系列会与风险性更高的权益系列一起消失殆尽的原因。在高斯关联模型盛行的时候，违约相关性表明它本身被严重低估了。正如过去金融界里其他许多相似的偶然事件一样，在不考虑黑天鹅效应发生的可能性的情况下，理论引发了一场惨案。同样，在历史的潮流中，回顾历史并不能带来太多帮助。当评估机构在计算个体违约概率、回复值以及资产相关性时，它们可以借鉴过去的情况，但**对于市场而言，用过去来指导未来是不合适的，特别是对于那种非常特别、罕见的情况**。我们应该感谢这次危机，正是它再一次强有力地证明了这样一种基本事实。

所以究竟发生了什么？那些评级机构是否知道它们已经被担保债务权证的巨额收益迷惑了心智，因而尽管所得的结论毫无价值也仍旧乐此不疲？或者说，那些评级机构能否承认它们的方法只是看上去很可靠，却无法面对未来不可预见的发展？对量化金融的依赖在这两种情况下都起到了推动作用。通过使用复杂的分析方法，这些机构能实现两件事：

- 其一，为低质量的抵押担保债券业务的发展提供了科学上可靠的基本支持；
- 其二，从科学上为失控的担保债务权证的投机交易提供了合法性，从而最终引起了始料未及的混乱。

人们是否遵循了这些数学方法，或者把它们当作一种十分有效的欺骗手段来使用，并不是我们要讨论的主要问题（尽管它会变得特别凶险，当然，如果每个当事人一直都不知道使用理论，那么数学就仅仅被当作一种用于达到目的和迷惑投资者、监管者以及各种各样的门外汉的手段。就此而论，人们选择关联方法并不是因为它的结构相当完美以及相信它能够创造奇迹，而是因为它倾向于消除极端事件，这种倾向能确保由那些危险之物担保的系列能够获得足够高的级别，而次级抵押贷款游戏也就能认真地进行下去了）。必须清楚的一点是，对存有缺陷的先进技术的过分依赖容易促成盲目性投资，误导投资方，而最后，金融业甚至整个经济体都会为此付出惨重的代价。

担保债务权证评级系统的崩溃告诉我们，不应该让有很大影响力的机构（比如评级机构）将其决策外包给量化魔法，当然，特别是在这些魔法很不正确或者很容易发生错误时。在特别棘手的情况下，标准普尔会在假设行业间相关度为零的基础上暂时对担保债务权证进行评级，也就是说，不同部门之间的信誉标的是没有任何依赖性的。显然，这种假设立刻减少了被充分分散的资产池中的意识风险，从而成功地获得优良的评级。这种不相配的假设遭到了严厉批评，其中包括人们指控被担保债务权证经销商拉入“评级买卖”之苦，并被指责为赢得商机而千方百计地使结果变得更为和谐。面对这种指责，标准普尔不得不于 2005 年末将相关度的假设改成 0%~5%，然而这种行为立即引起了众人对同一家评级机构先前评定的几个系列的密切关注，而这些系列往往都是 AAA 级的。

对量化模型（不管是否诚实）的依赖引发了最为严重的信誉评级危机，并间接对华尔街和世界经济体造成了不同程度的破坏。我们对理论方法（特别是由那些来自权威大学、作风严谨的博士们撑腰的）盲目崇尚助长了这种危机。如果我们不那么容易屈从于数学的威严，这次评级危机可能不会发生，而担保债务权证的梦魇也不会发生了。评级机构可能乐于面对海量的数学模型，因为我们坚信有数学总比没数学好，“严格”总比不严格好。他们知道没人会质疑超级宽客的智慧。只有一些好事者才会去质疑科技含量如此之高的精英们的正确性。

但现在，这些超级宽客的东西被证明只是一种愚弄人的手段，而我们盲目的崇尚却是一种极端自残，那该怎么办？我们能做什么？有资产担保的债务担保证券交易业正在忙于自我改革，试图以此彻底忘却过去的伤痕，但是那些评级机构呢？监管部门应该更加紧密地观察世界上发生的令人震惊的事件。对于我们来说，应该做一些大胆的尝试：不要再依靠那些毫无希望的分析手段了！一些人似乎在为宽客说话，他们抗议道："我们不能不使用数学工具，没有它我们能用什么来替代它？没有什么可以替代它。"不，有的。它就是经受实践检验的尝试和直觉。数学本来也有机会不犯更大的错误。门槛被那些模型和统计策略设置得非常低。我相信人类古老的判断力能够将门槛从如此低的水平上重新抬升（我们还没那么差劲）。要说远离宽客领域有什么好处的话，至少我们不会再用那些复杂的概念来为那些将有害的、有破坏倾向的忍者贷款评为 AAA 级的人辩护了。

微笑否定

最终的结论是，高斯关联模型（当然，信誉评级背后的数学驱动力以及被分配到复杂结构的市值可能要为这次危机负最直接的责任，也包括在 2005 年危机时出现问题的那个 delta 对冲策略）被证明毫无作用。这种机制完全是错误的，误导了许多人。这是量化金融在现实世界里的另一个明显的缺陷。

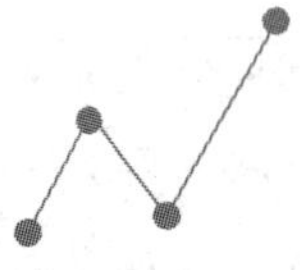

经济学家说
LECTURING BIRDS ON FLYING

就此而论，或许不应该认为我们提出的"模型与实际无关"（被严密地监禁起来，与现实脱节）这种看法过于严厉了。至少有一位国际知名的专家会赞同我们的看法："我们听到，那些反对我们的人（顽固的高斯关联模型的支持者们）最常用的论据就是：（1）每个人都在用高斯关联模型；（2）高斯关联模型确实非常好用。从原则上来说，我们认为这两个论据（没有特别的顺序）可能是最糟糕的理由；显然，丹麦那里肯定出了什么问题！总之：单变量的高斯关联方法就是为实际上不存在的东西（违约相关度）建模的技术——这两个论据完全把相关度毫无价值的方面忽略了。未来我们应该朝着重解决如何让违约概率评估更为准确的方向努力。这才是正道。"

有趣的是，高斯关联模型狂热者会反击道："嘿，行家自然知道这种模型是不完全正确的，但是这种缺陷可以通过自带的非常有用的自我修正机制来纠正。”辩护者会争辩说：“这本身就有足够的理由让我们继续追随那些关联公司。”如果这种不太正确的模型很容易纠正，我们是否应当很无礼地将它视为错误的方法呢？

当然，市场似乎也知道高斯关联法并不是完全正确的。相关系数表明：即使我们假设这种模型广泛地被用做评估工具，业内人士也会对它进行轻微的调整，以使之能够产生更多可接受的结果（例如将罕见事件考虑在内）。相关参数被用来弥补现实生活中叛逆的非正态分布现象。模型假设一篮子相关性属于恒定值时，不同的系列所引用的隐含相关度会不一致，随着时间的推移，笑脸型的关系系数曲线就出现了。有证据表明，交易商认为危险性较低的片层的价差应当增加（也就是应该贬值），因为相对于模型来说，市场更看重那种大量资产陷入困境的概率。有趣的是，信誉曲线两边都会微笑，同时权益隐含相关度也会增加，而据我们所知，这种情况标志着价值的增加而不是减少（见图 4—1）。总的来说，相关人员似乎很肯定一篮子违约相关性会很高，两种极端结果（噩耗多得数不清或者少得很）可能是极其普遍的。不用说，信贷危机凸显了那些修正主义者的智慧观点。

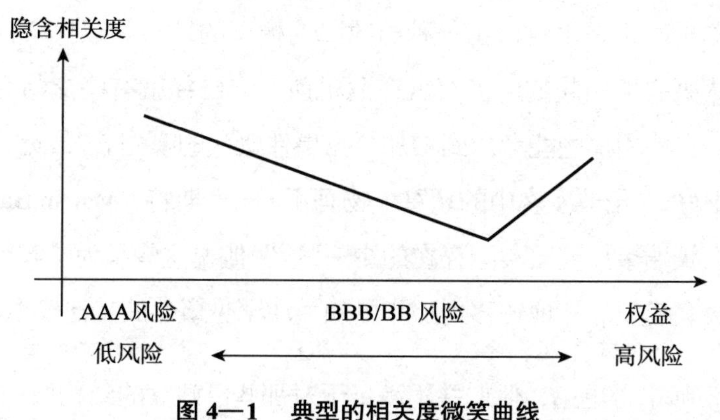

图 4—1　典型的相关度微笑曲线

但是关键在于模型是错误的。即便模型可以轻易被“合理”改造，这种便利性也不能被看作一种恭维，而更应该被看作批评者来传达对该模型的批评的工具。

许多人（在某一时刻，还包括本书的作者）已经从这种波动性微笑中看出，BSM模型是无辜的，这是一种胜利的标志，也是该模型会被广泛接受的原因。数学工具也许并不完美，但它具有自我修正的机制，一种内置的自我修正机制能够让交易商修正该理论本质上的结构性缺陷。根据这种观点，微笑曲线对该模型而言是非常有利的，但我现在认为，这是一种错误的理解。正好相反，微笑曲线对该模型是很不利的。这是一个失败的征兆，而不是成功的标志；是一个排斥的征兆，而不是支持的标志。如果人们真的喜欢该模型，就没有理由对其采取修正措施。顺便说一下，通过这种措施，不管是BSM模型还是高斯关联模型，交易商本质上就已经肯定，所使用的模型不再是原来的那个了。那些原本设计具有平稳相关性结构的东西，在变成那些能够产生微笑结构的东西时，就已经跟原来的东西完全不一样了，它们不应该使用相同的名称。因此，即使交易商使用一种原来叫做高斯关联的系列定价模型，它也不再是高斯关联模型了。

脆弱因子与脆弱模型

市场力量对模型本质的无视使宽客的秘密为人所知。新的模型又被不断地提出，这种现象可能正是由对修正一种出故障的模型的期望和取代李祥林成为该领域鼻祖的个人野心所引起的。甚至就在危机前夕，已经就有些交易商想要脱离高斯关联模型，去使用那些能考虑到增加罕见事件概率的模型。“最近，一些信贷模型做得不是很好，”伦敦宽客中的领军人物马丁·巴克斯特（Martin Baxter）说，“根据正态分布，极端事件要比实际存在的少一些。”他说这些是为了解释为何他的银行要从高斯关联模型的领地转移到那些更加关注罕见事件的其他模型上去。

其他建模师走得更远，他们并不满足于对那些已建立的结构做一些概率修正，而是宣传一种全新结构的模型，声称它能够捕捉到所有对违约概率有影响的因素。这些建模师可能已经厌烦了建立在一堆摇摇欲坠的假设上的数学模型，其中一种或者所有假设在不可避免地破灭的时候，会在公众中引起言论骚动，那些很有野心的理论家抓住一切机会假装去保护信贷模型，不让它受到更多的攻击。他们希望通过把所谓的“脆弱因子”输入“脆弱的模型”，捕捉到所有能对结果产生影响的隐藏变量。换句话说，这种新的建模技术试图让自己远离这种习惯性批评——数学工具不能利用任何能够影响违约和信用价差的因素来反映现状。我们所见证的在2007年夏天发生的信贷惨案，进一步说明了捕捉到各种使得极端罕见事件成为现实的因子的重要性。

如果你无法观察那些能够引起信贷事件的潜在因子，又怎么能为它们建模呢？你只是假设它们存在吗？不是这样的，你可以借鉴（未经解释的）以往的违约集群来描述脆弱因子。如此一来，你的模型所预测到的违约相关性就会比单因子、双因子或三因子模型更加准确。出乎意料的事件在信贷市场上不断涌现，对简单模型而言，输入值不仅具有局限性，同时还可能根本无法成为未来事件发生的指标，当然也就无法做出预测。从某种程度上说，你正试图把这些突发事件从数学运算中隔离出来。脆弱模型分析程序更加复杂，但与此同时，它们的存在也证明了分析经常会失败，会令人厌烦。宽客们提出的一个强有力看法认为，模型终究是不完美的。

在信贷危机中，这些脆弱的模型（以及它的重要性）随处可见，其中一个例子就是，用于记录和评估次级贷款的证明文件和借贷人信誉度的方式极为宽松。显然，似乎有许多问题需要建模师（特别是待在与世隔绝、昏暗的大学办公室里搞理论的那些人）做出解释，他们本应该拥有神一样的观察力，及时地发现在美国大街小巷里发生的那些不良的借贷活动（当然，这些事情都至关重要，因此这种抓不住那些至关重要甚至是唯一重要的东西的模型究竟有什么好处？现在让我们暂且放下这个问题），但是这些正向人们兜售的稚嫩的新生数学工具却妄图捕捉那些难以捕捉的现象。他们大量地借鉴历史，却不能传达多少信息。

伦敦巴克莱投资银行投资组合管理的副主管阿利斯泰尔·麦克洛德（Alistair

Mcleod）在被问及脆弱模型的应用性时说："你正在做一个大胆的假设，那就是从历史资料中获得的违约模型有可能会在未来重现。对于这一点，大家应该谨慎行事。"当然，这种告诫适合许多种金融理论，不过脆弱模型特别符合这类常见的抱怨。简单地说，那些不可观测、无法辨识、无法觉察的因子就是如此不可观测、无法辨识、无法觉察。这当然不能保证，干扰昨天的那些不可观测的麻烦事明天也有可能受到影响或者再次发生。对于最近的一次危机而言，宽松的次级借贷是关键因子，但我们怎么能肯定它将来会是一个决定性变量呢？2007年信贷危机背后的那些极为离奇古怪的可变因子对未来违约相关性的测算是否很重要呢？

为了强调这一点，巴克莱投资银行的投资组合管理群总经理安迪·佩恩（Andy Payne）指出，在过去的几十年里，信贷风暴的起因各不相同："在事后看来，如果我们观察那些违约成群发生的高峰区，它们的起因是很不一样的。1991年，那是由经济衰退和资产的严重贬值导致的。如果我们观察这个10年的前几年，我们会发现本次危机是由欺诈引起的。"这些缺点严重影响了脆弱的方法论预测（本身可以预见的特性）成群违约和尾部损失事件的能力。谁能预测这些至今为止还令人费解的因子的未来动向呢？穆迪投资者服务公司的高级信誉评级官员艾伯特·梅茨（Albert Metz）声称："事实上，引进脆弱因子使违约概率预测变得更加困难，因为人们需要预测那些难以观测到的神秘可变因子的未来动向。脆弱建模在量化模型输出值的不确定性时具有重要作用，但它对形成模型预测的作用可能有限。"

也许顶级信誉理论家达莱尔·达菲（Darrell Duffie）在脆弱模型方面的成就最辉煌（尽管不是开创性的）。他曾经和3位华尔街宽客合作写过一篇具有煽动革命性质的论文《弱相干违约》（*Frailty Correlated Default*）。他在该论文中提到，斯坦福大学的一位数理金融大师用言简意赅的话引发了一场争论：

> 在美国公司债务的投资组合中，假设违约相关性完全是由那些可观测的风险因子所引起的，与之相比，发生极端的违约损失事件的概率要大得多……

传统的基础评估是有下行偏差的……相较于原来的方法，本文为大规模违约损失风险的评估提供了一个更为实际方法。

就如我们前面所提到的，传统的信誉模型是基于个体违约概率、相关度估值以及一个或者更多的因子（比较常见的是经济效益）而得出一个资产池的违约概率的。达菲和他的朋友认为这是不够的，而且还会产生不规范的结果。标的借款人需要承担共同的风险因子，不过这种影响并不能被个体分布或者资产相关性水平所捕捉，最终使得实际的资产组合损失分布被低估。因为不可能事先找到所有相关的可测变量，理论家称："我们的方法是直接考虑不可测风险因子，通过最大似然法，能够从有效数据中估计得出这些因子的时间系数走势和后验条件分布。"

主要的思想是，假设这些违约概率取决于几个可测因子（所谓的违约间距，一种波动性调整的杠杆措施；对特定公司股票回报率追踪一年；3 个月的美国短期国债利率；追踪标准普尔 500 指数的收益）和两个不可测因子（一个是特定公司的具体情况，而另一个是宏观经济层面上的——真正的弱变量，这才是要点）。他们使用了 25 年的时间跨度内将近 3 000 家公司的数据。经济计量工作会利用变量数据来估计投资组合损失对每一个给定因子（包括可测和不可测的）的敏感度。通过这种机制，我们可能获得每个变量的理论影响力。结果表明，所有的因子都很重要。

一旦收集到这些计量情报，就能算出这些脆弱进程的分布律（这些弱变量随着信贷形势的改变和时间的推移发生动态变化是被允许的）。研究表明，不管是否把共同脆弱影响包含在内，在对联合违约概率正确性进行回归测试时，在检查资产组合损失中，后者的表现欠佳。比如，在 1998 年 2 月到 2002 年 11 月期间（发生了 195 起违约事件），忽略共同脆弱性的模型认为 200 个违约事件发生的概率为零；相反，把共同脆弱性包含在内的方法预测违约事件数到达约 215 和 265 的概率分别为 95% 和 99%。

让这些聪明的作者自己总结一下：

> 这篇论文发现，美国企业的违约风险存在着一种不可预测的来源，这个重要证据使得违约相关性和极端投资组合损失风险远远高于企业特定的、可预测的违约风险来源所隐含的风险。面对潜伏着的、随时间变化的脆弱因子，我们为公司建立了一种新的模型……通过对该模型的运用，我们发现共同违约概率随时间的变化程度已经远非一个只包括可测因子的模型所能解释的了……1980—2003年间的数据测试发现，无脆弱性的模型在对信贷投资组合风险的评估中明显地低估了极端积极和消极事件的发生率，而带有脆弱性质的模型则能进行更为准确的估计。

尽管成就很辉煌，我们不应当对结果过于吃惊。我们知道高斯关联模型的方法会低估极端信贷事件发生的可能性，而微笑曲线的出现倒是能及时地提醒我们。我们总是不断怀疑，大量的可测因子不能完全用以解释违约的发生，所以包含所有参数的统计分析似乎才能证明这些不可测因素的重要性，但是，一旦那些信念通过迷人的分析能力得以巩固，将会发生什么呢？认为这些违约事件应由大量的神秘因素来解释是不够恰当的。如果一个模型认为建模是完全无望的，并且把所有因素都计算在内，这个模型似乎是难以依赖的。根据前面的暗示，当评估标准模型出现差错的时候（根据差错的大小），脆弱模型就会很有用，但其价值可能比不上预测工具。

无论如何，我们必须准备提取符合实际的最终结论，以免脆弱模型真的主导了交易厅。这种行为可能导致两种明显的结果，要么是暂时有益的，要么就是明显非常糟糕的。一方面，由于脆弱模型产生了更为保守的损失评估（例如，那些影响极坏的罕见事件可能被更有效地捕捉到了），交易商对它们的拥护应该会导致风险值（在险价值）增加，同时也会带动资本输出的增加。同样，如果我们运用脆弱性方法，那些曾经被赋予AAA级的结构体就会失去这种耀眼的荣誉（因为它们认为成群违约风险不大）。这种增强的保守主义在理论上被证明是非常有用的。如果让市场在几年前就引入脆弱模型，优先级担保债务权证系列就会被设计成审慎的超额抵押，或者让它们的评级和价格降低，从而使得头寸所累积的泡沫破裂，或者让权益系列变得更贵（例如，理论相关度的提高使得投资风险减低，因此信用保护卖方的生意就会更惨淡），也许能从而阻止引起许多麻烦的权益－夹层交易的崩溃。总体来说，该模型能够减少过度的冒险行为，遏制有些失控的投机行为，给过热的交易活动降温，进而限制赔损率和大量的信贷危机所产生的影响。这就是脆弱概念所带来的好处。

但它也有不好的一面。脆弱模型可能会使风险管理变得松懈，因为人们可能会过分相信已经把所有可能的风险因子考虑在内的假设，因此就会觉得高枕无忧了。交易商和他们的监管人可能会变得粗心大意，不再注意那些可能的坏消息。这本书的一个主要观点是，当他们错误地认为这些证券合乎科学理论时，该模型就会立即变得很危险。高斯关联方法就是这样，对于那些旨在通过声称能够对所有我们看不见的东西进行评估，从而修正量化过去的缺陷的模型来说，这更是一种事实。这种过度的自信有可能造成许多麻烦。

LECTURING BIRDS ON FLYING

05

在险价值就是一句废话

在险价值不仅无法测量、预防或者预测巨大的风险，反而有助于风险的发生。它撇开了极端事件，并且极大地低估了黑天鹅事件发生的概率。它可以让风险数值变得如此之低，以至于人们心安理得，进而使得风险肆虐。

有害的骗术

想象你正在考虑买一辆新车。你急切地希望换一辆新车，于是走进一家代理商店，一位面带微笑的销售人员立即抓住你的手，热情洋溢地为你提供无条件的帮助。你强调说，尽管设计和耗油量是非常重要的因素，你最关心的却是安全问题。销售人员回答道："别担心！"你只要跟着他走就好，店里有风险管理最完善的车型。面对崭新的汽车，你不得不承认设计相当巧妙，并且从宣传手册上看，其中使用的工程技术似乎相当先进。你几乎要付钱了，只是，还有一些微小的细节没有解决。"气囊的性能如何？"你逼问道，"它们能很好地发挥作用吗？"销售人员丝毫没有胆怯："当然，它们始终能够保持良好的状态，但在极限状态下，倘若你出车祸了，安全气囊是不会起作用的，可出车祸的概率能有多少呢？"

要是有人说这个汽车销售人员是骗子，许多读者也许都会同意的。听完这个故事后，你应该会免受类似的欺骗，在最容易受蛊惑的时候，你会堵住耳朵，不去听那些无孔不入的江湖骗术。销售人员也许会继续宣传他的谎话，但是你可以置若罔闻。对此类善于欺诈的人，我们不应该浪费过多的时间。

在过去大约 15 年时间里，金融领域一直被一种设备统治着，它允诺，除了特殊时刻之外，它会像安全气囊一样发挥作用，然而在本案中，销售人员的谎话并没有被直接拒绝。与之相反的是，一些有影响力的大人物在指责销售人员的江湖骗术的同时，并没能阻止大量顾客受销售人员的蛊惑而购买这样的汽车。很显然，他们相信汽车的安全措施相当令人满意，值得一试。在险价值只是展现了一幅“任何时刻”的金融风险图（本身的可信度就很值得怀疑），撇开极端情况，无法否认的是，它仍然是非常受欢迎的。全世界的银行、对冲基金、公共实体、公司、资产管理公司以及监管部门都严格遵守着这个风险指南，他们的许多重要决策都是以在险价值给出的风险值为基础的。你大可将所有可能的推销骗子拒之门外，但是，自从在险价值在市场中出现以后，它就一直占据着垄断地位，太多人对其深信不疑。

所有这一切在信贷危机爆发后都有所改变。此次事故是如此致命，其破坏性途径无法被继续忽视或被传统主义所掩盖，在险价值的许多缺陷也因此暴露出来。由于在险价值历史记录不太完美（特别是在多重压力下），它的相关性可能正面临最严重的挑战，我们已经深入讨论过了。正如对冲基金经理戴维·埃因霍恩（David Einhorn）所说的：“风险管理就是始终有效的安全气囊，但仅限于发生率高的事故。”换言之，这完全推翻了在险价值的承诺和说法。2007 年夏天之前的很长一段时间里，金融高速公路一片宁静，没有太多的意外事故记录。在险价值在这种背景下运行良好，然后，公路的兼容性突然变差，而且原本可以自由加速超车的司机，现在也频繁遭受致命的意外事故。在险价值在这种异常的情形下悲惨地失败了。最需要安全气囊的时候，它却拒绝膨胀起来。

在险价值是什么？它是基于模型的数字，被用来表明一个金融资产的投资组合未来可能的最大损失，这种投资组合是建立在过去的历史数据和关于市场是如何运作的特定概率假设的基础上的。在险价值假定，世界是由正态所统治的，在这里，罕见事件是非常不可能发生的。它认为过去可以很好地指引未来。借用标准金融理论的说法，在险价值取决于两个变量（标准偏差和相关系数），而这些变量只有当市场服从正态分布的情形下才是有效的。它展示了在一个预先规定的前期阶段分散（波动）的金融市场状况，然后使用一个非常大的置信限度——当然不是 100%，继续将这种估计转换成预期的结果，也就是说，在险价值不能捕捉那些不太可能发生的挫折。

问题是，罕见事件的影响可能是毁灭性的，同时，在险价值所假设的正态世界中那种发生概率很低的意外事件在现实世界中确实会发生。换言之，在险价值的数值（通常被金融机构认为是预测市场风险的可靠指南）排除了那些有可能发生的最麻烦的情况，并且为（被选择的）重复的过去数据设置了过高的概率。

也难怪在险价值在这次危机中的表现如此失败了。市场深刻地揭示了自己的非正态本质，而且运用于计算过程的历史样本期间段（从几个月到几年，取决于不同的机构）并不包含像 2007 年下半年开始发生的奇怪事件。最近，波动性和相关性的表现方式都很突兀，很与众不同。事实证明，我们很缺乏风险预测。所谓的官方指导反而大大增加了误导，根本无法预测崩溃出现的可能性、速度或者严重性。

但在我们深入探讨关于在险价值在这次危机中不起作用的具体细节之前，让我们考虑一下本书的中心思想：**在险价值不仅无法测量、预防或者预测巨大的风险，反而有助于风险的发生。**它撇开了极端事件，并且极大地低估了黑天鹅事件发生的（真实）概率。它可以让风险数值变得如此之低，以至于人们心安理得，进而使得风险肆虐。在 95% 或者 99%（甚至是 99.9%）的置信水平的基础上，交易的风险几乎可以忽略不计，从而使得交易畅通无阻。不仅交易会被执行，也没有资金会反对这种交易，这实际上为该机构创造了巨大的杠杆头寸。换言之，在险价值所显示的数字会使公司逐渐陷入某些情境之中，此时，那种坏消息（即使很轻微的也是如此）会造成大量损害与巨大的损失，当然，这种危害要远远高于这个著名的风险雷达做出的指示。这种类型的形势是由市场危机造成的：在金融界的一些不起眼的角落，消极性发展通过巨大的高杠杆冒险转变成为一场具有广泛影响力的大灾祸。一旦这种危害爆发，在险价值的限制自然就被冲破了，那么它事先输出的数据就变得一文不值。也就是说，在险价值只要还是在险价值，就会显示出顽固的误导倾向。

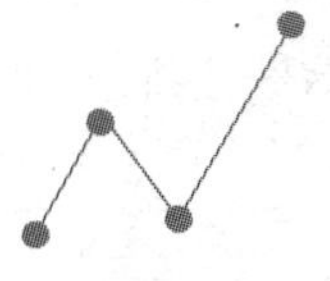

经济学家说

LECTURING BIRDS ON FLYING

戴维·埃因霍恩相信在险价值是这场信贷危机背后的一个主要因素。“无论如何，现在我们了解投资银行拥有巨大的、超高级的 AAA 级证券投资组合的原因了：这些证券的回报率非常低。然而风险模型说它们的风险值很小，因为信贷损失的可能性是用大于在险价值的临界值来计算的。这意味着，只需要很少的资金就可以拥有这类证券，而这少量的资金所带来的回报会产生一个非常巨大的收入权益比。在险价值驱动的风险管理使得人们相信风险不会连续出现 7 次这个假设。”这位执迷不悟的在险价值评论家如此声称。不幸的是，正如埃因霍恩所说的：“在当前的危机中，事实比在险价值模型预测的结果不幸得多。更糟糕的是，据称，各种需要微小资本的远端风险是高度相关的。你不仅在这个环境下损失了一份赌注，你因为这个原因，损失了大量赌注。这就是最近一段时间投资银行季度性资产减记的原因所在。”

有趣的是，在这一点上，风险监管绝对是制造麻烦的“得力助手”。在过去的 10 年左右的时间里，在险价值已经被监管部门所使用，并成为广泛使用的风险监视器，而且关键是，它成为被广泛接受（而且是必需）的决定资本费用的方法（例如，金融机构应该承诺给他们的买卖账册多少现金和流动资产）。

最近，事情朝着更加棘手的方向发展了，例如美国证券交易委员会。有些人把“未来贝尔斯登破产法”看作 2004 年美国证券交易委员会建立的一个规则，允许大型经纪商为了实现资产要求的目的使用他们自己的风险管理方法，因为他们意识到，使用新方法的费用注定要低一些。正如所预见的那样，在险价值被批准为计算的主要方法，但这种统治有些过头了。以前，流通性证券（用行话说是“没有现成市场的证券”）为实现资金用途的目的而要 100% 扣除；现在，随着越来越多的保守和传统的替代方法，它获得了和在险价值一样的待遇：倘若数学方法计算的数值刚好很低，那么所要求的资本支出也会很低。换言之，从事风险活动立刻就变得更加廉价而方便。从这个意义上说，当金融机构贪婪地"吞食"暗流涌动的复杂资金时，我们也许不应该感到惊讶。由在险价值所传达的激动人心的信息也许太有诱惑力而令人难以拒绝，但最终的结果是，负债率越来越高，金融机构的自有资金越来越少；或者用另一种有些不同的语言来形容：这是一颗定时炸弹。

真正的元凶

事实上，我们可以推论说，作为资本管理的决策者，它的角色使得在险价值成了这次危机背后真正的决定性因素。估计这种说法对许多人来说都是很出乎意料的。对大部分人来说，使金融市场和整个世界经济形势沦陷的危机无疑是由阿尔贝托·拉米雷斯（Alberto Ramirez）、玛丽亚·阿维拉（Maria Avila）和布莱德·莫里斯（Brad Morrice）所引起的。指责这三个人（以及整个金融领域内许多和他们一样的人）只是一种自我宽慰，因为这非常符合一个简单而传统的解释：人们常说这次所谓的次贷危机是由次级抵押贷款业务的参与者引起的。毫无疑问，这种危机的爆发不可避免，正是次级抵押贷款和那些从事次级抵押贷款的人出售贷款并且借贷。他们的这种做法让我们陷入痛苦和混乱之中。

> 2006年11月，阿尔贝托·拉米雷斯不再兑付他在加利福尼亚的价值720 000美元的房子抵押贷款。这位非美国籍的捡草莓专家（每年赚取15 000美元，那时候他获得了贷款并且购买了房产）因为生活极度困难，无法偿清每月5 378美元的贷款，最终放弃了还贷的努力。很显然，一个月后，他没有邀请玛丽亚·阿维拉来参加他的平安夜晚餐。尽管这位房地产经纪人已经为最初的交易做好了安排。取代晚餐邀请的是阿尔贝托·拉米雷斯和罗莎·拉米雷斯（Rosa Ramirez）寄出的一封传唤信，信中声称，阿维拉违反受托责任，出售给他无法承担的房屋，但阿维拉也许遭受了不公平的待遇。毕竟，她把这个价值720 000美元，带有4个卧室和2个卫生间的房产卖给了每周收入只有300美元的人，也没让购买人提供任何形式的定金。交易方快乐而充满

感激地加入了新世纪金融公司旗下。总之，正如所预料中的那样，受到他的创始人和长期首席执行官布莱德·莫里斯的影响，贷款方没有发现他们所不喜欢的低收入、资产有疑问的借款人。

这场给市场带来毁灭和破坏的灾难令绝大多数人感到害怕，人们很容易指控拉米雷斯、阿维拉和莫里斯是这场灾祸的罪魁祸首。借款人究竟是如何同意这样一份没有任何希望兑现的合约的？经纪人又究竟是如何将如此一套明显昂贵得无法承受的房子卖给显然没有相应承受能力的顾客的？贷方的金融行为怎么会冒着如此明显的破产的风险？通过这种不负责任的鲁莽行为，令人讨厌的三部曲（借款人–经纪人–贷款人）和熟悉的标语决定着我们的命运。这讨厌的三人行!

当然，这并没有完全准确地展现事情的真面目。很多破坏性的金融事故都可以归咎于垃圾抵押贷款的违约，但从本质上说，它们并不应该对这场自 1929 年危机以来最严重的金融崩溃负责。

正如消息稍微灵通的观察家都知道的，布莱德·莫里斯通过玛丽亚·阿维拉借贷给阿尔贝托·拉米雷斯，而当这类型贷款的价值杠杆到达极大值时，就不仅仅是贷款本身的问题了，同时也关系到超复杂的投机赌注问题。投资银行、对冲基金和其他机构因此蒙受了巨大的损失，这正是这场信贷危机规模如此之大的原因所在。

然而，我们可以进一步设想，倘若这些击溃了华尔街的不可思议的害群之马带来的挫折击溃了整个世界，那么究竟是什么使这样的打击第一次出现的呢？不，我的意思不是指银行家的贪欲。这是太简单、太明显的道理（尽管这是事实）。我们可以挖掘得更深，寻找真正的原因：为什么银行家事先做了那么多与抵押贷款有关的工作？主要有三个原因：

- 第一，因为这些贷款政策较为宽松，将这种高收益的贷款贷给拉米雷斯和与他相似的人变得非常容易，并且，由于金融工程专业知识的加强，贷款很容易转换成投资；

- 第二，因为评级机构对这些投资信用进行评级的裁定过程过于慷慨；
- 第三，因为所谓的风险雷达（例如在险价值）让人们可以声称这些金融行为是绝对安全的，而且投入很少的资金就可以参与这场游戏。

现在，让我们来寻找真相，也许是寻找不可原谅的史努比。所有责任方，坦白地说，哪一个才是真正的罪魁祸首呢？换言之，哪一个才是正如事实上所呈现出的恶性循环链中最关键的一环呢？哪一个是真正使坏的角色？当然，贷款和极其复杂的工程技术肯定是属于这种角色的，因为没有次级抵押贷款就不会有次级抵押贷款相关的损失。当然，AAA 级机构也是一个关键因素，因为它对担保债务凭证的设立起到了很大的推波助澜的作用，而且它还积极怂恿银行在这一领域进行投资，但即使你知道如何设计这种产品和评级托词，你也需要承担得起这种投资，以使它变成你拥有的一种资产。只是因为一辆法拉利的存在，汽车检测员通过检查证明了它的品质非常优越，并不意味着你就可以拥有它，你首先要花钱来购买它。

银行究竟是如何承担类似次级抵押贷款的交易工具的投资的？由于必须承担尽可能小的资本费用，只要存入小量的抵押品就可以购买一辆法拉利当然是非常具有吸引力的。很显然，假如这个费用是 100% 的话，那么玩这种次级抵押贷款的费用就会大得多。加上考虑到次级抵押贷款在城镇和农村都非常具有吸引力，作为一家银行或者一个基金，你自然也会想采取其他的交易游戏，这反过来需要有他们自己的资本费用，并就整体资本量方面提出他们自己的要求。幸运的是，对于那些死不悔改的赌徒来说，过去几年被赋予神圣的权利（由监管部门和银行家赋予的）并在交易大厅内设立资本额度要求的工具似乎做了非常好的工作，因为它们不断推出极低的风险数值。

为什么在险价值会产生低估的风险数值呢？主要有两个原因。

一方面，正如我们早先解释的那样，它严重依赖历史数据，而且在所选择的样品数据期间，如果波动可以预见（当然是指在2007年夏天的案例之前），并且极端事件是非常有限或者不存在的，那么资本额度要求就将根据如此明显平静的环境（一个相当宽松的数值）进行制定。即使过去确实存在一些混乱，谁也不敢说这种混乱会是未来的一个很好的预兆，谁知道呢，也许局势会成倍地（甚至更多倍地）扩大呢？金融市场是由少有历史先例的极端事件所主导的，因此，当这种怪异的事件得以展现，我们才有机会见识它们，通过回顾过去所计算的资本额度要求就显得非常不足。

另一方面，在险价值所依赖的概率基础没有为极端事件的体现留出机会。在险价值的计算是以正态分布为前提的，这显然不太适合极端事件频繁的现实世界。在险价值所体现的风险数值通过所谓的相关系数的干预而大幅降低，也就是说，整体风险会被假定比实际低得多，因为你的一些头寸抵消了其他投资组合里的风险，然而这种相关系数本身是基于过去的行为而制定的，自然也是不可能永远存在的。我们已经厌倦目睹理论上被认为不相关或是负相关（因此包含一种抵消作用）的资产家族最终如何转变成同步相关的，特别是在大崩溃期间，一切都会一起沉没。相关性的托词也可以帮助制造看起来非常值得怀疑的很小的资本额度要求。

由于在险价值的数值显示只需要相当小的费用，这就决定了银行可以非常廉价地发行大量的次级抵押贷款头寸。难怪贝尔斯登、雷曼兄弟投资银行、美林公司及类似企业的资产负债表都充斥着与次级抵押贷款相关的资产，而这些资产比公司整个股权价值都要大得多。当然，这两方面杠杆都在起作用。一旦事情变得有些膨胀，那么整个事件就会无限膨胀下去。如果你的投资价值下降了，即使没到非常令人震惊的程度，相对于你的资本而言，这种纯收入的下降也会变得非常可怕。一个仆从股本基数所遭受的最大损失不会获得良好的回报。

总而言之，通过先进的金融工程以及标准普尔和穆迪评级的慷慨相助，次级抵押贷款相关资产本身存在巨大的赌博性，这也是美国可能转变成为社会主义国家的真正原因。当监管者共同认知的风险管理习惯是低估未来的市场动荡并推崇少量的资本需求时，这一切都变成了可能。这种谎言才是真正的罪魁祸首，与阿尔贝托·拉米雷斯无关。在危机来临期间，聪明的在险价值究竟发生了什么？2007年的第三季度（第一个充满麻烦的季度）见证了投资银行在险价值模型最严重的意外。交易损失远远大于该模型所预测的最大损失额度。尽管在险价值模型经常会出现一些违反常理的事件（在99%置信上限的情况下每年会出现2或3例意外，而在95%置信上限的情况下则是每年大约12例），但是2007年第三季度确实集中出现了太多的严重失误。一些银行在关于在险价值模型的报告中承认，在99%置信上限的情况下，意外事件超过了10例甚至15例，尽管事实上风险值本身会随着混乱的增加而增加，并且关键是，银行可能已经保守地报告了在危机发生之前一段时间的风险数值，从而避免了监管部门的挑剔（根据巴塞尔资本原则，如果被观察到的意外事件的数量非常多，那么是会受到惩罚的）。

信贷真相

> 莱曼兄弟公司在95%的置信限下发现了3例意外事件，高盛投资公司也在95%置信限下发现了5例（2007年上半年只有1例），摩根士丹利公司在95%置信限下发现了6例，贝尔斯登10例（在这次危机之前也是只有1例）；而在99%置信限下，瑞士信贷发现了7例（2007年上半年只有2例），瑞士联合银行发现了16例（是自从1998年俄罗斯违约导致的LTCM危机以来的首次意外事件）。

也就是说，在短短3个月的统计期间内，日损失远远超过了理论上假设的损失额度。这并不是一个很大的意外，对历史数据和正态分布的依赖正是在险价值方法不可克服的缺陷。不仅是最近记录的风险值一直比较温和（处于周期中较好的时期），而且，罕见事件只出现于长期存在的市场和产品（例如复杂的信用衍生品和与抵押贷款相关的交易）中。同时，不同资产家族之间的相关性也被破坏了，因为不同阶层以模型不能捕获的方式集合在一起；原本多样性的因素变成了一个风险增压器（过去的理论相关性再次失去了成为未来协同运动的可靠评估者的资格）。UBS 本身阐释得非常清楚："由于在险价值来源于历史市场数据，因此不能指望运用它来预测这种非同寻常的条件下的损失。"汽车购买者接受了这样一个事实，那就是安全气囊在意外事故中不能够发挥作用。我们不禁再一次问道，什么类型的司机会购买一种被承认只在正常情况下有效果的风险管理仪器呢？为什么他要期望我们相信他所处的风险是可控的呢？

在险价值的问题不仅在于历史事件不时出现从而败坏了它的声誉，还在于在险价值工具被赋予了数学结构，因此这个可怜的东西从没有机会去捕捉意外事件。特定金融头寸的标准偏差或者波动率乘以头寸大小，再乘以一个代表特定统计置信度的数值，就可以得出在险价值。例如，在置信度为 95% 的期间，又要乘以 2.33 标准偏差。倘若你要 99% 的置信度，那么就乘以 1.65 的标准偏差。因此，根据处于在险价值范围内的正态分布，超过 3 倍标准偏差的概率几乎为零。事实上，在险价值有可能忽视了这样怪异的事件，因为它们根本不属于这个区间（任何一天 3 倍标准偏差的概率都小于 0.15%，或者大约每 750 个交易日出现一次；这大约等同于 99.9% 的置信度，或者 3.2 倍标准偏差的事件，允许每 4 年有一次重大的损失）。也就是说，根据在险价值，从数学上说，理论上最大的损失不会超过 3 倍左右的标准偏差与头寸大小相乘的结果。从定义上来说，在险价值这个风险雷达所显示的数字比这个数值还大。

不幸的是，在现实的金融世界里，大于或等于 3 倍标准偏差的事件时有发生，肯定比每 3 年一次更多，也肯定比每 125 年一次更多（根据正态曲线，我们可以看到 4 倍标准偏差事件，99.995% 的置信度发生率）或者每 14 000 年发生一次（5 倍标准偏差事件，99.999% 的置信度）。2007 年 8 月，市场连续几天见证了 25 倍标准偏差事件。根据正态分布，这是不可能发生的事情，因此是完全不可能被在险价值之类的模型所预测的。现实生活中真实出现的，对于理论假设来说是完全不可能的。如果5倍标准偏差事件相当于自从上次冰河时代以来出现的单一事件，那么25倍标准偏差事件出现的概率比一次宇宙大爆炸出现的概率还小。因此，没有必要对一系列此类意外事件的理论概率是多少的问题太过纠结。有人将它比喻成连续50多次赢得高风险彩票。由于在险价值的限度注定要被市场中不可避免的毁灭性混乱所打破，矛盾的是，在险价值声称提供了更高的精确度，而它的预测却变得与现实更不相关。从95%区间延伸到99%区间，甚至是99.9%区间，并不会预防过多的风险（记住，在金融领域中经常看到的任何高于3倍标准偏差的事件，都会粉碎在险价值的说法），但这却会缩小误差的范围，而如今，大量意外事件证明了在险价值的失败，当这些事件被一味低估时，它们发生的概率反而更大。因此，"确定性"的增加可悲地转变成了不可信的增加。

当然，如果没有详细分析贝尔斯登和雷曼兄弟公司故事的情况，任何关于在险价值所造成的灾难的报道甚至都称不上完整。毕竟，这两家公司都在此次危机中破产了。在这里，我们不是在讨论一些令人讨厌的不同寻常的挫折，而是在讨论在这个世界上，这两家最令人尊敬的传统金融王国的消失。在险价值进展如何？它是否哪怕轻微地对这种毁灭的可能性进行了预告？它是否为完全被遗忘的危险提供了一些线索？这个最受人尊敬和接受的风险管理工具是否努力捕捉了华尔街传奇会在数周内崩溃的可能性呢？

贝尔斯登最近交给证券交易委员会的季度财务报告包括了截至2008年2月29日的数据。在这个报告里，贝尔斯登公开披露了它最后时刻的风险数值。一开始，我们就应该坚定地指出，像许多同类型单位一样，银行本身更愿意承认这种风险测量工具的缺点。正如贝尔斯登诚实地指出：

> 在险价值本身具有局限性，包括依赖于历史数据，不能准确地预测未来市场的风险，产生的量化风险信息受到创造这种模型的参数所限，不能保证

> 每天市场变化引起的确实损失不会超过在险价值所预测的数值……在险价值不可能准确地预测市场突然发生的根本性变化或因漂移而产生的风险……更进一步说，在险价值以天为单位来计算，并不能完全捕捉那些一天时间内不能被清算的头寸的市场风险。

但是一长串的缺陷最后都没有多大的危害，因为正如这位遭受巨大损失的巨人进一步指出的：

> 尽管存在这些缺陷，公司仍然相信在险价值是金融服务行业中量化风险的一种既定方法。

换言之，嘿，不要对我指指点点，每个人都是这么干的！要是我破产了，大家都和我一起破产！当谈及风险评估的时候，至少数值显示是安全的。

2008 年 2 月 29 日，贝尔斯登最终破产的前几天（眼看着股票的上市价格在一个星期之内从 70 美元降到 2 美元，总共损失了 80 亿美元，而该行 2007 年的市值达到了 190 亿美元），它报告的风险值（利用多种资产组合带来的多元化好处）为 6 200 万美元。2007 年 3 月 31 日，这场危机来临之前，2 800 万美元这个数值微不足道；8 月 31 日已经是这场惨剧的中间时段了，在险价值的数字也仅仅达到了 3 500 万美元。2 月 29 日的季终报告的平均在险价值（一天，95% 置信度）是 6 000 万美元（最高是 7 200 万美元）；2007 年 11 月 30 日的季终报告只有 4 500 万美元（最高值是 6 900 万美元）。在此期间有 8 起意外事件（与上一年度同期形成了鲜明的对比）。公司将此归因于金融领域里与抵押贷款和杠杆化有关的重大损失。2007 年 8 月 31 日的季终报告中采用了和以前相似的理由来解释 10 倍于在险价值的意外（与上一年度同期数值为 0 形成对比）。

事实上，随着危机的进一步发展，贝尔斯登的风险值（预测值）确实是逐步上升的。可以比较一下，在风平浪静的日子里，典型的风险值低于 3 000 万美元（2007 年 2 月 28 日和 2006 年 11 月 30 日都为 2 800 万美元），因此，当危险变得无处不在的时候，在险价值的预测对现实的指导也变得更加危险。虽然如此，在险价值实际上比理论预期的出现意外情况的次数要多得多（大概 3 倍多），更重要的是，它似乎没有预料到麻烦会突然升级（5 月份的风险值和年初的一样低），并且 6 200 万美元的风险值也许不会预测到这样一个悲剧：仅仅几天之后，这家公司（以及它的投资组合）就被认为几乎一文不值了（因为它的交易组合剧烈恶化，而这是假定在险价值应该预测到的风险）。从理论的 6 200 万美元（1 天）到实际的 80 亿美元（5 月初贝尔斯登的近似市值和 5 月 15 日摩根公司同意支付的 2.5 亿美元之间的区别），确实令人印象深刻。

当然，在险价值是用来处理市场风险的，而贝尔斯登（尽管偏向使用在险价值模型，但贝尔斯登主要依靠固定收入交易）除了市场活动还从事其他业务，因此，预期的市场损失和整个投资银行的价值损失比较，作为原则性问题，似乎有些不合情理。毕竟，贝尔斯登是因为一些奇怪的、市场中立的偶然事件而陨落的，就像纽约遭受外来不明飞行物的破坏，因此在险价值完全会得到原谅，然而，既然我们非常清楚贝尔斯登的陨落是由于长期的不良抵押贷款相关的市场波动（所有这些混乱的资产减值，所有这些麻烦的内部对冲基金灾祸）而被完全淹没在这场危机中的，因此，从 6 200 万美元到 80 亿美元的数字是完全合理的。在险价值所监控的投资组合应该对贝尔斯登的陨落负完全责任。

而且，不准确的在险价值确实带来了危害，并不仅仅是因为它绝对低估了即将来临的灾难，同时还因为它更有可能助长埋下包藏未来灾祸种子的头寸的建立。2007 年夏末，贝尔斯登的负债表显示，大概 130 亿美元的股本支持着大约 4 000 亿美元的资产，其中包括大约至少 400 亿美元"没有现成市场"的东西。这些（在险价值所支持的）杠杆和流通性的过度使用使贝尔斯登陨落了，正如贝尔斯登的对手和债权人所说，银行里到处都是这类工具（尽管至少一位影响力很大的观察家相信，银行在现有的监管指南下是不会资金不足的，而市场信心危机是把贝尔斯登拉下马的真正原因，在险价值则受到了不公平的指控）。

那么，雷曼兄弟又怎么样呢？又一个奇迹般的投资银行在这次危机中消失了？在险价值究竟做了什么？它自始至终保持较低的水平，例如，2007 年第二季度、第三季度、第四季度和 2008 年第一季度、第二季度的平均在险价值均低于 1 亿美元。正如贝尔斯登的案例，雷曼在在险价值所显示的数值的帮助和怂恿下，自始至终使用着高杠杆率。2007 年 5 月 31 日，该公司拥有的资产额达到了 6 000 亿美元（这些资产中一半属于金融票据），而股本只有 200 亿美元。2008 年 2 月 29 日，这一比例已经达到了 7 850/250 亿美元—— 一个惊人的滥用比例。公司最终破产之前不到半个月时间里，雷曼公司的 6 400 亿美元资产（2 700 亿美元属于金融票据）还可以只靠价值 260 亿美元的资本基础勉强支持。

关键是，到 2008 年 5 月 31 日为止，第二季度见证了 9 个意外事件，比预期的数值高出了 3 倍，除此之外，在险价值一直都很正常。这些异常行为被称为加权风险值，考虑到它对最近发生的更多（更混乱）事件产生更大的影响，因此实质上这种风险值应该是更高的（季度平均值是 1.23 亿美元，与之相对，没有加权计算的平均值是 8 400 万美元）。那就是说，在接近雷曼 9 月 15 日破产的月份里，这个风险雷达严重失常。雷曼在 2008 年第二季度期间遭受了巨大的损失（差不多 30 亿美元，与一季度获利 5 亿美元和 2007 年第二季度获利 12 亿美元形成鲜明对比）的同时，风险值比前 6 个月的记录值还低。风险数值似乎很友好（从数学的、理论的角度上来说），而危机却随之而来。

失灵的在险价值模型

既然我们正在谈论这个话题，那么在这次市场危机中没有完全被吞噬的其他金融巨头的在险价值又如何呢？我的意思是说，我们分析在险价值工具在危机期间的表现，并不会只分析那些完全失败的对象，那些险些被迫破产的机构也值得分析。以 UBS 为例，这是一家类似贝尔斯登或者雷曼式命运的欧洲公司。我们早先看到它的在险价值在 2007 年第三季度表现如何悲惨，这是报告结果第一次反映出这次危机的影响。不幸的是，对于在险价值的支持者来说，这只是热身运动。第四季度出现了大量意外事件，即使银行已经实行了通常会产生更高值的在险价值计算方法，还是出现了共 13 例意外事件。也就是说，这些单季度的差值只是让 UBS 的年度在险价值更不准确了（在 99% 置信度下，市面上所提供的工具显示每年不能够超过 2~3 例意外事件）。总而言之，UBS2007 年的活动不能被列入在险价值伟大成就：银行记录了大约 30 例意外事件。是的，这就对了——理论预测值的 10 倍。实际交易损失和在险价值的估计值之间的差距也并不小，有多于 10 例意外事件代表负匹配，损失超过 1.5 亿瑞士法郎。

2008 年，这场大屠杀继续向前发展，第一季度的意外事件仍然保持着两位数——11 例（其中有几起超过了 3 亿瑞士法郎）。然而，UBS 有这样的托词：2007 年末，它决定排除在险价值中有害的非流通性信贷衍生工具这类东西（次级抵押贷款），指出这个所谓的风险雷达“既不是对这种非流通性头寸而言合适的风险测量工具，也不是一个合适的风险控制工具，因此，这些风险现在被排除在在险价值的限度之外，监管对象也从交易簿转变成了银行簿。这些头寸以前是风险值利率的主要贡献者”。作为这种变化的主要结果，风险值显著下降了（大约达到了前期风险值的一半），并且因此变得更容易违反限度。就此而论，2008 年第一季度的例外情况（是全年理论允许水平的 5 倍）也许可以得到大多数人的谅解，尽管有人会感到奇怪，为什么当在险价值报告的风险值不能反映那些迄今为止最为相关的市场风险的时候，它仍然作为一种可行的风险指标而存在。而在 2008 年的第二季度，意外事件相当于一支足球队的球员人数（尽管收入损失的差距被证明是相当小的）。如果 UBS 在 2008 年年底继续保持这个节奏，2008 年还可能打败 2007 年，成为在险价值的多灾之年。

让我们继续沿着在险价值记忆的小路前行，很自然，我们要提到美林。正如 UBS 一样，它并没有被完全毁灭（在完全毁灭之前被美利坚银行低价收购了），但在谈到抵押贷款有关的资产减值时，美林肯定是和 UBS 一样吸引眼球的头条新闻。2008 年 8 月中旬，在美林不再是美林前的一个月，美林公司信贷方面的减值累计达到了 520 亿美元，仅次于花旗集团的 550 亿美元，非常接近位列第三的 UBS 的 440 亿美元。在这场动乱期间，美林并没有报告在险价值意外事件的数量，但是它仍然提供了一些有用的信息。首先应该指出的是，金融风暴前有着一段时间较长的平静时期，美林的在险价值毫不奇怪地表现出了温和状态（2006 年期间，95% 置信度，平均日在险价值为 5 000 万美元）。正如贝尔斯登和雷曼兄弟（及其他）的案例一样，这种平静会导致较低的资本额度要求和过度乐观与自满。到 2007 年 12 月 31 日，美林 310 亿美元的股本支持了大于 1 万亿美元的资产（其中 600 亿美元与抵押贷款相关）。而 2004 年，相同的股本也只支持着一半（即 5 000 亿美元）的资产。短期借款（3 160 亿美元）和长期借款（2 600 亿美元）是 2004 年的相应值的两倍。毫无疑问，基于如此令人满意的风险值水平，美林成为 2007 年因为使用高杠杆化而失败的著名事例。

这场危机一开始，果然不出所料，美林风险值超过了 7 500 亿美元，这一数值是 2007 年第二和第三季度的平均水平。（这些数值像其他银行的数字一样，远远低于其他季度的风险值，因为所谓的自有资产的多元化利益，原则上是“不相关”的。风险值奖励理论具有这种相互无关性，而如果市场结果无法按照一定的趋势发展会怎样呢？）很显然，历史风险数值无法做出充分的警告，蒙羞的华尔街传奇发布的 2007 年第三季度的原交易因而损失超过了 20 亿美元（与之前 12 个月获利 30 亿美元比较）。美林很快指出风险管理的失败：“2007 年第三季度期间，在险价值和其他风险测量明显低估了前所未有的信贷市场环境的实际损失程度，特别是在影响美国次级住房抵押贷款相关的和具有资产保证的证券担保债务权证头寸上显示出了极度的错位。过去，这些 AAA 级资产担保证券从未经历过如此惨重的损失。”

继发布 2007 年第四季度具有毁灭性的 98 亿美元损失、创下最大记录后，美林决定重新审视其风险管理功能的运作情况。这一年（其中见证了一次 85 亿美元的净跌），这场大屠杀明确地提醒我们，在险价值的限度是一种侮辱性的误导，因为美林是一直拥有较低（如果不是最低）风险值的投资银行之一。高盛的风险值是美林的两倍，它在这场骚乱中反而表现得好得多，甚至披露了在某些季度盈利的记录。拥有低（得多）理论风险值的机构结果反而是这场危机中更严重的受害者。

尽管具有相对较小的风险值，美林还是做出了进一步降低风险值的努力。美林试图努力减小它的头寸规模，由于良好的流通性使得市场波动增加，风险值反而处于慢慢上升的状态。相应的，美林决定跟随 UBS，勇敢地将所有有害的抵押贷款相关结构排除在风险值计算之外。这个理由与 UBS 的理由很像：

> 考虑到美国次级住房资产担保债务权证和余值证券的市场经历，由于在险价值已知的局限性以及头寸本身的流通性，这些头寸使用传统的在险价值措施建模而做出的解释，其价值是有限的。

换言之，由于这个地下有毒垃圾没有可靠的市场价值，流通性也只是一个遥远的幻想，我宁可不要抱着侥幸心理去接触这个波动的定时炸弹，因为它会让我的风险值在很短的时间内冲上天。可以预见的是，一旦你清除你的头号风险来源，那么风险测量就会直线下降。2007 年年底，据报道，较少次级抵押的风险值只有 6 500 万美元，从而产生了与全年日平均值完全相同的风险值。如果有害因素不被移除，各自的风险值将是绝对会令人烦恼的 1.57 亿美元和 8 300 万美元。

2008 年上半年，美林的风险值仍一路飙升，2008 年第一季度和第二季度的日平均值分别是 6 500 万美元和 5 700 万美元。在此期间（大部分与交易有关），美林遭受了 66 亿美元的损失。风险值很低，并不意味着风险来源不再存在。有害的抵押贷款债务仍然在那里，隐藏在暗处，等待再次被降级。通过将最缺乏流通性的头寸的风险值剥离出去，美林的在险价值成为一个更不可靠的损失预报员，同时也更加无法反映公司的风险值。当然，考虑到在险价值的基础是有缺陷的，出现这种情况实属正常。

作为这一章的最后一点，请允许我谨慎地反思另外两个重要金融机构的风险值记录，这两家单位在本次信贷危机中的损失相对很小。瑞士信贷在 2008 年上半年经历了 8 例意外事件，置信区间为 99%，实际损失和理论损失与全年所预测的损失差距大于 5 倍。平均日在险价值在第二季度和第一季度分别是 1.93 亿瑞士法郎和 1.94 亿瑞士法郎（与其他所有银行一样，风险值在危机前都比较小，为 1 亿瑞士法郎）。瑞士信贷在 6 个月时间里损失了将近 10 亿瑞士法郎（第一季度损失了 20 亿瑞士法郎），与 12 个月前盈利 60 亿瑞士法郎形成了对比。过去，摩根士丹利公司的风险值表现得要好一些，2008 年上半年仅仅只有 3 例意外事件。在 95% 置信度下，全年有望遵守正态分布。第一季度的平均风险值刚刚超过 1 亿美元，而第二季度刚好超过 1.1 亿美元（刚好低于 2007 年第四季度的 1 亿美元）。摩根士丹利公司 2008 年上半年盈利 25 亿美元（2007 年上半年获利 46 亿美元）。这些盈利似乎恰当地见证了一个更加温和的违反风险值限度的数值。令人吃惊的是，对于那些处于警戒区内的机构而言，在险价值是一种表现如此不佳的风险雷达。

正如我们所看到的，金融界的各个重量级机构在这次危机的开始和中期都经历了不同的在险价值行为。考虑到不同的资产组合和不同的计算方法（风险值在不同的公司之间不完全具有可比性，最好作为每一个机构内的趋势指标），事物之间存在着不同状态完全在预料之中。尽管如此，我们可以归结出两个关键信息：

- 在险价值模型都表现不佳；
- 意外事件的数量太大。

毕竟，规定就是规定，倘若工具说至多有 X 例意外事件，而现实生活中却存在 3X 例或者甚至 10X 例意外事件，那么这个工具就会被抛弃。那些热爱在险价值模型并捍卫具体指标的激进者应该注意到，量化机制的极其准确的计算规则是完全不成立的。从严格意义上来说，这场混乱并没有被预测到。（如果在险价值模型是一笔数千万美元的财富，而你损失了 10 个亿，那么你不觉得哪里出了问题吗？）

总之，信贷危机只是表明，那些被认为难以忍受的令人不可思议的在险价值行为确实在现实生活中发生了。在险价值模型也确实不能够处理意外事件。预测和现实之间的差距如此巨大，以至于整件事情变得很可笑，要是对市场主体和经济所造成的痛苦和苦难没有如此苛刻就好了。

毫无疑问，这场危机突出了一个特别大的缺点，就像早先料到的那样，在险价值为非流通性外来风险提供了极度扭曲的行情。很明显，2007 年的这场危机主要是由非流通性外来产品引起的。**在险价值模型无法应付眼前的情况，不仅是因为过去的数据无法充分代表市场中这些先前的行为，更重要的是，当骚乱随之而来，这些产品的估值会发生大幅变动**（这正是一些美联储行动银行决定将这些非流通性头寸排除在他们的风险值之外的一个主要原因）。面对"模糊"的估价制度，外国债券（如担保债务权证的部分）在估价上要花很长时间，它们按照评估模型进行定价，或者在一个没有完全暴露出底牌的市场中定价，或者按照虚构的东西进行定价。在这种平静的情形下，外国债券的这种状态是无害的，但在更紧张的情况下，这种状态则会造成严重损失，正如一旦暴露这种非流动性资产的真相，市场就会经历重大而突然的再评估一样。简单地说，当我们谈到低于标准的财务费用的时候，与平时相比，过去（即使非常近的）可能是更不可信的指导来源，在险价值也会比往常提供一种更不可靠的风险值。

在险价值在紧要关头的表现所披露出的第二个关键信息是，银行在整个过程中都充满激情地公开谴责在险价值模型是无效而错误的，而且还大声呐喊："摒弃这个毫无价值的骗术！"事实是，监管部门的有关文件充斥着在险价值失职的故事，这些事件比圣诞树上挂着的饰品还要多。也就是说，风险值报告显然没有完全根据在险价值模型给出相应的风险值，他们费了很大劲才让你明白这个明显的事实真相。在前面，我们已经介绍了一些诸如此类的抱怨。现在让我们再加上美林公司中那些实事求是的代表性发言：

> 在险价值的计算需要众多的假设，因此在险价值不该被认为是一种准确度量风险的工具。它应该在已知限度的范围内接受评估。这些限度包括但不仅限于以下几点：在险价值的计算不会传达出极端事件的严重性；以历史数据为基础的在险价值不能预测当前和未来市场的波动；在险价值也不能充分反映市场的非流通性（不能卖出或者在相对长的时间段内对冲一个头寸）。

因此美林所分享的，是它的同行非常熟悉的情况。

然而，尽管在险价值模型被那些发明者及声称其有效的人处以私刑，但只要在险价值仍然醒目地出现在那些监管文件和年度报告中，那么它就还处于重要的位置上。股东和投资者（这些人不该被笼统地认为是概率专家）会认为，这些风险值确实具有特定的价值，并且对银行的风险确实有些宝贵的作用。因此就有了分析家和新闻记者。不要让我从决策者开始。倘若你在“市场风险”的大标题中不断提到在险价值，人们当然会把所有这些联系起来，他们对你的看法会随着风险值的变化而变化。当你明知一种工具失效了，而其他人又是根据它来看待你的健康状况时，你真的会希望自己的股价甚至是工作受到影响吗？也许你应该勇敢地做到言行一致，并且采取相应措施，从而让有缺陷的工具以后不再被使用。

注定失败的模型

信贷危机（其强烈程度是受在险价值所认可的杠杆和自满堆积起来的）期间，在险价值的失败带来了双重困扰：第一，危机之前的在险价值就引起过实际的麻烦；第二，理论的优点和牢固地位引起了许多知识分子的辩论。也就是说，21世纪初，我们并不是完全找不到在险价值可能失败和带来毁灭的证据（包括确凿的和潜在的，实际运用的和意识形态上的），即已经出现了大量的信号。全书都在处理可运用的零碎证据，然而可以肯定地说，要是我们声称在险价值是通过难以控制的市场混乱来巩固它自身的，并且在1998年8月至9月间将大型对冲基金LTCM击垮了，这一点都不令人惊讶。

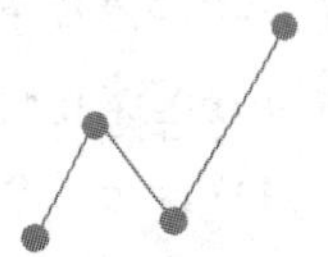

经济学家说
LECTURING BIRDS ON FLYING

许多人认为在险价值也是几乎具有毁灭性的亚洲金融危机背后的推手。让我们听听衍生工具专家斯坦·乔纳斯是怎么说的："结果会怎么样呢？我认为我们会看到去年 7 月前见证过的亚洲市场所发生的事情。每一个在险价值系统都是错误的，同时也是完全不恰当的。事实上……更像 1987 年的投资保险组合，在险价值的普及度和它给人们所带来的统计学上的安慰，使得银行自愿承担风险并增加资金规模。如果你看到一次学术练习，你就会发现那是多么有趣的事情……这么多的参与者高效地使用相同的"止损"计划系统会有什么样的后果呢？当然，讽刺的是，摩根大通作为在险价值的鼻祖，最近不得不针对它在亚洲市场的头寸采取彻底的整理措施……究竟发生什么事情了？这个四处宣传、吹嘘 24 小时服务的系统最终被卖给了别人，这究竟是怎么回事？"

作为早期的学术辩论，它们为讨论模型作出了不可磨灭的贡献，并且预见性地突出了这些模型的麻烦和低效率，现在让我们集中回顾一下。

非常有趣的是，关于在险价值模型最有影响力的讨论发生在非常早的时期，正值在险价值模型被光荣地冠以全球金融监管部门的风险度量工具的头衔之时。1996 年，纳西姆·塔勒布（当时是一位刚好出版了应用期权套值保值巨作的量化交易员）和菲利普·乔瑞（Philippe Jorion，当时也和现在一样是一位学者，最近出版了在险价值巨作）之间的交流至今还是一门经典的课程。

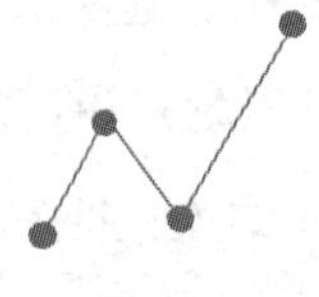

经济学家说
LECTURING BIRDS ON FLYING

塔勒布在接受当时顶级的衍生品杂志的采访时说："在险价值让我们用仍处于起步阶段的协方差矩阵来代替大约 2 500 年的市场经验。我们花费了数年心机给交易员逐个洗脑，并向每个人填塞有关协方差矩阵的模型。为什么呢？一位管理顾问或者一位没有工作经验的电气工程师可以理解金融风险吗？对于我来说，在险价值就是一种骗术，因为它试图估计一些科学上不可能被估计的事情。它给予人们误导性的精确度，会导致头寸的增长。它哄骗人们入睡。所有这些都是因为存在着金融风险。要理解在险价值，你就需要事情发生的概率。为了正确地获得概率，你就需要预测波动性和相关性。我花了近10年半的时间试图猜测波动、波动性的波动和相关性，并且有时只要想到过去的误算我就会感到害怕，由相关矩阵造成的伤口至今还在发炎。”

然而，“在险价值是对过去没有数学方法的一种改善”这种说法是否正确呢？“废话！”塔勒布说，“这完全是错误的。它并不比你已经拥有的东西要好，因为你依赖于抱有虚假信心的东西，并且要运营的头寸比以前的大得多。依赖误导性的信息比没有任何信息还要糟糕。倘若你给飞行员一个有缺陷的高度计，那么他有可能会坠机。要是什么都不给，他还会看看窗外。技术只有在没有缺陷的时候才是安全的。很多人看到数字后才会显得不那么焦虑……在险价值模型面市之前，我们观察头寸，并且使用我称之为非参数的方法来理解它们。有了在险价值模型之后，我们所有人都只看数字，而这些数字是在错误的假设基础上产生的。我宁愿看头寸本身的详细情况，忽略可以反映头寸风险的某些数字。”

塔勒布也是第一批非常关注在险价值破坏性力量的人，并且当许多人选择遵循机械的交易规则（例如，倘若在险价值的限度被突破，不得不进行头寸结算）的时候，以及当许多其他参与者也充分产生这种意识时，他注意到了可能出现的结果。“在险价值模型使用者都是做动态套值保值的人，他们需要在不同的水平上修订他们的投资组合。他们这样做可以让不甚相关的市场变得密切相关……在险价值是一所教授人坐以待毙的学校。给我找一位不愿做清算人的动态套值保值者，我会超前交易而让他濒临破产。”换言之，如果金融行业要广泛采用在险价值模型（它确实这么做了），那么会存在这样一种风险，即会导致每一个人都不得不同时申请破产清算，并且多个市场同时下挫。精明的投资者可以利用这种理论的特点实施行动，并且尝试通过一种有利可图的滚雪球过程来强迫在险价值的崇拜者进行甩卖，从而导致整体危机。在险价值模型的拥护者自愿将自己束缚在公共知识的数学机制中，并最终导致了崩盘。

许多投资者拥有非常相似的投资组合，因此在险价值模型所引发的清盘行为导致的危险会变得更加严重。某些行业简直成了时尚，而某些资产类别成了一种潮流，因此，当某些地方出现了问题时，很多人都会同时受到伤害，他们会看到风险值同时上升，从而不得不同时大甩卖。

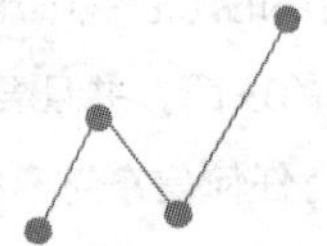

经济学家说
LECTURING BIRDS ON FLYING

"我的第一个前提是，经过一段既定的时间后，每个人都拥有相似度很高的交易。经过10年的成功之后，每一个人都在做泰铢套利交易。为什么呢？因为尽管你认为这是一个危险的行业，但你周围所有的朋友都是通过做这一行而发迹的，经过一段时间，这些就会变成无法抗拒的拉力……何况统计资料显示，它是一个零风险的行业。8年之后，这成为一个不可改变的事实——泰铢不会贬值。所以你看起来好像不遵守科学规律……然后结果是，人们的投资组合实际上都遵循着一样的方式……然后你对系统产生一些冲击。在在险价值模型的统治之下，每一个人都试图缩小其贷款组合规模……明确地说，我们看到的是，作为发生在韩国的事件的一种对冲，巴西的布雷迪债券开始甩卖，因为每个人都同时拥有巴西的布雷迪债券和韩国证券……布雷迪债券突然开始下跌。这种下跌引发了其他的抛售行为，因此最终会产生连锁效应，"一位强调永恒、无限的流动性的理论假设这种片层分裂的非常著名的专家解释道，"然后你可以看到，如果每一个人都拥有相似的投资组合，那么大家不会立刻缩减他们的投资组合，因为在这个世界上，多样化最主要的谬误在于别人不得不在表面上多元化的体系之外持有风险。那些价值购买者，不管是谁，一般都会逐渐加入到游戏中来。因此，从长期来看，这类似著名的凯恩斯主义。当你来到足球场的时候，什么也看不到，因为大家都站在你前面，所以你站起来好看到比赛，但要是大家都站起来，就没有人可以看到比赛了。这就好像你拥有一个在险价值模型系统，在这里，人们拥有相似的投资组合，而且都在试图同时缩小他们的投资组合。"

那就是说，只有在不论你卖什么都有人买的情况下，在险价值所规定的风险削减机制才会起作用，然而这意味着你需要许多刚好不遵守在险价值模型的人们。因此，矛盾的是，越多人拥有它，越少人才能获得成功。总之，塔勒布和其他批评家早就迫切地强调：在险价值据称是一种风险管理工具，然而真正发生什么事情的时候，它却不能做出准确的预告；实际上在险价值还会产生新的风险；对有缺陷的方法而言，虚假的信心只会让事情变得更糟。

迄今为止，使用在险价值模型最常用的理由就是风险量化。尽管承认在险价值有很多缺点，但总比没有模型好。

经济学家说
LECTURING BIRDS ON FLYING

听听在险价值大师菲利普·乔瑞是怎么说的："文明的本质就是测量，在险价值以一种大多数人可以理解的方式来测量事物的风险……在险价值不会告诉你最糟糕的情况会是怎样的，这就是压力测试。量化并且寻找改善预测的途径总比什么都不做强一些。"我们的进化程度要比黑猩猩高，暂时撇开在险价值对此可能做出的贡献，乔瑞如此明确的表白为理论捍卫者的头脑提供了一扇敞开的窗户。在他们的世界里，没有任何东西可以取代数学。没有数学是最悲哀的虚无，是最荒凉的模糊。对于他们来说，如果你不研究理论，那么你就是在荒废青春。在他们的世界里要么是只有数学，要么就是破产。

不必说，那是有局限的。不管你相信与否，与理论和错综复杂的相关矩阵相比，金融市场和金融风险管理存在更多的限制。人类的直觉、常识、判断和经验是很奇怪的，大家可能已经猜出来了，它们已经在金融市场中服务了好几个世纪，直到 20 年前，那些书呆子才发明了柏拉图式的驯服风险的工具。乔瑞的声明是对那些成千上万生活在现实生活中、千百年来一直能有效地处理风险的教授的侮辱。他诋毁和嘲笑这些教授，并把他们亲身实践的宝贵经验视为虚无且无用的东西。本书在这里不仅指出，这位与世隔绝的教授令人无法忍受地贬低了那些在市场中历经磨难（并且构建市场）的勇敢的战士，还说明了非量化金融风险管理从来都没有让整个华尔街毁灭的历史记录，与此同时，乔瑞和他的同事却是在亲手毁灭华尔街。

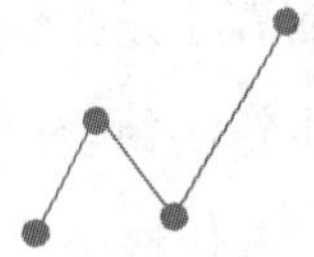

经济学家说 LECTURING BIRDS ON FLYING

再说一次，无论如何，我们都不能以任何方式来测量金融风险。这次信贷危机（自金融量化以来经常发生信贷危机，这也应验了先辈的预言）就切实地证明了这一点，然而塔勒布10天前用更优雅的方式解释了这件事情：“芝加哥大学的弗兰克·奈特（Frank Knight）定义了随机事件的两种形式：其中一种被他称为可测量的风险，另一种被他称为不可测量的不确定性。我认为这是一种试图混淆视听的严重错误。可测量的风险是指你可以控制这种随机性。例如，如果我掷骰子，我敢肯定我可以测量自己的风险，因为我知道出现三点的概率是1/6。不可测量的不确定性是指当我掷骰子的时候，我不知道会是几点。在现实世界中，绝大多数的社会事件是不可测量的，因为没有人能够绝对掌握这个游戏的规则。”如果你不知道概率和可能的结果，那么你就不能测量不确定性，就这么简单。2008年华尔街的消失不仅仅是一件概率完全无法测量的事件，甚至连事件本身都没有被考虑过。

纳西姆继续说：“一切都回到了一个问题上。如果概率分布是固定的，而且有个每5年左右就会发生一次的事件，那么这个世界还是挺美好的。因为，如果是这样的话，我们就能在20或30年的时间里发现这些问题，并且建立起对此类事件的预防措施。问题是概率分布并不是固定不变的。令人震惊的并不是我们有一个标准型错误这个事实。我用一个温度计的时候，可能会知道在测量体温时会出现1度或2度的误差。然而在这里，我们对这个工具理解得不够多，特别是在罕见事件中，因此也就无法知道这种预测的误差究竟是多少。最后，我们不能将风险和方差混为一谈。大多数人相信风险就是方差，实际上，风险不是方差，除非风险服从对称的正态分布。风险是真正能够伤害你的东西。能够伤害你的是一次巨大的下行，而这些对我们来说都是完全未知的水域。”

对于金融经济学家对科学化的寻求，塔勒布表示出了最强烈的谴责，他说，在险价值显示出：“科学化并不意味着量化。医学是非常科学的，从这个意义上说，它寻求真相的过程是非常严格的，然而它也并没有量化……看一段时间序列吧——比如墨西哥。支持完全量化的人说，光从数据来看就可以推断有没有波动，以及墨西哥货币对投资者来说有没有风险，但请想象一个人，他读过报纸，进行过严谨的思考并且花时间了解过外汇市场和中央银行储备动态那么这个人就会知道，发生在韩国的事情会蔓延到墨西哥去。这种行事和思维的方式才是科学化的。也就是说，严谨地寻找真相并去理解其中所蕴含的风险，这里一点都没有涉及量化……我犯的一个错误就是使用了在险价值模型，在观察数据的同时没有太多的直觉，我输钱了，然后我变得更明智，并且知道了陷阱的存在。我开始试图理解这个世界上究竟发生了什么，并且在使用统计方法的时候只把它作为我选择某种投资的辅助理由。在险价值模型所提供的数值只是我看待风险的一种补充说明，而不是绝对说了算的工具。”

因此，我们不是在数学和虚无之间进行选择，正如乔瑞的误导性表述那样，而是在具有不可原谅的缺陷并且危险的数学和经过实践检验的常识之间进行选择。现在我们有了对付风险的另外一个法宝，不是吗？

在险价值工具的支持者不应该被允许继续使用这种简单虚无（并且具有欺骗性质）的借口“量化总比什么都不做好”来逃避责任了。风险管理的关键不应该是为了量化而量化，而应该是为了有效地保护风险承受者。合理性，而不是多么深奥的数学理论，才应该是现实世界的衡量标准。一种注定要失败的测量方法并不比其他许多东西要好。

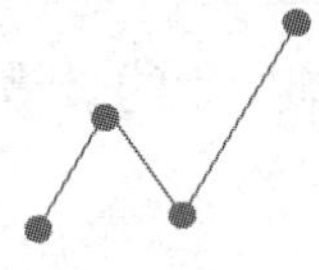

经济学家说
LECTURING BIRDS ON FLYING

菲利普·乔瑞说，要是当时使用在险价值工具，就能预防 20 世纪 90 年代初著名的衍生灾害。特别是在谈及加利福尼亚州奥兰治县的巨大崩溃时，乔瑞说：“没有规定要求这位投资组合经理，鲍勃·西纯（Bob Citron）报告 75 亿美元联合投资组合的风险，结果，西纯可以在利率上下非常大的赌注，并且在 1994 年 12 月达到了顶峰，此时县政府不得不宣布破产，而投资组合清偿亏损了 16.4 亿美元。要是强烈要求西纯使用在险价值工具，那么他就会被迫告诉联合投资组合中的投资者：听着，我正在实施迄今为止一直给你们带来巨额利润的策略，然而，

> 我不得不告诉你们的是，在未来的一年时间里，该投资组合的风险是我们有 1/20 的概率亏损至少 11 亿美元。这种声明的好处在于，量化方法报告中使用的度量单位是大家都能理解的美元。不论这个投资组合是使用杠杆的还是充斥着衍生品的，它们的市场风险都能够被有效地传达给那些非专业的听众。”

当然,所有这些只有一个轻微的警告。“我们有 1/20 的概率亏损至少 11 亿美元”的断言不是真的，这不是这个投资组合的风险，而是一种建立在假设未来与所选择的历史样本期间完全一致以及市场符合正态分布的情况下的理论预测。由于这两个假设在金融丛林中都是不存在的，因此所报告的数值也是完全错误的。这就是投资者接受的最好的服务？通过告诉他们极大的谎言，把没有任何希望可以代表风险的东西描述成为所谓的风险？

在险价值工具的教父提出的另外一个有益的想法是，承认美其名曰的风险管理的工具可能没有处理风险的能力。如果这还不是最坏的情况，那么什么才是真正的风险呢？普通的、细微的、惹人厌的悠闲活动不是风险，从来都不是，也不会是。风险是那些会伤害我们、肢解我们、消灭我们的东西。说风险测量工具对风险毫无办法，就像说汽车撞墙时安全气囊无法发挥作用一样。汽车销售人员这种令人费解的推销词与这样一种事实不谋而合，即乔瑞所认为的最糟糕的情况却几乎遍布全世界，而在险价值模型完全无法检测到这种风险。因为如果备受推崇的正态分布曲线不包含“最糟糕”的情况，那么它也不会仅仅提及道琼斯指数下降了 50% 或者欧元消失的情况。在险价值所遗漏的正好是每天都发生的最糟糕的情况。

因此，这种所谓最糟糕的情况的免责托词不仅本身完全是自我贬低的（没有哪个称职的风险工具可以承认它们在关键时刻是没有用的），而且它实际上也没有权利贴上这样的标签，因为柏拉图认为，极其罕见的事件在非柏拉图的现实世界里是普遍存在的。在险价值不仅遗漏了一万年发生一次的飓风或者是小行星击中地球之类的事件，还遗漏了许多发生频率非常高的有害事件。用最糟糕的限度来为在险价值工具辩解不仅暗示着，在遇到事故的时候，你的安全气囊无法起到保护作用，还意味着唯一可能的麻烦是，你撞到了一头正在高速公路上滑滑板的巨大的粉红色大象。

因此请不要再用这种令人耳朵起老茧的托词“在险价值模型在最糟糕的情况下不起作用”，好像未被覆盖到的是无法想象的、遥远的、没有哪种风险雷达能够企及的可能性。许多在险价值未覆盖到的可能性并非如此遥不可及，而是因为在险价值模型的计算不属于现实世界，因此在模型兜售者的眼中，这些事件是非常极端的。可以通过给在险价值模型贴上“不正确”或“非常不可能”的标签，让你为这些非常可能的事件的出现开脱。在这里，理论家有一件伟大的事情要做，正如在险价值模型的任何一种失误都可以用非常罕见的事件作为托词，那么，要求一种可以捕捉如此罕见的事件的工具是否合理呢？

不仅仅是这些理论家，专业人士也可以以在险价值所提供的概率聊以自慰。再一次，我们让塔勒布来做解释：“我也没有受到‘由于在险价值被金融机构广泛使用，应该对它进行一次科学的可靠性评估’这种常见的论点的左右……我认为在险价值工具是银行家给股东（以及那些急于脱离困境的纳税人）的托词，以展示他们尽职调查的记录，并表达他们的爆炸性事件是来自真正不可预见的环境和低概率事件，而并非他们所不能理解的巨大风险……我仍然坚持认为是这种尽职的在险价值工具鼓励了未受过训练的人们对股东，并最终对纳税人的钱产生了误导的风险。”在这场信贷悲剧及其之后的十多年中，可以预见，如此的明星事件将不会出现。

菲利普·乔瑞谈到了量化和先进文明之间的联系以及应该如何对在险价值模型加以保护，以此作为如此伟大传统的一种延续，请允许我通过重提这些来对本章进行小结。

经济学家说
LECTURING BIRDS ON FLYING

为了在专家之间树立在险价值模型的旗帜，乔瑞引用了《现实性的尺度》（*The Measure of Reality*）一书中的话，很显然能给全世界在险价值模型迷们带来无限的鼓励和确实的鼓舞。“约 900 年前，”乔瑞指出，“欧洲居住着一群沉闷的、游离于文明之外的、处于野蛮状态的人。那时，欧洲还不及阿拉伯世界先进，然而 400 年之后，欧洲掀起了一股似乎史无前例的帝国主义浪潮。这本书问道，这究竟是怎么发生的？书中的论点是，这些变化的发生正好在欧洲开始对物质世界进行量化的时候。思维发生了变化，从而引导人们开始量化时间和空间。这是一个崭新的时代，人们开始量化空间，量化物质世界和环境。欧洲爆发了一场巨大的技术变革，从而解释了为什么西方人似乎能够征服所有他们所遇见的其他文明。从某种程度上来说，在险价值模型也是走这条路线的。”

这大概就是乔瑞的论据：如果我们想要保持西方文明的先进地位——这种拥有自由、繁荣、科学实力以及一个大熔炉（借指同化许多种族、人物的国家或都市）的地位，就必须支持在险价值模型。使西方价值观免受那些一心想要摧毁它们的人的破坏，最好工具就是在险价值。想要和伊斯兰狂热分子斗争？忘掉武装冲突，停止搜遍整个昏暗的山洞寻找本·拉登。只要向中东输入在险价值模型，就能阻止这些冲突的发生。牛顿、达尔文、丘吉尔、比尔·盖茨以及许多其他做出很多贡献的人留下了许多令人尊敬的文化遗产，从而建立、保护并且扩展了文明，并且将在险价值的福音传播到世界各地。谁在乎风险雷达是否总是故障不断并会带来伤害？有什么东西能够与保持并发展了 400 年的生活方式相比呢？让这种协方差矩阵去开化这些未开化的文明吧。

骗子保护骗子

有些人对危机期间（随着而来的是沮丧和灾难性的表现达到了有史以来的最高水平，更不用说可公开获得的大量警告）失望和灾难性表现的普遍反应就是回避使用在险价值模型，并且放弃那些在金融风暴中不起保护作用的安全机制（事实上是放弃这种风暴发生的可能性）。要提高在险价值的追星族虽然并不容易，这场游戏中人们的反应却似乎不是要消灭在险价值模型，而更倾向于针对在险价值进行改革，其目标似乎是设法通过一些技术性的改进保留这个工具的优势，而不是承认这种失败的指导工具不该一直存在。沿着这条路线走下去，这些非消灭者会导致风险自由滋长、受误导的风险承担者不断增加，并因此有可能引发下一场灾难。

这种对在险价值模型的技术性改良最近提出了一系列建议，其中包括使用更多的数据样本（通过更进一步地回顾历史来捕捉到更多的事件，从而可能导致形成一面能够反映未来的更可靠的镜子），使用更短时间系列的样本（在更短时间内回顾历史从而使模型能够快速浏览最近的事件），侧重于更近一些的历史数据（因此昨天发生的事情应该比去年发生的事情分量更重），更频繁地更新数据集（把捕捉市场环境的突然变化的频率从过去每个月或每个季度提高到每周或者每天）。然而这就好比我们前面虚构的汽车经销商设法通过对安全气囊的质地和制造材料进行升级，从而弥补它在事故期间无法发挥作用的缺陷一样。只要这个该死的东西在我们撞墙的时候仍然拒绝膨胀，那么这些技术上的微小改进根本无济于事。主要问题只会被继续回避并被顽固地留在原地，没有一点改变，危害继续产生。

在险价值工具的问题不在于历史数据是太短还是太长，而在于它完全是建立在历史数据的基础之上的，这使得预测未来成为在险价值工具一个无法完成的任务，而不仅仅是因为过去不是一个非常准确的参考。读者应该牢记取决于历史数据样本的选择，我们可以得到完全不同的风险值数字，并且这种选择完全是任意进行的（例如，没有所谓的金科玉律，而是你和你本质上的内在自我在起作用）。巴塞尔协议约束个人选择至少为期一年的观察期，但除此之外就是你的自由选择。（顺便说一下，大约一年的数据算多吗？）不论你采用2年的还是5年的数据窗口，你的在险价值所显示的风险值会有很大的区别，这对你的风险承受者和你的资本费用都是一种直接的暗示，也是对在别人眼中你的风险到底有多大的一种直接暗示。

例如，2008 年 3 月 31 日，摩根士丹利公司的交易在险价值为 95%，使用 4 年的数据是 9 900 万美元，而如果只使用 1 年的数据，风险数值就是 1.27 亿美元。如果是 99%，那么置信度的情况更为糟糕，分别是 1.65 亿美元与 2.57 亿美元。

这不仅仅强调了计算过程中的技术困难，还强调了这个工具完全是不可靠的，而且近乎幼稚。倘若这种必然不准确的历史数据以及任意选择的数据样本能够对最终的结果产生如此大的影响，那么诚实地说，我们怎么能够相信在险价值是坚如磐石的度量工具呢？

更糟糕的是，数据采用了非常不现实的概率假设，从而延伸到对未来预测的影响中。这种不可靠方面正如谚语所说，“过去的表现并不能保证未来的业绩”，通过想象一种幻想的、虚构的未来，形势会更加恶化。金融市场是由以极端事件为主的非正态内容组成的。很多时候，这些黑天鹅在给市场猛然一击之前，公众从来都没有见识过它们的真面目。因此，过去的数据是不可能反映这种极端事件的，当罕见事件确实发生的时候，在险价值毫无准备。

总之，在这场信贷危机期间，对在险价值崩溃的反应就如同骗子保护骗子，通过这种反应让在险价值工具和其捍卫者的声誉受到进一步的损害。我们的世界不需要这样的风险管理人员，在面对这种工具无可避免的失败的时候，他们不是按照常识安排乘客坐上救生艇逃离，然后任由这艘被不适宜的数学确定性所阻碍的巨大破船沉没，而是把自己（以及我们这些人）绑在桅杆上，还解释说，让无情的水涌进来的这些漏洞，可以通过在桅杆上标上红线来修理。

当监管成为帮凶

当然，风险管理人员和他们的雇主可能会作茧自缚，并且不希望在这个问题上完全自由行动。在险价值工具成了监管要求（风险值只是必须被计算和报告），银行只有别无选择地遵守。自从1996年巴塞尔资本协议被修订以来，银行不得不权衡和调整市场风险和信贷风险的费用。在险价值变成了决定资本费用的数学参考，并且严格规定，在险价值所计算的风险值作为季度监管文件和年度报告的一部分，而且是必须披露的信息。国际监管机构往往就金融机构究竟应该如何计算风险值提供了大量的回旋余地，然而主要思路保持不变：这个统计得出的任何一个数值都在说，走吧。2008年夏天对围绕这个所谓的巴塞尔协议制度在险价值实际计算的技术方面的有关要求，人们列出了详细的修订计划，然而，再一次，关键的东西仍然是纹丝不动的：每家银行必须满足一个资本额度要求，表达为在险价值（前几天的或者最近60天的平均值，选择高的那个）乘以一个倍增系数（3以上，如果模型对实际风险预测效果不佳则要增加时间跨度）。

也就是说，监管压力使得你可能想要一个低的风险值（以减少承付资本总额），但又不能太低（因此超限事件不会发生得太频繁，从而被强制要求增加资本费用）。这种金发女孩（Goldilocks）式的刺激会导致银行采取引发市场动荡的行动，而具有讽刺意味的是，这些刺激最终会变得完全无效。银行家们急于减小他们的风险值水平，例如，市场显得更不稳定，风险限度已经或者即将被超越的时候，银行家会减少他们的头寸规模。但是这种行动，如果同时被几家其他的金融机构采用，会在市场中引发额外的波动，使头寸处于更加危险的境地，最终将风险值进一步推高，根本就不能纯粹地减小风险值。正如一位精明的评论员所提出的，这就类似于“奔跑却停滞不前”。事实上，新的波动可能会产生许多额外的波动，因此在我们尝试把风险值压下来的时候，它最终反而升了起来，造成的净结果是更多的资本费用和更大的风险。人们早已意识到风险值所决定的资产清算所引发的危险，这种清算可以使市场不受控制地直线下降，从而可能导致大规模的危机。这里我们所说的是，所有这些清算的起源可能是一个减小风险值的战略。谈到这些险恶的副作用，在险价值是一种会因为试图减小风险而直接导致更大风险的工具。

在前一个夏天激动人心的事件后，在 2007 年秋天，明显类似的事情发生了。为了降低风险值，有些机构抛售了他们最冒险的一部分资产（与抵押贷款相关），然而这种抛售规模相当大，反而使风险值上升而不是下降了。面对在险价值引起的价格波动，应该使得风险值减半的抛售行为（在不断的波动水平下）遭遇惨败。例如，美林在 2007 年第三季度报告结果中抱怨它 9 月底的风险值比 6 月底的风险值要高很多，尽管这两段时间都显著地减少了头寸，起因当然是这三个月期间市场波动增加所引发的抵消效应。传说中的风险管理工具却成了一个有害的风险增强器。那些设计并采用在险价值工具的人忘了在险价值本身的存在改变了游戏规则，并且显著地影响了结果。在险价值工具可以使风险值变得与现实世界毫不相干。他们在迫切地采用这些由复杂数学所支持的风险管理工具的时候，忘记了这样的附属细则。

非常有趣的是，巴塞尔委员会想提出一项修订措施来强调在险价值的关键失败所在，我们知道，非流动证券的处理问题在信贷危机期间已被证明是特别具有误导性的。尽管在险价值反映的这种短期持有（使得清算更加容易），有时也许不可能包括对那些在任何特别时间很少或者根本没有市场流通可能的复杂头寸的风险测量。这种排除自然会降低资本费用，从而加重在险价值（因为它荒谬而不现实的统计依据）提供有质疑的资本费用的自然倾向。新增风险资本计费修正案（2010 年被初步采用，用于处理拖欠风险、信用漂移以及流动性风险）将补充在险价值模型框架中的附加标准，目标在于取缔银行的杠杆水平，从而使它们增加现金的投入。换言之，由在险价值协助的市场像海神洲际导弹一样迅速下沉的现象使得监管部门最终重新修订由在险价值主导、在过去 12 年里不断引起麻烦的风险框架，然而在险价值在这次危机中仍然毫发未损（至少是现在），而且正如前文所详细描述的，官方争先恐后地对这个工具进行完善，肯定不是考虑到了它的执行问题（令人震惊的是在委员会的市场风险文件中，小小的“量化标准”一节全年都在变化）。当然，新增资本计提将不得不通过模型来计算。事实上，当检查巴塞尔协议最近市场风险创新计划的时候，第一件抓人眼球的事情是在 99% 置信区间的那些具有危险倾向的风险值。

人们不加置疑地接受数学主导的风险管理方法，当然会给量化专家带去很大的既得利益。此外，银行老板也很享受这种概念（出于各种原因），即可以以一种易于理解的单一数字格式向全世界展示他们的风险。当然，最终，监管部门的命令让这一切发生了。事实上，正如先前反复强调的那样，专家可能对在险价值模型的局限性很了解。（引用一个典型范例，瑞士信贷的首席执行官说："在险价值是一种正态市场的工具，它不是被设计来应付紧急情况的。在险价值模型很难捕获市场最近所有的活动，特别是对在相对温和波动的市场环境下突然出现的事件无能为力。"）即使他们希望不再关注在险价值模型，现在也不能这样做，因为在险价值已经被放置在金融王国的核心地位了。这个行业十几年前发明（摩根士丹利首次引入该模型）的风险雷达可能已经成为辅助监管的怪物。

因此，监管机构只能硬着头皮，继续坚定地捍卫这种技术上有缺陷的错位的确定性，正如我们所知，如此的防守增加了危机发生的可能性。低风险值（特别是在平静期，延长市场繁荣时间）可以通过减少保证金要求从而使投资机构过度冒险。由于风险受到更高的资本额度要求的限制，随之而来的高风险值反过来会引起不适当的谨慎。在险价值盲目地假设，如果最近市场一直都很太平，那么，现在和未来可以被认为是相当安全的，这种假定的良好环境会引起各方更大胆的冒险行为。另一方面，如果最近市场一直处于动荡期，那么风险值会假设当前行情相当危险，那么，这正是鼓励保守和降低冒险行为的好时机。然而，相反的情形也经常出现。一段相对久的平静有可能蕴含着危机而不是稳定，因为没有麻烦的现实预示着泡沫的堆积过程非常顺利，这个泡沫受到不间断的利好消息和良好业绩的支持，从而滋生出自满，激励过度冒险，并且极具诱惑力地邀请更多人加入到这场游戏中来。此时并不是参与者降低资本额度要求的好时机。相反，起飓风的日子可能预示着最糟糕的情况马上就要过去了，风平浪静的日子正在某个角落准备登场。也许这也不是抬高资本额度要求的时候，因为这样会阻止这场迫切需要的恢复进程。因为在险价值模型非常迷信未来是对历史数据的一种反映，风险值在很大程度上会为这种过度的过剩推波助澜，并阻碍有益的风险接受。

那就是说，在险价值模型不仅有助于产生危害，正如一群顶级专家所公开表示的那样，**在险价值模型也可能是一种危险的整体周期性效应，整体上对市场的繁荣和萧条起了推波助澜的作用，从而使得经济形势动荡。**由于泡沫的存在，随后的恢复是有缺陷的。这是以监管为导向的经济不稳定，也是无法弥补的故障机制所带来的结果，因为它会影响银行资本费用的设置。

因此，让我们谴责量化金融的狂热分子和他们的发起人吧，因为他们所支持的工具不能为风险风暴所带来的信用危机提供任何有意义的指导，反而加快了风暴的到来，但我们别忘了，主要的罪魁祸首可能正以公务员的身份躲在暗处，他们受到不适用的数学的约束，支持不现实的分析，并且狂热地喜欢着确定性。销售人员正在兜售那些在紧急情况下无法起作用的安全气囊，然而他们这样做会受到来自警方的压力。

LECTURING BIRDS ON FLYING

06

是巴克莱的蓝，不是雷曼的绿

随机性犹如脱缰的野马般难以驯服，你不能期待它会安静地待在一个牢笼里。任何一种方程式都不能驾驭它、控制它或破译它。如果在某个领域中，任何事情都可以发生，那么你就不能强加给它一种精确的界限。你永远不可能创建一种可以应对所有偶然事件的模型，更不要说指定它们发生的概率了。

CAN MATHEMATICAL THEORIES DESTROY THE FINANCIAL MARKETS?

一切皆有可能

如果你有幸身处纽约，当你一路快步从中央公园走到时代广场时，必定会迎面遇到曾经的雷曼兄弟总部（紧挨着一家精致的糖果店，往南几米就是闪闪发光的广告牌）。信贷危机出现之前，大楼液晶屏上会散发出闪烁的绿光，显示出雷曼兄弟的公司标志。而如今，灯光已经变成蓝色，屏幕上的字样也变成了“巴克莱资本”。英国人接管雷曼兄弟的第一件事情就是骄傲地（颇有些耀武扬威的意味）安装了这个新标志。这座大楼在一夜之间完全从绿色转成了蓝色。

如此别具一格的转变不禁会让我们产生那么一点疑惑。金融理论家与正常人之间到底存在哪些区别？其实答案很简单：当被问及大楼灯光的颜色时，正常人会实事求是地回答“蓝色”，而理论家的答案则会是“绿色”。

“绿色”这个答案是由何而来的呢？根据标准金融理论，雷曼仍会与之前一样具有活力，并散发着耀眼的光芒。因此可以得出，大楼上的标志仍将是雷曼公司的标志——绿色。在理论家眼中，信贷危机并未发生，这也就意味着雷曼仍然存在，当信贷危机出现的各种可能性都逐一被公认的模型和风险指标所否定时，它又怎会出现呢？在恪守常规、否定罕见事件的理论领域，如此悄无声息的黑天鹅简直是不可能出现的。在此期间，导致这场危机的两个最具影响力的数学建模（高斯关联和在险价值）完全无法构想出这样一个世界——即使是这种罕见事件也能被假定为遥远的可能。另外，金融经济学家获得的诺贝尔奖背后的量化哲学也将证明这种结果的绝对不可达性。按照传统信条，这家投资银行会永远伴随我们，道琼斯指数永远不会在一天之内下滑777点，美国国际集团（AIG）也不会欠美国政府一分钱。

危机并未发生，雷曼仍然存在，大楼标志自然也是绿色的。我们可能会理解理论家产生幻觉并快速根据柏拉图哲学（他们以此为生，而事实上他们信赖的可能是自己的模型）做出解释的原因，但我们这些正常人为什么会长期追随他们呢？不但如此，我们还会热切地为他们辩护。记得在反量化分析之初，纳西姆·塔勒布是多么孤立无援吗？

这是这场危机给我们上的重要一课。以自我为中心的理论家总会把蓝色看成绿色。当我们独自思考时，蓝色就是蓝色，而当受到理论家影响时，蓝色就会变成绿色。**一群掌控各种方程式的人站在市场之外高谈阔论，我们会因为他们的言论而无条件地自我奴役，而如此荒唐、极其可笑且有失颜面的催眠状态正是我们（常常）为此付出的代价。**

这场持续发展的危机无疑证明，我们对理论准则的信奉给我们带来了无法想象的痛苦。与松散的抵押贷款实践、失败的结构化金融工具和不健全的规章制度一样，量化金融学也要为此次危机担负一定责任。简单而言，**被用来评价和评估信用结构、测量未来波动并设定资本支出的模型和风险指标促进了自满和有害力量的滋长。**在未得到科学支持的前提下，这场危机犹如失去控制的空中气球，出现了本不应该出现的局面。我们过于信赖复杂的数学计算方式，从而引火上身。把蓝色与绿色相混淆是非常危险的，我们不应该被再次迷惑了。

同时，某些理论家可能会反对这个主张——是蓝，不是绿。危机确实发生了，与此同时，许多理论准则的可信度也因此不断下滑。我们可以举出几个特定案例（正如我们在本书中所做的而且会持续做的），在这些案例中，量化方法的应用都遭遇了惨痛的失败。我们在这里会尝试强调更大的主题，以及所有衰败破产现象给我们带来的更丰富的经验教训。两种互相关联的结论令我们很是苦恼，尤其是它们引人注意的明显性：我们无法进行预言，一切皆有可能。

首先，我们不该利用数学方法来推断世界如何运转，或者我们应该如何采取行动。无数黑天鹅连续不断地出现，它们也都被记录在史书中，而你甚至无法预测其中任何一只。你是无法推断出明天的股价或是下周的外汇率的，不要为此感到沮丧。你不可能获得真正重要的信息，甚至是与之相近的信息。在 2007 年 12 月 31 日，有多少金融经济家曾经预测到，在短短的 6 个月中，投资银行业会离我们而去呢？当你无法探测出我们生活中最具影响力的因素时，我们为何应该赞赏并忠诚于你和你的工具呢？

其次，不要装作你可以测量并了解可能性分布，尤其是当你所做出的选择在极大程度上把许多可能性设定成遥不可及的目标，并把可能范围缩减成一种有限的结果区间时。我们不了解可能性分布，不了解结果的变动幅度，也不了解各种衍生后果。如果两个标准偏差代表了最佳概率，那么你就会明显脱离实际，现实世界会把你远远地抛在身后。你无法利用标准偏差和关联式把将来的事件及其影响设定在一个狭窄的范围内，现实生活存在着更多挑战。随机性犹如脱缰的野马般难以驯服，你不能期待它会安静地待在一个牢笼里。任何一种方程式都不能驾驭它、控制它或破译它。如果在某个领域中，任何事情都可以发生，那么你就不能强加给它一种精确的界限。你永远不可能创建一种可以应对所有偶然事件的模型，更不要说指定它们发生的概率了。

在面对这场危机的同时，我们还经历了两件值得注意且广为流传的事件，在一个失去控制的环境中，任何事情都有可能发生，而这两件事情则清楚地证明，这与反理论（但非常真实）的环境中出现的情况完全一致。其中一个事件是这场危机的直接副产物，这把依赖标准化（非标准化）的著名交易战略放在了评判的角度；而另一个事件则并非与这场危机直接相关（尽管它确实涉及了强大的金融机构，危害程度也确实因这场危机引起的市场萧条而不断加深），但它终究是要发生的。它以极其讽刺的方式强调了这样的道理——**我们的世界是完全无法预测的，也是无法控制的。**

期权交易者的麻烦

维克多·尼德霍夫（Victor Niederhoffer）是一位经验丰富的投机商，同时也是一位不屈不挠的破坏传统者，尽管他算不上有名望的担保债务凭证投机商或次贷资金筹措者，但他也自称自己是这场信贷危机的受害者。他的主要基金在2007年这场危机发生之后严重缩水，几乎全军覆没，这一消息被新闻界普遍报道。此时，这位曾经的壁球冠军再次勃然大怒。第一次灾难发生在10年前，在泰国的投资变成泡沫，而用来弥补这一损失的美国股市建仓也再次化为泡沫时。许多人都开始怀疑，这位吹单簧管的博士是否会获得第三次机会。

尼德霍夫的事件给我们敲醒了警钟，拿毫无定律可言的市场打赌犹如拿传统金融理论的哲学基础打赌（在险价值、高斯关联模型、诺贝尔奖及所有令人痛恨的黑天鹅），胜算极少，交易战略非常明确地突出了这一点，我们应该对其进行重新回顾。我们正在谈论的是股票期权交易，这是一种具有明显“天堂与地狱”特性的赌博。尼德霍夫就曾经是有名的期权交易者，他的大多数麻烦都是因为卖出时机选择错误而产生的。他不是这种交易的第一个牺牲者，当然也不会是最后一个。坦白地说，有史以来，许多人都无法抵制交易期权的诱惑。这种诱惑会蒙蔽投资者的眼睛，使他们无法意识到那些可能带来毁灭性灾难的潜在危害。

期权交易为什么具有如此大的诱惑力？因为在很长时间内，它可以让你获得固定的现金流（被销售股权的溢价），你无须做出资本的承诺就可以获得非常可观的回报。任何事情都有可能变糟，但此时，人们在巨大的诱惑面前几乎失去了警惕性。例如，人们一直以来都会卖出价外期权（尼德霍夫采取这种方式，其他许多人也是如此）。当溢价非常低时（期权所有者的标的资产会大幅缩水），一次市场崩盘就会让你永无翻身之日。只要市场"正常"运转，你就可以不断地把溢价所得装进口袋，并给后来者做出很好的榜样。尼德霍夫在某些时候确实非常成功，并一度成了全球最佳对冲基金经理人。而另一个利用期权交易来提高收入的著名玩家就是美国的LTCM，它的表现如此活跃，被称为"波动率的中央银行"（卖出期权近似于卖出波动率）。

然而，只要你一味相信自己可以轻易地获得溢价，那么"梅非斯特"（Mephistopheles）[①]总有一天会回来让你付出应有的代价。如果市场崩盘或者股市波动率变得无法控制，你也就没有机会翻身了。面对大额的现实支出或按市价计算的巨大损失，你将会变得身无分文，根本就无力补仓。无论如何，你都将被逼进死路。

以LTCM为例，欧股指数长期潜在的波动率在经历了几个月的稳定期之后，在1997年秋天开始大幅上升，从而引发了亚洲经济危机——源自股票市场的动荡，LTCM判定此时是销售股权的适当时机。欧洲市场中的历史波动率一贯保持低调，因此LTCM认为自己已是胜券在握。此时，卖出波动率达到了有史以来的颠峰值，数据显示，人们都预期此次动荡不久之后会回归正常水平——更低的水平。如果你卖出期权，而隐含波动率暴跌时，你就会获取非常可观的收益。当然，如果波动率并未下降而是上升，LTCM就会陷入大麻烦中。

LTCM期待未来趋势与过去的趋势相同（相当平稳），这个赌注下得很大。在1998年8月中旬，卢布大幅贬值，俄政府也欠下巨债，自此之后，金融领域陷入混乱，股市指数的长期隐含波动率也不断爬高。突然之间，LTCM需

① 歌德的诗剧《浮士德》中的魔鬼，是撒旦的化名。——译者注

要追缴的保证金完全超出了它的承受能力。当隐含波动率继续冲高时，为了持续这场“游戏”，LTCM已经亏损一空。最终，LTCM在股市指数波动率交易中损失了13.14亿美元。

尼德霍夫在1997年亚洲危机引起的动荡中损失严重。与LTCM一样，他在美国市场中对卖出期权进行短期交易。当标准普尔500在10月下旬每天下降7%时，尼德霍夫的卖空仓位在一天之内令他走向了绝望的境地。LTCM不得不从银行财团那里获得救援，而尼德霍夫则被迫通过拍卖自己的个人财物来弥补损失。销售期权的“浮士德”都可能面临这种不幸的命运。

因此，卖出期权的决策需要以合理的概率假设为基础。如果你预期股市会出现混乱和动荡，你肯定不会通过溢价来获取收益；而如果你预期股市会处于平稳状态，你的这种意愿就会增加。期权购买者（像纳西姆·塔勒布）会告诉你，期权销售注定会失败，因为罕见事件总会不可避免地成为现实，与大家的预期相比，它们会来得更快、更猛烈。

2007年8月，VIX波动率指数（芝加哥高价期权交易的一种指标）达到了有史以来的最高水平，前几年，面对非常低的VIX记录，此时的场景是许多人无法想象的。此次不同寻常的动荡所带来的后果（次贷危机的股市衍生结果）就是，那些短期股市期权受到了重创。以市价计算的亏损突然之间推动了追缴保证金的要求，人们以此来减轻交易对手对信用的关注度，他们需要更多的现金来维持这场游戏，维克多·尼德霍夫就是其中的一员。据报道，尼德霍夫需要加倍的资本数量来支持他的标准普尔500期权合约，但筹集必要的现金并非易事。最后，他的经纪人（比如债权人）通知他清偿投资组合，巨大损失由此明朗化。如果他能够安然度过这一关，状况就会峰回路转。不久之后，股市回暖，波动率也几乎缩减到之前的一半。

正如LTCM一样，尼德霍夫损失惨重，因为在期权交易过程中，他没有足够的资本来应对一场暂时且戏剧性的极罕见的事件。同时，这位出生在布鲁克林区的冒险家把所有事情都归咎于无人可以预知的市场动态（“完美风暴”的说词），这一点也与 LTCM 相同。尼德霍夫在 10 年内经历了第二次破产，其中巨大的经验教训就是，你要做好充足的准备，不要让自己在同一个地方摔倒两次。正如我们最近所领悟的那样，在金融市场中，罕见事件的出现不足为奇。

有趣的是，沃伦·巴菲特恰恰可能是（很可能是）期权销售的下一个受害者。在 2008 年第一季度，短期期权仓位给伯克希尔哈撒韦带来了未预料的近 20 亿美元的损失，利润额也紧接着缩减 64%，这是当时因信贷危机产生的市场混乱的直接结果。此外，沃伦·巴菲特还卖出了权益卖权（以及量化的优质仓位）。面对可观的预付资金，他宁可相信主流股市并不会暴跌或失去控制。这种游戏具有很长的期限（信用方面为 2009—2013 年，股票方面为 2019—2027 年）。伯克希尔宣称，在公认的期权溢价中，自己在信用和股票方面分别投入了 32 亿美元和 45 亿美元。巴菲特的理论依据是什么呢？他必须确信优质债务会受到限制，美国和国外股市会运转良好（这些卖出期权变成了平价期权，因此任何一次下跌都会让巴菲特面临亏损），同时，他必须对自己获取溢价收益的能力抱有充足的信心。

不可否认的是，巴菲特显示出了充分的勇气和自信。有史以来，黑天鹅让如此多的信用保护卖方陷入了艰难的境地，而他则仍选择了忽视。他似乎确信自己有能力把现金善加利用。我们几乎可以听到他的叫喊：“拼了！我会用 70 亿美元换来如此多的钱，我并不关心短期期权仓位发生了什么。”这位智者的赌注看起来如此巨大，而且充满了冒险精神——根据股价指数来购买卖出期权。截至 2008 年 3 月 31 日，卖出的期权的名义价值达到了 400 亿美元，这代表着按市价计算的债务超出了 60 亿美元。

只要黑天鹅未抬起它那具有威胁性的脑袋，股市就不会被卷入暴跌的旋涡，它也就不会带来巨大的资金损失、收益波动和按市价计算的亏损，伯克希尔也会

形势大好。巴菲特不断投资，他的公司走向了一个无底深渊，在后来的10~20年之间，股市陷入了动荡之中。

如果是你的话，会下如此大的赌注吗？在接下来的20年中，标准普尔指数和其他国外股票指数在特定的时间会经历直线下滑（包括几个特定时间段内令人惊惧的下滑）吗？巴菲特无畏的游戏占有很大优势，其中包括可观的预付资本、伯克希尔获取巨额收入的能力、预测中的股票不俗的业绩、有利的附属协议、通货膨胀降低了未来负债的可能性，然而金融史（包括最近的情形）却告诉我们，无论现有形势具有多少优势，罕见事件也不能被忽略。

巴菲特与黑天鹅

2003年10月3日，魔术家罗伊·霍恩（Roy Horn）在拉斯维加斯的米高梅大酒店表演期间，被一只白老虎袭击受伤，《西格弗雷德和霍恩娱乐秀》不得不被永远取消。对娱乐界而言，损失是巨大的。《西格弗雷德和霍恩娱乐秀》被认为是拉斯维加斯最成功的表演，它每年带来的直接收入超过5 000万美元，间接收入甚至更多（食物和饮料的销售、酒店房间和赌博）。更有甚者，考虑到《西格弗雷德和霍恩娱乐秀》作为宣传工具所具有的象征价值，米高梅集团的品牌也受到了极坏的影响。

这似乎有些矛盾，但罗伊·霍恩的案例却帮助我们分析了法国兴业银行在2008年早期所经历的著名的欺诈性交易，在违规交易中，法国兴业银行损失了50亿欧元。通过这两个案例，我们在很大程度上总结出，最具有影响力且具有灾难性的风险往往会隐藏在最不被怀疑和监控的地方。

米高梅集团为了避免在赌博的底线上遭受惨重的损失，在高科技监督系统和数学模型上投入了数亿美元。这家娱乐场看似全副武装，足以应对最紧迫（以及最普通）的困难，然而令人错愕的事件却并不在这些模型的考虑范围之内。除了

老虎袭击事件之外，一个心存不满的承包商也试图炸毁娱乐场；一位员工忘记填写特定的财政需求，结果让集团蒙受了巨大的损失。最终，这些未被预料到的事件给货币价值带来了惨痛的损失，这要远远大于更加普通和被监控的风险带来的损失。模型之外的风险可能更具有灾害性，最危险的风险往往并不在风险雷达的监控之下，真正置人于死地的风险可能出现在最不被怀疑的地方。任何事情都有可能，这是不容置疑的。

法国兴业银行成了这场罕见事件的受害者，遭受的损失与米高梅集团的损失相当。这家金融机构的“老虎”是杰洛米·科维尔（Jerome Kerviel），只是此次的“表演”将会继续，“驯兽师”要再次为此付出大量资金。50亿欧元的损失（在尝试清偿长期债务时亏损具体化）无疑让法国兴业银行成了流氓交易员的主要牺牲品——损失远远超过了现有的受害者：住友公司（Sumitomo Corp.）和巴林银行（Barings Bank）。

像法国兴业银行这样的高效率银行投入了大量资源来管理他们的市场、信用、操作和法律风险。数以百计的赞成者都利用最先进的技术来对这些风险进行建模以及测量，试图创建可以强加限制和发送警告信号的快速回应警报系统，在这些系统中，“病变部位”必须被切除，直到各种水平再次达到可接受的程度。这些风险类型受到了充分的监控，有人认为其中使用的方法存在某些缺陷，但高级管理层无疑已经充分意识到了潜在噩耗的可能来源。

说到流氓交易员，令人吃惊的因子则要大得多。在这次丑闻之前，不管是丹尼尔·溥敦（Daniel Bouton，法国兴业银行当时的总裁）还是银行的执行人员，几乎从未有人听说过科维尔这个名字。“科维尔风险”并不在监控的范围之内，与货币风险、次贷风险和利率风险也不处于同一个水平。事实上，科维尔恰好是罕见事件的典型。

尼克·李森（Nick Leeson）在1995年使巴林银行数百年的基业毁于一旦，他是巴林的明星交易员，在银行内部拥有极大的影响力，并且受到大亨们的青睐，他在遥远的新加坡负责后台管理工作（他进行自我监督，并批准自己的交易），在外国市场中进行操作。科维尔与其截然不同，他资历尚浅，并不能通过欺诈交易为自己赚钱，作为巴黎总部的一个员工，他始终保持低姿态，在自己熟悉的市场中进行操作。

因此，"李森风险"可被认为是明显的危机前管理（巴林银行完全是遭遇了管理事故），而"科维尔风险"则具有更大的潜伏性。尽管科维尔先前的中台工作经验为他提供了条件，但人们对他的关注程度非常低，他的欺诈交易也因此未被发现。我们可以确定地说，他并不在溥敦（或他的任何一个助理人员）的监控范围之内。这种人似乎不可能带来如此大的灾难。在科维尔的身上，具有极高负面影响力的罕见事件看似是完全不可能发生的，但与成为娱乐场头号风险因子的老虎一样，科维尔把不可能变成了现实。我们或者可以说，这家银行的投资银行业部分在几个月之内就会从地球上消失。

死守理论堡垒

我们已经见识到信贷危机在计量金融学中是多么不友善了：**以数学为导向的理论都可能令我们陷入困境并一败涂地**。这是一个不受控制的世界，里面充满了各种可能性，任何事情都无法得到量的预测和完善的测量。在徒劳的追寻中，某些人使用的工具可能会变成化身博士（Mr. Hyde），并会酿成大祸。因此，受到有史以来最严重的动荡的影响（所有受牵连的投资银行，所有破产的保险公司，所有历史性的股市波动率，所有抵押贷款的国有化势头，所有消失的对冲基金，所有的拯救性资金），许多数字化的拥护者将会转向更加柔和、非公式化的常识性规则。即使这并不是他们的本意，但他们不得不做出这种转变。这场危机告诉我们，当量化的思想进入金融领域时，我们就需要与其抗争。我们应该适可而止，暂时

停下脚步。重要关头需要的是关键的指标。我们必须同心协力，阻止这所金融领域的伊斯兰神学院培养出有意通过量化使我们陷入困境的信徒。

然而，似乎很多人仍然继续急切地环绕在这个教条旗帜周围。在这里，无足轻重的人都希望自己被看作“理论献身者”。这些富有韧性的拥护者不仅认为应该忽略这场危机所带来的经验教训，或认为这并非转折点，同时还认为，强烈恢复数学信仰才是真正需要做出的回应。即使当多年的“配偶”掩饰骗子的身份时（你身边的所有人都提醒你这一事实），某些量化信仰者仍打算重新证实这段关系，这只需要他们对追求的目标做出些许改变。他们并不计划“离婚”。如果我们一味原谅，最终可能彻底被悲伤击垮。

以著名的金融工程专家罗伯特·杰诺（Robert Jarrow）为例，据这位康奈尔大学教授所说，这场危机的出现与数学模型毫无关系，模型反而会让我们远离这场动荡。杰诺说：“更优秀且更有深度的模型会减缓这场次贷危机，甚至可能防止它的产生。”他认为没有必要缩减量化资源，此次灾难需要提高量化在金融方面的地位。杰诺毫不掩饰地宣称：“这场次贷危机是一种提醒，它对模型提出了更高的需求。”你应该注意到了，这位最杰出的理论权威的话语中没有半点自我批评的意味。这场危机在发生之前没有任何征兆，这可能表明，仅仅引入先进的科学只会给我们带来辛酸和失望。即使我们不能进行及时的认知，这也可能给我们提供了一个机会，让我们静下心来仔细分析量化金融是否总会给我们带来美酒与鲜花。

如今，从完全公正的角度来看，我们不应该过分冷酷地评判杰诺和其他拥有相同观念的学术家。站在他们的立场上，我们也可能采取了类似的途径，他们只是过分地强调了模型的重要性而已。如果现有模型出错，没什么大不了的，但你不要以它们的失败来控诉量化信仰，这只能表明你需要在短期内快速做出恰到好处的计划。除了这些最微弱的信号，金融可能与先进科学并无多大关系。如果你是根据“金融就是科学（杰诺所说的‘应用数学’）”来规划整个职业生涯的，那

么你在听到批判理论的声音时仍表现得不卑不亢，我们完全不会感到惊讶。

当然，为教条辩护的理论家们完全清楚，这个世界曾给他们带来最丰厚的礼物，完全可以让他们对任何威胁理论的动向产生对抗心理：持续获利的看涨期权。这是鼓励杰诺之流参与理论研究的最有效的方法。这里存在大量的优势，还没有任何负面影响。如果管理得当，你就会收益颇丰，并且可能获得诺贝尔奖，但至关重要的是，理论在现实生活中并不一定能够运转，或者给这个行业带来收益，它只是所谓充满智慧的方程式而已。如果这些模型在现实中失败甚至带来了毁灭性后果，你无需承担任何痛苦和责任。你不会失去工作或贵族们（大量被文凭催眠的门外汉）的尊敬。你甚至可能仍有机会获得诺贝尔奖（BSM 模型在“黑色星期一”之后获胜，在 10 年中波动率变化一直呈微笑曲线）。可能真如预期那样，“富有成效”的研究新机遇存在着巨大的优势。

信贷危机表明，许多理论家并不打算放弃看涨期权，更不要说证实那些令人惊骇的缺点了（哪怕一次），因为这个世界正散发着无穷的能量，而金融理论也可能与其产生了很大的关系。如今我们了解到，量化教士永远不会放弃他们的引理崇拜（那些在信贷危机发生之后愿意自我反省的人，请大点声，我们听不到你们的声音），也永远不会放弃改变我们其他人的信仰，无论形势多么险恶，无论毁灭性多么强烈，也无论他们的理论可能带来多么不稳定的负面影响。

教条的终结

受人尊敬的麻省理工斯隆商学院最近推出了一个新的教育项目——本校的金融硕士学位。对于那些对研究生教育并不过分感兴趣的人，以及那些可能怀疑这种消息的确实性的人而言，我向你们保证，斯隆的倡议完全不会带来新鲜空气。一家真正顶级的美国商学院决定提供一个完全成熟的金融学位，这可以说是开创了先河，不久之后，与麻省理工学院相匹敌的某些具有优势的学院可能会纷纷效仿（比如哈佛大学或斯坦福大学）。

在这种情况下，斯隆加入了一股已经席卷全球的浪潮。著名的公立大学（牛津、剑桥和普林斯顿）和大量次级院校在全球范围内展开了各种金融项目，在过去几年中，项目数量急剧增加。在这种状况出现之前，量化金融、金融工程和计算机金融研究生学位出现了更加明显的增加，在投资银行和对冲基金中，数学、统计和软件设计技能得到了精明的理论专家的青睐。

总而言之，我们可以这样认为，国际金融教育领域已产生泡沫，麻省理工学院跨进金融市场就充分说明了这一点。当然，当长期折磨现实金融世界的泡沫正以一种可怕的加速度被扎破时，这次的泡沫也达到了前所未有的规模。所有新生代研究生都会受到这样一种呆板的工作和收入环境的欢迎吗？现实中金融泡沫的破裂会加快教育泡沫的破裂吗？

就个人而言，我希望事实并非如此。特定金融项目需要拥有一定的理论基础（以现实为依据，以实际为导向），作为这种观点的强烈拥护者（我多少预测到了麻省理工学院的行动），从原则上来说，我并不愿意看到这种大胆的行动受到限制，因为很多没有责任心的人会拿房子做赌注（用尽一切手段），而可能导致那些没有工资、没有工作、没有资产的人拖欠自己无力承担的抵押贷款。

然而，这种“爱的起始宣言”并不表示这些新的金融学位的设立是完全正确的。值得强调的是，其中许多学位的教学内容与当今极其动荡的环境完全脱节，更糟糕的是，这可能会让那些导致最近动荡不安状况的各种概念和实践得以回归，而它们却恰恰是危机出现的主要驱动力量。坦白地说，**其中许多项目会向学生灌输技术和工具的神圣不可侵犯性，但一直以来，这些技术和工具只会给市场带来毁灭性灾难。**

自 2007 年夏天以来，信贷梦魇所造成的重大损失都是由金融学中的理论方法和量化方法造成的。用来评估信用衍生品结构的复杂数学模型被证明存在严重的不足。当实际损失远大于显示损失时，风险值的价值也就受到了怀疑。先进的经济计量预测工具也不能提供任何警示。以诺贝尔奖为导向的金融经济的核心原则（市场正常运转，罕见事件并不会发生，现金支付能力并不是争议的焦点，标准偏差是一个可靠的风险指标）被难以解决的现实环境无情地破坏了。量化基金遭受了巨大的挫折（尽管这些以计算机为辅助工具的投机人士并不一定会关注金融理论）。

然而，许多新型金融项目的风格无疑是理论化和量化的。其中大多数项目过分专注于技术工具和定理，而不是真实的产品、市场和机构。像计量经济学、微观经济学和随机微积分这样的科目经常被给予“皇室的待遇”，成为核心课程中不可或缺的部分，而在现实世界中，它们只是少数专家不常使用的辅助性工具。这些学院传达出的信息是，金融就是计量经济学、微观经济学和随机微积分。当GARCH模型和伊藤引理（最多得到了小部分专家的使用）比了解资本市场或衍生性金融商品会计处理来得重要时，你就应该知道，量化思想的灌输已经变得肆无忌惮了。我们刚被提醒过，盲目地相信数学金融和金融经济学的指令会招致严重的后果。

不幸的是，麻省理工学院紧紧跟随着量化方针。由于这个学院地位显赫，此举会导致明确的危险，这种支持可能会被许多人看作对定理的积极控拆。当危机发生时，这个世界最精英的教育团队正为它的开创性决策忙得焦头烂额，利用人们对它的强烈信任感来推出一个金融学位，由此，某些人可能很难推断出危机背后的真正原因。

让我们听一下斯隆商学院是如何宣传它的“新菜”的：

现代金融是一个高技术产业，它需要日益健全的量化工具来评估以及管理风险和收入。现代金融的发展在一定程度上来自于研究的突破，包括BSM模型、CIR（Cox-Ingersoll-Ross）利率期限结构模型和与企业融资和公司估价有关的MM理论。大部分研究都是由麻省理工学院的员工开创的，在某些情况下，这些开创性观点在被专家普遍采用之前就出现在斯隆商学院的课程中了。

这种理论俗套可谓过于猖獗：无法控制的数学模型的创建；十足的方程式文盲；危险的宣传内容；不受拘束的思想灌输；金融就是高科技；金融必须具有（我想，“需要”这个词对金融经济传教士而言不够有力）精密的量化工具；现代金融要归功于研究的突破；金融权威普遍使用这些工具。好吧，我暂且相信你！但你得承认，当募捐篮在理论的教会中传递时，我的信仰不免会被转变，而我会想捐很多钱！

通过大张旗鼓地宣传这种天真的（几乎是幼稚的）、令人厌烦的、空洞的标语，斯隆商学院因循守旧，却出乎意料地站在了前沿。这几乎延续了20或30年之久，但它们肯定不属于Ipod和Google（或者夺去我们的投资银行产业的历史性信贷危机）的时代。20世纪50年代，MM定理表明，一个公司是否负债无关紧要，20世纪70年代BSM模型也已经被金融经济学人士及其他人证明具有惊人的错误和有害性，那么在此基础上宣传一个将于2009年首次推出的金融学位恰当吗？

理论并不是在前进（尽管从某种角度上说它确实有进步，有趣的是，最具革命性的反传统的经济学贡献之一却来自于斯隆商学院的重要金融专家安德鲁·罗），现实世界却前进了一大步。几十年之前，你热情地拥抱这些令人眼花缭乱的表面光鲜的信条时，可能会被原谅。因为它们似乎富有希望，并给你带来了如此多的承诺。然而，今非昔比。只有不了解现实发展的人才会想把金融等同于科学发现。只有完全忽略现实世界的人才会通过量化宣传来推出金融教育项目。在“黑色星期一”、LTCM、纳斯达克的繁荣与萧条、动态避险策略的失败、亚洲危机期间的在险价值、俄罗斯危机期间的在险价值、高斯关联模型、2005年关联性危机、评级机构灾难和波动率微笑曲线之后，你一旦走向这条路，也就成了一个散播早已丧失声誉的信条的灌输者。同时，你也可能把被灌输者和你自己限制在一种孤立尴尬的境地中，与外界隔绝。

当数学金融体系瞬间瓦解，以及对像预期损失或拖欠相关性这样的参数进行明确的限定被证明错得离谱时，在意义深远的学术范围内大肆宣传这些失败的信条能算得上恰当的做法吗？金融硕士不断被吹捧为金融领域的精英、带领金融行业的精锐之师。考虑到对量化的确信无疑会带来动乱，当金融领域对理论和数学噱头不抱任何幻想时，即使这些人加入这个领域，我们也会保证自身的安全。

受到信贷危机的影响，专家和政治家都开始对多样性指标提出了要求。更加严格的管理、修订后的基准借贷利率、更少的外来风气、评定业务的大幅修订都在极大程度上预防了动荡的出现。同时,所有重要的措施也将给大学校园带来转变。说到大学课堂，在这些孕育易受影响的未来玩家的地方，金融学需要还原金融的本色。

LECTURING BIRDS ON FLYING

07

布莱克-斯科尔斯-默顿模型之谜

每部课本都深信，BSM 模型在现实生活中取得了最高的成就，并得到了实践者们的广泛应用。大多数新闻工作者和局外观察者将会保持一致意见。他们能怎么说呢？他们询问过世界上所有的期权交易者吗？当然没有，他们假设人们在使用这个模型，因为其他人也是这样假设的。

CAN MATHEMATICAL THEORIES DESTROY THE FINANCIAL MARKETS?

精密的粗俗

在 2007 年春天的某段时间，我参加了由纽约大学斯特恩商学院组织的一个全明星衍生品研讨班。迈伦·斯科尔斯是主要发言人，他曾因参与创建最著名的金融模型而成为最著名的学术实践家。他在那里并不是为了谈论他的模型，而是以精明的资产管理员的身份谈论自己的新生活，然而令他失望的是，他的模型一度在讨论过程中被提及。

一位之前非常著名的理论专家（如今著名的学术专家）所说的话显示出了对斯科尔斯先生和费希尔·布莱克（在罗伯特·默顿的帮助下）于 40 余年前共同创建的期权定价模型的赞美之情。他给这个模型冠以“精密的粗俗”的名号。相信我，这完全是一种恭维。我坐在那里，可以根据这位演讲者的动作和语调揣摩出他的意图。此外，我了解他以及他的信仰，并意识到一个具有启发性的事实：他曾与布莱克共事，除了推崇他那伪装的外表外别无选择。

然而不幸的是，迈伦·斯科尔斯并不接受这种调侃。他坐在我们右边，处于许多世界顶级金融专家和理论专家的观察之下，对于他的赞美者提出的这个词语，斯科尔斯立即表现出了不悦的情绪。他并没有深入思考这个词语为他的珍贵数学建模赋予的真实含义，似乎完全无法接受“粗俗”这个字眼被用在自己身上的事实。他的恭维者弄巧成拙，在结束演讲的几分钟之后，这位恭维者再次提高音量，说明他对这个模型并不抱有任何贬低的想法，然而，斯科尔斯，这位诺贝尔奖获得者认为自己受到了侮辱，无法面向大家有风度地接受恭维者的歉意。

这个故事为我们阐明了两个关键主题：

- 第一，BSM 模型可以提供的价值（在实际被交易员使用时）；
- 第二，自出现以来，BSM 模型的神圣性无条件地被理论建筑所环绕，任何类似的严厉批评都会被无情地屏蔽和痛击。

这两个议题对本书而言至关重要，因为它们涉及了关于金融理论有效性的争论的核心内容。BSM 模型向来被描述为金融经济学领域最光荣的成就，对于那些崇拜方程式的人群而言，它简直就是一个无懈可击的象征。因此，对这个模型的过分批评总会被看成是对这个理论成就的强烈攻击。虽然许多学术界人士和量化专家发现 BSM 模型存在某些缺陷，但这些反应并没有把这个模型极度妖魔化，而是对这个数学结构进行了精细的调整，以此保持了它的地位。也就是说，虽然许多人要求这个模型做出改变，但并不存在废除它的声音。

斯科尔斯的“批评者”只会成为努力更正这个模型的技术故障的抱怨者，而无法完全废弃它。点燃斯科尔斯怒火的量化–学术专家虽然提出了“精密的粗俗”这个词语，但他真正想表达的是，BSM 模型是数学金融为我们提供的一个最耀眼的明星。对这位受同事关系困惑的量化–学术专家而言，最佳模型就是那些使用“粗俗”的变量，却具有精密背景的模型。他所说的粗俗是指人们在市场中实际使用的变量以及用于观察的变量。这些变量是因市场玩家肮脏、费尽心思、堕落的行为而产生的，而这些玩家就可以被适当地称为粗俗的平民。一旦你把这些粗俗的人与超复杂的理论或数学平台结合在一起，你就会发现某些值得信任的方面，某些便于使用的方面——精密的粗俗。

很明显，BSM 模型成了这种有效结合的典型代表，没有人会怀疑这种结合的精密性。从完全成熟的角度来看，它决定性地加入了非平民化的东西，比如几何布朗运动、偏微分方程、随机微积分和概率论。同时，BSM 模型还通过所谓的隐含波动率充分使用了（生成了）粗俗的市场用语，从这一意义上来看，BSM 模型在很大程度上允许粗俗性的存在，其中的隐含波动率被认为是用来显示市场对未来资产收入变化一致性观点的变量，它可以通过 BSM 模型直接获取（正如我们将在本章中反复看到的，交易者会被认为这种观点被加进了这个模型的波动率参数）。随后，这种隐含指数可以被用来评估所有的期权类型（不管是一般期权还是国外期权），它是一种依赖于市场的"情报"，我们可以放心使用，因此，粗俗性将会四处散播，与更加精密的平台混合在一起。在现实中，粗俗部分会给精密部分赋予"街头信誉"，使其发挥作用。斯科尔斯则产生了严重的误解：批评实际上是赞美的一种有效的表现形式，批评帮助其建立并传递的粗俗性是他那具有诺贝尔奖水平的成果中最有价值的部分。

我离开了纽约大学的这个研讨班，我们那位产生创造性转变的量化-学术朋友的态度是开诚布公的，斯科尔斯的反应却让我有些失望。这并不仅仅是一个欠缺公正的问题，一旦这个内战频发的平台得到解放，这种讨论会走向完全无法控制的境地。我最反感的就是，这位现代期权定价理论创建过程的参与者并没有意识到他接收的帮助和支持，反而对其进行了曲解。我在这里谈论的并不是他无法理解人们称他的模型粗俗即是对它的称赞，我要谈论的事情更加重要，也更具有决定性：有人自愿保护斯科尔斯的著名模型免受最严重的威胁，而斯科尔斯却选择对其进行抨击，这反映出的真相才真正让我感到难过。在诉说赞美之词时，这位量化－学术专家始终假定 BSM 模型在市场中得到了应用。这个精密的粗俗的工具无可争议地被认为受到交易者的普遍应用，是全球交易场所中的一位永久"居民"。斯科尔斯应该立即起身，冲到讲台拥抱这位量化-学术专家，以此来表达收到"救生衣"的感激之情。因为你知道，事实上，BSM 模型是否得到了赞成者的使用，并未得到完全的证实（正如我们30多年以来一直谈论的那样）。

自从几年之前，两个资深交易员对量化知识进行了惊天动地的研究，我们便不再一味假定精密的粗俗应该与BSM模型划等号，或者更加强烈地认为精密的粗俗得到了充分的应用。也许期权交易者并不像我们传统中信奉的那样经常使用数学工具，这可能是平淡稳定的非理论供求产生的结果。换言之，整件事情本身就是大俗的，完全没有精密的部分。与无恶意的批评相比，这明显是对BSM模型更大的控诉。这位量化–学术专家理所当然地认为BSM模型会在实际生活中得到应用，从而向这位著名的理论金融典范抛出橄榄枝，而不是对其进行严厉批评。考虑到最近出现的对这个模型的强有力的抨击，我建议理论家对那些仍站在传统主义阵营中并仍认为BSM模型得到了成功使用的人表现出感激之情，而不是对其进行嘲弄。

BSM模型的由来

BSM模型的来历已经在大量图书和文章中得以反复讲述，我在这里就对这些混合信息进行总结。1965年1月，费希尔·布莱克加入了总部位于波士顿的理特管理顾问公司（ADL），帮助企业提高计算机的应用能力。在遇到ADL的同事杰克·特雷诺（Jack Treynor）之后，他开始对金融问题产生了浓厚兴趣。资本资产定价模型（CAPM）无疑是现代金融理论的基础，而特雷诺则是CAPM的两位创建人中不为人知的一个。布莱克不久后就不可救药地迷恋上了CAPM，在他那硕果累累且变化多端的人生中，这种迷恋会始终持续。如果没有这种充满激情的经历，布莱克可能永远都不会涉猎期权定价领域。

受到特雷诺这种良师益友关系的激励，布莱克投入了金融经济学。他开始把主要学术进行混合，并在1967年中期开始了他记录工作日志的习惯，其中涉及金融风险、企业投资以及各种各样与金融有关的资料。这些最初的想法几乎都受到了 CAPM 的支配。根据 CAPM，均衡胜于过度，市场也需要高效率。这种理想状态非常吸引布莱克，因此他决定投身于这个理想的实现。这位现代期权理论的未来之父坚定不移地相信，未来属于 CAPM。因此在早期，布莱克无疑会产生这样一个结论：CAPM 可被用来解决任何金融问题，当然也包括期权定价问题。

当布莱克遇到志同道合的合作者时，这个特殊的追求再次得到了推动。在 1968 年 9 月来到麻省理工学院的斯隆商学院后不久，金融学教授迈伦·斯科尔斯在隔壁的 ADL 打电话给布莱克，约他共进午餐。斯科尔斯在芝加哥大学的一个博士生那里听说了布莱克的金融工作，他认为自己找到了可以合作的对象——忠实的新古典主义金融理论的支持者，并对于把这些理论应用到现实问题中充满着无限的兴趣。布莱克如此渴望从事理论改革运动，以至于在 1969 年早期就辞去了 ADL 的工作，作为一个可靠的贡献者，与斯科尔斯共同建立了一家被称为金融伙伴（Associates in Finance）的咨询公司。他的首项任务就是为威尔士·法戈银行（Wells Fargo Bank）策划一种以 CAPM 为基础的投资战略，而这项战略最终未被采用，但布莱克和斯科尔斯并未因此泄气，他们继续沿着相似的路线艰难前进。不久之后，他们发现了互相学习的另一个理由。

我们并不完全清楚费希尔·布莱克开始对期权产生兴趣的原因，但这可能要全部归结为他要把 CAPM 应用到所有资产类型中（超出这个模型对股票的最初定位）的使命。无论最初的灵感是什么，到了 1969 年 6 月，他开始挑战把认股权证设定到一个特定的微积分公式中（一种复杂的、难以计算的数学公式）。不幸的是，他自己都无法计算这个公式，因此他把所有事情都暂且放在了一边。尽管如此，他对工作的突破抱有信心，其中一个重要的原因就是，这个公式可以让我们看到股票的预期收益，也就是说，他似乎发现了一种认股权证（期权）定价公式。预测股票行情要凭主观判断，结果往往都不准确，而这个公式不需要人们再进行这种预测了。之前的努力都是为了解决这个问题，而我们瞬间就可以享受到这一成果。

布莱克在斯科尔斯几个月后展示其认股权证定价方面的工作成果时表现出了极大的热情，这源自他在指导一个学生的毕业论文时受到的启发。他们两人从相同的哲学角度（以 CAPM 为依托）出发来处理问题。斯科尔斯熟悉套利定价，并尝试通过建立一种由认股权证和股票组成的投资组合而把这个概念应用到认股权证业务中。并通过买空认股权证（价值会随着股价的上升而增加）以及卖空股票，他推断出，你可能创建一种市场中立定位，或从 CAPM 的角度来说，创建一种零贝塔（zero-beta）定位，与整个市场不存在关联性，因此，根据 CAPM，这种定位应该获取一种零风险回报率，但在当时，他并不知道如何来创建这样的投资组合。像布莱克一样，他的个人努力受到了限制。

布莱克则熟悉互相依赖的各种参数间关系的建模，这都要归功于他与杰克·特雷诺在一起时所做的工作。他利用这些诀窍（包括著名的泰勒级数展开）完成了他的微积分方程。布莱克和斯科尔斯了解到，与股价有关的认股权证价格的偏导数是创建零贝塔投资组合的关键：这个导数（或“elta”）会告诉你，为了让投资组合的价值始终不受市场动态的影响，你需要交易股票的数量。这种推理的最终结果再次证实了布莱克的方程式。斯科尔斯的套利论点也因此证明，布莱克确实产生了某些重要的影响。如今，他们肯定自己正处于零贝塔状态中，并根据 CAPM 判定，这是一种零风险状态。投资组合的预期收益应该等于无风险投资收益率，但他们仍然无法解开这个方程式。

他们做了什么呢？他们追溯到几年前，并借鉴了之前在理论期权定价方面的一次尝试，并毫不怀疑地持有这样一个信念：零贝塔状态。在 1961 年，对于现代金融经济学所面对的股价的剧烈动荡，耶鲁大学的一个博士生卡斯·斯普瑞克（Case Sprenkle）根据这个数学模型提出了一个认股权证公式（他的方法论是以现状为基础的），这个公式需要投资者猜测股票的预期收益以及自己的风险偏好。在布莱克和斯科尔斯的零贝塔世界之后的 8 年间，后者负责零值的研究（风险中性的期权），前者则负责无风险回报率的研究，传说中的BSM公式因此诞生了。这个公式符合微积分方程，因此它不仅对零贝塔股票有效，也适用于所有期权类型。

毋庸置疑的是，BSM理论的有效性依赖于另一个理论的有效性，它之所以成为一种正确的方法，完全是因为得到了CAPM的支持。这种“投机取巧”的方法允许他们大喊“风险中性”，并因此避开了推测股票预期收益和个人风险偏好的复杂任务（之前的理论没有得到应用的一个很大的原因），而它受CAPM的约束。没有CAPM，就没有无风险回报率。没有CAPM，被人忽略的斯普瑞克的论文就不会发生辉煌的转变，发展成获诺贝尔奖的BSM理论。因此，这个理论应该完全是以另一个理论为依托的。接下来让我们谈论一下柏拉图主义思维模式。

罗伯特·默顿在1970年秋天看到布莱克和斯科尔斯的分析报告时，立即领会了这项成果的潜力。自从1967年前期作为经济学博士进入麻省理工学院之后，默顿（对金融业务产生持久兴趣的著名数学家）曾在对认股权证定价产生兴趣的宏观经济学宗师保罗·萨缪尔森（Paul Samuelson）手下工作。默顿开始全心全意地对这个主题进行大量调查研究（布莱克对这个问题的最初兴趣可能来自默顿和萨缪尔森的智慧成果）。当他在麻省理工学院的同事斯科尔斯向布莱克展示他的工作成果时，他的注意力完全被点燃了。

但是，默顿的激情并非归功于CAPM。他并不过多地注意CAPM，而是忠实地追随着他的导师萨缪尔森的思想。他认为布莱克和斯科尔斯的方法是“凭借直觉”的，并不“严密”（但要注意到，通过把CAPM作为一种托词，他们的方法虽然是凭借直觉的，但仍得到了理论知识阶层的充分认可）。他并不认为必须从信任CAPM的角度来看待这个公式，但他看到了其他方面的潜能。他热爱无套利的部分，也就是你可以获得一种强制价格，无法依靠人力来观测。

默顿承认，风险中性属于最后一步棋，但他确信这里存在一种有别于 CAPM 崇拜主义的更好的方法。对他而言，关键因素就是认股权证股票定价，通过 delta 交易，它可以不存在任何风险。如果你能在认股权证的期限内持续维持这种定位，随着市场的变化重新调整 delta，就会避免交易中的所有风险。通过不间断地调整 delta，投资者可以建立一个股票和现金（为你的股票业务提供资金）的组合，使其价值始终与认股权证对等。因此，由认股权证和股票–现金组合组成的投资组合将是一种零风险方案。它们之间可以进行完美的搭配，因此这种组合会获得无风险回报率。除此之外，这里还将存在套利机会，这在讲求高效的领域是不可能实现的。一个销售认股权证的交易员可能会通过重复创建相同的投资组合来规避自己的责任，这些组合之间会互相映照，直到趋向成熟，而这位交易员也可以在毫无风险的情况下经营一项业务。因此，这种投资组合的成本也就是认股权证的溢价（不然，套利者将设法确保任何不一致之处都被严格消除，直到这个组合再次达到完美状态）。

默顿可以处理这种持续不断的复制练习，因为在当时，他是唯一可以掌握随机微积分的经济学家，随机微积分是一门具有挑战性的学科，当潜在的参数并不确定时，它会被用来对不断变化的进程建模（即是对无法预测的运转状况进行演算）。就像他赋予极其复杂的工具有趣的名称（比如伊藤引理），他同样能够解决这个问题。在 1970 年 8 月，默顿提出了与布莱克和斯科尔斯相同的公式（或许我们应该说是斯普瑞克公式的特例）。在对冲交易套利定价上并不存在基于 CAPM 的定价的半宗教般的神圣色彩。相反，它是建立在最先进的量化武器和不容怀疑的套利保证之上的。

因此，默顿的方法被沿用下来也不足为怪。当布莱克和斯科尔斯（经过金融经济学的资深人物的激烈讨论和游说后）最终于 1973 年发表了他们的论文，他们重点强调了默顿对这个公式的修订，并在附录中诚恳地描述了布莱克最初以

CAPM 为基础的衍生品。人们在谈论 BSM 公式时，基本上都会提到默顿的贡献，而丝毫不会涉及 CAPM。以 CAPM 为指导的追求已经变成了历史，默顿开始专门研究动态对冲问题。

当然，默顿的理论成果不免存在柏拉图主义思维模式（假设只有我们始终创建相同的投资组合并在各种条件上达到完美匹配时，无风险回报率才是有效的），但至少这种有效性并不依赖于另一种理论的有效性。然而，本章后面的详细分析证明，默顿的柏拉图主义思维模式在现实生活中是极其令人困惑且无效率的。简单来说，动态对冲被证明不仅无效，而且具有危害性。与之相反，布莱克最初的分析结果虽说有些天真，但至少不具有危害性。它不会命令式地指挥交易者在市场中采取非常精确的行动，也因此（不像 delta 对冲）不会对后来的动荡产生影响。有趣的是，默顿从未表示，在这个领域内使用这个同样适用的公式后会获得相同的收益，却没有任何连带损失。公正地说，无套利论点决定性地提升了这个工具在终端用户中的普及度，因为与 CAPM 产生的无数限制相比，交易者通过频繁的股票交易来复制期权可能会舒服得多（有关文件充分证明，期权交易者在布莱克、斯科尔斯或默顿出生之前就对特定的 delta 对冲了如指掌）。从这个角度来看，默顿的成果可能在很大程度上把这个模型从另一个模糊不清的理论预言转变成了一个（至少最初）被现实世界（不仅仅是那些疯狂的支持者）赞同的模型。在 1997 年，诺贝尔委员会授予这个模型经济学诺贝尔奖，并特别引用了动态对冲（和新定价合约）作为其闪光点。

布莱克和斯科尔斯在尝试发表论文时遇到了巨大的困难。他们被所有主要的经济学杂志拒绝了，他们的成果被认为过于狭隘，只专注过于边缘的议题。像默顿·米勒和尤金·法玛（Eugene Fama）这样在学术界中举足轻重的人物（现代金融经济学的救星，他们了解斯科尔斯和布莱克，并赏识这两个人对理论教条主义圣经的忠实）介入进来，百般劝说《政治经济学》杂志（*Journal of Political*

Economy）同意发表文章。随后，这个公式在 1973 年 5 月为公众所知。默顿则绅士般地等待着，直到那两个人的成果被启用之后，他才详细发表了自己的论文。

套利战略，而非定价公式

我们知道，在 BSM 模型出现之前就存在被普遍使用的期权定价公式（根据的是严密、获得认可的数学技术）。事实上，我们已经看到布莱克和斯科尔斯是如何无耻地借鉴斯普瑞克的成果的，他们的公式与斯普瑞克的公式非常相似（根据风险中性环境中的特例），我们将在本书的后面对此进行详述，但斯普瑞克并不是唯一的先驱者。在 1964 年，芝加哥大学的博士生詹姆斯·波尼斯（James Boness）提出了一个比斯普瑞克的公式更简单甚至更接近 BSM 模型的公式。与人类决策有关的唯一不可预测的参数就是股票的预期收益，而他在这个公式中尝试根据原有的期权价格对这个参数进行预测。如果波尼斯能更加注重实效，并且不过于追求完美，他可能会把无风险回报率看成预期收益，并由此创造出与 BSM 模型同样出色的数学模型，并且要比 BSM 模型早十几年。

数学家变成了投机人士，变成了对冲基金的巨人，爱德华·索普在 1965 年与学术伙伴希恩·卡索夫（Sheen Kassouf）合作尝试在认股权证定价中大显身手。在 1967 年出版的《打败市场》（*Beat the Market*）中，他们讨论了市场中性 delta 对冲，描述了调整这种对冲的临时的实用型近似值规则，却没有提出将会转移所有风险的动态对冲。

从量化角度来看，索普并不完全满意，他认为这种临时成果可以加入更多的数学严密性。此后不久，他就“粗制滥造”出一个与斯普瑞克的公式完全相似的公式（发布于 1969 年），但最关键的是，他的信仰发生了 180 度的转变，呈现出一个风险中性世界，也因此产生了 BSM 模型的双胞胎兄弟。最终虽然结果看似合理，但他并没有想到这种鲁莽的行动会带来巨大的过失。他不久后便开始在实际交易中使用这个公式，把它作为鉴定定价过高期权的雷达。同时，关键的一点是，索普继续谈论静态 delta 对冲，但他面向的却是一种更优越的动态对冲。尽管如此，他并没有尝试对他进入动态领域的方法进行量化，他声称："方法、技术细节和概率总结是更加复杂的，因此我们会推迟发布细节。"

因此，如果其他非常相似（或完全相同）的模型已经存在，那为什么至今为止，BSM 模型一直是被实际使用的期权定价工具？这种自相矛盾的现象可能是以下几种因素导致的：

- 第一，它受到当时学术－理论金融经济学权威人士的强烈支持，成了一股无法抵抗的力量（最顶级的学术专家会赋予象牙塔正统性，当教条受到这些人的支持时，BSM 模型就会得到广泛且强烈的宣传）。
- 第二，事实上，它可以产生一个结果（所有古老的发明都需要使用者进行极其主观的个人判断。与名声相比，索普明显对赚钱更感兴趣，因此他并没有宣传第二个尝试的动力）。
- 第三，它的真正亮相与芝加哥期权交易所的开幕仪式发生在同一个时间，交易所还列出了股市指数期权（与之相反，当斯普瑞克或波尼斯提出公式时，股市期权交易是半边缘化、受限、秘密进行的）。

BSM 模型的革新方面并不仅仅局限于它的最初目的。除了简单的期权定价，BSM 模型设定了一种通过无可置疑的套利来强制资产定价的方式，从而使经济学家大为倾倒。始终匹配的复制投资组合是真正突破性的概念，在后来，它延伸到了许多其他的金融挑战中，然而我们似乎很难推断出，默顿构想的"套利航空母舰"不存任何漏洞。在接下来的内容中，我们将会分析动态对冲在现实金融市场中彻底失败的原因，但现在，让我们思考一个更加基本的方面。

BSM 模型是建立在不切实际的猜测之上的，比如它假设潜在资产会遵循数学流程（即对数正态随机漫步，资产收益率因此被认为遵循排除了极端事件的正态概率分布）；假定利率和波动率是恒定不变的；假定资产价格并不会激增；假定具有理想流动性的市场不会有任何交易成本。这些假设是非常有必要的，其中存在两个明确的理由：符合标准的学术模型，以及动态对冲的顺畅操作的构想需求。正是由于这些缺陷的存在，BSM 模型总是不断地受到指责（尽管我们将看到事实并非如此），费希尔·布莱克也公开分享了他自己对这种不现实基础的怀疑。他总是对默顿完全占据优势的洞察力表示怀疑，这在一定程度上是因为他只忠实于 CAPM 解决方案，但从更大程度上说，这是因为在动态对冲的强制定价中，各种不可靠的假设在开始的时候就要被提出，而这些假设如滚雪球般越积越多。

我们很少谈到怀疑这个模型的另一个强有力的动机。BSM 模型就是市场价格，我们不免需要人们强化无套利环境。也就是说，我们需要的是能够遵循这个模型指示的动态对冲交易者，但少数的这种人并不能满足我们的需求，我们需要的是大量的这种交易者。只有当每个人都了解并利用 BSM 模型时，BSM 模型才能与价格真正划上等号，否则，他们怎么会知道自己必须套利以及如何套利呢？即使假设复制战略在现实中可以发挥作用，它仍需要执行者。我们如何能够确信他们决定执行 delta 对冲并做好准备了呢？我们如何能够确保每个人都已经了解并在使用 BSM 模型了呢？理论输出的这个特定数据的可靠性依赖人们充分感知其信条，全身心地了解和接受它们，并遵循它们行事（即使这个理论被理解以及接受，它可能仍然不会被使用，这都要归因于实施的不便性或人们的懒惰心理）。除非人们被强制实施这个理论，否则它并不会被应用到实践中。

我们要如何确保套利者会持续使用 BSM 模型，并具有足够的实力让事情趋向于以 BSM 模型为基础的平衡呢？此外，并不遵照 BSM 模型假设、更具影响力的人可能会以策略制胜，并使价格远离理论。

设想一下，当 BSM 模型表明一个看跌期权的市场价格应该为 9 美元，而它的市场价格却定为 10 美元。根据构成 BSM 模型基础的有效市场理论，这种状态并不会持续存在，随着机智的套利者卖空期权并买空复制投资组合

（不费吹灰之力地获取了1美元），两者的价格会逐步达成一致。BSM模型价格因此成了市场价格。但这个结论的前提是，我们都是动态对冲套利者。如果大量玩家不仅忽视了BSM模型的存在，并且不相信它，或不喜欢调整delta，而是（以非常抵制BSM模型的精神）认为他们的主观判断和观点应该影响整个过程，那又会怎么样呢？这些不讲求推理的交易者可能认为10美元是一个可接受的价格，因为他们预期在不久的将来，标的资产会不断增加。这种需求无情地使价格不断升高，执行理论的动态对冲交易者的努力完全泡汤了，期权价格也可能一路飚升至14或15美元。现实价格将会无情地发生偏离，完全不在BSM模型数学武器的控制范围内。

很显然，不使用BSM模型的人会利用自己的头脑进行预防，BSM模型并不是我们DNA中一部分，我们并不是天生就能操作delta模型对冲的。BSM模型选择了套利途径，它一厢情愿地认为热爱BSM模型的有血有肉的复制者大量存在，从而为自己挖下了一个陷阱。BSM模型运行的不可或缺的条件就是，人们了解这个模型的套利战略，并且遵循它的决心势不可挡。要想让BSM模型履行它的承诺，我们必须全部成为没有任何感情的动态对冲交易者。这似乎只是一个梦想。

因此，我们也不该再把BSM模型看成一个定价公式。**无论如何，市场价格都是由市场本身决定的。BSM模型至多就是一个套利战略，只有那些信任它的基础并确定delta对冲可行的人才有可能遵循它的规则。**如果你是这些忠诚者中的一员，探测到了严重的误价，你就可能获得值得吹嘘的收益，但不要过于自大地认为你的行为会决定价格。毕竟，并不是所有人都像你一样。

当然，在不执行复制战略的情况下，交易者可以利BSM模型来获得一种期权价格。他们可能会喜欢像BSM模型的这种平台的便利性（唯一需要被估算的参数就是股票波动率），但他们将完全避开成熟的delta对冲（他们不相信这行得通，因为代价太高，也会带来太多的麻烦）。普斯瑞克和波尼斯的公式的特例对期权价格的计算方式是最简单的（风险中性，不需要主观判断，并限制了不可观测因素的数量），因此它可以轻易地被从“科学的角度”进行调整，交易者为此感到极其兴奋，但他们仍拒绝根据那些先驱者的努力来操作 delta 对冲。在这种背景下，BSM 模型可能成为应用工具，但并不是由于这个模型本身的推理（肯定包括 CAPM，这是终端用户的行为背后较不受怀疑的因素）。这个模型可能被视为获胜者，但它的理论基础则会遭受最苦涩的失败：人们表现出的冷淡态度令人吃惊。

一个令人费解的难题

至关重要的是，BSM 模型不仅是著名的金融经济学成果，同时也是至今为止最强大的成果。BSM 模型是唯一可能得到数十万人应用的理论金融模型（至少名义上是这样）；同时，作为一个理论金融模型，它确实对现实市场产生了最大的影响。与其他获得诺贝尔奖的模型相比，它的效能是不容置疑的。现代投资组合理论（Modern Portfolio Theory）、CAPM、MM 理论、GARCH 模型都不能带来同等强度的影响。它们其中的任何一个都无法启动金融领域内的一个基本部分。这种影响力证实，其他数学模型都无法更好地建立“现代金融与数学有关”这个概念，并使其得到永存。没有其他工具能从更大程度上发起学术公共活动，把金融经济学宣传成为一门科学。

然而，凡事都有两面性。BSM 模型是同时也是危害性最高的模型，它引发了华尔街历史上最严重的灾难（前面提及的 1987 年 10 月的崩盘）以及异常的市场动荡（比如 20 世纪 90 年代中期货币市场受到的严重打击）。与其他著名理论相比，BSM 模型深深地种下了麻烦的种子，它的数学基础强烈地提高了（偶尔也会反转）交易者持有头寸的趋势。更为复杂的是，BSM 模型在理论模型中独立挣扎，是我们知道的唯一被市场拒绝并被宣布无效的模型。均值-方差投资组合管理和金融计量经济学也可能被认为缺少吸引力，但我们不具备官方证据，而 BSM 模型的状况却并非如此。通过所谓的“波动率微笑”（后面我们会详述），交易者毫不掩饰地喊出了自己对这个神圣的期权定价模型的不满，这在很大程度上表明，他们不仅不信任它，还共同抵制对它的应用。尽管BSM模型构架可能被持续使用，但这个模型的实质已经被遗忘。即使交易者会使用BSM模型，除了名称之外，它仍是不被承认的。

因此，BSM模型为金融理论带来了一个令人费解的难题，这并不只是因为这个最耀眼的模型展示出了巨大的破坏能力，或者交易者无法全身心地给予它拥抱。从传统角度来说，这些都是相对次要的方面，并不能持续挑战"BSM模型是一个成功理论"这个观念（毕竟，市场动荡的已知事件只是凤毛麟角，许多人把波动率微笑看成这个模型有效性和流行性的证据）。对于BSM模型支持者而言，不幸的是，某种新问题已经出现，它有更大的潜在危害。

> 这就像是你在邻居面前毫不掩饰地夸奖一个看似完美的孩子，而许多年之后，这个孩子却沾染上了所有恶习。一旦这个令人不安的事实大白于天下，你应该与你的孩子一刀两断，还是让他改过自新，或是当作没发生过任何事情？

当两个自称拥有30年期权交易经验并了解BSM模型的厚颜无耻的流氓交易员引起我们的沉思时，BSM模型的漏洞也被"揭发"了。此时，缺陷虽然显现出来，但这并不能说明这个模型的数学基础完全不被现实所接受。这种差异并不能真正对这个模型、它的创建者、追随者或修订者造成任何伤害。更重要的是，这永远无法从本质上降低BSM模型在外行人眼中的重要性。

但是如今，事情可能要发生改变了。纳西姆·塔勒布和埃斯彭·豪格决定告知我们，BSM模型事实上并未真正得到使用，它也不是一个独创成果，同时也不是交易者的首选工具。也就是说，与把你最爱的孩子说成一个无恶不作的暴徒相比，塔勒布和豪格的批评更具有影响力。这就像宣布这个孩子从未出生，这对父母在这些年间夸耀的只是一个幽灵。从这个角度来讲，所谓理论健康的典型代表可能会陷入尴尬的境地。曾经给予你荣耀的事情（一个成功的模型，一个杰出的孩子）

可能会成为害群之马。同时，当你把你的声誉和身份与先前赏识的对象紧紧地联系在一起时，你作为值得信赖的理论家、可靠的父母的声誉无疑会受到损害。

因此，学术家将会对塔勒布和豪格做出何种反应？他们应该做什么？切断与BSM模型有关的一切联系？再一次对其进行改良？还是像没发生任何事情一样？象牙塔里的学子和他们在华尔街上的支持者可能会对塔勒布和豪格产生反感情绪，但他们不能否认这些拥有独立思想的人确实给他们带来了一份丰厚的礼物：尽管他们长期怀疑抽象金融理论的现实应用以及这些教授的包容性，但事实上，他们关注的是实践家的意见和这个领域的运作方式，这个千载难逢的机会就证明了这一点。他们不仅想教诲鸟儿如何飞翔，还真心地欢迎鸟儿们做出任何“澄清”的贡献。通过接受塔勒布和豪格，并对期权交易和定价的真正历史进行一次全面的讨论，理论家的行动将会显示，他们并不是许多人认为的固执的孤立主义者、顽固的理想主义者和不可救药的蒙昧主义者。

这个议题尤其紧迫，因为正如我们所知，塔勒布和豪格的批评绝不是BSM模型成绩单上得到的唯一差评。在之前，BSM模型就已经给理论家呈现了一个非常具有挑战性的谜题。不可否认的是，对于理论权威人士而言，这个模型已经成为问题的根源。BSM模型显示，理论可能在市场中造成大量损失。从数学的角度来看，理论可能并不完全准确，他们可能完全没被使用，也可能不会被广泛采用。也就是说，理论可能是致命的、错误的、无意义的、不受欢迎的、完全被忽视的。尽管理论家很难抵抗继续夸奖这个诺贝尔奖得主的诱惑（很难抵抗它无限制地解放了金融数学化这个理由），但他们最好还是谨慎为妙。如今，这个孩子已经被公布是一个“幽灵”，父母可能是时候表现出谦逊的态度了。

皱眉，而不是微笑

在2007年11月，我发表了一篇关于BSM模型的文章，详细讲述了它的局限性，但同时也强调了我认识到的它的首要优势（它在交易场所被广泛使用的原因）。随着时间的推移，我的定位在某种程度上发生了变化，看似冠冕堂皇的辩护突然之间成为了无法反驳的拒绝。从我个人的角度来看，这个模型的假定优势已经转变成失败的象征。尽管看法发生了彻底的改变，但实际上，我只是对之前支持的论点进行了细微的修改。因此，我将复制最初的表扬文章，在后面的内容中做出某些必要（有限却非常重要）的澄清。读者将因此更加明确地领会这个问题的实质，以及我改变观点并把BSM模型的成功转变成其失败的原因（坦白来说，我非常喜欢文章最初的呈现方式，真见鬼）；同时，他们还将发现所谓的波动率微笑的基本概念—— 一个并非由这个模型的创建者赐予的创造市场价值的奇妙现象。这篇文章的首要目的（预先考虑到了塔勒布和豪格的批评中的最具洞察力的见解）就是要让读者了解BSM模型为什么在市场中没有得到真正的应用。

◎ ◎ ◎

对BSM模型报以微笑

波动率微笑是对 BSM 模型现实效用的一种见证。

对期权而言，波动率微笑的现实存在经常会成为 BSM 模型有效性的见证，同时也成了它无法反映现实情况的确凿证据。这向它的创建者传达了一个明确的信息：你们完全搞错了！从纯理论的角度来看，BSM 模型为一种特定的标的资产假定了不变的波动率，因此当利用所有其他相关的恒定参数（到期时间、利率、现货价位）对这个标的资产的大量期权进行定价时，波动率参数应该输入相同的数字。从本质上说，这就意味着在任何执行价下，利用这个模型计算的 IBM 股票三个月的波动率都应该保持一致。最终，一项资产三个月的真正波动率只可能是一个定值。IBM 股票的预期波动率当然也与任何期权执行价无关。如果我们根据执行价来设定隐含波动率（在定价期权时交易者选择的波动率参数），我们就会获得一个水平直线。如果交易者认为在接下来三个月中 IBM 股票会浮动 20%，那么 IBM 期权合约的各种执行价都会呈现出 20% 的隐含波动率。

然而在现实世界中，我们并没有观测到这种直线，市场反而利用了一个微笑图形来嘲笑我们。波动率微笑（或在某些市场中发现的较不明显的偏斜）毫无疑问地表明，交易者为重大价外期权和重大价内期权输入了一个较高的波动率参数，其目的当然是要让这些期权的价格高于利用这个模型计算出的纯理论价格。交易者认为，由于数学基础的原因，BSM 模型完全低估了这些合约的价格，并因此为了获得看似真实的新价格而捏造了这个波动率参数，其结果就是，隐含波动率与执行价之间生成了一个微笑曲线，前者两端明显偏高，所有执行价并不是完全一致。BSM 模型批评家立即把这个图形差异当成了一个确凿的证据：市场并不相信这个模型，这个理论建构无法应用在以交易场所为主导的现实世界中。

我认为这种指责需要被重新考虑。说到 BSM 模型，这个微笑确实传递出了一种无效性的信息，但是同时，批评家所说的无效性指的是这个模型的假设，而不是其本身。然而，这个波动率微笑证明，这个模型以及它的假设在现实世界中都毫无价值可言：实践家并不会相信 BSM 模型给出的纯理论结果，但他们会继续使用它，因为他们可以轻易地利用它来传递自己（以及某些实际性的理论工具）认为正确的结果。事实上，这个微笑曲线会轻易出现。

不可否认的是，BSM 模型这个建筑物的地基并不是那么牢固，它的许多假设都是不切实际的。令人格外烦恼的就是对数正态性的假设，也就是说，资产收益率要遵循一个正态概率分布，但是同时，我们又不能否认，尽管存在这种缺陷，衍生品玩家仍全身心地信奉这个模型并拒绝放弃它。这都是因为 BSM 模型具有一种嵌入式的自我更正机制，它可以让交易者通过轻松地运作这个模型来获取从实际的角度来看最理想的结果。BSM 模型因此使交易者无须听命于一个不切实际的理论建构，他们可以自由地表达自己的见解，以此获得一个看似理想的价格。当然，这些见解的表达是通过波动率参数实现的，它是这个模型中的唯一可以操纵的因素。波动率微笑不仅对这些自由表达的观点进行了反射，同时也反映出 BSM 模型是如何让使用者远离它的数学束缚的。而交易者明显喜欢这种自由。

因此，这个微笑同时说明了两件事情："BSM 模型是错误的，同时又是正确的！"从数学角度来说，这个模型是错误的，但通过内置的自我更正机制，它又可以轻松地得到纠正。当人们可以从这个错误的模型中得到正确的输出时，这个模型也就成了正确的模型。这个微笑传递出的信息非常明确：BSM 模型是一个非常出色的定价模型，因为它可以让交易者说出自己的心声，并保证了具有现实意义的理想输出。

与其说这个微笑的存在是为更新、更先进的模型创造需求，还不如说它事实上是对 BSM 模型的现实有益性的确认。你可以轻易地通过简单易懂的操作来获取理想的定价水平。这个波动率微笑证明了市场对 BSM 模型的接受度。交易者喊道："我们不相信这个模型，但我们很喜欢它！"

在 1997 年，这个模型被授予了诺贝尔奖，但这种表彰（尽管毫无疑问地提高了信誉）可能比之前一个更加中肯的表扬方式滞后，也就是波动率微笑，它可能被"实践家"看成为这个模型获得的"诺贝尔奖"。

说"茄子"

让我们假定，一个应用 BSM 模型的交易者相信，一年期期权的"准确"波动率值应该是 25%。这是他认为市场将发生的动荡的程度，然而，他知道由此得出的期权价格并不正确。为什么呢？因为它出自一个具有正态假设的模型。换句话说，它出自一个低估了罕见事件出现可能性的模型。这需要做出一个调整，在一定程度上给门外汉带来机会（从统计学角度来看的"厚尾现象"）。例如，一个重大价外期权的价格应该比 BSM 模型的纯理论价格高。交易者知道，与这个依附于薄尾现象的模型隐含的可能性相比，这种期权交付红利的实际可能性更高。为了做出修正，他们会在给期权定价时将波动率值提高到 35%。当然，这并不是他们期望的波动率值。他们仍然相信 25% 的假设，只是为了能以可以接受的价格销售期权而进行自我欺骗而已。除了未来波动率估值（25%），大量的额外修正（10%）应该被添加进去，波动率微笑由此产生。在标记执行水平和隐含波动率时，重大价外期权执行将相应地显示出 35%，那些接近平价的执行将呈现出 25% 上下的数字。

与正态分布的假设相比，现实世界中的极端市场活动会更常发生，因此 BSM 模型价格需要被调整，从而反映这一事实。修正这个模型的唯一方式就是巧妙地处理输入这个公式的波动率值。如果纯理论的 BSM 模型价格被调得过低，交易者必须做的就是提高波动率值，期权价格也将上升到预期水平。为了提高重大价外期权和重大价内期权的价格，那个数值只需简单地增加即可（从 25% 至 35%）。

交易者要如何做出这种调整？换句话说，在做出这个决定时要考虑到哪些事情？市场对未来波动率的观察（也就是预期波动率）并不是用来为隐含波动率“操纵”一个数字的唯一因素。高隐含波动率可能暗示着交易者对未来高波动率的感知，但它同时也反映出，交易者认为根据期权流动性，这个期权的价格应该更高。另外，它可能也反映出了交易者的“零现金恐惧症”，或供求的不平衡。

交易者将信奉能让他们轻松做出这些调整的模型，这会给予看似合理的数值，同时，它的基础也是可靠并具有意义的。正因为这些理由，交易者才全心全意地信奉BSM模型，他们把它看成一个“捏造波动率”的优势框架。在某种程度上，BSM模型可能被认为完全是一种可接受的平台，交易者可以通过转变波动率参数来获取可靠的价格。同时，他们也把它看成一个可信赖的平台，在这里，他们可以对流动性、厚尾、无法通过不切实际的数学假设来获取的其他关键因素进行调整。

从本质上说，波动率微笑告诉我们的是，BSM模型难以置信地在实践者之间获得成功，因为它轻易地与数学脱离了关系。考虑到金融市场中数学建模的局限性（这也只是被衍生品的支持者所熟知），这确实是非同小可的功绩。

数学的限制

不可否认的是，量化建模可以提供一个不可或缺的灯塔，指引我们渡过金融市场的危险水域，但很难确定的是，市场是否可以被有效地建模。至少，现有的方法论都显示出了严重的缺陷。

被使用最广泛的期权定价模型都是对数正态模型——也就是说，资产收益遵循一种正态分布。在这种分布描述的世界中，极端市场活动是很少发生的。大多数可能性都集中在平均水平上下，这种分布的尾部据说非常薄，然而正如先前所说的那样，在现实生活中，金融市场经常会经历厚尾事件。与正态分布的显示相比，市场崩盘发生的频率要高得多。例如，根据这种分布，1987年的股市崩盘并不会发生，从统计学来看，它是不可能出现的。当然，对于现实世界中的交易者而言，现金才是最真实的。以数学为基础的对数正态金融模型的好处是什么？从原则上来说并没有什么好处，但我们能相信那些把特定市场现实（比如随机波动率的存在或价格突然上涨）考虑在内的模型吗？我们知道市场波动经常发生，但确切的频率是多少呢？在某一特定的时间，我们应该认为市场动荡出现的可能性是多少？哪种分布类型可以从真正意义上反映出市场动态？

坦诚地说，我们真的不知道。对市场机会进行建模也许是不可能的，这是为什么？因为在金融市场中，各种分布都是人为的，因此也是可以变化、不稳定的。在这个方面，物理学家则好过得多，他们必须处理自然生成的分布，机械地遵循各种具体的规则。金融建模者就没有这么幸运了。资产价格的最终分布将依赖于数以百万计投资者的行为，不断地买进与卖出。有人能保证利用几个方程式就实现这种行为吗？谁知道人们为什么以及何时会抛售一项资产，或积累资产？任何数学类型都可以迷惑住那些疯狂的灵魂吗？

BSM模型：数学无关性的纪念碑

从市场的角度来看，我们强烈地认为数学是不相关的，但同时我们也知道，源于经济理论的最成功的建构就是 BSM 模型，它恰恰是被用来对期权进行估价的。BSM 模型背后的数学绝非儿戏，它涉及了复杂的偏微分方程 、随机积分 、伊藤引理和吉尔萨诺夫定理。同时，这个模型还是对数正态模型。我们可以在极大程度上确定，现实市场会显示出厚尾现象。当然，自从 BSM 模型于 1973 年被发布以来，它就在实践家之间被广泛应用，成了他们全身心信奉的 BSM 模型。

因此在现实生活中，衍生品行家通常会应用一个以高度复杂的数学为基础的不切实际假设的模型。这种模型是什么样的呢？高端的量化工具对金融来说是否重要？

在金融专家开始感到兴奋并为最后的胜利欢呼之前，让我们做一个非常简单且大胆的陈述。事实上，BSM 模型在实践家之间获得成功的原因就是，这些玩家完全知道市场并不能被建模，他们也不具备应对高度复杂的数学诀窍的知识或耐心，而 BSM 模型则可以让交易者轻松地更改它的数学方法及脱离实际的假设背后的所有无价值的数据，因此变成了他们青睐的定价模型。从本质上说，虽然人们极不信任 BSM 模型，他们仍会利用它来对期权估价，同时它又不会强迫你对其产生信赖感。这正是它真实的奥秘。

我的真正想法是什么呢？从根本上说，正如我们充分了解的那样，BSM 模型含有自我更正机制，这种机制可以让交易者非常便利地获得（不是某些不切实际的理论构想）自己认为符合现实情况的理想价格。虽然这个模型可能具有先天性的弱点（尤其是正态假定），但它同时也提供了一种快速自我修正的方式。对于那些不相信市场可以被建模的人来说，BSM 模型就是一个天赐之物。同时，它也是对数学无关性和实际相关性的一种证明。

从实质上讲，BSM 模型交给交易者一个“麦克风”，可以让他们尽情地表达自己的观点和见解，并把它们反映在期权的最终价格上。为了达到市场玩家所认为更合适的价格，波动率将会发生改变，因此就导致了波动率微笑和偏斜的出现，这也表明了这个模型的现实有用性。

BSM 模型便于操作的特点允许交易者从正态性转向非正态性。只需轻松地点一下键盘，交易者就可以从薄尾的虚构世界自行来到厚尾的现实世界。这就像星际旅行中的航空飞船可以通过按一个按钮就从一个时空来到另一个时空，期权交易者可以利用 BSM 模型工具立即从一个不现实的数学世界来到一个实践家云集的世界。这种旅程可以成功实现，波动率微笑就是有力的证明。

这种转换性是这个模型的实际相关性背后最重要的因素。实践家并不信任 BSM 模型，但他们喜欢它。他们之所不信任它，是因为不相信它的潜在假设，但他们知道自己无论如何也谈不上现实主义者。同时，以有缺陷的成分为基础的建构明显无法被看成一个可靠的指南。就此而言，BSM 模型当然离完美还有很远的距离。当不可控制的观念四处传播时，市场就无法从真正意义上被塑造成数学模型，这与物理学完全不同。虽说如此，BSM 模型简单的自我更正机制受到了高度推崇，它也因此变得与众不同。交易者知道这个模型本身是错误的（用纳西姆·塔勒布的话来说，他们不会受到这个公式的“愚弄”），但他们却都会使用它，因为他们知道如何利用它来生成符合现实的满意结果。微笑曲线和偏斜曲线就是这种把戏导致的结果，完全见证了这一事实：实践家并不信任这个模型的内在数学方法，因此应用了必要的修正和调整。

没有别的衍生品定价模型能够允许实践者如此轻松地获取满意的结果。多年以来，大量新模型不断出现，纷纷尝试通过空想数学来更正 BSM 模型的缺陷和不切实际的基础。尽管这些模型背后的工程更加现实且更加高端，但再一次以塔勒布的话来说，交易者“通常不会使用它们，无论研究人员多么坚持，他们还是支持更易于操作的 BSM 模型”。最尖端的模型往往不易于操作，获得可靠的价格就更难了，把自己从数学超脱的世界转向现实世界也就更难了。这就解释了为什么这些复杂的发明不像它们的兄弟模型那样，能赢得交易者的“芳心”。与 BSM 模型不同，他们不能轻易地与任何毫无意义的数学问题脱离开来，这也是他们不被信任 、不受喜欢的原因。塔勒布总结道:“没有经验的交易者才会用 BSM 模型与其他定价工具进行交换。”

BSM 模型由此表明，当衍生品中的数学应用可以迅速被遗忘，它们就会变得至关重要。此时，交易者的观点可以轻松地通过任何不具相关性的技术议题。诺贝尔奖得主 BSM 模型成了最流行的金融模型，因为实践家知道，在市场中，当数学工具可以被忽略时，它们也就会成为最重要的事情。除了波动率微笑之外，任何事情都无法更加生动地描述出这个观点。

既然你读完了原文，就让我做一下说明吧。事实上，波动率微笑并没有对 BSM 模型微笑，而是对它表示不满。当然，关于内置的自我更正体制的争论都是有效的；这个模型也确实可以让交易者轻松地抹掉任何数学谬误，并获得具有实际意义的期权价格；同时，这看来也是使用这个模型的充足理由。然而，不可避免的方面是，通过这些操作，交易者会把 BSM 模型建构转变成完全不同的东西。

因此，波动率谎言并不是最初的目的，创建者也从未打算让人们来创造这个微笑——事实上，他们通过假设波动率常量（一个数值）来防止这种现象出现。费希尔·布莱克和迈伦·斯科尔斯在设计这个模型的时候，都未考虑到波动率谎言。波动率谎言直击这个模型的本质，这是对它的核心基础的一种侮辱，也是对它的创建原理的直接侵犯。当你捏造并制造这个微笑时，这个模型也就不再是 BSM 模型，而变成了其他东西。BSM 模型之前的首要优势变成了它的终结者。

这正是有些时候我们感到失望的原因。波动率微笑并不代表着BSM模型的最大资产（允许交易者获得期望价格的灵活性），而代表着它的终止。坦率地说，这个微笑表明市场并没有应用BSM模型，它可能只是在使用BSM模型的构架（也就是相同的公式化表达），但最终结果并不是以BSM模型为依托的。事实上，后文将要分析，通过处理波动率参数，交易者会在很大程度上信奉那些早于BSM模型的定价模型；也就是说，BSM模型构架将会被用在BSM模型之前更优越的模型上。

因此，这个模型将继续令人着魔，并允许交易者与不切实际的信条脱离开来。优点将始终是优点，但这些优点并不只针对BSM模型。这个微笑并不是在对BSM模型微笑，而是在宣告它的死亡。

这是书中需要某些图像支持的几个主题之一，因为如果你想充分了解波动率微笑的生成（1987年10月后，后文将会详细讲述）令BSM模型不可使用的原因，视觉观测是一种必需的手段。

图7—1描述了隐含波动率与期权的不同执行水平之间的关系（在这种情况下与日经指数有关，这个案例借鉴自伊曼纽尔·德曼，他于20世纪80年代晚期在东京第一次听到了波动率微笑；其他国际股市上也会出现类似的微笑，在美国，这种微笑曲线的弧度会更大）。水平线描绘的是1987年10月之前的状况，完全以BSM模型为依托：标的资产的所有期权的波动率不变，与执行水平无关。这条曲线则代表着1987年之后状况——波动率微笑（事实上，与其说是微笑，还不如说是一条斜线，但出于种种原因，这成为股市中的习惯叫法，货币市场则确实经历了真正意义上的微笑）。直线与曲线是明显不同的，曲线代表的是对BSM模型的违背，最终结果就不再是以BSM模型为基础了。BSM模型支持水平状态，否定曲线状态，因此，BSM模型便不再是BSM模型了。

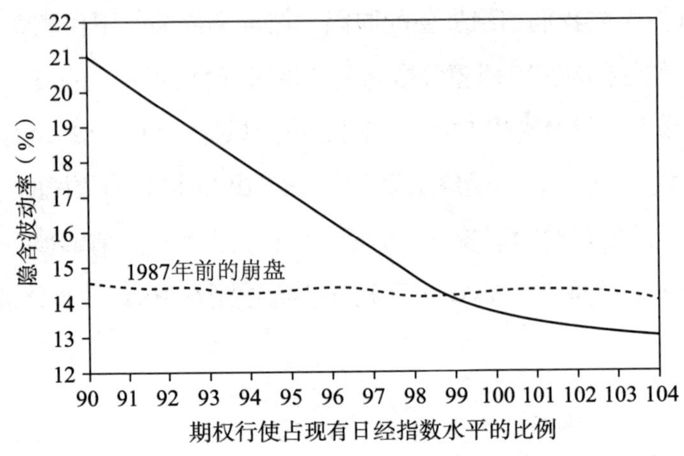

图 7—1 “黑色星期一”前后的波动率微笑

图 7—2（也来自德曼，这些图形被称为波动率平面）根据标准普尔 500 指数，描述了相同的情况。原始的 BSM 模型（也就是 BSM 模型）会像一个煎饼一样平坦，在所有的期权期限内，所有期权行使都具有相同的波动率。被处理的 BSM 模型（并不是 BSM 模型）非常令人满意，在不同的期限内，不同的期权行使具有不同的隐含波动率。如果它令人满意，那么它就不是 BSM 模型。BSM 模型本身是非常严谨的，它不会轻易发生变化，即使看似 BSM 模型的方法会被用于生成这种形状美观的图形，给我们带来满足感。BSM 模型从严谨性转而给我们带来满足感的最大的理由就是抹除了这个模型的数学基础的痕迹，并确保它们的不得体不会影响重要的现实问题。

让我们看一下解释性分析是怎么说的。代基里鸡尾酒很显然是由美国工程师杰尼斯·考克斯（Jennings Cox）发明的。考克斯调制的鸡尾酒应该含有 4.5 厘升的白朗姆，2 厘升的柠檬汁和 0.5 厘升的糖浆，这正是鸡尾酒的详细调制配方。现在，想象一下，在现实世界中，你观察到全国的酒吧招待调制鸡尾酒的方式都有所不同。为了获得更理想的口味，他们会根据室内温度调整柠檬汁的含量。如果我们把温度和柠檬汁含量绘制成图，就会获得一个微笑图形：室内温度越高，酒吧招待员就会加入越多的柠檬汁，也就是说，隐含柠檬汁会向我们微笑。如果是这样，我们还能把这种实际生活中的鸡尾酒称为考克斯的鸡尾酒吗？当然不是。考克斯从未说过（我希望！）变换柠檬汁的含量，它应该是一个常量。如果我们对其进行改变，调制成的鸡尾酒也就不能被称为考克斯的鸡尾酒，而是变成了其他东西。（海明威的鸡尾酒？）如果你获得了一个配备详细说明的玩具，却不遵循这些说明，而是毫无顾忌地操作，你也就违背了发明者的本意，这个玩具也因此不再是发明者的发明了。

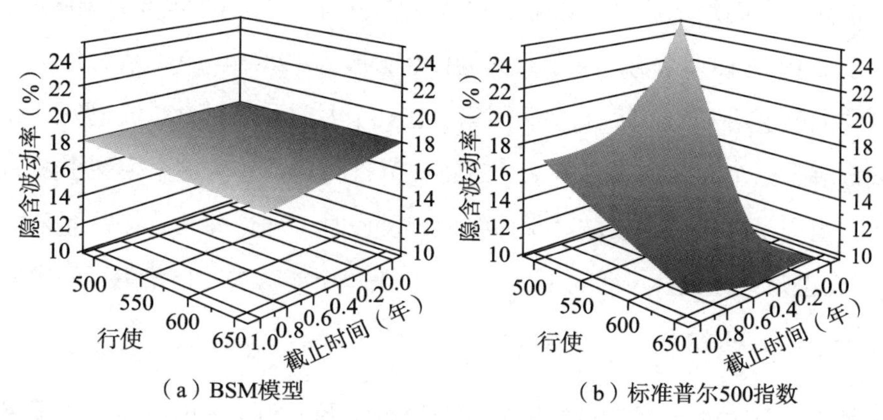

图 7—2　波动率平面：现实与 BSM 模型

这是一个非常重要的议题，在讨论塔勒布和豪格对 BSM 模型的批评时，我们会对其进行详细论述。现在，毋庸置疑，这个微笑传递的是一种非常明确的否定理论的信息：我们认为期权交易者正在使用的这个模型不能再被看成 BSM 模型；交易者的复杂处理已经带来了完全不同的“巨兽”，它使最初的概念面目全非。交易者并不是在改变这个模型，而是在扼杀这个模型。毫无疑问，这给已建立的金融理论带来了冲击。

情况可能更糟：事实上，这个微笑可能表明，在定价期权时，交易者不会使用任何模型（BSM 模型或其他模型），而是全程利用之前的供需状况来进行。在这种情况下，当价外期权的需求过大时，如果我们利用报出的市场价格来回溯这个理论模型给出的隐含波动率值，我们同样会获得最高的行使数量，此时，这种微笑图形就不会失去它的意义。无论如何解释（模型改变或不利用模型），不可否认的是，自从 1987 年 10 月以来，BSM 模型都不再被市场所使用。传奇的理论专家，安息吧。

“黑色星期一”

在结束上面内容之后，我已经习惯用我之前出版的资料来解释本章的相关事情了，请允许我满足于这种沉迷吧。这次我要引用的是 2007 年 6 月出版的论文，它解释了受 BSM 模型鼓舞的交易行为为什么会成为 1987 年 10 月巨大崩盘（臭名昭著的“黑色星期一”）背后的主要因素。在几个月前写《对 BSM 模型报以微笑》时，我误解了这个微笑的真正含义，这篇文章推断出，在由这个模型引发的所有动荡中，当交易者通过生成波动率微笑做出反应时，理论胜利会接踵而来，这表明 BSM 模型是一种极其灵活的工具，同时也是一个能够进行自我更正的模型。我错误地认为，它如此流行并不奇怪。

我们会再次对你已经读过的原始文章进行解释说明（如前所述，由于沉浸在记录想法的乐趣中，我在本书中努力做出的结论）。我们已经简略提及波动率微笑的真正意义（这里的论述角度会与之前稍有不同），我们在这里会更多地谈论BSM模型及其思想体系如何使华尔街一天内的亏损达到了前所未有的程度。这种尝试的目的无疑是要表明BSM模型（和以一种思想体系存在的金融理论）的副作用有多大的危害性。

◎ ◎ ◎

BSM模型成名之日

1987 年的股市崩盘凸显了这个模型的结构缺点，但同时也揭示出它的有用性。

想象一下，你打开电视来查看最近的新闻，你会立即注意到某些重要的事情。主持人的情绪进入了疯狂状态，许多人汗流浃背且脸色苍白，慌乱的词语不断以鲜红的颜色闪烁着。你开始纳闷，第三次世界大战开始了吗？随后你注意到了屏幕右下方通常用来显示股价的小方框。现在，你终于了解慌乱产生的原因了。你暗想，难怪那些权威人士看起来如此恐慌，此时，恐惧也在你的内心开始蔓延。它可能并不是第三次世界大战，但道琼斯指数下跌 3 000 点确实是可怕的情形。

在外行人眼里，这种虚构的故事看起来太不真实了。毕竟，市场并不会在一天的时间里暴跌 25%，对吗？不，这的确会成为可能。事实上，这种可怕的动荡就发生在不久前，确切地说，只在 20 年之前。在 1987 年 10 月 19 日收市时，道琼斯指数几乎已经下跌了 23%。而在世界的其他地方，“黑色星期一”则更加严重，有些地方的道琼斯指数竟下滑了 50% 左右。

1987 年 10 月的崩盘成了金融市场传奇的一部分。这对期权市场而言尤其重要。坦率地说，这次崩盘表明，BSM 模型是错误的，但它同时也激励交易者展示出了这个模型被普遍应用的原因。一场将 BSM 模型妖魔化的事件显示出了 BSM 模型在现实生活中的可靠性。

不仅如此，从合理的角度来说，这场崩盘是由受 BSM 模型启发的交易战略引起的（之前的泡沫和接下来的自由降落都是由这种战略引起的），我们可以明确地得出结论，由这个模型的内在指令直接引起的一个事件在给 BSM 模型带来负面评价的同时也告诉我们它继续受到实践者广泛喜爱的原因。事实上，在“黑色星期一”之后，在因这个模型而产生的混乱期间，交易者突然之间了解到了 BSM 模型真正的美好之处。

“黑色星期一”是如何让BSM模型丧失信誉的

众所周知，所谓的投资组合保险战略（在崩盘期间被重用）因为在 20 年前 10 月份的不幸的一天导致了市场动荡而备受指责。根据几种有影响力的观点，在投资组合保险公司未采取大量交易行为时，“黑色星期一”并不会如此黑暗（也许只是灰色而已）。从公正的角度来说，尽管某些观察家指向不同的原因，但至今为止，人们普遍认为，投资组合保险是驱使市场走向深渊的真正元凶。

也许更加有趣的分析对象是，在市场下跌之前（没有之前的泡沫，崩盘也就不会发生），投资组合保险是否推动了市场的上升。换言之，在后来让市场暴跌至谷底之前，投资组合保险确实让市场达到顶峰了吗?

这个问题的答案是非常重要的，因为这决定了 BSM 模型作为“黑色星期一”的煽动者应该承受多少指责。要知道，投资组合保险公司完全是根据这个模型的指令进行交易的。如果说投资组合保险对这场崩盘（产生泡沫并引起这次暴跌）负全部责任，那么 BSM 模型也应该负有责任。

投资组合保险就是通过受 BSM 模型启发的动态对冲技巧（当然也是这个模型机制的实质）来综合复制一种空头看跌头寸。目的就是在实际头寸（与综合头寸相反）的可利用性受到限制时，为股票投资者提供下行保护（20 世纪 80 年代早期）。投资组合保险出现于 1981 年左右，之后在短期内变成了一个极受欢迎的产业，其中有几十个承保商以及数以百计的机构客户，在这场崩盘之前，管理资产估计超过了 1 000 亿美元。

支持 BSM 模型的动态对冲呈现固有的强化趋势。为了复制这种卖空期权，当它的价格下滑时，交易者就要出售标的资产，当它的价格上升时，交易者就要购入。这个模型中的“细则”使我们确信，在面对持续交易和无限流动性的时候，这种动态调整将会保证给交易者的空头头寸带来完美的匹配（也就是套保）。总体而言，从原则上说，动态对冲允许我们操纵某种与期权的运作方式相似的事物。

根据 BSM 模型，投资组合保险公司继续创建了以计算机为导向的战略，它们会复制那些由担忧的投资者兑现的看跌头寸。准确地说，当市场下滑时，保险公司会卖出头寸，而市场上升时，保险公司又不得不购入。假设完美流动性和持续的交易得到了支持，客户将会在市场下滑时受到综合的保护。

如果股市在 20 世纪 80 年代早期大幅上升，投资组合保险公司将被迫跟随这种趋势。随着得到动态“保护”的投资组合共同资金的数量不断增加（据报道，圣公会的养老基金也采用了这个战略），必需的买入也将越变越大。但只有假定投资组合保险能在极大程度上为牛市带来现实的动力时，这才符合逻辑。事实上，大量证据表明，这种假设一点儿都不牵强附会。

那么，我们又为什么说投资组合保险在20世纪80年代早中期让市场跌入谷底呢？除了这个程式（尽管最终是通过指数期货实现的，但依然通过向市场发送牛市信号刺激了股票的购买）需要的动态买入，几个突出的研究都有力地指向了那个方向。举例来说，调查研究1987年崩盘的布雷迪委员会（Brady Commission）推断出，当被承诺的保护解除了人们对下滑风险的担忧时，投资组合保险流行程度的急速上升鼓励基金经理在市场上升期间加大了股票的投资力度。保险公司发现，一旦得到综合保护，通常保留大量现金的客户就会自愿把这些资金投入股市。尽管这种新承诺可能是微不足道的（与崩盘前几年被购股票的总量相比），但另一种刺激市场的力量开始出现：正如其他几项研究说明的那样，投资组合保险有可能激励受保人维持过去可能被缩减的头寸。保险给各个机构带来了一种虚假的安全感，实际上引起了股票的过度投资。

就已投保的投资者而言，这种“慷慨援助”可能会鼓动其他人效仿，误以为市场上升从根本上表明了可靠的市场活力（而不是虚假的活力，基本原则中性的程式交易）。一般人会忽视投资组合保险程序的范围，可能因此天真地投资股票，这也就产生了另一种与保险相关的推力。

总体而言，在导致“黑色星期一”的股市谷底（在1987年10月之前的10个月异常强烈，反映出同期受保护的资产的强烈增加），大量的论据会促使我们相信受BSM模型启发的战略。我们可以半信半疑地说，是BSM模型促使这次泡沫产生的；但基本可以断定，是BSM模型加速了这个泡沫的破裂。

股票的一次重要修正出现于1987年10月中旬（10月19日之前的3个工作日内损失严重），受投资组合保险激励的抛售把市场拖向了万丈深渊。现金交易市场近来的价格下滑需要保险公司缩减大量的指数期货，因此使股票价格进一步下跌。更低的期货价格传递出令人恐惧的熊市信号，普通投资者开始抛售股票。同时，指数套利者则欣喜若狂，就像在海中闻到血腥味的鲨鱼。随着期货价格暴跌（自“黑色星期一”之后，标准普尔500几乎下跌了10%，这反映出在上周五，投资组合保险公司搁置了大量销售订单），指数期货与股票价格之间的关系越来越远。随着这一现象的出现，套利者开始买入（相对便宜的）期货，并卖出（相对昂贵的）股票。如果股价因此下滑，保险公司将卖出更多期货，在一个不断下滑的旋涡中，这会使期货折扣率不断增加，套利者也会故伎重施。在“黑色星期一”

期间，这种严重的崩盘确实发生了。投资者对基本原则的感知引发了最初的市场下跌，但投资组合保险和指数套利的汇合才是让那些下滑变成自由落体的元凶。

总的来说，期货交易（作为复制战略的一部分，被认为遵循着标的指数）几乎下滑了 30%，比标准普尔 500 还要低 10 个百分点。从本质上讲，交易变得流动性不足且不连续，动态对冲也不可避免地停止了运转。许多“受保人”最终并没有在接下来的灾难中得到一丝保护。当人们最需要综合头寸的时候，它们被证明并不现实。因此，这场崩盘毫无疑问地表明，BSM 模型是建立在不可靠的基础之上的。在现实世界中，完美复制的动态对冲只能是一个幻想。

严酷的市场动荡背后的 BSM 模型有过这种经历吗？肯定有过。BSM 模型是否遭受了这次崩盘带来的严重的名誉损害？毫无疑问，答案是肯定的。1987 年 10 月 19 日确实谈不上是这个模型最风光的日子。

可是这里有微笑的理由

同时，这次崩盘也直接带来了某些有趣的事情。波动率微笑普遍出现，这反映出了交易者产生的崩盘恐惧症。在经历这次灾难之后，期权专家明确地感受到，市场并不能像 BSM 模型（“黑色星期一”的另一个重大受害者）背后的数学基础假设的那样正常运转，罕见事件也确实会发生并且会带来重大危害。从本质上说，交易者意识到他们低估了保护措施的价值。从那以后，崩盘保护工具（比如价外看跌期权）的价格将高于现货价。期权交易者的生存处于危急关头。

非常明显的是，为了修正 BSM 模型的数学谬误和期权对冲的现实风险，代入这个模型的波动率参数被人为地提高了，因此期权行使达到极限时，期权的价值会得到显著的提高，波动率微笑由此产生。在 1987 年崩盘之前，交易者并不会根据执行水平观测相同的波动率，隐含波动率和期权行使的绘制图或多或少地呈现水平状态，就像 BSM 模描述的“纯理论”形式。我们知道，它低估了价外看跌期权，无法充分弥补交易者所冒的风险。在华尔街 20 个标准偏差事件之后，期权专家决定改变方针并采取保护措施。

微笑曲线变成了这种保护，非常生动地说明了 BSM 模型的首要竞争优势——它被信奉且继续成为最流行的期权定价模型的原因：内在的自我修正机制。它可以让使用者轻松地修正任何没有意义的理论，并获得可靠的数据。通过简单地调整波动率数值，交易者可以获得他们（并不是某种理论建构）认为实际相关的价格。没有其他模型会让专家自己做主，并加入自己的观点和原则。交易者可以轻松地把这个模型应用在现实世界中（甚至是那些在 1987 年崩盘时未预料到的极其重要的事情），BSM 模由此证明了它的现实价值，并获得了当之无愧的卓越成就。

总而言之，强调了这个模型的不可信赖感的同一个事件让我们明白了它如此受欢迎的原因。因 BSM 模型而产生的灾难毫无疑问地揭露出它在现实生活中的无效性。在“黑色星期一”之后，交易者通过制造出波动率微笑，有效地把 BSM 模型从它自掘的坟墓中拯救出来。

接下来，让我做一下澄清。在导致股市有史以来最严重的崩盘之后，BSM 模型事实上并没有被制造微笑的友好交易者拯救出来，而是在静静地等待死亡。“黑色星期一”在极大程度上揭露出了这个模型的动态对冲实质的缺陷，因此除了废除它之外别无选择。BSM 模型被真正地扔进了历史的垃圾桶。当交易者理智地放弃这个完全失败的建构时，之前依托于这个模型的平面波动率微笑突然显示成为一个热情洋溢的微笑。从那一刻开始，他们可能仍在利用之前被称为 BSM 模型的建构，但他们处理波动率参数的最终结果与 BSM 模型得出的结果大相径庭。我在前一部分表明，另一个完全可能出现的可能性就是，交易者不仅会把这个模型放逐到遗忘的世界，还会真正停止使用它（或继续弃用它，如果这个事件发生崩盘之前），并开始非理性地定价合约。从这次混乱中总结经验之后，他们将推动极端保护的需求，并使价外空头头寸价格上升，当他们放弃这个模型给予的隐含波动率时，波动率微笑就会生成。

因此，“黑色星期一”标志着 BSM 模型的双重失败，即在经历一次失败之后并没有复原。据显示，这个模型会带来最令人头痛的苦恼（这是对于直接用户而言，对大量无辜的外行人而言情况更糟），在人们最需要它的时候，它反而完全无效，因此，它完全被市场遗弃了，根本无法复原。

既然我们都了解了“黑色星期一”有多黑暗，现在让我们分析一下这场由理论教条主义的典型代表引发的金融大屠杀的确切规模。已经有人提出，华尔街几乎下滑了25%，但即使是这个可怕的数字也无法独自导致这么严重的混乱。“黑色星期一”不仅仅预示着前所未有的股市下跌，同时也给市场结构的健康带来了系统化的威胁。几天之内，这个系统就受到了严重的损害。BSM模型几乎把整个金融宫殿都炸毁了。

我们还不如先借用这个事件中两个最具影响力的参与者的台词。1987年10月，当所罗门兄弟公司，这个世界上最强大的交易团队的关键人物——套利部门的负责人埃里克·罗森菲尔德（Eric Rosenfeld）被问及对崩盘日的回忆时说：“坐在交易柜台旁，对金融世界的末日感到疑惑。”马克·鲁宾斯坦（Mark Rubinstein）是加州大学伯克利分校的一位教授，他在1981年与学术伙伴海恩·利兰德（Hayne Leland）和市场营销专家约翰·奥布莱恩（John O'Brian）共同成立了LOR合伙人公司时，碰巧参与了投资组合保险业务。作为金融领域的最大玩家，截至1987年秋天，LOR合伙人公司的交易额就达到了600亿美元左右（而投资组合保险业的交易额只有1 000亿美元）。在目击了“黑色星期一”的灾难后，他陷入了抑郁状态，害怕“美国市场的衰弱会诱使苏联向美国发起挑战，这就像古巴导弹危机出现之后，核战争就可能接踵而来”。

但结果并非如此。最终，BSM模型并没有引起冷战双方的核对抗，但是在市场的某些部分，人们仍会感受到具有传染性的颓败。首先，随着1987年10月19日的黑暗的逼近，我们多少可以意识到，芝加哥商品交易所（CME，世界领先的衍生品交易所）在接下来的第二天将会敞开大门。根据某些观点，在这种紧张的气氛之下，不开门可能意味着永远无法打开了。

芝加哥商品交易所的担心来自这样一个事实：它的清算公司（把那些在衍生品中亏损的公司的资金转移到那些盈利的公司中，也就是它要确保这个交易所能够如约有效地发挥作用）正面对着无数玩家所带来的问题，他们都（大错特错地）打赌美国股市会上涨。标准普尔500指数期货（动态对冲投资组合保险合约）在芝加哥商品交易所进行交易，在“黑色星期一”的傍晚，期货购入方已欠下了期货卖出方约25亿美元，这是正常数额的20倍。除非在第二天开市之前这笔资金能够得到妥善解决，不然芝加哥商品交易所将无法再开门，面对毁灭。一个无法对客户实现承诺的交易所无法继续生存。同时，各种担心已超出了芝加哥商品交易所的健康本身。当期权的流动性消失在云端时，无法开门将会引发噩梦般的金融和经济混乱，这会给大量具有影响力的参与者（从不择手段的投机者到公司对冲者）带来惨痛的后果。衍生的一系列后果将是致命的，完全无法弥补，其中包括所有资产市场中的大规模抛售。惊恐程度（已经非常严重了）会加剧，尤其是在早已虚弱不堪的金融机构之间，这在一定程度上被一连串的破产所证实。

凌晨3点，芝加哥商品交易所仍然短缺10亿多美元，联邦储备委员会主席艾伦·格林斯潘（Alan Greenspan）要求芝加哥商品交易所对此给出一个答案。上午7点，营业时间之前的20分钟，芝加哥商品交易所官员的论点是，拒付将会使交易所彻底完蛋，美国也会进入另一段萧条期。上午7点17分，电子转账被紧张地确定下来。3分钟的时间使芝加哥商品交易所与死神擦肩而过。

但这个系统仍处于风险之中。到了那个星期二的午餐时间，纽约证券交易所（NYSE）打算停止交易，因为交易行为几乎完全停止了。即使绩优股逃过一劫，IBM股票的交易还是在上午11点半停盘。面对突然出现的信贷限制和雪花般飞来的抛售单，股票造市的“专家”拒绝扮演这种角色。再回到芝加哥商品交易所，当标准普尔指数期货在前两个小时内暴跌了27%时，某些人可能对开门感到了懊悔。上午11点45分，芝加哥期权交易所关门大吉，当标的资产不被交易时，交易期权并没有多大用处。几分钟之后，面对着NYSE的关闭，芝加哥商品交易所最终停止了标准普尔500指数期货的交易。看起来，只有奇迹才能把市场从具有巨大结构影响力的混乱中拯救出来。

12点38分，整个水域被奇迹般地劈成了两半。极其出人意料的是，以芝加哥为基础的股票指数期货合约（当时的唯一）交投畅旺，这引起了震动，突然之间唤醒了冬眠中的灵魂。NYSE的专家开始接收买入订单。现在，没有理由关闭这个交易所了，白宫（反对关闭）和NYSE的主席（害怕关闭，一旦关闭就意味着永远歇业）都笑逐颜开。一连串振奋人心的好消息接踵而来：芝加哥商品交易所重新开始交易标准普尔500指数期货，IBM股票也被再次交易。10月20日星期二真是一个"风和日丽"的日子。第二天，人们获得证实，最急剧的上涨在华尔街发生了，这证实了这样一个论点：投资组合保险是上周一动荡背后的主要力量，这自然而然地损害了"有效市场"的理论假设。这场危机令人难以置信地快速结束了。

因此让我们重述一下要点：由BSM模型引发的空前严重的动荡威胁了金融系统的生存能力，使世界上最具影响力的衍生品交易所被迫关门（3分钟之内就使其中一家交易所关门大吉），并几乎让世界上最具影响力的股票交易所关门；在所有可能的后果之中，经济衰退和核战争都被最直接相关的个人提及。

即使后来经历过9·11的人也向这种负面影响缴械投降了（这个系统的功能性和交易所的生存能力都没有受到影响，萧条并不如想象中那么严重）。当这个金融经济学诺贝尔奖得主的广泛使用可以让人们忘记本·拉登的恐怖袭击时，你就可以得知理论领域的情况有多不妙了。

谁惹火了索罗斯

不幸的是，1987年10月的事件并不是BSM模型引起的唯一的市场暴跌。动态对冲技巧曾经带来其他令人苦恼的动荡时期，尽管并不是非常引人注意。一次完全极端且引人注意的动荡冲击了国际货币市场，使世界上最具传奇性的投资者之一（现在成为了政治活动家）勃然大怒，并鼓动了一次舍弃特定期权的运动。尽管现实的和潜在的惨败与“黑色星期一”相比更加微不足道，但它仍对这个模型的数学基础产生了另一个重大打击。这种夜黑伴谬就是，这个被信奉的期权定价模型会使所有期权都看起来非常微不足道，这是社会所面对的一个显而易见的危险。

1995 年，传奇金融家乔治·索罗斯公开提出了所谓“障碍期权”的禁止需求。这位美国和匈牙利混血儿大呼要把它们非法化。他宣称，它们是高纯度可卡因的金融等价物，似乎暗示着障碍期权交易者是混乱出现的邪恶推手。是什么让这位在几年前让英国银行破产的男人对障碍期权如此猛烈抨击？他如此愤怒的原因是什么呢？我是说，金融工程的进展受到如此无情的打击，可能是调整者或新闻工作者所期待的，但像索罗斯这样的积极且充满智慧的对冲基金经理也会有这种期待吗？乔治，到底是什么让你如此生气呢？

我们可能永远不会知道这个问题的确切答案（尽管某些人大胆地假设，这位布达佩斯的圣人可能因为受到障碍期权交易引起的市场动荡的影响而损失惨重，这一点之后会得到解释），但我们肯定知道他对障碍期权的蔑视所做出的解释。简单地说，索罗斯认为，障碍期权应该被非法化，因为它们在现货交易市场中产生了过大的波动率。在索罗斯发表论点时，汇率或股价的剧烈动荡多次源自于大量敲出期权的存在，而这些期权又与那些标的资产相关。为什么呢？这要归结于向客户（主要是企业对冲者和投资者）销售这些期权的交易商对这种交易行为衍生出的风险的管理方式。

总体来说，期权交易者会利用两种基本方法进行风险管理：静态对冲或动态对冲。前者暗指购买一种其他期权的投资组合，这会在大体上复制已售期权运转情况。根据定义，一旦这种对冲被执行，这种方法并不会改变市场，交易者也不需要采取额外的行动（或非常有限的行动）。事实上，真正的波动率定时炸弹位于动态对冲中。我们知道，对交易者而言，这个战略涉及连续的行动。已售期权也可以利用一种复制投资组合进行套利交易，但此时这种投资组合必须被经常调整，以反映新的市场现实。

在讨论现货交易潜在市场中期权交易的不稳定性影响时，动态对冲的一个特别有趣的部分就是delta对冲。这是因为delta对冲涉及连续地买卖标的资产，数量是不断变化且无法预测的。这种行为明显会扰乱对应的现货交易市场，可能会加速一种趋势，也可能会中止这种趋势，而当任何事情都没有发生时，这又可能引发一种趋势。对一般期权而言（简单地卖空和买空，像投资组合保险公司综合复制的投资组合一样），delta对冲是一种加强趋势，因为交易者会被“要求”在行情上涨时买进标的资产，而在行情下跌时卖出。无戒心的经济代理人（不只是对冲基金管理人，也包括政府机构）对那些无法用理论基础解释的突发性市场动荡感到困惑不解。在极短的时间内，日元可能大幅上涨，而美元则可能在受限的条件下急剧下跌。就此而论，当像索罗斯这样的玩家感到delta对冲行为令人苦恼时，我们不应该感到惊讶。他们可能突然间戏剧性地扰乱那些已经预先计划好的现货头寸，如果从根本性的经济角度来看，这无论在哪里都讲得通。

尽管与一般期权有关的delta对冲可能会让市场波动率增加，并让人们趋于疯狂，但与障碍期权的delta对冲产生的影响力相比，这还只是小儿科。对交易者来说，与一般期权相比，障碍期权的动态对冲更加复杂，主要原因有两点：

- 更加可观的数量。标的资产的一个微小的变化可能会让你拥有一种重大价内期权，也可能让你一无所有，因此，delta值会更高。
- 障碍期权的delta值的不连续性。对于特定的障碍期权而言，delta值可能从负值变成正值，反之亦然。

这暗示着，障碍期权交易者需要在现货交易市场中操纵更大量的期权，并经常要面对方向的突然变化。因此，这种对冲行为具有使潜在市场发生重大改变的潜力就不足为奇了。此外，对交易者而言，当敲出一种期权或阻止它敲进的奖励非常大时，障碍期权本身也会参与其中，因此，现货交易市场中未预料到的下跌或上涨趋势可能是因为大量交易者试图放弃敲出期权。无戒心的现货交易者可能会因此受到严重的伤害（从原则上来讲，令人不解的伤害）。

在所有障碍期权中，所谓的反向敲出期权（reverse knock-outs）可能是最不稳定的。作为敲出期权，它们一定会受到强烈的影响，一旦达到障碍（这种期权也就因此不再存在），多余的复制头寸也会因此大量减少。作为反向期权（如果障碍是在价内，那么期权拥有大量价值的时候就会消失），它们的 delta 值则会在正负值之间发生非常大的变化。同时，考虑到其相对较低的溢价，它们的使用率可能是最高的。我们稍后将要分析，市场波动率类型证实，索罗斯的怒火确实是由反向敲出期权点燃的。

为了说明反向敲出期权的动态对冲可能产生的恐慌效应，让我们设想一下，一个执行价格为 1.00 欧元的反向敲出美元 / 欧元期权，障碍为 0.80 欧元。如果美元的价值低于 1 欧元，这个期权就会在价内，而即使美元以 0.80 欧元的价格进行交易，它也将会消失。当潜在期权远离终止价时，这种期权的 delta 值会像一般看跌期权的 delta 值一样——对客户来说是负值，而对交易商来说是正值（美元上涨是好消息，美元下跌是坏消息）。为了应对 delta 风险，交易商必须创建一个负值 delta 头寸，以使 delta 值中性（也就是说，如果现货下跌，就卖出美元）。当现货接近障碍时，事情就会发生戏剧性的变化。此时，这个 delta 对冲空头头寸的交易商必须买进而不是卖出美元：交易商的 delta 值变成了负值，这个潜在期权的减少是真正的好消息,因为它们增加了客户被敲出的可能性,并为交易商提供了一个“避风港”，也就是说，在决定 delta 值的正负时，障碍的影响要比这个期权的影响大；

为了创建一个 delta 中性头寸，交易商现在需要的是正 delta 值，它可以通过购买现货而获得。

这可能对市场产生影响，因为对美元的稳定需求减缓了现货向障碍靠近的进程，并且在某些个别情况下，这还可能防止障碍受到影响（这是交易商的困境，交易商“被迫违背自己的心愿”）。另一方面，如果对冲者力不从心，市场动态就可能无法被银行所停止，期权会敲出，障碍也就被遗弃。当市场中一个更大的障碍期权被敲出时，买进的美元会变得更少，现货的下跌趋势就可能被加速。交易商不仅要停止购买美元作为动态对冲的一部分，还必须放开大量长期现货头寸，这在很大程度上会使市场再次下跌。如果银行发行了大量具有更低障碍水平的看跌敲出期权，可能导致一种连锁反应。

当交易者对冲交易一种反向上涨失效看涨期权时，相反的情形就可能出现，在这种情况下，当现货接近障碍时，美元就必须被卖出。比如，一个 0.80 欧元的美元看涨 / 欧元看跌期权，障碍为 1.00 欧元。当美元价值高于 0.80 欧元时，这个期权就是价内期权，并且如果交易价格为 1.0 欧元，它就会消失。最初，现货离障碍还很远，delta 值就像一般期权——对顾客来说是正值，对交易商来说是负值（美元上涨是好消息，你通过购买美元并获得 delta 正值来套利保值）。当现货攀升到障碍时，对交易商而言，delta 值会从负值变成正值（可能美元会上涨）。为了应对这个问题，交易商需要卖出现货（获得 delta 负值），这会再次与他希望这个期权消失的目的发生矛盾。这种交易可能严重地扰乱建立在可靠基础之上的正常市场。另外，如果动态对冲不会产生足够的影响力，而且障碍被突破，那么当交易者放开短期头寸时，市场又有可能被扰乱，因此给美元的上涨趋势带来过度的推力。

换言之，我们看到，受 BSM 模型启发的敲出期权动态对冲可能对现货潜在市场产生两种明确的影响：

- 限制甚至终止了市场动态的正常运作（迫使一个上涨市场停止上涨，甚至开始下跌）；
- 突然并可能戏剧性地加快潜在趋势（如果障碍不免会被突破）。

这并不是空谈。如果索罗斯会得到信任，那么就如前面描述的虚构案例一样，1995 年早期的外汇市场会完全见证敲出期权引发的动荡。两个不可否认的事实就是，在当前的 3—4 月期间，相对于大量主要货币而言，美元经历了完全明显的波动率，反向敲出期权的使用在之前几个月也变得非常普遍。当然，关键问题是：动态对冲者对这种无法控制的市场运转负责任吗？

在 1995 年第一季度，遭受极端波动率的两种货币组合就是美元 / 德国马克和美元 / 日元。敲出期权，总的说是障碍期权，已经在之前几个月中非常流行（碰巧与这 10 年中前几年的国外期权革命同时发生），在两种情况下，大量企业已经购买了具有看似不太可能的障碍的反向敲出期权，以此在美元下跌的过程中寻求保护。

1995 年 1 月初，1 美元的价值超出了 100 日元，据报道，主要交易商就会购入大量美元看跌敲出期权，障碍水平在 95 日元与 85 日元之间。在 2 月末，日元开始大幅增值，在过去两年中逐渐下跌的美元在墨西哥和阿根廷承受了金融动荡带来的后果。在 3 月 3 日，汇率达到了 95，日本和美国的财政当局对货币市场进行了干预，但毫无效果。随着日元达到最高敲出水平，交易者开始感受到会给现货交易市场带来混乱的刺激因素：

- 一方面，某些交易商可能被诱使操纵汇率来使这个期权消失，并把自己从契约责任中解脱出来，当这些交易者感觉到现货潜在价值会达到 95 日元时，他们将开始大量卖出美元；
- 另一方面，那些买进接近障碍的美元（避免 delta 为负的头寸带来损失）的动态对冲者被证明无法停止这种下跌趋势，一旦障碍被突破，限价补进或卖出需要他们抛出自己积累的长期美元头寸。而且在舍弃保值措施后，客户本身将会被刺激抛售美元。

结果就是，考虑到大量反向看跌期权的障碍水平开始于 95 日元，一旦美元发生了显著的下滑（在这种情况下是因为纯粹的理论基础），它的命运也就注定了，因为操作者、动态对冲者和恐慌的客户的联合行动会戏剧性地加速并放大这种下滑趋势。更糟的是，这反过来会使接下来的障碍水平（更低）更容易被突破。就此而论，日元在 4 月 19 日转强至 79.95 并不奇怪。尽管如此，这种状态会是非常短暂的。到了 9 月份（市场中所有敲出期权的障碍被突破，动态对冲力量因此平静下来），在不受限制的美元缓缓恢复之后，日元回归到正常水平，汇率高于 100。

在美元 / 德国马克市场，这种故事都是大同小异的。1995 年初，交易员购入大量具有障碍的反向看跌期权，汇率在 1.45~1.35 范围内。在前一年，当美元稳定地处于 1.70~1.50 范围内时，终端用户对这些敲出期权的行使抱有信心。随后，在 2 月中旬，德国货币大幅上涨，汇率低于 1.50，仅在几天之内，它就迅速上升，汇率逐渐达到了 1.45（2 月末）和 1.40（3 月初），最终达到了最低点，在 4 月 19 日，美元继续疲软，汇率达到了 1.35。与日本的案例相同，随着障碍被不断突破，动态对冲最有可能产生加强趋势。同时，当达到终止价时，美元逐渐恢复，几个月之后，汇率就达到了 1.50。

既然我们明确地了解激怒索罗斯（明显不喜欢自己被迫经历外汇动荡）的现实状况，让我们重新谈一下某些段落提到了关键问题：这场动荡在很大程度上是由敲出期权引发的吗？在对金融魔法的极限符号进行指责时，索罗斯的论点有道理吗？可能不存在确切的答案，同时，我们也很难理解美元为何在如此短的时间内急剧变化。在 3 月 2 日至 3 月 7 日之间的 4 个交易时段，与日元和德国马克相比，美元几乎下跌了 10%。在 4 月份，它就下跌到了最低点，并随后恢复到了正常水平。在 1995 年 3 月份和 4 月份期间，美元突然从雷达的屏幕中消失了，之后就像没有发生任何事情一样又回归原位。好像它只是去过另一个时空，但整个过程无法被回忆起来。同时，它又好像被外星人突然绑架，在被送回地球之后重新回归了正常生活。

在货币市场中，与时光旅行或外星人绑架一样具有戏剧性效应的是什么呢？尽管在 5 月末，12 家主要中央银行联合起来把美元推向了更高点，并使其回归到正常水平，但这仍不能解释几个月前美元下跌幅度创下纪录的原因。许多人给出了复杂的微观经济学解释，尽管这些解释存在某些真实性，但它们并不能完全解释市场的极度下滑。这其中肯定存在其他因素。

索罗斯说得可能有道理。当障碍期权行使突破最低水平时，现货价格水平立即回归到正常水平，因此我们可以合理地假设，我们充分地揭露出了障碍期权交易者影响现货交易市场的机制，反向头寸确实使货币市场在 1995 年前半年突然陷入了混乱。

有些人对数学指导方针在市场中的宣传感到怀疑，并担心它们会带来障碍并引发混乱，上述片段则为他们提供了支持。说到 BSM 模型方法论，20 世纪 90 年代的重点发展都指向了受数学启发的技术引发过度动荡的能力。但这并不意味着金融产品本身应该被弃置，尤其因为当它们的存在并不依赖于复杂的定价和对冲工具。在被交易之前，障碍期权并不受 BSM 模型和其他理论模型的限制，如果量化失败导致人们远离这些产品显而易见的收益，这将是一个巨大的失误。

即使障碍期权可能引发现货交易市场的动荡，这并不表示需要采取索罗斯所赞同的极端行为。禁止使用障碍期权会给我们带来更加昂贵且缺乏灵活性的风险管理。随着时间的推移，它们的出现代表着一般期权主导的时代结束，这是一个极其重大的进步，它们成为最受欢迎且使用率最广的国外期权并不奇怪。把它们放逐到十几年前将会给数以千计的企业、投资者和公共机构带来极大的伤害，因为在数年中，他们都从这些期权的使用中受益颇丰。“敲出”这些敲出期权？乔治，这并不是一个好主意。

塔勒布与豪格的批判

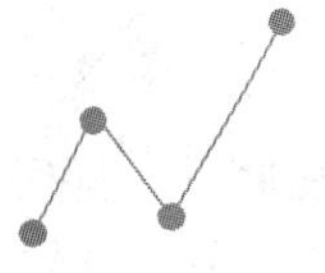

经济学家说

LECTURING BIRDS ON FLYING

在2007年末发布的一篇具有革新性的文章中，纳西姆·塔勒布和埃斯彭·豪格提出了几条大胆的声明，这直接击中了BSM期权定价模型的实质。第一，这两人表明，BSM模型算不上原创发明，与其相同的公式曾经出现过。第二，它没有用处，因为在许多年之前，它还没有出现，而期权交易者已经运作良好。第三，大多数交易者会利用BSM模型之前的模型来定价期权，或完全不使用模型（只是通过供求关系）。在任何一种状况下，这种自下而上的分析（源自于市场证据，与典型的自上而下的方法完全相反）所得出的结论会给这个获得诺贝尔奖的建构带来相同的损害：在现实生活中，专家们并不会利用BSM模型来解决过多的问题。说到流言终结者的对象，这个模型肯定会排在首列。在打击BSM模型时，塔勒布和豪格会以整个金融理论为武器。

让我们简短地解释一下这三个创新主张。每部课本都深信，BSM模型在现实生活中取得了最高的成就，并得到了实践者们的广泛应用。大多数新闻工作者和局外观察者将会保持一致意见，他们都遭受过传统文化盲目崇拜的痛苦。他们能怎么说呢？他们询问过世界上所有的期权交易者吗？当然没有，他们假设人们在使用这个模型，因为其他人也是这样假设的。在塔勒布和豪格之后，我们就不能再如此理所当然地做出假设了。

坦白地说，BSM模型不被使用的理由主要有两个。

第一，期权价格可能只是供求关系的结果，未涉及任何模型。塔勒布回忆，在BSM模型出现后的20年中，他一直是一个场内交易员，他很惊讶地看到，交易者是在不使用任何公式的情况下进行操作的。塔勒布和豪格揭示出，在许多情况下，期权是通过一个被称为买权卖权等价理论（一种关键的套利关系，它可以让交易者根据一个看跌期权的价格来获取一种看涨期权的价格，反之亦然）的简单渠道来定价的。事实上，复杂花哨的数学模型并不存在。有趣的是，某些专家近来非常信奉这个概念，以至于一种期权的价格可能会视供求程度而定。当然，这并不是他们长时间思考的结果，也许只反映了一种事实：更多人想买进一种期权而不是卖出，反之亦然，而这可能会对这种期权的市场价值产生影响。他们宣称，供求因素应该得到具体的研究，因为我们现在可以充分地怀疑受 BSM 约束、用来操纵期权的理论公式可能无法正常运转，因此，深受其害的可怜的交易者可能会回归原始的方法，只是“卖”与“买”这么简单。也就是说，在理论模型被认为毫无作用时，学术界将会决定，供求关系应该被用来分析期权定价，当然，这并不是说，教授将会认为买进者和卖出者总是具有最大的决定权。

其中一个主要暗示就是，作为市场的一个普遍因素，隐含波动率将失去意义。事实上，它也将不复存在。当期权价格由供求来决定时，隐含波动率（交易者在定价公司的波动率参数中输入的假定数值）就不可能存在。传统看法认为，隐含波动率会证明自己只是一个丑角，是幻想、童话和不存在的幽灵，而不是“市场的预期波动”或“市场的恐慌指标”。

对理论权威人士而言，BSM 模型永远无法磨灭的优点之一就是，虽然期权价格可以根据供求关系来获得，但他们可以在不使用任何模型的情况下使市场价格与通过隐含波动率参数得出的 BSM 模型价格相匹配，并由此宣称，BSM 模型在现实中得到了普遍应用。这就像市场价格由人为决定是 100 时，你通过把假定的市场参数逐个输入 BSM 模型，直到得出这个价格，然后说隐含波动率为 32%，学术家便会踌躇满志地站起来，摇旗大喊：“看呐，交易者都在使用 BSM 模型并选择了 32% 的隐含波动率估值，理论再次胜利了！”供求关系可能在极大程度上统治期权领域，而隐含波动率可能只是海市蜃楼，但 BSM 模型和其他理论模型可能非常适合掩盖事实。

第二，即使一个被称为 BSM 模型的模型得到使用，它也并不是真正的 BSM 模型。为什么呢？就因为我们的老朋友“波动率谎言”。在塔勒布和豪格的批评之前，传统看法（外行人，也可能指许多内行人）是，尽管 BSM 模型存在某些已知缺陷，交易者仍会持续使用它，因为他们知道该如何利用它来获取正确的价格。它的假设是，交易者不信任 BSM 模型但是喜欢它，因为它是如此易于操作（只需改变波动率参数，你就可以获得期望价格，以此抹除令人厌烦的不切实际的假设，并获得一个更切合实际的数值）。塔勒布和豪格承认，作为交易者，他们多年以来一直支持这个观点。

在塔勒布和豪格的批评之后，墨守成规的做法再也站不住脚。尽管这个模型的谎言完全脱离现实，但人们认为是它维持了 BSM 模型的流行性，它事实上是对这个模型的完全否定。布莱克、斯科尔斯和默顿在设计这个模型的时候都没有考虑过波动率谎言，它完全违背了这个模型的原始本质。通过捏造 BSM 模型，交易者事实上（对自己下了咒语）最终会利用一种完全不同的模型，它已经在多部著作中被提及。

对我而言，这是这篇文章所阐述的最重要的且唯一的观点。正如塔勒布和豪格所说的，交易者在使用一个被称为 BSM 模型的模型时，并未意识到他们使用的模型与 BSM 模型已经完全大相径庭。说到期权定价和 BSM 模型，塔勒布和豪格表示，这里存在一个很大的“归属问题”，并且他们打算公正地对待货真价实的贡献者。最终，费希尔·布莱克（总是偏向于实用性，摒弃学术界）可能会被证明是正确的，（对他而言）BSM 模型令人困惑的现实接受度将会成为一个误导性的海市蜃楼。这并不真实存在，只是幻想而已。

塔勒布和豪格宣称，真正被使用的 BSM 模型应该被称为“巴舍利耶－索普”（Bachelier-Thorp）根据塔勒布和豪格所说，这种方法更符合现实，因为与 BSM 模型不同，它考虑到了大范围的概率分布（因此摆脱了正态性束缚），并且不依赖动态对冲技巧，由此，交易商被认为能够通过连续交易标的资产来复制一种期权。

在某种程度上，我们回归了巴舍利耶－索普，尽管 BSM 模型之后发生了某些变化：交易者把 BSM 模型处理成了另一种模型。从数学角度来讲，交易者会利用高斯关联结构，通过改变标准偏差来生成非高斯关联结果。就此而言，BSM 模型的真正角色（至少自 1987 年 10 月的崩盘以来）就充当着便利的平台，在这个平台上，交易者可以恢复 BSM 模型之前的定价方法。或者从更大程度上来说，BSM 模型最终与巴舍利耶–索普做的是同一件事情，只是名称不同罢了。人们会自然而然地想到，对于这种术语不同但本质相同的模型，我们是否需要排除这种理论故障呢？

更重要的是，这个模型可能完全没有用处。塔勒布和豪格表明，在 1973 年（BSM 模型首次公开发布）之前，甚至追溯到 16 世纪，交易者就拥有与交易方式、定价方式和风险管理方式相关的非常专业的知识了。因此，这个长期以来的神话——在 BSM 模型出现之前期权无法获得适当的交易也无法被了解，在这个历史证据面前烟消云散了。衍生品的交易绝对与 BSM 模型无关。自由思考的人在遇见这个数学模型之前就已经开始交易期权了。

这里存在几百年（甚至几千年）以来人们使用期权的大量证据。例如，约瑟夫·德拉维加（Joseph de la Vega）在 17 世纪描述了在阿姆斯特丹，期权是如何被积极交易的，并提及了买权卖权等价理论这个现代概念（给期权定价并进行风险管理的重要方法）。18 世纪晚期和 19 世纪早期证实了伦敦和纽约的交易者完全专业的行为，其中包括实践家发表的期权论文。其中最著名的就是《期权交易和套利入门》（*The ABC of Option Trading and Arbitrage*），它是由交易者和套利者尼尔森（S. A. Nelson）于 1904 年发表的，买权卖权等价理论再次得到了详细描述（包括参考文献甚至古老的著作），同时，其中提出的大量证据表明，交易者知道如何静态（甚至动态）对冲他们的头寸，其中包括一个准确无误的参数，也就是我们如今所说的“delta”。有趣的是，如果根据现代金融理论，买权卖权等价理论和 delta 对冲都不会被认为存在已久。正规的金融经济学并不会包括学术界之外的内容，买权卖权等价理论是在 1969 年被采用的（由一位理论家引入），据说，delta

对冲是在 1973 年与 BSM 模型同时出现的。

同时，塔勒布和豪格还引用了赫伯特·法勒（Herbert Filer）的话——作为一个交易商，他描述了 20 世纪 20 年代和 30 年代健康的期权市场。之后，交易流动性在极大程度上降到最低，因为美国的调整强制性再加上第二次世界大战被证实产生了过多的束缚。期权长时间处于冬眠期（直到 1958 年，伦敦交易才正式开始；纽约交易所仍异常冷清），这在一定程度上解释了 20 世纪 60 年代至 70 年代理论家缺乏实用专业知识的原因（尽管塔勒布和豪格引用一位 1961 年纽约证券交易所的交易员的话为证，他不仅从理论上描述了买权卖权等价理论，还对其进行了广泛应用）。无论如何，完全明确的是，**期权市场不必把所有赌注压在一个模型上。**之前的交易者并没有使用 BSM 模型，但仍操作良好，这很令人感到安慰。

期权业务从开始启动达到最高层次，BSM 模型也恰好出现，这难道是一种巧合吗？在这次改革过程中，我们否定 BSM 模型的积极效用了吗？我们已经切实地了解到，芝加哥期权交易所（建立于 1973 年）和至少一家主要的投资银行从最初就赞同这个模型，据说，费希尔·布莱克之前也被交易者雇用来提供分析支持。很明显，BSM 模型肯定产生过某种影响，甚至可能是一种重大影响。尽管据塔勒布和豪格说，期权名人马丁·奥康奈尔（Martin O'Connell）曾指出这个模型在 20 世纪 80 年代之前很少被使用，但现代期权市场正处于高潮阶段。

然而在 20 世纪 70 年代，一种健康的现代期权产业的产生可能存在大量原因，这些原因可能就像发表于不知名学术期刊上的充满数学概念的文章一样，看似合理，但没几个交易者能掌握它们。对新手而言，沉迷于方程式完全情有可原，但没有人会因为某些搞学术的人解出了一个偏微分方程就利用方程式进行衍生品交易。期权交易活动得以被组织，是因为人们对产品存在真实的需求，而不是因为数学公式的出现。在布莱克、斯科尔斯或默顿相识之前，金融资产期权的观念就已经出现了。

到了20世纪60年代中期，芝加哥期权交易所中的交易流动性很低，随后，这种现象延伸到了世界最佳的衍生品交易所。尽管在过去几十年中（商品期权在1934年被美国禁止，只有股票期权才被允许合法交易，尽管在某种程度上说有些偷偷摸摸的意味），这些期权的声誉已经在很大程度上从有害的投机事件中恢复，交易水平仍然很低，主要是因为更多的政府干预，此次干预采取的是严重降低了对冲需求的控制食品价格的形式，这彻底阻碍了芝加哥期权交易所的主线业务——小麦期货交易。这种严酷的现实促使交易所老板开始寻找其他的收入来源，衍生品看起来具有足够的吸引力。

在芝加哥商品交易所的隔壁，大家也已经做好了革新的准备。在尝试进行国外商品期货交易之后（鸡蛋和洋葱期货表现不佳，猪腩期货则表现得更加良好），芝加哥商品交易所意识到，无论多么多样化，单一产品线的业务模式是非常危险的。因此，在20世纪60年代末，芝加哥商品交易所也开始考虑衍生品。这个市场缺口有待于芝加哥期权交易所和芝加哥商品交易所的共同开发，因为股票期货和期权交易在当时流动性不足，这给它第二次世界大战之后的光辉形象蒙上了阴影。这个交易所历史复兴的机会到来了。

1968年，芝加哥期权交易所就上市一种道琼斯期货合约的想法申请了合法认定，但他们失望而归（指数期货很可能被认为是非法投机）。因此，他们重新把眼光放到股票期权上，意在大规模复制纽约的非法场外交易。同时，芝加哥商品交易所沉迷于货币期货，1971年末，他们在学术“超人”米尔顿·弗里德曼的援助下向当局提出了申请。这些努力富有成效，在1972年5月，BSM模型公开发布的前一年，国际货币市场开始上市货币衍生品（期货，不是期权）。在1973年4月，在明星学术家帮助它减轻了对规章制度的担忧后，芝加哥期权交易所和它的股票期权首次登场。

所有这些发展的关键原因主要有两个：

- 第一，货币市场中加强的波动率源自到1971年时存在了30年的布雷顿森林固定汇率体系的崩溃，这不可避免地增强了人们对货币对冲工具的需求；
- 第二，交易所期望扩大他们的产品菜单，并避开竞争。

20世纪70年代，在缺少理论化定价工具的情况下，不断推出的衍生品的本来权利并不会被废除，这看起来是无可争议的。在经过长期冬眠后，伴随着革新潮的出现，潜在市场中的波动率也开始复苏，在潜意识层面对新产品的上市提出了需求。随着波动率连续受到支撑（官方限制性货币政策在70年代末被废除，这引发了不可预测的利益动荡）以及竞争的加剧，事情变得越来越白热化，为今天百花齐放的衍生品产业奠定了基础。BSM模型可能帮了大忙。在那些危急时刻，芝加哥期权交易所的一个前法律顾问认为："BSM模型能从真正意义上使交易所繁荣昌盛。它给对冲和有效定价的整体概念带来了合法性，而我们在60年代晚期至70年代早期面对的是赌博这个争论点。争论随风而逝，我认为都是BSM模型的功劳。不是投机或赌博，是有效的定价。我认为，证券交易管理委员会之所以能够快速把期权当成证券市场中的有效机制，就我的判断而言，这可能是BSM模型产生的影响。"尽管如此，这种认可背后蕴含着浓厚的公关因素；并不是说交易者要想进行交易活动就需要使用这个模型。但我们也很难得出BSM模型是一个必需品的结论。

塔勒布和豪格提到了其他因素，它们可能是推动衍生品的真正力量：计算机的出现（这使记账、数据处理和技术支持变得更加容易，这里谈论的并不是金融计算模型），长期以来，经济稳定增长，未出现恶性通货膨胀。终究，伴随着第一台个人计算机、微型处理器和软盘的到来，20世纪70年代成了计算机年代。我们无法确切地解释1972年以来的全球经济情况。我认为，对衍生品革命而言同样重要的是，在过去几十年里"金融化"所经历的艰苦历程（1971年中布雷顿森林的终止可能会被合理地看成新时代到来的催化剂），其中包括了金融市场专家的地位不断上升。非常明确的是，当交易员的角色逐渐变得令人称羡并有利可图时，在芝加哥期权交易所建立 7 年后，20 世纪 80 年代的金融黄金年代就到来了。BSM 模型的同时出现似乎具有大量的偶然因素。

一个完全无效的理论

最致命的是，其实在 BSM 模型出现之前，塔勒布和豪格就创作了一本与期权定价有关、按时间顺序排列的科技著作，其中包括基本完全相似的模型（包括索普的公式）。他们在极大程度上提醒了我们，许多努力永远不会被官方经济文献所认可，可能因为它不符合某些人的宗旨，也可能因为它被完全忽视了。真正重要的是，在 BSM 模型出现时，在所有方法（理论方法和实践方法）当中，以塔勒布和豪格的话来说，"交易者没有且不可能使用的方法就是以这个模型命名的方法"。也就是说，所有已知的方法中最不实用的就是受理论界信奉（因此全世界都受这种支持引诱）的方法。在一种充满迷惑的发展过程中，我们竞相崇拜着一个完全无效的理论。它并不是一种生存能力的成功。

斯普瑞克、波尼斯和索普公式早于 BSM 模型而存在的事实和市场早先对 delta 对冲（至少是静态）的熟悉度对 BSM 模型而言并不是最致命的打击，但肯定会引起麻烦。当几乎相同或完全相同的工具在之前就存在过，那么一个建构就很难被称作独创性或领先性的工具，但正如我们充分了解的，从数学和理论角度来说，这个公式的出现方式确实具有完全的创新性。因此，BSM 模型并不完全是一个多余的工具。

大量证据的现实问题是，它强调了两个反传统的事实：

- 第一，相同的结果可以通过更好的方式来获得；
- 第二，这些方法都是实际可用的，这与动态对冲引人注意的实际缺陷（下面将进一步讨论）形成了强烈的对比。

坦率地说，BSM 模型所面对的威胁与其说是它拥有大量的"前辈"，还不如说这些“前辈”更加出众。只要这些“老者”的往事被重新记起（正如塔勒布与豪格所做的那样），我们不禁会想，我们为什么需要以随机微分为基础的新成员呢？

通过打探我们的私人生活并询问风险偏好和市场预测这样的侵入性问题，斯普瑞克与波尼斯可能不会使事情顺利发展，但窥探并不等于不可信。你可以使用这些公式。只要你可以表达你的观点，就可以获得一种期权价格，尽管这完全依赖于这个模型的附属细则。索普甚至更加友好，你不需要花费时间来进行思考——你只需买进索普所说的无风险回报率的选择。

与其截然相反的是，BSM 模型会迫使你遵守严格的理论指令，比如 CAPM 和不断复制的非套利投资组合，这不仅挑战了现实主义，其实施性也非常模糊，因此得到了专家的“模糊”信任。如果你允许而不是禁止他们表达自己的观点，以及迫使他们无视自己对现代金融经济学和动态对冲的信仰，那么你就会更加轻易地受到期权交易者的欢迎。后来的数学模型会追捧之前的模型，之前模型的谎言就会延伸给之后的模型，因此，对于后来的数学模型来说，它们的存在本身就强调了谎言的不当性。

正如本章前面预期的，可以证明，BSM 模型提出了铁一般的理论，以及采用“前辈”公式的特定情况的技术理由，而这些公式又恰好是至今为止仍然最为用户青睐的，除此之外，BSM 模型毫无意义可言。显而易见的是，应用斯普瑞克或波尼斯的数学公式最便利的方式就是假设风险中性。这种细微的差别会使人们远离必须估计风险偏好和预期收益的繁杂任务，因此消除了主观不可预测的因素（每个人对这两个未知因素的预测都会不同），并允许我们把所有“定价争论”集中于一点，那就是波动率（我们都了解波动率谎言多么有用）上。交易者会非常乐意把无风险回报率加入那些模型（或直接信奉索普的模型），可能过多地把它看成一种自我服务的过程。这是一种不可原谅、不合情理的自我放纵的行为。

然而，1973 年的一篇文章说，无风险回报率是唯一可行的方案，你不可避免地要选择它，它得到了最尖端的数学技巧和最神圣的理论教条的支持。谁能阻止你进入风险中性？你可能甚至不知道 CAPM 是什么，或者不愿操纵看似可怕的动态对冲,但你肯定会迷恋他们对无风险的承诺。对 BSM 模型所有的技术力量而言，交易者信奉它的唯一理由就是，能够回到过去，并利用那些不需要你改变金融经济学信仰或参与复杂的套利保值的简单公式。BSM 模型被美化的分析性功能只不过借用了之前的方法的门面装饰罢了。

当然，警觉的读者会注意到，我们遗漏了解释这些老模型使 BSM 模型不能成为恒星的第三个重要的原因：它们并没有被嵌入 delta 对冲波动率的定时炸弹中，因此不会引发混乱。当更安全、可实施的模型就在我们跟前时，崇拜危险的且不可靠的模型的理由本身就无法令人信服，尽管它显示了复杂的数学才华。

假想世界思维实验

因此，如果之前的（实际上是更出众的）模型大量存在，那么从理论上来说，BSM 模型为何会占据统治地位呢？如塔勒布和豪格所说，因为它以一种非常便利的方式遵从着金融经济学正统学说（比如资本资产评价模型和有效市场理论）。因此，BSM 模型之所以成为令人满意的工具，是因为它是一种“学术营销”，而不是因为它是一个完全独创的创新型成果。使 BSM 模型得到认可（或用塔勒布和豪格的说法，“适合经济权威人士的口味”）的是所谓的风险中性论点，通过把无风险收益率假设成贴现因素，它允许我们在无须预测资产预期回报的前提下定价期权，然而只有连续的动态对冲具有现实可行性时，这个论点才能成立。当这个论点无法成立时，BSM 模型可能就会化为乌有。

“在一个理想化的世界中，动态 delta 对冲会永远排除所有危险，但在现实世界中也会如此吗？”埃斯彭·豪格在他最近的著作中提出了这个疑问。（如果你对豪格的非传统、非正统、非学术的方法感到怀疑，文字表现出来的图像可能会打消你的想法：身穿燕尾服、戴黑色运动太阳眼镜、持枪的豪格成了詹姆斯·邦德的替身，与他并肩站着的是同样配有枪支，但衣着轻薄且相当迷人的邦女郎，这里并没有沉默寡言的教授）。他的回答是：不会。这位拥有 10 年经验的资深期权交易员（从世界某些顶级的对冲基金和投资银行业中赚钱）警示我们，受 BSM 模型启发的动态对冲在现实中极其不稳定（在读完与 1987 年 10 月崩盘有关的内容后，我们似乎能想象到）。他坦诚地表示，delta 对冲确实解除了期权头寸中的大量风险，但并不是全部。风险中性的概念是建立在你可以始终消除所有风险的基础之上的。如果你只能在某些时间消除某些风险，风险中性就会变成一个令人怀疑的概念。

完美的动态对冲（以及 BSM 模型把自己与那些之前大量存在的相同公式区别开来的托词，它以此得以生存）只能存在于，借用罗伯特·默顿的文字，具有“动态完备性”的柏拉图理念世界中。尽管他公开陈述了他的信仰：金融竞争将不可避免地达到极乐的境界，但塔勒布和豪格指出，如果要说发生了什么事，那就是我们正在急速地远离它。这里有几个常理化的理由可以解释那些难以完美化的市场现实为什么会共同击沉动态对冲舰艇，但首先让我重新强调一个明显的奇特现象，以此说明动态对冲需要的柏拉图程度：在一个动态对冲的仙境中，产品需求被假设不会影响产品的价格。如果某些人想购买这种产品，那么股票经纪人可以借用非常明确的数学技巧，那就是为产品制造出一个额外的复制品。这个产品的成本将完全由这种生产成本，而不是由人们的期望来决定。

以一位受人尊敬的学者的话来说：“如果具有竞争力的中间人可以完美地套期保值，期权价格就可以由无套利交易（也叫动态对冲）来决定，需求压力不会产生任何影响。”在象牙塔里，这种能力受到了高度尊重：“金融经济学的主要成就之一就是无套利理论，它独立于投资者需求之外，决定了衍生品的价格。”虽然你会觉得这有些天真，但以我的非数学观念来看，需求之所以不会影响价格，只是因为一个数学引理似乎被过度扩张了。

要想让动态对冲起作用，市场必须持续具有不受限制的流动性，并且不需要交易费用，在这里，波动率属于恒量，卖空行为不受限制。如果市场上涨，流动性紧缩，交易需要额外的费用，或者几乎无法进行卖空交易，动态对冲就会停止运转，无法完全映射出复制期权的情况。最终结果可能就是，期权价值和复制投资组合的价值之间会发生明显的错位——换言之，完全不准确、非常昂贵的套期保值。当然，这些破坏在现实生活中经常出现。许多尝试通过大量动态对冲来对冲账户的交易者发现自己已经走出门外，而旁边壮硕的警卫并不会和善地对待失败者。1987 年 10 月的事件显而易见地强调了无节制动态对冲的不可靠性，表明了在资产价格大幅上涨时会发生什么，你会发现没有人会为你的 delta 对冲交易行为买单，但一般事件也会产生相同的结果。在正常状态下无法每天进行对冲可能会产生重大的差异（塔勒布引用的例子是，一个三个月期权只被对冲了 50 次，生成了 10% 的误差）。从分析角度来看，无套利定价可能是合理的，但在金融领域，这是不可能实现的。

马克·鲁宾斯坦和海恩·利兰德确实坦诚地告诫过（在“黑色星期一”之前和之后），在这个异常冷酷的现实世界中，受 BSM 模型启发的动态对冲存在着潜在的脆弱性。当他们的投资组合保险业务在 1981 年终止时，他们说：

> 如果股价间断性地暴跌，那么这与现实中毫无争议的保险的相似性就会消失：这里没有足够的时间来调整复制投资组合。

理论上讲，这种事情并不会发生，但这些往昔的理论隐士正试图在金融领域中赚钱，除了解除（即使只是部分）教条障碍并承认无懈可击的证据之外，他们别无选择：动态对冲的失败会使市场受到重击。换言之，动态对冲并不是永久性的。在这种模式下，我们应该无法逃脱风险中性的惩罚。

当然，打击并不一定来自外界。在不定向的自我强化过程中，动态对冲本身就会产生这种效果。教条会说，复制投资组合的调整不会影响标的资产的价格，但当投资组合保险业务壮大时，交易额会极度增加，以至于市场会在极大程度上受到潜在危害性后果的内在打击。“黑色星期一”发生于1987年10月，而不是1983年10月，这是因为到了1987年10月，在第一次下跌修正时，动态对冲的要求过大，足以把市场带向地狱。

投资组合保险的创始人知道情况会变成这样，并似乎意识到了动态对冲受到广泛信奉的潜力。海恩·利兰德说：“从想到投资组合保险的第一天起我就说过：‘如果每个人都尝试它的话将会怎样呢？’我并不喜欢自己提出的问题。”受到这种担忧的驱使，LOR合伙人公司最终尝试拒绝新客户，不希望面临动态对冲的结束。马克·鲁宾斯坦说：“这就像打开了潘多拉魔盒，我们可以关上门，但这无法阻止任何事情。”他确信，动态对冲不断增加的力量会增加市场的不稳定性。当道琼斯指数在1986年9月11日几乎下降了5%时（25年中的最大跌幅），当局把这归咎于基本因素，但鲁宾斯坦怀疑崩盘更加临近，投资组合保险公司的销售压力成为主要力量。他无法对此进行证明，但他本能地通知管理部门注意动态对冲的理论梦境对暗藏汹涌的非教条的现实世界的负面影响。这在很大程度上表明，那些冒险走出象牙塔并试图实现BSM模型背后的神奇力量（是这个模型被接受的很大原因，也是它获得诺贝尔奖的唯一理由）的教授，得出了一个肯定的结论：在金融的“后街”上非常缺乏美丽的数学。

正如塔勒布和豪格所说，BSM模型所做的就是通过利用新的（我们知道，非常脆弱）理论依据重新取得一种早已存在的公式。事实上，他们并没有发明任何模型。他们同时补充，BSM模型实际上是假想世界中的思维实验，一个只有在柏拉图世界中才有效的华丽想法。事实上，在学术圈内（包括诺贝尔委员会），BSM模型有价值的方面就是他们推导出一个已知公式的方式。

更重要的是，BSM 模型有可能（至少在它的柏拉图理论世界里）通过连续调整 delta 值来建立一个由期权和标的资产组成的投资组合，因此它认为无风险收益率是可行的，但塔勒布和豪格认为，我们不必等待这种标榜其具有创新性的发现，因为期权交易者很久之前就发现了对冲头寸的非数学方法，也就是常被提及的买权卖权等价技术，它可以帮助你静态对冲期权（你可以卖出看跌期权，买进看涨期权，反之亦然）。也就是说，从实践角度来看，BSM 模型中选的最大（技术）理由并非因为它是一种新发明；交易者已经了解并运用了那些能让他们感到“风险中性”的实用技术；他们不需要用以随机微分为基础的模型来消除交易中的风险。最重要的是，在数学方面受 BSM 模型启发的动态对冲行不通（可能最终增加你的风险），而极其简单的买权卖权等价理论却似乎更具实用性。

致命的打击

在塔勒布和豪格首次发表文章之后，他们对抗 BSM 模型的活动几乎立即开始沸腾，并且在非学术媒体和博客空间中占有了越来越多的覆盖率。塔勒布和豪格的大众化受到了人们的欢迎，因为对 BSM 模型实效的健康讨论是必要的，然而，某些报道都是与 BSM 模型有关、众所周知且熟悉的批评（几乎每次都会顺便提到塔勒布和豪格，这几乎成了不可或缺的内容），而不是塔勒布和豪格提出的大量独辟蹊径的创新观点。

现在，所有人都知道，BSM 模型是一个建立在不可靠基础上的模型。它的主要假设完全站不住脚：金融价格不会遵循正态概率分布，它们显示出上升趋势，波动率也并非恒量。这个模型（动态对冲）背后的主要策略在现实生活中是非常脆弱的。某些评论者暗示，如果塔勒布和豪格只是提出了 BSM 模型的另一堆基础性错误，那么只能说他们是在浪费口舌。

幸运的是，塔勒布和豪格提出了更多。事实上，他们的工作确实在很大程度上改变了我们看待期权定价、金融传统主义、传统观念和诺贝尔奖的方式。回想起来，塔勒布和豪格提出了三个挑战现状的声明，它们的确值得普及化（引起广泛讨论的一种方法）。关于 BSM 模型，下面是这两位资深玩家要说的：

- 它未得到使用（尽管有些人认为使用过它）；
- 它是多余的；
- 它并不是原创的。

这些大胆言论都得到了普遍肯定。同时，这三种观点共同给这个最著名的模型带来了致命的打击。尽管许多人多次表示，BSM 模型是一个以不切实际的假设为基础的有瑕疵的模型，但没有人（至少如此公开地）像塔勒布和豪格这样提出令人敬仰的观点。

总而言之，塔勒布和豪格的主要贡献并不是说明 BSM 模型是一个完全不切实际的模型，这一点早已众所周知。我们所不知道的是，它并没有得到使用，它实际上是多余的，它并不是原创的，但我们本来是可以知道的。它给我们带来的是对不可置疑的传统主义提出疑问的勇气和洞察力（也许是通过多思考，也许是通过与实践家们交谈），以及调查历史证据的学术精神。幸亏塔勒布和豪格和我们这些循规蹈矩的人不同。

摧毁BSM模型的黑天鹅

尽管塔勒布和豪格的大胆言论有助于我们揭发真相，但它们也打破了我们的美梦，这使我们多少有些不舍，向往着遗失的天堂。虽然 BSM 模型存在各种缺陷，但还是为我们带来了量化观点，这点亮了我们曾经只存在未知黑暗的区域（之前相关模型包含太多不可预测因素和实施方面的障碍）。失去 BSM 模型之后，我们也失去了这种令人舒服的确定感（虽然有些不适合）。我们要感谢塔勒布和豪格对真实性的追求，但我们不想失去我们天真的精神寄托。

这个模型提供的最确定的事实就是期权价值所需要的确切数值，这一点还算具有独创性。每个人都会告诉你，期权是值得投资的，因为它可能为你带来潜在的巨大回报，但如果事情发生偏移，它又会限制可能发生的损失，但谁能确保这种优势本身有价值呢？那种价值被认为来自期权在期满时位于价内的可能性。因此谁能证实这种可能性是非零值的呢？谁可以坦诚地宣布自己知道金融资产的确切分布呢？只以概率假设为基础定价期权听来有些靠不住。

BSM 模型的独创性成果就是通过无套利理论来定价期权。它表明（至少在数学上来说）交易商可以建立一种由标的资产和借款组成的复制投资组合，它始终会映射出期权的价值。无套利条件证实，任何一点的期权价值都应该等同于这个投资组合的价值。既然整个经过都没有风险，我们就可以假设一种无风险贴现率，因此无需预测标的资产的预期回报率—— 一个非常难的任务。

期权是否值得投资以及该投多少的根据并不是 BSM 模型唯一有价值的量化贡献。这个模型同时还提出了期权风险参数的硬性数值、可以改变期权价值的因素、著名的“希腊符号”。这些希腊符号会准确地告诉你，如果标的资产发生变化（“delta”）、波动率发生变化（“vega”）、终止期限发生变化（“theta”）、标的资产激增（“gamma”），期权价值的变化幅度是多少。对于期权交易商或投机者而言，这是非常有价值的信息，因为希腊符号可以准确地决定你按市价计值的持仓。BSM 模型给期权交易商提供了一个“罗盘”，他们因此可以对他们的期权交易进行风险管理，并且从原则上说，这还使他们有信心把目标扩展到新客户和新区域中。

在一个理想化的世界里，BSM 模型会是一个引起轰动的成果，值得所有衍生品专家的赞美。不幸的是，这个世界并不是理想化的，更确切地说，BSM 模型对现实世界来说是不理想的。这个模型本身依赖于市场概率分布的假设，而这些假设是错误的（金融市场是“不正常”的）。更糟糕的是，复制战略背后的“动态对冲”是不可行的，也是不可取的，因为流动性和交易成本议题使连续的复制变得不切实际。delta 对冲可能具有数学美感，但它并不是一种实用的工具。

显而易见，如果这里没有模型（也就是说，如果期权价格来自供求关系或静态复制），也就不会有希腊符号。delta、gamma、vega 和 theta 百分之百地依附于模型存在，它们必须来自一个公式，而供求期权定价没有希腊符号，因此这里没有准确的数值来指导交易商对他们的头寸进行风险管理。

这其中存在着悲剧。量化金融生成了可以处理关键问题的华丽的数学工具。不幸的是，现实生活总会无情地使这种数字应用变得无效。如果能依靠 BSM 模型的确定感就太好了，但总是陷入混乱的市场不可能消除它们的不可预测性和不可控制性。市场的唯一确定感也许就是，金融界的真理总是由缺少活力的人而不是由设计精确的理论杰作来决定的，比如 BSM 模型。

这个破碎的理论梦想从最大程度上讲属于 BSM 模型的附带结果，它强调了我们是多么天真地相信这个量化的“牙仙”的。我们如此渴望得到分析的准确性，如果这个数学绿洲变成海市蜃楼，我们就只能喝沙子了。出于某些奇怪的理由，我们会更急切地承认一个模型难免会有缺陷，而不是听从一个过于简单的模型，因为这种简单化可能表明人类是唯一的决定性因素。我们似乎需要相信，我们需要模型来让金融世界运转。我们迷恋复杂性，自我欺骗，不会对公认的数学雷达提出质疑。我之所以如此愤怒，是因为我曾深受幻想之害，并看到如此多的人具有相同的症状。

在金融界，量化的自我奴役有趣的一点是，它在本质上是非常贵族化的：盲目相信的人在很大程度上都是受过良好教育、有教养、地位崇高的社会成员（商学院教授、商学院学生、新闻工作者、管理者、金融专家、诺贝尔奖委员），但在说到质疑现有真理的实际有效性时，这些值得赞赏的人似乎并没有争论。多少人仍然相信 BSM 模型的出现是期权市场繁荣甚至存在的必要条件？多少人仍然相信 BSM 模型是一个具有完全独创性的成果？多少人仍然相信 BSM 模型背后的技术运作良好？多少人仍然把上述观点看成不可挑战的信仰？根据我的观察，这样的人有很多。

当我们意识到，连塔勒布和豪格多年来都持有教条性的传统观念时，我们可以明确地发现，理论金融的力量缘自很少有人会坐下来开始彻底地分析一种特定理论的有效性、实用性、可用性、流行性、原创性和必需性，并且至关重要的是，很少有人会为公开揭露这些结果而感到羞愧。对于金融经济学而言，塔勒布和豪格的论文就是一只黑天鹅，一个几乎不可能出现但具有毁灭性的事件。就此而论，BSM 模型的运转类似一个空头头寸，给理论界带来了恒定的年收益，却没有想象到，两个曾经在现实世界中进行过交易、有数学知识、建立了一套与量化教条灌输有关的怀疑论的标新立异的人会共同决定贡献出自己的时间来分析 BSM 模型是否多余，是否具有创新性，是否得到了使用。正如某些保险公司会以不值得赞扬的方式进行经营并打赌被亏待的保险客户不会通过法律解决问题，金融理论也祈求自己不会受到大规模的立场明确的袭击。

由于攻势变得异常猛烈（关于塔勒布和豪格的文章出现在最著名且分布最广泛的全球性金融媒体上），BSM 模型在很大程度上被转变成了理论金融的马奇诺防线。在这个模型的支持下，多年以来，理论家信心百倍地宣告自己的成果的可靠性和稳定性，并坚称其具有优越性，而这个模型却被证明并不完备。理论突然之间变得不可靠、不成功而且多余。实力的象征变成了缺点的象征；力量的象征变成了失败的象征；坚固性的象征变成了脆弱性的象征。在美好时期，人们如此热切推崇 BSM 模型，而在更严酷的时期，这种落差变得更让人难以接受。塔勒布和豪格的闪电战变得臭名昭著，是因为另一方对 BSM 模型无懈可击的堡垒充满信心。因此，BSM 模型争论中的一个主要教训就是，在谈到他们的模型时，理论家应该多一些谦逊，少一些自负。那样的话，他们一败涂地时，还可能做好抵抗的准备。

最理想的是，塔勒布和豪格应该在理论界和那些甘受教条奴役（许多时候是无迹可寻的，最坏的情况就是盲目崇拜，最有效的情况就是被文凭催眠的状态）的人之间充当改革的催化剂。BSM 模型发布于 1973 年。从那时以来，数以千计充满才智的男男女女取得了金融或数学的博士学位，并进入了象牙塔。为什么我们要花费 30 多年的时间来彻底调查 BSM 模型是不是一个推动期权交易并得到迷恋它的交易者的应用的空前突破呢？为什么我们要利用如此长的时间来询问交易员的观点呢？为什么学者们会关注微小的数学细节，却不能纵观全局呢？为什么学者们没有考虑到他们的行为可能依赖于完全不切实际的假设、他们所处的领域可能是一个与历史和市场事实完全相悖的世界呢？

看似完全矛盾的是，两个质疑学术成果的大胆的怀疑论者的辛苦会给象牙塔内的学者带来一个极佳的机会：这是千载难逢的赎罪机会、获得关联性的唯一途径和获得拯救的不可迷失的灯塔，但一个可能后果（不论是否有意）就是理论和理论家的声誉受损、信誉严重损失并被边缘化。就我个人而言，我相信一切都会烟消云散。面对“业余的”研究工作的有效性（埃斯彭·豪格对期权交易、期权定价和期权对冲的历史调查最彻底），那些没有实践经验、不喜欢挑战定理的人还不如留意观察，不切实际的方程式最终只能是毫无价值的成果，同时也会受到“明眼人”的高度怀疑。说到底，值得尊敬的金融学者难道不关心活动领域的情形？要求拿着工薪的学者发现并传播知识过分吗？他们可以把所有时间花在例行工作上，那么他们至少应该显示出与业余爱好者相同的好奇心，这些业余爱好者拥有大量其他工作，但他们在理智地进行调查时可是分文未收。

塔勒布和豪格已经表明，BSM 模型并不像人们认为的那样富有才华。这个模型的数学力量仍然存在，并持续受到分析热爱者的赞美，但是所有其他想象中的力量毫无疑问地减少了。数学金融稳定可靠的偶像如今似乎再也无法代表成功的科学，尽管后者也并没有多么成功。那又怎样？现在不是对失乐园发牢骚的时候，更不是顽固地抱残守缺的时候。现在我们应该翻开理论历史的下一页，迎来硕果累累的新时代，不管是否接受时代变革，所有人都要共同协作。因此理论研究会被现实经验的过滤器所过滤，任何过于不切实际的事情都会被放弃。我们会从中获益。

考虑到塔勒布和豪格的批评，理论家的另一个选择似乎是不可想象的。这篇“烦人”的论文给学术者带来了一个千载难逢的机会，但同时也带来了一个前所未有的挑战。为了正确处理事情，他们可能从未经历如此多的公众监督承受如此多的压力（也就是说，谦逊地向实践者学习并认识到理论的失败）。塔勒布和豪格的插手是对 BSM 模型的公开拒绝甚至诋毁，相当于对真理的漠视，同时也是一个保护并维持理论正统的誓言，无论有多么困难。同时，这是公然宣称从令人怀疑的真理中独立出来，坦然承诺要忽视理论否定的证据。总而言之，这是一个狂热的宣言：金融领域的现实始终要为他们为自我服务的抽象概念让位。我想不到还有什么事情能够如此严重地威胁到理论家的声誉。

第三部分

不要让量化模型摧毁金融市场

LECTURING BIRDS ON FLYING

CAN MATHEMATICAL THEORIES DESTROY THE FINANCIAL MARKETS?

LECTURING BIRDS ON FLYING

08

黑天鹅是一个骗局吗

“你说你知道它会发生？！”这是金融经理最不想从他们的投资者和客户那里听到的话。因此，你要宣称自己对现实可能性毫不知情。根据你的模型，这种事永远不可能发生。这种“无知”可以让你大胆地冒险、下更大的赌注。

CAN MATHEMATICAL THEORIES DESTROY THE FINANCIAL MARKETS?

谁是受害者

本章讲述的是行业能手们如何借鉴金融理论（即使认为它无效）来达到个人的实际目标。在这种情况下，他们可能不仅会背叛教条的实质（也许没有损害），更重要的是，他们可能会赋予这些理论令人尊敬的特性以及更加广泛的曝光度（也许并不是计划中的结果）。理论思想体系和数学体系可以被实事求是的、自私的实践者充分利用：

- 它们可以充当便利的借口，以此来逃避指责（“这不是我的错——根据这个模型，这个结果是不会发生的”）;
- 它们可以被用来为冒险采用某些交易和投资战略做辩解（“这个模型显示这里没有风险，我可以踊跃加入”）;
- 它们可以被当做一种无懈可击的智慧来提高某人的声誉（尽管并不相信它们）;
- 它们可以被用来获取业务（获得客户和投资者）;
- 它们会被用来为整个行业的存在辩解（“你需要数学，只有我了解数学”）。

实事求是的实践者们的有趣行为在很大程度上向大众灌输了这样一个概念：市场服从于量化，因此它们可以被建模，这里可能存在以理论为导向的确定感。也就是说，学术家和理论家并不是唯一想提出“金融就是数学”这个观点的人。同时，游逛于交易所周边的充满“街头智慧”的人也可以从这种假设的程式化中获益。我们知道谁会获利,但谁会受伤呢？除了强加于市场上（也就是我们所有人）的潜在痛苦，某些玩家的客户和投资者可能注定会失败，而最大的受害者无疑是真理。

“完美风暴”惹的祸

在混乱不堪的信用危机期间，我们目睹了金融专家在面对这场使市场陷入痛苦的动荡时表现得异常震惊。尽管有些措词可能发生变化，但中心思想并没有变：这些强烈且多变的动态完全是出乎意料、史无前例、不可预测的。没有人能够预见到它们的出现，更不可能做出准备。因此，这些行家似乎在暗示，在这样一种极其艰难的环境下，面对遭受的损失，我们不要对自己太苛刻。

这听起来是不是很熟悉？非常类似的言论在金融史上早已出现过，例如 1998 年（LTCM 的破产）和 1987 年（“黑色星期一”的崩盘）。这两个历史性事件被认为（在某些方面）是一种反常现象，一个“异常值”，一场 100 万年才会发生一次的“完美风暴”。最重要的是，就像今天这样，人们会认为它们“完全不在我们的数学预测结果之内，完全没有被我们的模型覆盖”。

> 高盛公司的财务总监是当今托词者的代表，他在 2007 年 8 月把袭击市场（和他的公司）的“不合理性”描述成“25 个标准偏差事件”。同时，LTCM 在 1998 年 8 月 45% 的负收入也被认为是一种“13 个标准偏差事件”，1987 年 10 月 19 日华尔街 23% 的跌幅也被人看作“20 个标准偏差事件”。

你不需要像统计学家一样了解这些言论的真实含义：从根本上说，这三个事件发生的可能性都是可以忽略不计的，从实际用途上来说可以为零。这些模型没有警告我们有风险，特别是那些会带来严重后果的风险，这不足为奇。不要过多地责怪我们，它只是不在我们的控制范围内。

当然，问题在于，那些模型都是错误的。作为一种风险指标，标准偏差（收入偏差）只能显示出潜在概率分布是否正常。根据这种概率模型，任何落在三倍标准偏差之外的动态都被假设为不可能发生，那么想想25、13或者20的情况吧。“在宇宙历史中永远不可能出现”、“6×10^{-138}的可能性”和“千年一遇的飓风”都成为了对这种罕见现象的描述。

但在现实生活中，正如本书反复讲述的那样，金融市场不能被看成趋于正态分布，因为这些百万年一遇的事件会比通常假设的更常发生。人类的寿命远远短于一百万年，但许多人都遇到过几次“罕见事件”。

因此，为什么金融行家们在面对不可估计的市场动荡时，仍拿陈旧的标准偏差当借口呢？其中有些人之前就经历过一至两次“不可能的事件”，有些人则听说过这种事件频繁发生。如果排除这两种可能，他们肯定听说过纳西姆·塔勒布的著作《黑天鹅》，在这本书中，塔勒布对非正态性（在现实生活中，罕见事件经常出现）进行了激烈的讨论。这本著作成为畅销书，它的介绍也出现在各大报刊上。既然如此，人们为什么仍坚持把市场危机描述成不可能发生的事情呢？

我们不难推断出，这里面含有某些轻率且欺骗性的因素。这是和我们开的一个玩笑。经验丰富的行家们可能知道，“市场是正常的”这个标志和标准偏差模型是毫无意义可言的，但他们需要稍微假装一下，以便让市场按照他们的意愿运转，确保在事情出现差错时，“完美风暴”这张免费通行证始终适用。因此你之后可以说：“但这是一场罕见事件，不在这个模型的覆盖之内，是一个‘异常值’，我们依赖的是荣获诺贝尔奖的科学方法……”换言之，行家们为了能够赢得赌注，可能需要公开否认黑天鹅事件出现的可能性。

在这一点上，正态假设似乎特别便于操纵，因为当它的原理被违反时，市场上很少有事情发生；也就是说，你不用等到市场暴跌才使用你那便利实用的科学托词。只要事情适度偏离，你开始遭受少量损失，这个（正态许可的）事件就可以被认为是一种罕见事件，托词也就派上了用场。随后，几乎所有失败都会被认为在概率上是不可能出现的，因此超出了你的责任范围。因此，当被授予诺贝尔奖的方法被认为具有 99% 以上的准确率时，他们会因为你在一次风险中遭受损失而责怪你吗？按照概率来讲，当你的投资者在罕见的、可怕的、只有 1% 发生概率的事件中赔钱时，你始终可以说你做了正确的事情。正态性不仅可以让你把所有损失合理化，还会让你看起来特别严谨。当然，要想达成这个目标，你的投资者不能知道这个事实：你所说的 1% 发生率事实上可能是 30% 的发生率，你所说的 99% 可能也只能相当于 70% 而已。

投资那些可能在大规模市场运动中受损失的头寸，以及承认你预先意识到了各种（大）风险，从政策上说都是不明智的。一旦混乱出现，“你说你知道它会发生？！”这是金融经理最不想从他们的投资者和客户那里听到的话。因此，你要宣称自己对现实可能性毫不知情。根据你的（整个行业信奉的）模型，这种事永远不可能发生。

这种显示出来的“无知”可以让你大胆地在次贷中冒险、下更大的赌注、推销隐含波动率。你可以暂时获得超额收入，并祈求黑天鹅事件不会发生。如果黑天鹅不幸出现了，就拿“百万年一次”的台词来做挡箭牌。

因此，结果也许是，所有这些玩家总是相信塔勒布的理论（怀疑传统的金融理论），但他们不会在公众场合承认。他们相信塔勒布，但不想成为塔勒布，他们不想让自己暴露在激烈的争论中，更喜欢静静地等着黑天鹅出现并从中获益。这种战略（主要通过购买重大价外看跌期权来实施）需要他们在获得巨大收益之前连续遭受一些小损失，但许多行家并不喜欢这种生活方式。他们需要的是即时的收获，他们可不想费尽心血，到头来什么也得不到。这就意味着在遭受巨大损失之前源源不断地收获。同时，这也意味着，他们必须（可能欺骗性地）公开否认黑天鹅事件可能迫在眉睫，即使他们信奉着（即使在未知情况下的）新型金融经济学。

塔勒布毫不掩饰自己的观点，从而无法下那些赌注（当然，并不是说他想下赌注）。他一天到晚告诉我们，他们将会失败，因此几乎没有人会把资金交给他来投资这些交易。他在胜利之前注定要“流血”。另一方面，那些可能隐藏真实感情，在公众面前为正态性辩护的人注定会打赌黑天鹅不会出现（也就是说，正统的金融理论必须被证明是正确的）。说到底，在某种你公开承认完全不可能出现的事情上下赌注听起来不太有先见之明，不是吗？

金融交易商通过卖出精密的工具来获取高额利润，只要市场不偏转方向，这些工具就会为终端用户带来可观的收入。债务抵押债券就是最近的案例。对这些交易商而言，艰难情形出现的可能性仍然被在很大程度上低估了。毕竟，客户（甚至不是最轻率的）很少会进行一项极有可能让自己血本无归的交易。

相同的逻辑也适用于对冲基金。在这些高姿态玩家中，许多人都只喜欢持有头寸，打赌黑天鹅不会发生。例如，从惯例上说，许多赌客似乎都是热情的期权卖出者，这是获得可观收入（并且是以实际收入的形式）的极好方法，但同时也会带来潜在的毁灭性灾难。这再次从极大程度上低估了灾难出现的可能性。

也就是说，对许多行家而言，实际的方法就是向客户和投资者“灌输思想”，让他们热切地相信，非常痛苦的市场灾难只是空想，并不会在现实世界中发生。黑天鹅必须被认为是完全不可能出现的（当然，归功于塔勒布接连不断的反向言论，现在看来，这种陈述变得不再可信）。

因此，让我们看下面的悖论：这个领域内的某些大师可能正在为信奉正统学说的金融经济学家进行着肮脏的工作，在全球范围内散播某些依赖于这个学科基础的关键戒律，如黑天鹅并不存在，以相关性的统计学概念为基础的多样化概念，风险可以被量化并被测量。

可以认为，充满智慧的金融玩家肯定完全知道罕见事件会经常发生，因此统计工具并不能被完全信任，风险也不能从数学角度上被准确处理。塔勒布和其他人其实没有必要再指出这种显而易见的事实。停止重复每个人都知道的事实吧，请拿出点独创性的观点。

然而，证据表明，投机人士会准确地建立某些特定的仓位，因为当市场回归到“正态”时（根据这些建立仓位者所说，这是完全可以预料到的），他们就会获利。即使这些玩家确信巨兽潜藏在分布曲线尾巴中，并确信预测的不可能性，他们也不会退步，而是选择欺骗自己和他们的投资者，走向一条可能通向灾难的道路。这条道路具有不可抵抗的诱惑性。如果他们足够幸运，能看到自己的赌注走向一条完全不会被致命的市场混乱危及的道路，那么他们就会获得巨额利润。因此，许多基金经验会夸大“正态”投资中的非正态性，并同时强调其他投资的优越性。这似乎更易于证明，与那些非同寻常的交易员相比，把资金交给那些看起来成功率很高的交易员似乎更加合理。当你设法（可能与传统观点一致）把赌注分成正态和异常两种，让投资者感到你会专攻前者而抛弃后者时，看起来更聪明。你会在最大程度上筹集更多的资金，如果事情出现差错，你就可以轻易对后者进行套期保值（“我做的是正常的事情”）。

学术教条的蹩脚营销商

在我们的领域内，要想把某件事情归类为正常事件（异常事件），之前证据的确认似乎是一个非常好的依据。因此，如果某件事情从未（或很少）发生，那么发生亏损的投资战略就会被认为是正常的，就此而论，它也值得那些为了变得越来越富有而忽略异常事件的人的支持。通过支持这种战略，基金经理和投资者毫无疑问地支持新古典主义金融理论以及传统量化风险管理背后最神圣的信条。更重要的是，他们会帮助散播这种思想意识。事实上，最忠诚的信徒（或最恐怖的传播者）可能会积极地利用适当的理论辅助性设备来使自己的行为具有分析合理性，并打消反对者的疑虑。

人们不免想在必然的结果上投资。因此，如果你想从他们那里筹集资金，不如提出从正态性获益的交易。认为这种提议具有高度可预测性，并把相反结果排除在外的理论明显会派上用场，特别是它获得诺贝尔奖时。如果你想表现成正态（也就是更可能获利的）战略的拥护者，那么你所宣扬的投资建议从原则上说必须呈现出良好的获利机会（至少是暂时性的），最重要的是，它们应该受到那些被承认和赞美的科学方法论的支持。不必说，你的营销计划书或业务计划要时刻提及自己对正态战略的拥护。学者和交易室里“大呼小叫”的人因此都变成了陌生的盟友和同谋者。

当然，金融家可能确信这种战略背后的危险性。他们可能完全意识到了罕见事件并不是如此罕见，并且真正重要的是一个交易的预期结果而不是罕见事件出现的可能性（几乎无法提前预测）。如果非正态的事情突然出现，客户和投资者就可能彻底失败，只要黑天鹅出现，它带来的打击就是毁灭性的。同时，金融家可能了解这样一个事实：**在市场中，利用量化指标来探测风险是完全无效的，像在险价值或信用等级这样的工具是建立在有缺陷的方法论上的，它们给出的结果并不值得信赖。**

但是，即使在内心深处，他们想坦诚面对外行人并分享他们的真实感受，他们承担得起吗？那些外行人可能想被欺骗。他们可能过于渴求，因为他们认为，如果绿洲变成海市蜃楼，他们就只能喝沙子了。你们可能需要量化确定感和受数据支持的可预测的正常性（低风险值，AAA 级信用，低标准偏差）。行家们可能知道，被视为正常的事情并不如此正常，但更重要的是，客户和投资者相信它是正常的，或可能被轻易说服相信。总的来说，人们可能不喜欢在被视为异常的交易上下赌注，因此很容易就能使他们相信从传统上来说正常的事情就是正常的事情（理论再次帮上了忙，至少在塔勒布之前）。相较而言，让人们对一个可能出现 10 个标准偏差事件的交易投资似乎变得更加艰难。因此，如果你想获取业务，就要把异常的交易当成正常的交易来宣传，幸运的是，它们会受到象牙塔里值得尊敬的理论家的支持。

如果客户和投资者需要的是量化确定感，那么我们就必须对他们撒谎。如果他们需要“风险有多大”这种问题的答案，你可能就必须借用在险价值或评级机构的脚本，并帮忙给出一个数值或字母。如果这种数字和字母让客户或投资者感到更安心，并因此协助并宣传这个业务时，基金经理或银行家撒一点儿小谎似乎是可以理解的，这再一次获得了理论的支持。如果说，当你更加坦诚，宣称你不了解市场中的风险或可能性，以及没有人可以知道这些时，你就会颗粒无收，那么你肯定会把公开性放在次要位置。与其说自己不了解情况，提供必需的测量值要容易得多（而且更加有利可图）。这又是传统理论不太体面的胜利。

只是因为要设法考虑到次级借款人可能拖欠抵押贷款的可能性，复杂的信用衍生品和证券化市场就实现了令人难以置信的增长。当然，这也使信用机构测量这种行为的潜在风险的意愿增加了。重要的是能够充满信心且准确地谈论风险和回报率，否则你可能无法获取太多的业务，这简直就是量化金融期望的状态。金融理论成了这种切合实际的商业活动的受惠者。

幸免于难的LTCM

根据之前数据的指导，被认为正常（且它的成功毋庸置疑）的一个非常有趣的交易战略的例子就是 1998 年夏天 LTCM 的波动率出售。在这种情况下，理论正态性的支持可能并没有夸大性的欺骗成份，因为 LTCM 的确为信徒和神像本身提供了住处（罗伯特·默顿和迈伦·斯科尔斯是合伙人）。

在 20 世纪 90 年代早期，所谓的结构化金融产品市场开始在欧洲遍地开花。之前当过伞兵的拉米·高斯坦（Ramy Goldstein）是瑞士联合银行的交易员，在他的领导下，投资银行业开始为投资者提供工具，这些工具会为股市提供上涨空间，并为投入的资金增加一层防护网。换言之，结构成本包括一种债券和一种股票期权的买入，投资者有权从中获取利益。通过结构化产品市场，交易商开始有效地做空远期股指（看涨）期权，或者从期权角度来说，做空波动率。如果隐含波动率大幅上升（即期权价格大幅上涨），交易商就会遭受巨大的损失。你可以尝试借用著名的希腊字母参数（delta，gamma，vega），通过动态风险管理策略对这种风险进行对冲，如果有人乐于帮你承担风险就更好了（也就是说，卖给你期权，以替代你曾经卖给投资者的期权）。

起初，欧洲远期股指的市场波动率很小，只有少数玩家，因此匹配交易的机会似乎也有限。就此而论，LTCM决定通过提供波动率来寻找加入这个队伍的机会。也就是说，当远期看跌期权的价格在某种情况下达到顶点时（相较于历史数据），LTCM就可以通过销售这种价外期权来获得可观的收入。

远期隐含波动率几个月以来始终处于16%，而受到亚洲危机引发的股市动荡的影响，在1997年秋季（首次）突然高于20%，LTCM决定趁机向银行出售期权。这家基金管理公司如此热切地出售期权，于是不久之后，人们就给它起了一个绰号叫“波动率的中央银行”。当数据显示欧洲市场的历史波动率为15%时，LTCM认为自己简直太聪明了。它以25%卖出了波动率（理论上，这是有史以来最贵的），根据数据，它预期混乱不久就会回归到正常的水平（更低的水平）。如果你卖出期权而隐含波动率暴跌，那么你就会获得可观的按市价计算的利润。

当然，如果波动率上升，LTCM就会陷入极大的困境，而这个困境有可能使它彻底失败，但历史纪录表明，25%已经算得上一个意外了，因此肯定万无一失，不是吗？LTCM打赌一切都会像过去一样，同时，它还采用了一种非常有效的方式：考虑到波动率供应商这个新角色（以及它所宣称的可观收入），LTCM决定在当时的9月份把超过1/3的资金返还给投资者，以继续获得想象中的收入（你的资金越少，对于特定的利润而言，回报率就会越高）。

1998 年 8 月 17 日，俄罗斯宣布卢布贬值及债券拖欠。金融领域进入了疯狂状态。9 月初，德国、法国和其他股价指数的远期隐含波动率都超过了 30%。突然之间，LTCM 不断地收到相应的期权买入方发来的“保证金催单”。据估计，波动率每上升一个百分点，LTCM 就会被迫交出 1 亿美元。

不久之后，少数仍在维持的远期股票期权交易商报出，隐含波动率超过了 40%。LTCM 通过保证金来维持这场游戏，最终分文不剩（同时，它还在固定收入市场中遭受了惨败），这是它最终不得不求助于“受美联储所支持”的银团的原因。总之，LTCM 的股指波动率交易损失了 13.14 亿美元（总损失为 46 亿美元）。

LTCM 回头望去，并没有看到值得担忧的事情。而现在，它看到了异常的、无法预测的、无法想象的事情。根据资料以及它对正态性坚不可摧的信任感，它把自己的“性命”赌在了这个概念上：被感知到的异常只是一种偶然事件，它不久就会消失得无影无踪，并会被不可停止的必然性力量拉向遗忘的世界。而当异常不仅没有消失，反而日益强烈时，LTCM 就死定了。当然，从 LTCM 的角度来看，它的波动率赌博是有百利而无一害的。对于持有博士学位、被授予诺贝尔奖的内行人以及跟风的局外人而言，它的理由似乎完全说得过去。他们越发相信波动率会回归之前的水平，并不会想到在金融界，任何事情都可能发生。LTCM 孤注一掷，打赌黑天鹅事件不会发生。然而，大势已去。

LTCM 的负责人说谎了吗？他们真的相信正态性吗？或者，他们用非常具有诱惑力的正态性打赌，是因为他们知道任何不幸都会被归咎于“百万年一遇的完美风暴”吗？供养着如此多的金融教授，LTCM 孤注一掷，是因为它知道如果灾难发生，理论托词会派上用场吗？也许是，也许不是。

根据 LTCM 的一位专家所说：“LTCM 主要负责人开始通过计算机演示拜访投资者，把上一个夏天的灾难说成一次罕见的、不可能再发生的事件。”这告诉我们 LTCM 想要宣传的信息，但不能确定它的努力是否出自真心。他们可能了解到，人们倾向于接受可以被感知的正常事件，而痛恨可以被感知的异常事件；人们都愿意把未发生的事情归类为正常事件（因此可以完全被预知）；人们都愿意原谅那些被异常性所害的人，当那些人因为不可预期的地震或海啸而遭受损失时，人们会认为应该给予他们理解和关怀；人们因传统盲目性而蒙受损害，并关注（有缺陷的）可能性，而且，这些可能性经常是由各种原理和数学模型提供的，它们都会把波动率收敛这样的交易可能陷入混乱的可能性降低。

不可避免的现实就是，“完美风暴”的托词使 LTCM 幸免于难。它并没有在 1998 年末消失在康涅狄格州的森林中，也并没有被认为是自私自利的“大杂烩”、犯了严重的错误、一个骗子。因此想象一下，10 年前你听信了 LTCM 对失败的解释并学习了些许理论，在此基础上，你会为百年一遇的“飓风”谎言买单，并因此得出结论，股市隐含波动率不会失去控制，起码不会长期处于疯狂状态。完全可以确定的是，你会决定卖出些许期权，并确信 1998 年夏天发生的事情是一种不会再次发生的概率偏差。随后，你就会经历互联网泡沫（如果你有幸逃脱那次不可预期的动荡）、2007 年 8 月的动荡（当华尔街下跌 300 点，第二天只上浮 250 点，之后再次下跌 300 点）或 2008 年 9 月至 10 月的混乱（VIX 几乎达到了之前最高水平的两倍）。你被彻底打败了。隐含波动率再次失去控制，而这并不是百年一遇的事情。你感到被骗了。

我们在前一章讨论过，除了沃伦·巴菲特之外可能（如果只是片面的可能）不会有其他人为一生一次的论点来买单，因为他近来变成了一个热情似火的期权卖方。这位“奥马哈圣人”打赌黑天鹅事件不会发生，并大胆地在许多人摔倒的地方站了起来。在 2007 年末和 2008 年初，巴菲特售出了大量看跌期权，并预先筹集了 70 亿左右的保证金。他打赌，美国优质信贷市场和国际主要股票市场并不会暴跌并陷入疯狂。市场“正态主义”会最终支配世界并让巴菲特获得胜利吗?

无论最终结果如何，考虑到他那平淡的演说、公开直率的性格和谦逊的行事作风，这位伯克希尔哈撒韦公司的总裁是否会欺骗这里的所有人尚难预料。

复杂性伪装

我们从 LTCM 事件中吸取的另一个重要经验教训就是所谓的“复杂性伪装”。也就是说，尽管传统观点可能会认为，你正在通过高度复杂、知识密集型、以技术为导向的专家级战略获取利润（或损失），而事实上，在这个谎言的背后，你可能只是在利用最简单的策略而已。在这种情况下，给自己戴上理论的面纱是大有好处的。毕竟，大量麻省理工学院的博士并不会追究“隔壁邻居”的交易战略，他们必须做出某些超乎常人的事情，不是吗？理论和数学的外衣再次以人们的传统主义盲目性（惰性思考或文凭崇拜）为后盾，交出了完美的答卷。

现实就是一切，即使是在市场中。如果你拥有博士学位、在知名大学教书并设法让外行人（在这里，新闻工作人员是非常有价值的）相信你那不屈不挠的科学性，那么这个世界什么都不会问，只会愚蠢地认为你所使用的是一个充满神秘感的黑盒子，而这个黑盒子是以最先进的量化技术为基础的。受到这些“被打动的”外行人的影响，专家假象变成了现实。随后，学术条件便成了把简单化掩饰成极度复杂化的手段。这又是一个以分析论为支撑的骗术。

销售一般期权并没有什么复杂性可言。坦诚地说，你并不需要为此获得一个学士学位，然而这正是 LTCM 坚定不移地所要达到的目标。它很大一部分投资组合都根据了一种很简单的战略，就是不断地尝试和验证而已（正如我们所见，它 1/3 的损失都是由此产生的）。我之前以为，“世界上最顶级的金融学院”会带来更多创新的东西。显而易见的是，看似超级复杂的东西并不总是那么复杂。

LTCM 破产的一年前，一位非常著名的投机商也因为销售股票看跌期权而损失惨重。当美国股票市场因为亚洲危机的影响而发生动荡时，他不得不关门大吉，多年的基业毁于一旦。这个故事有趣的地方是，像 LTCM 的负责人和员工一样，他被外行人视为一个异常聪明的天才，可以通过利用他那出众的智慧来获取巨大的财富。他发表的自传（对一种极其超凡脱俗的生活的记忆，其中影射了各种高尚的非金融因素，像音乐、扑克、赛马、性和科学，分享了他很少穿鞋的事实，并描述了他非常著名的学术和运动成就）无非就是要表现他比别人略胜一筹以及拥有惊人的技巧（无可争论的是，像 LTCM 的负责人一样，他确实如此）。只是把这样一个人与赤裸裸的一般期权交易联系在一起似乎有些不妥，他看起来应该更加高雅才对。

至少一位观察家就这种表面现象提出了自己的观点。在回顾这位投机商的自传时，畅销书作家迈克尔·刘易斯（Michael Lewis）指出：

> 我猜，这位作者对他的市场生活的描述与他在市场中的真实行为完全不一致。不管出自什么想法，他都不想解释自己发迹的原因。他并不想让我们真正了解他，或者想让我们相信他属于不同的个体，并且更加复杂，他完全不为自己的大肆吹嘘而感到羞愧。

从这两个故事中得出的结论就是，一个人永远不应该通过理论外衣来判断一个玩家。顶着天才光环、"充满才智"的行家事实上可能只是在利用最简单的战略。复杂性伪装（尽管在很大程度上受到跟风的外行人的支持，但在一定程度上也受到了 LTCM 和这位著名投机商的支持）可能会让你们提高自己的认知度，并筹集更多的资金来交易普通期权，打赌黑天鹅事件不会发生。一旦灾难出现，它有助于把问题归咎于复杂化。如果人们相信那些人是因为精良的设备出错而蒙受损失，那么就会更容易原谅他们。更难以解释的就是，你怎么会在初级水平的非对冲运作中损失如此多的资金呢？"因为不可预测的、百万年发生一次的事件引发的黑盒子故障"这个借口听起来似乎要比另一个理由更好些："我只是简单地认为市场不会发生动荡，顺便说一下，其实你用不着雇一个博士来做这些事情。"

随我所言，而非我行

有些时候，行家们可能会表现出对理论支持的确定感和教条的信任，尽管在现实中他们的表现截然相反。也就是说，他们是试图以言词来“掩护”那些他们正在“欺骗”的人的，当然，你也可以说这是一种双重欺骗。在这种情况下，那些不相信 20 个标准偏差事件的罕见性的人会利用这种 20 个标准偏差事件作为坏消息可能出现的托词，同时却又尝试通过打赌 20 个标准偏差事件不会发生来获取利润。这并不只是说“如果事情出现差错，我会利用传统主义盲目性”这么简单，而是“如果事情出现差错，我会利用传统主义盲目性，同时在确保传统观点错误的时候，我会尝试从中牟利”。换言之，我会借用理论来为不幸辩护，事实上又打赌理论是错误的，并以此来牟利。

信贷危机（出现了大量发人深省的趣闻）为我们展示了一件极其有趣的事情。我们在这里仍然借用华尔街一家大企业的实际经历，将它称为银行 X。在 2007 年夏天，当银行 X 的某些量化基金遇到麻烦时，这家企业的主要负责人就公开把这种失败视为极其罕见的事件，因为诺贝尔奖得主的统计工具表明，这是不可能发生的。也就说，除非我们有证据，不然我们必须假设银行 X 的主要负责人相信标准的理论信条，并因此把厚尾事件的可能性排除在外，然而极其矛盾的是，银行 X 在受萧条影响的危机期间表现极其突出的一个重大原因就是这家公司的最高负责人公然允许的一次重大“赌博”，它打赌（统计学上的）罕见事件不会发生。银行 X 从这次“不可能”、“可忽略不计”的自我实现的事件中获取了数十亿美元的利润，却仍然提醒大家这种事件是完全罕见的。在你认为难以置信的事情上下赌注似乎有些讽刺意味，这几乎就是“随我所言，而非我行”的一次例证。

当然，敏锐的观察家可予以反击，我可能稍微有些夸大事实。极大的标准偏差的托词被用于股市情形中，而大胆的成功赌博却在信贷市场出现。更重要的是，在一个健康的信贷环境中，对于银行 X 之前建立的长期头寸而言，后者可能会被看成一次对冲（即被当成谨慎的风险管理），但请允许我利用这个例子来代表这样一种情形：行家们一方面表现出对理论教条的信任，一方面又违反它，调拨大量资金进行冒险。

银行X在2007年创造了空前的利润，120亿美元。让我重新表述一下：当现代最戏剧化的金融危机之一出现时，被称为银行X的企业并没有遭受损失，反而表现出了极大的信心。与之相反，竞争对手却遭遇了惨败，其中一家在2007年第四季度损失了100亿美元（最差的一个季度）；另一家的全年净损失为80亿美元；第三家则让它的股东在第四季度损失了110亿美元（被认为是银行业中最大的季度损失），同时全年总损失为40亿美元（它的第一次损失）；贝尔斯登公司在几个月之后几乎变得一文不值，它几乎创下了自己的年度损失纪录。

银行X独享胜利成果，原因是什么呢？在很大程度上来说，40亿美元的利润事实上是由一小组交易员带来的，在2006年末，他们大胆地打赌（至少以像在险价值和信用等级这样的数学和数据密集的工具，以及传统观点为依据）不可预期的事件正在发生：美国抵押信贷市场会在短期内崩盘。2007年末，对银行X的逆向盈利进行全面报道的记者说：

> 一年之前，华尔街上还很少有人认为，向有风险性的借贷者提供房屋贷款的市场——抵押信贷市场面临着一场灾难。

在2006年12月，银行X的财务总监召集了公司的结构化信用产品交易负责人，鼓励他们打赌美国次级抵押信贷市场会出现熊市。因为其他部门打赌市场会出现牛市，所以他正在寻求一次对冲。后者完全坚守着罕见事件不会出现的假设，财务总监则通过促使一小组标新立异的交易员成为完全赞同黑天鹅会出现的人，在本质上使黑天鹅呈中性。如果正态性适合银行X本身和它的客户持有的那些债务证券，那么此时就该改变方式并进行反正态的运作了。

这些交易者认定房屋贷款会下滑，他们购买了一种信用等级差的信用违约互换，以此寻求保护。如果这种信用违约互换指数下跌，银行 X 就会赚取高额利润。事实上，它的确下跌了。在罕见事件赌博开始没几天，指数就从 95 点下跌到 90 点。到了 2 月末，指数跌至 60 点，并在一个月之后跌至了 20 世纪 70 年代中期的水平。伴随着次贷市场在 2007 年经历的一场残酷的大屠杀，银行 X 收益额达到了数十亿美元。黑天鹅出现了，它给银行 X 中支持它的这个部门带来了丰厚的回报。当然，对于那些打赌罕见事件不会发生的人，以及那些涉足债务证券的顾客而言，黑天鹅不会表现得如此仁慈。

某些评论家指责银行 X 主要负责人的这种双管齐下的伪装。你怎么能一方面鼓励承认罕见事件的交易，而另一方面又宣传反对罕见事件的交易呢？当然，DAISNAID 可能又上演了，但我们不要对此过度批判。当一个机构的不同成员持有不同观点，并决定按照自己的意志行动时，我们也不要破口大骂。团体思维不应该成为对一个金融机构的基本要求。某些人可能对一个特定市场持积极观点，而其他人则可能预测到更多的风险。这很好。说到突然转向另一个方向，如从（故意的）牛市转向（真实的）熊市的负责人，即使是大型银行的执行人员也应该被允许改变自己的观点。总之，我们可以认为，银行 X 的财务总监显示出了值得赞扬的远见和值得称赞的主动性，在市场价值大幅贬值前的 6 个月，他就鼓励他的员工对公司之前的风险进行对冲。这种具有先见之明的指令使损失大大减少，这可能阻止了一场无法弥补的下跌，银行 X 的某些同行都纷纷破产并被遗忘了。当然，坏消息出现时，他会大量借用标准偏差这个借口，并同时鼓励少数关键员工“唱响黑天鹅情歌”，但可能，只是可能，我们这一回应该予以理解。

金融领域的“门童”

大约 10 年之前，我就迷恋于衍生品了。对金融工程而言，20 世纪 90 年代后期是欣欣向荣的年代。随着互换和国外期权的巩固，新兴的特别市场开始出现。

我不可自拔地被金融市场的这个部分迷住了，在这里，极其聪明且神秘的个人似乎都能轻易获取数百万美元的利润。我开始猛攻所有标着“衍生品”的资料。

可能与大多数外行人（也就是说，这些人的工作与衍生品无关）一样，我立即从读过的资料中得出结论，衍生品行业是由数学天才控制的，只有拿到了计算机科学博士学位的人才能进入这个领域。我设想着，衍生品的专家利用整天的时间来解答随机微分方程，并用 C++ 来编程建立各种极其复杂的模型。事实上，正是这个概念推动着我在纽约大学斯特恩商学院为理学硕士学位，而不是更加普遍的 MBA 学位而努力。如果我想接触衍生品，就必须学习更多的量化知识，不是吗？

尽管我从未对追求一段量化研究生教育感到懊悔（随机微积分课程会让人想死），但事实是，我之后意识到，对于我对衍生品领域的感知，我的表现可能有些天真。2001 年初，我进入了一家以金融工程专业技能闻名的超大型投资银行，我记得自己四处向交易员和销售员询问与伊藤引理、GARCH 和隐含波动率树有关的问题。到目前为止，我最常得到的回应仍是一阵沉思，之后是（有力的）建议：“拿起电话，干点正事吧。”

如今看来，这些人不仅是想提醒我他们雇用我的唯一原因，或者是想粗率地（但必然有效地）让我打消那些想做出“经认真推敲的”行为的念头。我宁可相信，那些家伙只是听不懂我的问题。我不得不假定他们不知道伊藤清是谁（日本足球运动员？）、GARCH 代表着什么（新计算机游戏？）或者隐含波动率树为什么非常重要（与林业有关？）。

有一次在洗手间，我与一位拥有理论背景的资深衍生品经理偶遇，我天真地提到我在商业学校学过随机微积分。他抓住我的胳膊，把我带回交易大厅，开始歇斯底里地大喊：“大家过来看看，这家伙知道随机微积分，他竟然知道随机微积分！”每个人都像在看小丑。还有一次，股票结构化业务的领导热情地向我讲述了数学和理论是多么微不足道，否则她就会雇用教授了，何必雇用他们的学生呢。

总的说来，我对受到专家控制的衍生品业务的各种观点被快速击碎了。当然，这绝不是暗示衍生品专家不聪明、没有能力；他们中的许多人都是非常聪明且能力突出的，只是他们的工作性质可能不需要他们了解或运用任何先进的量化工具。

因此，在伦敦一个高档黎巴嫩餐厅举办的一次年终晚会上，我向在银行从事衍生品业务的朋友提出问题也并非一时兴起。我不断地想：

为什么外界会把衍生品看成数学家和物理学家独占的领域呢？为什么它会被认为需要大量先进量化技术的支持才有机会立足呢？我是说，我从未看到哪个人解方程式或编计算机软件，也很确定我自己不用这样做。这是为什么？

我当时的同事盯着我，有些人担心我会提出这种枯燥的话题（毕竟，当时出席的许多人都在庆祝全年收益可观的交易），然而可能出于礼貌，大家开始轮流做出回答。一位银行家说："这些全是入口的关卡，用来阻止人们加入。"另一位则兴奋地表示："对我而言，这是好事。我可以告诉人们我就是那些天才中一个，一位行家。"第三位专家恰好是来自哈佛大学的数学博士，他说："现实世界永远不会像理论世界那样。"

6 年之后（数以百计的研究生毕业于量化金融专业），事情本可以发生很大的改变，但我在某种程度上对此持怀疑态度。衍生品首先是一种业务，它并不是数学、概率论或计算物理学的一个分支。向任何一个交易大厅里向瞥一眼，你并不会看到穿着白大褂的衍生品交易员和销售员在本子上演算数学问题。他们只会忙于那些可以为银行带来直接收益的事情：关闭与客户的交易、设计新产品、在市场上建立仓位。当然，这里会有一小组衍生品专家，他们其中有人持有博士学位，有人会利用全天时间来解方程式，并编写先进的计算机代码。这些专家也是交易大厅的居民，他们的输入是极其重要的，当然同时，他们也会享受着优越的待遇。

但对于那些维持生计的玩家来说，他们的角色是非常具有支持性的。

然而，对于那些完全不采用数学运算的玩家来说，被视为行家的诱惑可能仍然令人垂涎。尽管今天许多行家曾经可能对伊藤引理和GARCH非常熟悉，但可能在不久之后，他们就会意识到这些术语只属于另外一个时空，与每天玷污自己手脚的东西完全不同。因此，它们待在角落里，被人遗忘了。但这并不意味着你必须主张无知或无缘无故地把这些事实说给那些热情地将你称为天才的外行人听。可以确信的是，不管是从社会立足的角度来看，还是从专业的角度来看，这种感知是会产生帮助的，因为那些被视为奇才的人的确可以获得更多的机会。

就此而论，曾经更加复杂的金融理论（形成了外行人对卓越性的感知）为这个领域的统治者充当了“门童”，虽然这些人可能并不相信甚至不了解这些模型的存在，但他们却大力赞美能够使他们看起来像数学天才的“复杂性”。换言之，那些最了解市场的人公然反对那些尝试对市场进行建模的人的行动受到阻挠，其中存在着很强烈的个人因素。不用说，这是理论家最乐于看到的。当那些批评你的工作的全副武装的人不能参与讨论时，你胜利的机会也就大幅提高了。

量化谎言

经济学家说
LECTURING BIRDS ON FLYING

主要风险管理者和著名的理论专家里卡多·雷伯纳托最近的著作几乎捎带着提出了一个论点，在很大程度上指责了那些把金融宣传为一个可由数学控制的领域的专家。雷伯纳托详细说明了传统金融风险管理的现实限制。他的主要论点是：说到在市场中使用数学和统计技术，事情已经不受控制了。非常精确的测量法被用来测量风险，非常复杂的计算方法被宣称能够推断出影响以人类为导向的市场的概率分布，而事实上，我们并不能通过这些方法探测到各种风险。

但最有趣的是，雷伯纳托同时还简略提及：在说到处理风险时，银行 、咨询公司和软件公司内的数量模型会更加复杂。风险管理会

> 变得更加困难，那些拥有物理学、数学和计算机科学博士学位的人的输入值看似更加不可或缺。通过让我们其他人确信金融风险管理与极高端的量化技术有关，并且只有他们才能掌握这些技术，这些人就会从中获得过多的既得利益（物质利益）。换言之，恐吓性的宣传已经过时了，如果你想控制风险，最好雇用专家、向专家顾问授予合约或购买含有最新统计装置的软件包。

正如雷伯纳托所说，量化风险管理是不是一种纯理论的科学或一种应用科学已不再是讨论的相关内容。事实上，它已经成为一项大业务，在财政和专业方面，它为所有自称为专家的人带来了可观的收获。看似合理的是，量化游说者会努力地使这个概念（现在几乎成了传统观点）永存——金融风险与方程式和高端的计算模型有关。换言之，首先与测量法有关。

最大的问题就是：量化谎言的许多兜售者完全意识到了某些方案的不切实际、无意义，它们甚至会产生危险（没有比在错误的雷达监控下的市场中运作来得危险了，同时，在险价值已经引发了更多的麻烦，它只会增加风险，而不是控制它）。他们会通过销售产品，引发一种知识欺诈。对于那些获得世界名校博士学位的人，以及对那些之前渴求学术荣耀和纯粹的知识发现的人来说，道德困境压得他们喘不过气来。他们在寻求物质满足的时候会使他们热爱的神圣的科学方法论蒙上污点。他们会有意地说谎，迷惑大家，也可能在极大程度上使这个领域陷入极大的困境。他们为了讯速发迹，会把先进的数学和统计学转变成具有误导性的推销手段。

有些人可能会不服气，那又怎么样？金融从业人员就永远不能说谎吗？进入这个游戏、持有博士学位的人就不应该这样做吗？这个理由并不完全恰当（不仅因为并不是金融领域内的所有人都会说谎）。一位债券销售员在向客户推销某种证券的时候可能会隐瞒真相，他会说这种证券是实物担保，就像购买纳斯达克的股份或购买黄金看跌期权。这种推销花招可能非常有吸引力，但最终，产品的可靠性才是最吸引人的。而现代量化风险管理却并非如此。那些四处宣传它的人肯定完全意识到了这种产品的完全非现实性、无法摆脱的无意义感与无法避免的欺骗性。

也就是说，关于金融理论的最大的欺诈可能并不是那些在缺少模型的环境中利用“街头智慧”的执行人员和交易者所犯下的罪行，而是那些为了寻找不可想象和不可触及的生活而投向华尔街怀抱的科学家所犯下的罪行，这些人之所以曾经迷恋各种模型，完全是出于对科学的热爱和对知识的追求，而不是因为想寻找那种需要错用这些工具的工作。

LECTURING BIRDS ON FLYING

09

精确的误差

我们不喜欢生活在充满未知的世界里。我们追求一种有秩序的环境，可以把熟悉的数字和符号应用到那些决定我们存在的因素中；我们拒绝承认我们之后的生活可能充满无法解决的难题；我们想相信未来是可以预测的。换言之，我们都是量化谎言的受害者。

CAN MATHEMATICAL THEORIES DESTROY THE FINANCIAL MARKETS?

危险的自我奴役

我们大多数人都讨厌不确定感——未知的事情、没把握的事情、不可预知的事情和不可衡量的事情。我们不喜欢生活在充满未知的世界里，痛恨事情的不具体性；我们渴望精确性，毫无疑问的确实性，无法待在被不确定感笼罩的黑暗中。最重要的是，我们会产生恐惧心理。我们渴望具体的指导方针，需要各种附属性的具体指标，需要精确的结论。我们无法接受自己的周围被不确定的嘈杂所充斥，追求一种有秩序的环境，可以把熟悉的数字和符号应用到那些决定我们存在的因素中；我们拒绝承认我们之后的生活可能充满无法解决的难题；我们想相信未来是可以预测的。换言之，我们都是量化谎言的受害者。

说到金融市场，我们对黑暗的恐惧感尤为强烈。我们不愿想象出一个没有亘古不变的真理的现实世界；我们不能缺少能够确定未来资产回报率变化情况的知识、能够量化风险的知识和能够确定事件发生概率的知识；我们无法接受未来充满失去控制的随机性和混乱；我们寻求秩序的安慰，并让自己相信，总会有人给出精确到小数点后第三位的答案。我们不想独自走在金融大道上；我们要寻求专业指导。

因此，市场分析家、评估代理、财务报告人和金融理论家也就应运而生。这些人正是为了满足我们的需要而存在的，在广阔的未知世界中，他们牵着我们的手，拥抱着我们，唱着令人感到安慰的摇篮曲。我们需要被告知应该买进还是卖出，股价将是4.57美元还是4.73美元，结构化信贷工具是AAA等级还是毫无意义，预期波动率是30%还是40%。然而，我们内心深处可能完全意识到了这种结果会包含显而易见的不准确性。毕竟，分析家有多少次分析错误了呢？有多少次他们认为股价会上涨时，股价却反而下跌了呢？AAA认证有多少次变成了一张废纸？“风险预期”多少次低估了真正的危险？“不相关的”资产多少次被绑在一起？然而，即使是那些稍微有些常识的人，也都疯狂且不可救药地受可被感知的专业知识奴役。我们永远不会停止对精确性的追求。

有趣的是，为了抗拒黑暗，我们无条件的奴役状态可能会达到极端。不可否认的是，在许多情况下，分析家和评估代理都被证明并不可靠，再加上他们之前的欺诈性行为，其实他们不值得我们为其疯狂。我们会信任某些人对企业健康和证券可靠性的判断，而网络股、安然公司和债务证券则将永远成为这些人信誉上不可磨灭的污点。但同时，我们的确无法独自产生这些观点，因为我们有其他事情要做。因此，说到一个企业的前景或一种债券的拖欠概率，雇用这些人来提供某些指导还是很有价值的。而且，并不是所有分析家和评估机构都会永远失败。显而易见，我们需要那些想成为引导者的人具有诚实、公平且博学的品质。因此，如果进行大胆革新（随着信用危机的出现，评估代理的改革刻不容缓。在几年之前的网络泡沫之后，分析家们已经经历了一次洗礼），保留住这两个专业的专家还是很有价值的。

不幸的是，金融理论的有效性几乎是无法证实的。可以肯定的是，在缺乏依赖于不切实际的假设的“超级柏拉图式”模型的情况下，在缺乏基于完全不切实际的概率信条的风险指标的情况下，在缺乏以过去数据为基础的预测方法的情况下，我们仍然可以不断前进。这里不存在中间立场。“我们需要它，但要改良它”

的口号似乎并不适用。这里的议题会更加结构化：说到市场，理论的意义何在？你也许能全面地分析一家企业的季度业绩，你也许能分析一种证券的发行者的信用质量，但你无法量化人类的金融行为。理论无法把我们从令人恐惧的未知世界中解救出来。

然而，我们最畏惧的恰恰是理论发展。我们给它们戴上纯洁的光环，但永远不会把这个光环放在已被玷污的金融领域人才头顶。我们会利用诽谤来严惩分析家、评估代理和交易者，但永远不会用它给学术家定罪。其实，这里有几个充足的理由：

- 第一，我们会对教授和教育者表现出尊重和敬畏（你很难去批评你之前老师的理论探索，或是与你的母校有关的某人）；
- 第二，理论发明者拥有毫无疑问的智慧（我们都知道，获得哈佛大学或麻省理工大学的金融博士学位并不容易）。

尽管如此，这最终完全可能导致量化盲目性肆意传播。随着时间的推移，人们慢慢地对一些机构顶礼膜拜，而大学就是其中一个。我们认为，神话般的校园中产生的任何事物肯定是完全值得信赖的。令人敬畏的团体思维在这里是非常严格的：你不能怀疑哈佛大学发明的理论，以免被你的朋友视为土包子，而你的朋友也受到类似担忧的影响。方程式有帮助，因为当被授予复杂的引理和分析法时，我们会毫不犹豫地产生屈从心理：“它们看起来如此智能，因此肯定有效，谁能怀疑这种智慧呢？”支持著名的学术理论（诺贝尔奖得主）成为了一种展示高雅让自己与受教条约束的学识相协调的方式。

也就是说，金融学术主义成了专家指导的完美方式。面对怀疑者，它那不可磨灭的声誉和诺贝尔奖的支持并不会被动摇，因为我们早已屈从于它。在说到银行和基金管理公司内部的量化产品时，我们拥有强大的理论指引。我们相信量化模型（在险价值、BSM 模型、CAPM 和高斯关联模型）会保护我们走出不确定感的阴影，走进明确的具体性的光明中。我们赋予这些理论力量，他们可以把我们从因缺少精确性的现实所引起的恐惧感中解救出来。

然而，在把量化金融看成是一架通向秩序的桥梁时，我们却可能恰恰撒下了市场混乱的种子。在理论的辅助下寻找确定感可能带来无法控制的不确定感。通过分析性模型来寻找精确性，我们可能注定会陷入更深的不确定感中。我们面对理论信条时的自我奴役可能使我们受到苦难和动荡的奴役。

量化谎言的受害者

想想最近几个月我们所见证的事情：独立性投资银行业消失；三家全球领导性投资银行破产，人们疯狂地向两家最顶级的银行寻求庇护；抵押贷款巨头国有化；全球最大的保险公司差一点消失；银行间同业拆借市场出现了前所未有的冰冻；美国政府证券收益创下最低值（几乎为零）；股市动荡难测。这场危机带来了如此恐怖的后果，而导致这场危机的动态在很大程度上建立在理论支持的量化确定感上。在非常复杂的情况下，人们会拿不动产变量做赌注，风险指标则提供了一种极其有力的借口。同时，定价模型也鼓励了这种冒险行为，因为它们低估了罕见事件的出现概率；它们使整个过程具有了确定感；更重要的是，它们使人们获得了满足感，以及实现交易、获得建立信用等级的安心感。危机前，全部系统处于量化控制下。被遗忘的是，享受这种幻想的代价就是促进（甚至鼓励）了某些行为，这些行为在适当的时候会使市场失去控制，并带来最严重的灾难。自我奴役于理论并不会善始善终。也许，随着金融系统的支离破碎，全球化经济陷入危机，我们会意识到，我们不仅仅对找不到方向而感到恐慌，同时还会对柏拉图式的量化精确性感到恐惧。

金融理论会给我们带来难以克服的事件，这就是纳西姆·塔勒布所说的“医源性风险”，或害死病人的医疗人士。我们信奉理论，因为它会治疗我们对黑暗的恐惧，但我们却发现自己陷入了更阴郁的黑暗。我们相信量化医生会让我们恢复健康，他却杀死了我们。

重要的是，我们要牢记，**自 1929 年崩盘以来最严重的金融危机都是与金融理论相关的，金融理论可能在其中充当着执行者和教唆者的角色，也可能充当着辩护者的角色。**

> 动态对冲直接导致了 1987 年 10 月的“黑色星期一”，正如我们所见，它几乎使整个金融体系停止了运转。LTCM 事件是由教条崇拜和在险价值引起的，为了拯救这个系统，政府发起了急救任务。比较近期的信贷危机是由数学模型和在险价值造成的，并衍生出了许多危害极大的后果。

盲目相信量化的力量在一定程度上引发了所有这些灾害。甘受满载方程式的格言和充满教条的知识奴役，混乱舰艇会被推向它的终点。

就投资组合保险而言，如果 BSM 模型从未存在，那么所有事情都不会发生，同时，如果它不是一个著名的理论模型，如果它的创建者不是拥有博士学位的学术家，那么它就不会被广泛采用。潜在顾客会对不可挑战的象牙塔感到敬畏，因为他们会被不可抗拒的数学和值得尊敬的文凭催眠（记住，这发生于 20 世纪 80 年代早期，当时，金融行家并没有展示出这种分析能力，因此促进更多顾客跟风）。投资组合保险的主要宣传者为看跌期权综合处理战略辩护：“官方保险政策不适用没有关系，金融数学会给出答案。”“金融数学”被视为不言而喻的真理。多少为投资组合保险公司赚取利润的投资组合经理把这种看似符合科学的推销词当成了不灭的信仰？如果理论怀疑论能够更加普遍，完全建立在理论概念有效性之上的任何战略都可能不会产生这种结果：这种理论的失败会引发“圣经”的毁灭。

说到 1998 年 LTCM 的破产，令人费解的量化技术事实上并没有产生直接作用（尽管根据的是正态性概念，但某些战略似乎过于简单化了），投资者和其他金融机构的基金支持肯定在很大程度上促成了 LTCM 主要负责人出色的业绩记录，并且在 20 世纪 80 年代，所罗门兄弟公司的所有利润一度都是由这些人生成的。但是，量化盲目性在整个事件中扮演了非常重要的角色这种说法似乎仍然是可疑的。尽管这个曾经的所罗门团队（大数人持有博士学位）带来了异乎寻常的业绩，但在没有学术明星迈伦·斯科尔斯和罗伯特·默顿加入的情况下，并且在未成为“世界最佳金融学院”的情况下，它就更难赢得合作者，也更难引起公众对它的敬畏。这种象牙塔的神秘性在很大程度上决定了交易者的经历。比如，外行人看到麻省理工学院的文凭以及著名公式的建立者就会卑躬屈膝，并请求加入获得理论所保证的成功者的阵营。量化因素在获得资金和赞赏方面的影响力还不确定，但它肯定是不可忽略的。人们似乎会很轻易地盲目崇拜 LTCM 的赚钱技巧及其学术背景，因为它允诺不把任何不确定感纳入考虑。重要的是，这种明显受科学支持的确定感可能不免鼓励了其他投机者盲目效仿 LTCM 的投机和业务战略，这会导致一个具有灾难性且引发危机的过程。当那些基金活跃的市场中流动性收紧时，那些跟风的人却没有获得相同的结果。LTCM 的突然破产会给许多东施效颦的银行带来损害。

在这次灾难中，在险价值扮演的角色更是毋庸置疑的，对量化的狂热膜拜也不可否认地促使在险价值成了必需的测量风险的方法，它的出现只比 LTCM 的消失早几年。直到 1997 年（亚洲危机）和 1998 年（俄罗斯－LTCM 危机），在险价值危险的一面才明显地展现在人们面前。当在险价值内的理论巨兽从地狱中势不可当地来到金融领域时，狂热的追随者毫无疑问地成了受害者。几年前，在险价值受到了监管者们的狂热推崇，他们热情地为银行管理人员的科学化和严谨性鼓掌。银行管理人员利用充满标准偏差、相关性、钟形曲线和置信区间的学术依附性的量化方法论，代替了简略、陈旧的风险管理政策（历史悠久的限价买进或卖出政策等）。如今，“政策游移分子”（受到在险价值的迷惑，他们会让银行根据它来计算资产费用）信念动摇了，思索着善良的“化身博士”（Dr. Jekyll）怎么会与邪恶的“海德先生”（Mr. Hyde）是同一个人呢？

在最初两年获得巨大利润之后，LTCM 开始在 1997 年进入减速期。这个基金仍然获得了不菲的利润（在 1996 年获得 16.5 亿美元的利润后，又获得将近 10 亿美元的收益），但投资额却大幅增加，因此新投资者狂热地加入了这个团体。也就是说，年收入在很大程度上下降到了之前的 17%（与标准普尔 500 的 31% 相比，这个数字确实令人郁闷）。

LTCM 发现自己正处于困境中。它存在的唯一理由就是获得神话般的收入，它那 70 亿美元的资金突然之间成了一个巨大的障碍，因此在 1997 年 12 月，LTCM 决定把 30 亿美元的资金返还给投资者。有人认为，在险价值在很大程度上帮助 LTCM 做出了这个（非常不幸的）决策。作为一种不规范的对冲基金，LTCM 并没有被要求满足在险价值限制和资本支出，这个基金还是决定使用它。此外，在险价值告诉他们，预期最大损失应该是可以接受的，根据 99% 的置信区间，大约为 3 亿美元。当决定在很大程度上删减资金时，这种可以接受的损失被证明具有决定性。当你从数学角度确定任何事情都不会出现明显的差错时，为了提高你的收入，增加贷款是有意义的。

敬畏正态性的理论为另一种关键方式提供了协助：迈伦·斯科尔斯和罗伯特·默顿（两个位置最高的正态性支持者）相信世界上充满了微不足道的资金和大量财务杠杆，在这里，股本是多余的，因为金融工程会证明，通过建立完美复制的投资组合，风险始终可以得到控制，而这些投资组合只需要借入资金来充当润滑剂。在这种假设下，资金只会使收入降低，并产生令人厌烦的股东。为了让这样的世界变成现实（LTCM 至少一度设法让它变成现实），市场就必须运转。而当市场并没有运转，甚至无情地崩盘时，这个幻想就破灭了，资金需求也响起了警报。如果你不再拥有足够的资金，你就会破产。在 1998 年夏末，当不可估计的市场混乱开始出现时，这种情况在 LTCM 身上发生了。

在险价值引起了这场动荡。在俄罗斯政府于 8 月中旬在债券方面拖欠债务之后，所有金融机构（每个人都投资于俄罗斯）看到他们的在险价值峰值。随着动荡的出现，在险价值限制被打破了。根据监管条例，如果你几次被攻破，就必须加入更多的资金或缩减头寸。考虑到投资银行持有的股票数量有限（信用危机对此进行了非常形象的提醒），LTCM 决定向市场投出资产（不仅是与俄罗斯相关的资产）。在那些选择遵守这些规则的对冲基金中，相同的事情也正在发生。更有甚者，银行开始请求他们的机构客户投入更多的资产，这也具有一种类似的对冲效果。总而言之，许多遵循在险价值的大玩家开始一起抛售全部证券，价格自然而然地下降了（流动性当然没有达到适当的程度，许多人开始卖出相同的资产）。作为一种建立在正态性之上的工具，在险价值假设（就像动态对冲，正态性另一个著名的“子孙”），市场是持续流动的，理论遵循者的行为将无法改变它。在险价值的附属细则说：如果你不得不缩减投资，你的行为并不会对市场带来影响。也就是说，由在险价值指导的风险降低被认为总对你有益，永远不会对你（和你的朋友）造成损害。

1998 年 8 月的事态表明这种说法并不准确。如果你们都利用这个有缺陷的模型，那么当这个模型不出所料地出现故障时，它们很有可能会共同作用，使市场恶化。如果正态性没有被选为这个模型的实质核心，这种混乱产生的概率就会大大减少，因为使用者不会在只听到一点儿坏消息时就抛售资产。与它相比，要打破一个非正态模型就不会如此容易。

许多玩家效仿了 LTCM 复杂的套利交易。如今，受到在险价值的推动，所有人都试图关闭交易。这自然给 LTCM 带来了巨大的贬值压力，因为它持有惊人的头寸。LTCM 持有量多的头寸价值下跌，而 LTCM 持有量少的头寸却价值上涨（滥用安全投资转移的结果）。“特定资产是不相关的”这一假设被证明具有严重的误导性，大量之前不相关的资产开始一起暴跌。顺便说一下，相关性的理论概念只有在正态性的“梦境”中才有效。

当然，当市场变得日益混乱时，在险价值限制也逐渐受到侵犯，被要求更多的资产变现。当LTCM最终在9月初最终放弃时(无法满足所有的保证金追缴要求，并在另一个以正态性为基础的战略股票期权销售的失败中遭受了最后一击)，整个金融系统处于困境当中，政府不得不发起解救计划。在险价值病毒在很大程度上决定，在一个遥远角落里出现的一个很小的关键性偶发事件转变成了一场威胁整个系统的灾难，那些在在险价值的允许下大量删减资金的机构被迫加入疯狂的抛售阵营中。

信贷危机又如何呢？对量化金融的迷恋导致了金融业的失败，这样说合理吗？如果我们不信奉理论模型，这场危机就不会发生吗？其实，其起源并不是出现在一个充满智慧的领域里，而是出现于美国动荡不安的次级房屋贷款市场中。这里没有博士学位，没有诺贝尔奖，没有随机微积分。当这些不可靠的抵押贷款开始被打包、并作为新生的衍生品的一部分被交易时，数学开始发挥作用。当这种交易延伸到交易大厅时,数学则开始作为友好的使者发挥起重要的作用。估价模型(最著名的为高斯关联模型)通过提供适当的信用等级(高级层)和适当的预期回报率(权益层)，极大地吸引了投机者。风险测量技术(在险价值)使这种令人欣慰的概念得以普及——对于信用交易而言，任何事情都可以顺利、安全地进行。决定资本支出的分析工具(在险价值)允许你进行大额贷款。如果你想投资与抵押贷款相关的结构化信用衍生品，你就会碰到一位“忠实”的朋友，以及那些大肆宣传其优点的人。

因此，我们可以认为，这个理论使银行资产负债表的有害证券发生了可怕的混合，在极大程度上导致了这场危机的出现。毕竟，在这场危机期间，银行的损失是众所周知的。关键问题就是，这种过激的行为完全是由这个量化模型引发的吗？数学是疯狂行为上演的唯一渠道吗？事实并非如此。穆迪公司和标准普尔公司可能利用某些其他托词（可能是“次贷的前景很好”）评定了 AAA 等级，市场估值可能通过混战达到了相同水平，而监管部门可能只通过简单的个人交涉就允许了相对宽松的资金条件。在投资组合保险中，只要遵循一种非常明确的数学方法，就可以解释整件事情（注意，相同的观点同样适用于导致 2005 年动荡的 delta 战略），而在 2007 年中首次出现的信贷危机中，其他几种非技术型方法似乎也会引发类似的结果。

我们已经说过，量化理论是无法逃脱责任的。的确，信贷投资者和监管者使科学的可靠性降低，因此量化金融领域注定要为可能出现的结果感到羞愧。但是，**“可能”与“现实”之间还存在着很大的差别，而量化崇拜则确切地使“可能”变成了“现实”。**量化崇拜把可能的 AAA 变成了现实的 AAA；把可能是过于宽容的风险雷达变成了现实；把可能是协作性的资金支出变成了现实。机智的行家们当然意识到了这一点，这也很有可能是经常对这个模型感到困惑的严谨的操作员突然不再冥思苦想的原因。

因此，20 世纪末和 21 世纪初的情况不可否认地表明，人类渴望通过量化魔棒的力量征服在很大程度上束缚了人类福祉的不确定感。随着时间的推移，混乱的状况变得更糟。理论的医院中，医疗事故频发，但医院却坚决拒绝革新或惩罚渎职的医生。多年以来，这里的病人被诱惑去寻求一种治疗不精确性的良方，却反而感染了更加严重的疾病。医源性暴行持续出现，这个医院也始终对外开放，并坚守它的营销战略。我们会自然而然地想到，卫生部门在做些什么？他们正忙着推销那些感染医源性疾病的人呢。

根据过去的经验，盲目相信资质的官员通常不会做出腐败的事情。对于那些将成为病人的人来说，关闭这家病人骤减的量化医院的可靠方法就是不要在这里挂号，无论那些疗法看起来多么具有吸引力。

让自由永存

我们通篇都在解释金融理论中存在的谬误，在那之后，我们应该尝试寻找一条出路、一套解决方案和一种补救方法。就此而论，我会推荐一种自下而上的全民革命。大众的反抗不仅会让我们获得最基本的自由，解除量化金融束缚的权力实际上完全掌握在我们手里，我们无需怯懦地等待统治阶级发出指令。这其实非常简单：只要我们大胆地移除自我设定的障碍物，就不会再被愚弄了。

当然，你不能不分青红皂白地认为，所有金融理论都是危险或完全无效的。更重要的是，你要大胆地怀疑，拒绝对分析论的圣坛卑躬屈膝。不能再根据表面价值来理解量化工具，要三思而后行。不要让自己被方程式、证件和奖章吓倒。大胆地分析所有威吓背后的真相（通常很易于总结和理解），并自行决定它是否具有意义、是否会导致危险、是否值得你全身心地支持。

当一般投资者、股东、纳税人、学生、养老金领取人、投保人和形形色色的观察者不再根据理论谎言的理论性得到自由通行证时，那些不良的理论就更难渗透到市场中。如今，具有巨大缺陷的理论留存了下来，这完全是因为我们并没充分地进行对抗。它们之所以会胜利，是因为普通大众没有做任何事情。如果学生在得知市场被认为是正态性的、经济主体是理性的、动态对冲是可行的时候表示反对，那么散播这种信条的理论（在现实中具有很大的危害性）就不会再出现在课堂上。如果股东和投资者在得知机构会通过那些排除罕见事件的、在关键时刻完全失灵的、被反复证明在面对压力时令人失望的工具来管理风险时表示反对，那么标准统计阴谋就不会再被视为警告信号。雇员得知他们辛苦得到的养老金被用来投机复合证券，而这些证券的信用可靠性又是以有缺陷的数学模型为基础的时候，如果他们表示反对，评估代理也就无法继续做出欺诈行为了。如果日交易者在得知波动率微笑的含义和 BSM 模型并没有被使用时表示反对，新闻工作者就无法继续把隐含波动率描述为市场的预期波动了。选民得知他们必须为疯狂投机的亿万富翁的失败买单的原因是因为后者利用了完全不现实的模型（而监管部门允许）进行大量贷款时，如果他们表示反对，在险价值就不会再被用来设定资金支出了。

我们大家可以共同建立一个远离不切实际的数学技巧的世界。当对量化的抵抗在大众之间广泛发展起来，量化也就很难被强加在我们身上了。以后，理论不会再会毫无疑问地得到尊敬，反而会受到批判，这个信息必须被用来过滤这个系统的每个角落。我们要本能地对那些量化金融的行为持怀疑态度，这必须成为我们思维方式的一部分。我们必须对抗不受限制的量化，必须拿出在抵抗欺诈性的会计实务或臭名昭著的借贷政策时表现出的自我保护的本能。

我们不能再如此敬畏量化模型，而应该更加严格地审视量化模型的危险性。我们需要停止对诺贝尔奖奴役式的迷恋，并开始思考，被授予诺贝尔奖的特定理论产品为什么会影响市场和经济的稳定。我们需要停止对博士学位无条件的崇拜，并开始思考这种技能为什么会造成破坏。我们要敢于反对不恰当的理论，尽管它存在技术优势。我们不再毫不犹豫地迷恋方程式，就是防止看似不可避免的灾难出现的最佳防御。为了自己的利益，我们要忽略极其复杂的数学幌子，解除理论的神性，并判断它们真正暗示着什么。

德国重金属乐队 Accept 在 20 世纪 80 年代唱过一首《错就是对》（*Wrong Is Right*）。太长时间以来，量化金融在为自己的应用辩护时都支持“错就是对”的论调，并且也像摇滚乐明星那样引来了众人支持的呐喊声：

- 我们可能不知道预期收益率，但这个理论知道；
- 我们可能不知道相关性，但这个理论知道；
- 标准偏差可能无法恰当地测量风险，但这个理论可以；
- 我们可能不知道概率分布，但这个理论知道；
- 我们可能严重低估了罕见事件的发生，但这个理论不会；

- 动态对冲可能并不可行，但这个理论说可行；
- 波动率微笑可能否定了 BSM 模型，但这个理论不会否定；
- 我们无法做出预测，但这个理论可以。

是时候结束这个伪装，一次性说出大家都心知肚明的话了：错就是错。如果我们无法得知预期收益率或相关性，这个理论当然也无法得知；如果罕见事件经常发生，那么这个理论也会低估这个结果；如果我们无法统计性地测量风险，那么这个理论肯定也做不到。不要再让错误肆意横行了，要禁止他们在面对泛滥的错误时仍高呼正确。你无需为了解这一点而专门寻找身着“迷彩服”的重金属乐队。坦诚地说，错的就不可能成为对的。

总之，我们需要坚持对非实践知识的假设说不。我们需要停止假设非实践专家的存在。我们需要始终摒弃这种概念：我们可以进行量化，可以测量，可以理解。我们需要灌输给社会一种至高无上的质疑精神，一种虔诚的不可知论氛围。我们需要停止前瞻性地赋予这个领域以无限的尊敬和可靠性，并停止给它的产品戴上绝对无误的光环。我们需要从被文凭催眠的状态中释放出自己的常识，我们在很长时间内无法反对学术信条的有效性，而如果我们能够自由思考，这些信条可能会被认为是完全不适宜的。如果最著名的金融理论是由业余的非学术家提出的，那么它们完全被视为一些无能（但具有很强的数学技巧）的怪人的无聊之作，这完全是有可能的。然而，当这些人被授予全球最顶级的商学院的学位时，这些信条不仅会被接受和信奉，还会被授予最高的荣誉。这些模型被从这种无懈可击的平台释放到了现实世界中，我们都知道之后会发生什么了。因此，请小心，不要盲目地崇敬被贴上“象牙塔邮票”的任何事情。

应把举证的责任交给理论宣传者，让他们感觉受到了人们的疑惑与质疑，迫使他们证明其发现的确值得应用，更重要的是没有危害性。实施一种未知性导致的专制，把这个领域从以数学为导向的自行其是的危险中解救出来。我们要时刻记住这个预防混乱的语句：巨大的不确定感和完全的不可预测性与寻找精确性、具有误导性的可怕行为相比更具优越性（更加有益）。当我们认为自己无所不知时，灾难就会随之而来，但没有人会知道所有事情，承认这一事实之后，也就可以预防灾难了。没有理论要比不良的理论好得多；没有模型总比危险的模型好得多；没有数学总比具有危害性的数学好得多；不知道总比错误（有些时候甚至称不上错误）的知识好得多；不确定感总比不切实际的确定感好得多；黑暗总比浮士德式的光明好得多。

物理学家伊恩·休斯（Ian Hughes）在谈到物理学科的局限性时曾经说过：

> 科学一直被某些人看作获得无限知识的手段。我们被告知，理论最终会让我们知道上帝在想什么。这种观念具有极大的吸引力。我们渴求在一个不确定的世界中获得确定感，但尼尔斯·玻尔（Niels Bohr，富有传奇色彩的丹麦物理学家）不是说对确定感的追求只是一种幻想吗？每一个重大的科学进步都只增加了我们的不确定感，使我们回归到一个物种的身份，减弱了我们的方向感，而不是为我们提供了确定感。科学真正要告诉我们的可能是，我们就像是海底的海胆：利用我们感知的有限信号来认识我们的环境，并为自己拥有这种智慧而感到惊叹，然而我们始终只能感知到极小的部分而已。

如果像物理这样神圣的领域都只能局限性地解释（遵守法则）的物质世界，那么又有哪一个学科可以通过量化解释（充满混乱的）金融世界呢？在这两个领域，可能唯一的解决方法就是绝对的谦逊。据说，玻尔说过："说物理学的任务是决定现实世界的本质，这一想法是错误的。物理涉及的是我们对这些本质的描述。"也就是说，我们所能发现的现实就跟我们的内在智慧所能感知的一样多，这可能并不足以涵盖所有事物。休斯发现，承认我们的局限性才是解决之道，他同时也承认了这可能导致的压力：

> 这种危险的想法可能会使我们失去仅有的支撑——我们对自己的智慧的信仰。没有这种信仰，失去科学提供给我们的安全毯，我们会被迫赤裸裸地

面对自身和知识的局限性。随后，在确定我们无法了解的时候，我们最终会使自己的思维陷入停滞状态。这可能正是成长的意义。

如果刻苦的科学家在成功发现无数事实时仍然可以承认自己知识量的匮乏，那么金融经济学家为什么不能坦然以对呢？当经过刻苦钻研的科学宣布，未被征服的不确定感是物质世界中唯一确定的事情时，我们在面对不可控制的金融领域时难道不该做出同样的判断吗？如果勤奋的科学家自愿解除了绝对智慧的枷锁，难道我们不应该移除量化金融对我们的束缚吗？当勤奋的科学家希望获得心灵的宁静时，我们不也应该这样做吗？让我们同伊恩·休斯一起拯救自己吧，让我们高呼："我们不知道，我们无法知道，我们不能用数量表示。"让我们成长吧。

正态性会置人于死地

多年以来，金融理论通常信奉的正态性假设面对着严厉的批评。许多人认为它过于天真，不切实际；只是在自我吹嘘；极不准确，有辱我们的智商。当然，这种抱怨并不是无中生有。它们足以证明正态性的脱离实际令人无法忍受，然而，它们并不是人们对正态性发动的最猛烈的攻击。对于那些急切地想打理论一记耳光的人来说，可能存在一种更致命的惩罚。

坦诚地说，**"正态"市场的假设会带来异常混乱的市场。**金融经济学在凭空想象出一个数学可以控制的世界时，却带来了剧烈的动荡。在对一个在分析学上便于处理的领域进行建模时，量化金融把市场推向了一个即将来临的岌岌可危的境地。通过假设和平的环境，你迎来了伤亡无数的战争。简言之，正态性可以置我们于死地。

当你假设市场正常的时候，你也就排除了极端事件的可能性。这会使人们自鸣得意，忘乎所以。理论的灯塔会告诉你，市场只会在一个有限的范围内发生变化。我们在本书中已经看到，这种断言会使人们对有影响力的事情表现出过度的自信，比如（适度的）风险测量、（适度的）资金支出、债务抵押证券定价和动态对冲。正态性会导致预期损失、资本水平、相关因子和期权价格过低。随后，这又会导致完全夸大化的冒险行为、具有毁灭性的负债率、过于乐观的信用等级和泛滥过度的投资组合保险项目。换言之，这随时可能让波动率定时炸弹发生爆炸。

通过假设中的稳定，金融理论已经危害我们太久了。市场变得更加不稳定，也变得更加具有灾难性。推动量化议程的那些人否定了罕见事件，并把它视为信条，在现代金融市场中，四次最大的危机中的三次都是因为这种决定性的驱动力量而产生的。

动态对冲以正态性为基础；在险价值以正态性为基础；高斯关联模型以正态性为基础；在 1987 年 10 月搞垮华尔街的投资组合保险公司遵循的是正态性；在 1998 年秋天使这个系统面对威胁的 LTCM 主要负责人和他们的同事都遵循着正态性；在信贷危机出现之前，把垃圾宣传成黄金的评估代理遵循的是正态性；投机行为的监管者纵容举债经营，在 2008 年造成了投资银行业的消失，他们遵循的是正态性；诺贝尔奖委员会为遵循正态性的理论赋予了不可动摇的合理性，它遵循的也是正态性；教授向许多陷入危机的人们灌输思想，而他们遵循的也是正态性。

适量的运动、健康的饮食和性行为被普遍推崇为提高生活水平的途径，而我们应该把推翻正态性假设加入这个有益因素的清单中。对我们人类而言，给一个具有黑天鹅特征的世界加上正态属性是非常危险的。正态性会带来异常事件。对罕见事件的否定恰恰会导致罕见事件。这肯定是金融理论最令人震惊的矛盾性了。

某些人在很久之前就意识到了这一点，并采取了预防措施。波动率微笑就证实，交易者在面对 1987 年的大崩盘时就否定了正态性信条的有益性。他们不再以正态性为前提，在很大程度上保护了自己的业务。正如我们在前几章所看到的，以动态对冲为导向的投资组合保险最终危及了在交易所进行的衍生品的生存能力。也就是说，正态性几乎摧毁了衍生品市场。

1991 年，期权清算公司（OCC，美国期权交易所的共同清算所）决定改变用来计算保证金需求的概率模型。这是“黑色星期一”所产生的直接后果，也是避免这种异常事件再次发生的手段。OCC 转而使用列维分布（Levy distribution），与被禁止的正态分布相比，列维分布赋予了罕见事件更高的出现概率。它不仅肯定了不可测性的存在，同时还承认了随机性的不可控。根据列维分布，99% 的置信区间会覆盖 5 或 6 个标准偏差（按照正态性，相应的数字会小于 3 个标准偏差值），OCC 对此表示满意。这不仅是由于它的“表现公正性”（说到随机性时，市场表现出不可控性），同时也是因为对于 OCC 和那些认可它的交易所而言，它是一种生存机制。

根据列维分布，被认为非常极端的事件在正态分布看来可能只需稍加注意。通过把保证金需求建立在这种概率分布的基础上，你可以在很大程度上保证更稳定的保证金水平，并因此减少保证金引起的破坏。这就是说：当极其严重的事情在市场上发生时，保证金需求并不会相应上升，因为列维分布（假设变化无穷）把这种情况充分考虑在内，并不需要大惊小怪。我们无须利用大量的额外现金来提供庇护，因为我们的列维工具不会把这种情况看成真正的“暴风雨”。相反，如果平静占绝对优势，保证金也不会被过分缩减，因为长尾事件出现的概率仍不可忽略。也就是说，在列维分布中，尾部总是会更加肥厚。

为什么这对于这个领域的稳定性而言如此重要呢？答案很简单。如果在经历一次一般事件之后，你会迫使投机者突然拿出更多的现金（因为你的正态指导者会大喊：“危险，危险，不可估计的灾难，完全的混乱，需要更多的现金来提供保护！”），你可能会启动一次滚雪球般的清算活动，而这会导致另一个“黑色星期一”或另一个俄罗斯 – LTCM 危机。相反，在列维分布下，这种需求就会显得那么唐突。类似的是，在平稳状态下，正态的保证金需求可能被证明过少，人们会自信满满，而由此进行冒险活动，而基于列维分布之上的需求则足以让人们保持警惕。也就是说，与之前的分布形式相比，列维分布会预先把太平时期的投机行为的代价维持在较高水平，而在动荡时期则会明智地采取经济的方式。这种避免混乱的方式很不错。正态假设会释放出无法控制的随机性，而随机性的不可控制假设则会使这种随机性得到控制。

信贷危机比“黑色星期一”更具影响力，受这次灾难影响，禁止正态性的类似努力会出现吗？投资银行精英团队“横尸战场”，严重受创的金融系统匆匆撤退，这似乎表明正态性会受禁止，正态性必须被永远地放逐。信贷交易者最近也得出了相同的结论，而股票或外汇交易者在20年前就这样做了，此外他们还生成了自己的微笑，这在很大程度上表明，极端事件（这里指极大的关联性）应该被认为更常出现。可能受到这场危机的影响，那个微笑的弧度会更明显（假设信贷相关市场会持续存在）。

但是我们还需要做得更多，在险价值也必须被永远废弃。通过努力思考“黑色星期一”和LTCM（在11年之内发生的这两个事件被正态分布视为不可能发生的）并没有立即使在险价值遭到废弃，一位直率的在险价值批评家总结出，只有一种前所未有的严重的市场危机才会使人们最终醒悟，并停止使用生成荒谬结果的工具。信贷危机既然产生了（比之前想象的任何事情都要严重），这位批评家的结论会被证明是正确的吗？或者，他会再次陷入无望的怀疑中？

在险价值是一种把低波动率转变成较高风险的工具，一种把稳定性转变成混乱的机制。通过这个不切实际的“小玩意”，好时机也被转变成了坏时机。这听起来似乎有些疯狂，但一种极具误导性的数学工具的确使我们从安全状态陷入了困境。我们已经见识到了它的运作方式：因为在险价值是根据过去的市场行为计算所得的，最近非动荡时期的业绩记录就会生成一个较低的风险估值，这就使提高贷款的投机活动不断增加。这正是信贷危机发生前的场景，在经过之前很长一段平静期之后，投机者在拥有微量资金的前提下过度地投资于复合证券，这场危机必不可少地成了“历史性传奇”。在险价值是一种反复产生混乱的机制，它那极具破坏性的影响力可以说是以更加平和的方式导致了最大的毁灭性。表面看上去越正常的事情，反而可能变得越异常，这是在险价值告诉我们的。以正态性为基础的在险价值普通性反而更可能导致危机的产生。

监管者为什么坚持采用这样一种具有腐蚀性的工具呢？难道官员们没有意识到市场不正常吗？没有意识到这种假设会酿成巨大的灾难吗？我是说，许多交易员在很年轻时就退休了，并且可能长期隐居在荒凉的海滩上，而大多数监管者都年事已高，因此可以把事情看得很透彻。虽然现在的交易员中很少有人记得（除了资深人士）“黑色星期一”甚至LTCM，但很多政策制定者却对此记忆犹新。说到金融，他们完全意识到了正态性的极端不适当性。他们意识到了由正态性信任引发的大屠杀。他们肯定知道，在险价值不免会被攻破，并会导致具有潜在灾难性的清算。他们肯定能领会到，在险价值不免会导致资本基础薄弱。他们肯定知道，在险价值不免会鼓励过度投机。如果你目击过这场信贷危机（以及LTCM和“黑色星期一”）并对其进行过分析的话，你又怎会得不出上述结论呢？如果是这样，你又怎会继续参与高调的在险价值宣传呢？令人难过的是，监管者虽然表现得像是卫生官员，但他们不仅未阻止误诊的量化医生用他们糟糕的器具伤害病人，反而在他们的医疗最佳执业标准上强制要求使用器具。

被误解的波动率指数

就算这个理论工具被完全误解，对量化金融产品的强烈信奉也会在很大程度上显露出来。也就是说，这种理论会在完全欺诈的情况下被采用及被奉行。人们会被告知，这个分析工具完全遵循着符合现实的假设，然而它显然没有遵循，而且这些假设本身都是错误的。很明显，这种情况会揭示出信奉量化特别危险的一面：对这个数学指南的顺从和忠诚会让人们自我蒙蔽，以至于这个被信奉的模型并不会显示出它被认为应该具有的意义。简单地说，这种情况无情地表明：人们会相信任何有关理论工具的事情，这种自我欺骗只能是因为他们对任何涉及方程式和公式的事情的盲从。这种现实会产生极大的破坏性，因为这种对量化工具的盲从会转变成可怕的（潜在的扰乱）市场行为。关键问题是，我们不能一味误认为金融领域四处都是有影响力的理论工具。

波动率指数 VIX 是一个非常好（非常现实）的量化工具的例子，它被普遍误解并具有广泛的影响力。当我们不停地被告知一种数学工具代表着我们急切测量的东西时，对精确性贪得无厌的渴求（在这种情况下是指寻求精确的股市波动率）会让我们共同忠诚于这种工具。问题在于，这个工具事实上并不能代表这种变量。我们对具体性的渴求会导致我们赋予这个理论的衍生一种它本身不具有的意义。在拼命寻找消除不确定感的方法时，我们事实上创造了一个幽灵，编造了一个满足自己欲望的故事。这正是我们所做的，我们并没有对这个数学工具进行分析，而且完全依赖于“专家”的解释。我们被告知，VIX 代表着某些事情，我们这些顺从的跟随者就会高兴至极。如果这只是哲学性质的（如果我们为了睡个安稳觉而自我欺骗呢），那么它所产生的影响力还是有限的，但不幸的是，它的影响力已经延伸到了现实领域。VIX 事实上影响了许多人的行为。在我们拼命寻找可靠的指南时，我们已经使一个幽灵影响了市场。

VIX 总是被广泛地追随着，但在信贷危机期间，人们才真正开始普遍谈论芝加哥期权交易所的这个指数。在那个时期，VIX 多次激增，达到了设定的最高水平，但自从计算 VIX 的一种更复杂的新方法在 2004 年初被引入，VIX 才达到了前所未有的水平。权威人士、分析家和金融专家之前多次密切注意这个指数，把它当成了一个不可错过的指标。

随着“VIX 语言”的回归，“VIX 错误语言”也就不可避免地回归了。VIX 成为现代市场中一个不可或缺的数字，许多人赋予它巨大的影响力，它可以用来反映玩家的思想状态，也可以被用来预测股价动态。更有甚者，市场上出现了与

VIX 本身相关的衍生品，期货和期权合约的费用和市场价值完全依赖这个指数的水平。换言之，VIX 给人们造成的误解和困惑在现实中会产生严重的后果，然而不容忽视的事实是，VIX 一直以来始终被误解、被歪曲、被说错。

传统观点认为 VIX 代表着预期股市波动率，是通过流动性股票期权的市价来估算的，这就是它通常被描述成投资者的“恐慌指标”的原因。就期权投资者而言，高 VIX 间接地被认为会增加恐慌感。大家普遍认为（受到世界顶级的金融媒体支持），VIX 等同于下个月的标准普尔 500 指数的预期动态。例如，当 VIX 为 20 时，这一般会被认为期权市场预期标准普尔 500 在接下来的 30 天内上升或下跌的幅度为 $30\div\sqrt{12}=8.86\%$。其实这并不完全正确，其中存在几个原因。为了进行说明，我会简要地回顾一下 VIX 的来历。

芝加哥期权交易所在 1993 年引入了 VIX，当时的想法是让它作为市场波动率的总基准点。为了实现这种功能，最初的 VIX 被用来反映一个月标准普尔 100 平价期权的隐含波动率水平，前提是假定交易者在为这些期权定价时会使用 BSM 模型。也就是说，对于所有报出的市场期权价格而言，相对应的隐含波动率水平都可以通过逆向处理 BSM 模型来获得（也就是交易者被认为会在这个模型的波动率参数上输入的数字）。

这种最初的方法显示出了两个问题。首先，隐含波动率与预期的真实波动率是不同的。许多人似乎都继续相信这两者相同，在很大程度上假定了交易者在波动率参数上输入的数字是他们对未来波动的预期，然而这并不完全正确。隐含波动率只是交易者用来达到预期价格的一种渠道，包括了交易者认为相关的所有方面的总受器，它并不能完全通过（不完美且不现实的）BSM 模型来获得。交易者可能会从某种程度上根据未来波动来决定隐含波动率参数，但大量其他因素也会起很重要的作用。例如，如果交易者认为出于流动性的原因，期权的价格应该更高，那么波动率输入值（这个公式中唯一可以变化的数值）就会相应增加。同时，它还会反映出“零现金恐惧症”，比如当交易者害怕市场动荡时，为了以增加保证金的形式来获得保护，他们就会把卖出的期权的波动率数值提高。特定的供求失衡也会产生重要作用；如果供应明显地受到特定合约的束缚，那么这些合约的价值（因此报出的隐含波幅）就会自然而然地暴涨。

任何不当因素都可能改变隐含波动率。例如，在 1998 年著名的 LTCM 事件中，这个基金的股票期权投资者会大量增加波动率参数，并不是因为他们预料到了如此高的波动，这只是保护自己利益的一种方式。一个天真的观察者可能在看到 40% 的数字后总结出“市场预测会出现一次大波动！”，他却并没有意识到，与一个简单的波动率预测相比，这个惊人的数字背后存在着更多因素。

也就是说，隐含波动率并不能很好地反映出预期的真实波动率。波动率微笑就很明确地证实了这一点，波动率微笑可以显示出交易者是根据相同的期权合约的执行水平来决定不同的隐含波幅的（市场对于特定标的资产波动率的预期也不会只是一个数值）。

一个更大的问题就是，交易者在给期权定价时会使用 BSM 模型的假设。我们已经充分了解，资深期权交易者和知识分子纳西姆·塔勒布和埃斯彭·豪格最近的开创性研究对这种假设提出了严重的质疑，他们极力声称，期权价格大多是直接来自简单的供求关系，而不是根据数学模型获得的。既然隐含波动率的概念是百分之百以模型为基础的（如果期权价格不是来源于一个公式，那么你就不会拥有隐含波动率），那么陈旧的 VIX 不过是一个渴望成真的谎言罢了，它根本无法反映隐含波动率，更不说真实的预期波动率了。

随后我们看到，陈旧的 VIX 并不能被用来反映市场的预期波动。它可能是隐含波动率，此时它就能反映交易者对某些事情的观点，但它并不能完全等同于预期波动。

那么10年之后，新闪亮登场的VIX又怎么样呢？引入它的目的是要反映期权理论的进步和市场现实（比如波动率微笑）。这个指数如今是建立在标准普尔500期权的基础之上的，并且使用的是不同执行水平（价外和价内）上的不同期权价格的加权平均值。

新VIX并没有假设BSM模型在现实生活中的应用，也并没有对这个模型进行逆向运算。但是，芝加哥期权交易所坚称它为“隐含波动率”和“波动率期望值的一个指标”。同时，几乎每个人都继续遵循着这个口号。但他们似乎还是错了。新VIX计算是以非常复杂的数学思考为基础的，它涉及了复杂的新型衍生品“方差互换”的定价。为了了解新VIX的来源，我们必须简要地看一下高盛公司的专家在1999年共同发布的一篇极其复杂的论文。许多人会回避这种繁重的工作，而只坚持传统的口号，这几乎是可以理解的。

高盛公司的论文（被芝加哥期权交易所在其VIX网站上引用过）尝试为方差互换寻找一种理论价格，在这种合约中，一方会依赖股价的实际方差（波动率的平方）的未来价值来赚钱或亏损。这种理论价格或合理价格被认为等同于股票在合约期内的预期方差。随后，行家们继续利用先进的概率论证法和技巧性的随机微积分来量化这种预期价值。这样一来，他们发现，预期方差还依赖一种被称为“自然对数合约”的概念，它恰好可以被大量一般看跌和看涨期权所复制。这就是为什么理论预期方差同时会与许多执行水平的大量标准期权的市场价格产生联系。因此，通过一种数学花招（似乎是无意的），未来波动率就可以只通过期权价格来获得。

显而易见的是，这种运用并不意味着那些期权价格必定会显示出预期波动率。根据这个受高盛公司论文启发的公式，当期权价格变化时，VIX（方差互换的合理价格）就会发生改变，但事实并非如此。这个数学方法并不能使交易者的波动率期望值与VIX发生任何联系。这里不存在逆向对比。可以肯定的是，当不同执行水平的大量一个月标准普尔500期权的价格发生变化时，VIX也会发生变化。但谁又能说这些价格（尤其是不依赖模型的）会含有预期波动率的成分呢？数量又有多少呢？期权价格会绝对上升，VIX也会上升，即使波动率期望值完全不会增加，甚至完全没有波动率期望值。

也就是说，新VIX也不是隐含波动率（更不可说预期波动率了）。它与期权价格的联系是附属性的，并不是直接相关的。而我们一直所说的隐含波动率却不是附属性的：人们假设交易者在设定价格时会考虑到波动率。在新VIX中，期权价格会影响理论预期方差，但这并不意味着那些价格包括对未来方差的精确思考。从期权报价到期望值的唯一确定方式就是：如果交易者把可以表达出他们对未来波动率（除了其他方面之外）的观点的波动率参数输入一个定价模型，那么这个模型就可以被逆向操作，获得所谓的“隐含波动率”。如果我们不能完全逆向操作，正如利用新VIX那样，我们就不能说我们获得了隐含波动率或期望值。在利用陈旧的静态VIX时，我们至少有些时候可以获得隐含波动率，只要（在塔勒布和豪格之前人们广泛认为的那样）交易者共同使用BSM模型。

那么新VIX究竟为什么会上升或下降呢？通过VIX的计算方式，我们可以大致得知，当期权价格上升（平均）时，VIX也会上升，当它们下降（平均）时，VIX也会下降。既然VIX如今与分布在不同执行水平上的期权价格产生了联系，那么我们就可以粗略地认为，VIX任何时候都可以反映出波动率微笑的水平，如果这个微笑的弧度（平均）变大，它就会上升，如果这个微笑的弧度（平均）变小，它就会下降。如果期权价格是由BSM模型决定的，那么我们可以假设被用来计算VIX的期权价格会包含隐含波动率的成分，而这又可能依次包含某种程度的现实波动率期望值。在这种情况下，我们就可以确定，VIX确实可以在某种程度上反映出隐含波动率（也可能因此反映出波动率期望值）。但这仍然不是一种逆向对比的方式。谁能确定交易者会使用BSM模型呢？他们在定价期权时会考虑到未来波动率吗？这就是为什么看待 VIX 的最佳方式就是把它当成期权价格（整个波动率微笑）的一种指标，而不是隐含波动率或未来波动率的指标。

上述一切对 VIX 作为一种相关指标的重要性而言意味着什么呢？除了被误解之外，它的重要性还可能被夸大了。我们认为 VIX 就是与波动率相关，而在大多数情况下事实并非如此，因此把它当作启示物必定会产生极其有害的反作用。同时，人们会利用 VIX 来进行波动率预测，而 VIX 的这种功效是令人怀疑的。除此之外，许多人还认为这个指数能够反映出市场动态。我们可以根据这个逻辑得出结论：市场会随着 VIX 的变化而产生变化。在往常，低 VIX 意味着市场会趋向平稳（也就是说你可以安心地买入），而高 VIX 则代表着恐慌引发的混乱将会出现（你最好卖出）。目前，所谓唱反调的人传达出一种逆向信息：低 VIX 等同于危险的满足（卖出！），高 VIX 则意味着玩家们会因过度恐慌而保守地跳离市场（买入！）。

这些言论可靠吗？投资者应该在高 VIX 时大胆买入吗？更确切地说是应该累积廉价期权吗？低 VIX 是一个跳进市场的机会还是一种可怕的警告？我们在前面提到，VIX 显示出的唯一信息就是股票期权的可购性。高 VIX 表明期权的平均价格较高，而低 VIX 则代表期权平均价格较低。我们可以利用期权价格来预测市场动向吗？也许可以。高 VIX 可能意味着三件事情：

- 包含在计算之中的所有期权的价格都有所上涨；
- 看跌期权价格上涨；
- 看涨期权价格上涨。

第一种情况象征着中性，第二种情况象征着熊市（人们认为市场会下跌而购入看跌期权），第三种情况象征着牛市（人们认为市场会上涨而购入看涨期权）。因此，如果你认为高 VIX 意味着看跌期权的需求失调（或这种合约的限制供应），你可能就会假设期权专家预测到了市场动荡，但有些人认为看涨期权购入是隐含波动率上升的真实原因（也许交易者预测到市场反弹而开始存储价外看涨期权），对于这些人而言，高 VIX 预示着行情看涨。

类似的是，低 VIX 可能表明看跌期权的需求低（牛市信号）、看涨期权的需求低（熊市信号）或所有期权的需求低（无信号）。主要问题是，我们很难利用 VIX 来预测市场动向。最终，传统主义者和逆向思维者可能都是错误的，VIX 的日常水平（不能作为预期波动率的指标）可能并不是预测股市动向的可靠工具。

当然，如果足够多的玩家把 VIX 当成市场动向的直接信号，即利用 VIX 来预测波动率，那么一切都会改变。设想一下，大量投资者因为具有这种思维而假定市场与 VIX 水平之间存在着无可置疑的关系。如果 VIX 上升或下降，大量富有经验的投资者就会买进或卖出，因为这种类似真理的假定性关系给出了这种信息。在这种情况下，VIX 明显会具有影响市场的力量，因为人们会受一种特定的理论制约，而这个理论本身又是建立在一个完全被误解的理论上的。

这是非常危险的。VIX 假定性的预测作用会变成一种自我实现的预言能力。股价不会因为基本因素或者直觉的变化上升或下降，而是会根据来自股权交易者的不可靠信号发生变化，VIX 理论家和他们的追随者会假定这些交易者在传递某些信息，而事实上可能并非如此。股价（会在很大程度上影响如此多企业和个人的收入，并且会影响大量其他金融资产）可能会被难以预测、完全不相关的隐含波动率数值决定，而不会以经济信息、公司效益和其他有价值的变量为依据。从这个意义上来讲，对精确性的过度渴求会使没有根据的波动水平加入市场中，打破事物的自然流变。人们信奉一种具有误导性的理论波动率指标，可能会生成没有根据的现实波动率。人们对一种明确数量的极难抑制的需求，可能会反过来给他们带来极大的困扰。

保护衍生品

衍生品在最近几个月（或者可以说最近几年？）都会赫然出现在头版头条。

它们的声誉已经被毁，而在由信用衍生品引发的信贷危机发生之后，它们又受到了一次重大的打击。总的来说，这是不公平的，因为衍生品为许多领域以及许多终端用户（不仅是投机者）带来了巨大利益。不管怎么样，衍生品还是具有正面效应的。利率、通货、能源或者企业、资产经理、退休基金、政府、个人投资者和保险公司的商品衍生品都给全球带来了巨大的价值。

对衍生品崇拜（尽管无法预测的混乱是由具有危害性的衍生品引发的）而言，除了常见的经济论点之外，这里还有另一个关键的、更具哲学性的原因可以解释，我们为什么应该学着喜欢上它们并渴望去保护它们。简言之，衍生品是会使不确定感变得微不足道的工具，它们神奇地帮助我们在不需要进行预测的基础上预先做出计划。我们不必关注不确定感，这都要归功于衍生品。它不会伤害我们，也不会让我感到担忧。至少在金融市场中（甚至市场之外），一种健康的衍生品产业会让我们远离未知领域内的黑暗。我们几乎无法想象出更有意义的贡献。

明确地说，金融市场是不可预测的，也是变化无常的。我们根本无法预测。我们猜不到其他人正在做什么，自然也无法预测股票、债券或通货（或最近令人不愉快的信贷事件）的未来价格，但我们仍然完全可以做点别的事情，事实上，我们很长时间以来都是这样做的。我们可以通过衍生品把不可预测的不确定感隔离到被遗忘的世界里，这证明我们足以转移不确定感。

也就是说，我们不应该关注这个领域是不是一个极其不确定的世界。我们只需要关注人们是否愿意创造一个具有高流通性和生存能力的市场。当这种市场成为现实时，不确定感也就不相关、不会产生危害了。只要有衍生品，我们就无须进行预测（也就是说，无需预测正确）。

事实上，不确定感和波动率在某种程度上受到我们的欢迎，是因为它们的存在首先促进了衍生品业务的出现和发展。衍生品要想存在，混乱就必须存在。如果没有波动率，没有人会需要一种规避工具。如果没有投资者想要或者需要参与，高流通性市场就几乎不可能存在。这正是第二次世界大战之后凯恩斯理论认为衍生品市场会处于静止状态的原因。随着汇率被固定（布雷顿森林）和利率处于官方控制下（寻求充分就业的干涉主义货币政策），人们已经不需要通货或利率衍生品了。当今这些主要的衍生品“家庭成员”在20世纪70年代中期才大量出现，因为那时资产价格被允许在市场中自由流动。

因此，衍生品不仅使不确定感变得微不足道，还会靠不确定感为生并予以反击：波动率越大，人们就越需要利用衍生品来规避风险，创造一个有效的衍生品市场就会越容易。从某种意义上说，通过衍生品，更多的不确定感会让不确定感变得微不足道。当拥有衍生品时，我就可以规划未来，尽管存在着极大的不确定感；我可以制定明确的计划，因为不确定感是如此强烈。以天气险为例，气候变化会给那些以天气为底线的人带来更多的不确定感。这种担忧会推动天气衍生品市场的发展，这戏剧性地提高了流动性并吸引着新玩家，使天气险成了另一种可行的避险工具，最终为全球企业和政府消除了陈旧的与天气有关的不确定感。

对于那些关注未来以及如何制订计划的人而言，信息应该是明朗而清晰的：不要投资于设计更加复杂（和总是令人失望的）的预测工具，而要投资于创建成熟且高流通性的衍生品市场。如果你想在猛烈的混乱之中进行投资，那就不要参与徒劳无功的预测活动。利用衍生品，把不确定感抛到九霄云外。

但是，不要只是利用衍生品，我们还要积极地保护它们远离任何威胁，保证它们良好地运转，至少要保证它们的存在。在这方面，一个重大威胁可能来自某些在过去几十年里已成为金融理论和实践的量化技巧。纳西姆·塔勒布曾经宣称，金融的科学化使危机发生的概率增加。正如我们在本书中看到的那样，他所说的与实际情况出入不大。有缺陷的模型和措施会使人们产生虚假的安全感，在许多情况下，它们会鼓励被误导的行为，从而引发混乱和灾难。只要理论持续显示出巨大的不切实际性，并持续被应用于市场中，那些灾难性的事情就会再次发生。

如果在这种情况下，衍生品最终成为最大的指责对象并遭受了一次公关泡沫（受信用危机影响，人们开始不分青红皂白地抗拒衍生品，所有领域中的衍生品交易都将变得困难重重），那么我们可能就会看到衍生品的使用率急剧下降，因为客户会回避这种抵触性工具，交易商会退出业务领域，监管者也会开始进行严重的干预。在对抗不可预测性的战争中，所有这一切都是灾难性的消息。我们一定不能让那些声称可以预测未知世界的虚假数学工具把经过时间考验、名副其实的消除不确定感的工具从我们身边夺走。

LECTURING BIRDS ON FLYING

10 我们需要胖东尼

对不切实际的理论的崇拜以及实施已经导致了太多灾难。我们不能再把量化方法当成可靠的信条，而要重新考虑常识和直觉的竞争优势。只要我们停止采用有害的定理，金融决策就一定会从中受益。我们需要让这个充满风险的领域中思想自由、以勇气为荣、不盲目信任数学的风气重现。

最危险的威胁

我们已经在本书中充分讨论过了，金融在 30 年的量化、数学化和理论化进程中已经使自己的双手沾满了血迹。人们对分析性模型和格言的信奉直接或间接引发了严重的市场动乱。由数字支撑的自负心理和虚假的安全感形成了一种具有潜在毁灭性的文化，而这种文化已经渗入了金融领域的大部分区域。严肃的专家所做出的鲁莽行为通过充满引理的技术"免死金牌"就可以免受责难。更有甚者，金融理论和它的支持者并不满足于对货币、经济和制度的破坏。他们还谋划着真正的谋杀，他们想消灭一个两只脚的目标，他们想杀害胖东尼（Fat Tony）。

胖东尼是谁？他是一位出生于布鲁克林区的非常成功的银行职员，通过购买估价过低的财产而发迹。他身穿意大利定制西装，手戴金链。他天生乐观，大腹便便，善于交际，浑身上下散发出一种"街头智慧"，但并没有很高的智商，他完全不是传统意义上的技术人员。他是纳西姆·塔勒布笔下的虚拟人物。

胖东尼代表那些不会满口胡言的人，他们百分之百地注重实效，他们丝毫不会受教条或理论的"神像"所奴役。总而言之，他们是打破常规思考方式的典型写照。他们与典型的"技术性"、现代化、量化金融专业人员（以胖东尼的报复者约翰博士为代表）完全相反。正如塔勒布所说，在抛掷硬币时，胖东尼这种人一旦得知正面已经连续出现了 99 次，那么他们会认为获得反面概率低于 1%；相反，约翰博士则会轻易认为获得反面的概率为50%，完全没有考虑到统计法则之外的因素。

为什么某些金融专家和理论家想要根除胖东尼呢？在本书中，胖东尼代表着那些拒绝采用高技术量化理论或者愿意严格质疑它的适用性的金融专家和思想家。他们不会依赖数学来做出决策。在这个世界里，人们会以自己的经验和积累了数十年甚至几个世纪的实用知识为依据，而不是模型和规则。在这个世界里，博士学位持有者要想在市场中成功，并不需要凭借他那广博的知识。在这个世界里，加法、减法、乘法和除法都是你所需要的解析法。在这个世界里，人们认识到，价格最终是由情绪、供应和需求决定的。事实上，对当今许多人来说，这个世界似乎是完全落后和无知的。

对理论家而言，胖东尼既是一种威胁又是一个目标。胖东尼这类人对他们的存在和他们对金融领域的观点产生了威胁，因此必须被清除。胖东尼可以非常大声地（可能还穿着丝绸衬衫，半敞着衣襟，嘴里还衔着一支大雪茄）指出许多理论是荒谬且不切实际的，他是一个不盲目自大、性格温和的人，一辈子致力于在实践中掌握经验。他完全不受资格证书和教室里习得的俗套的约束，完全不受学术教条和解方程式的能力的影响和压制。他只相信常识和“街头智慧”，会试着把书呆子赶出他的领域。因此，他成了最大的威胁。

数学工具入侵

当然，胖东尼并不是一个真实人物，他的诽谤者也不会真的谋杀他。更确切地说，他们会试图让他“丑恶的灵魂”从金融业的这个街头上永远地消失（很久之前，所有与胖东尼类似的人都被放逐出了这个学术竞技场）。要怎么做呢？那就是通过一种无情的宣传暴动。先进的量化理论必须时刻被视为金融的一个必不可少的组成部分，任何非技术性的事务都必须被归类为极不严谨的老古董，只有那些拥有理学博士学位的人才会被允许进入，这无法扭转地把那些“食古不化的人”——

通过常识来自我引导的人挤出了门外。

不必说，其中许多事情都已发生。回想一下风险管理或最近的某些交易（金融工作本质上需要技术人员，这里没有胖东尼的位置——并不是说胖东尼想要从事金融工作）。如今，如果受雇从事这种工作的人没有获得与高度量化相关的博士或硕士学位，或者工作面试（和需要技术）没有集中于数学、统计和计算主题，这几乎是不可想象的。测量者和建模者完全占据了极大的优势，代替了对 C++ 一窍不通、不了解伊藤引理、不认识高斯关联模型的人们的位置，而这些人永远想象不到"蒙特卡洛"除了赌博之外还有别的含义，他们不明白为什么在这座城市里，迷人的女士似乎会莫名其妙地对布鲁克林、新泽西或伦敦东区口音着迷。

金融人事部门的量化工作繁缛复杂。对于取得主导地位的那些人而言，头等大事就是要应用分析性工具，而它们的实际效用和影响却令人怀疑和担心（在这里，我们没有把软件开发和计算机辅助这种拥有巨大价值的工作计算在内）。打击是双重的，首先，通过排除法，有数学背景人士的上任也就代表着任何与数学无关的人都不会被雇用。同时，你会雇用一个量化博士来管理风险，却不会把同样的工作交给可能更具有"街头智慧"的个人。如果你选择与约翰博士相伴，这就说明你同时抛弃了胖东尼。

换言之，这出于私人原因。方程式和统计工具的侵入意味着，特定类型的人们（教条、书呆子、形式主义的）接管了另一种类型的人们（虚心、怀疑论的、直觉的）成为特定领域内的主导力量。前者更可能虔诚地遵循几个数学工具，并永远不会质疑它们的作用，这终究是他们了解的领域。如果你曾经在一个大学楼里或一个实验室里把整个青春时光（甚至更多的时间）都花在学习和研究量化模型上，那么你就会更加坚定地相信这些工具至高无上，即使你在解释其他引理时在某种程度上持不可知论，你也会清楚地意识到你的技能组合所处的位置，以及你为了维持生计不得不宣扬的专业技能和知识。当最不可知论的量化工作者在一家投资银行或对冲基金的会客室里争取待遇丰厚、需要数学知识的工作时，他可能会突然发生转变。

在交易大厅里占据主导地位的量化倡导者会使有影响力的外行人（像新闻工作者、监管者和学术家）相信，在现代金融领域，数学扮演着极其重要的角色。这种观点正是由看似不可挑战的传统智慧引发的，随后它又强化了“分析性工具是非常重要的”这一信息，从而进一步鼓励了量化工作者的雇用、以数学为导向的规章政策的颁布、对此信条的大规模宣传、对易受影响的年轻人的思想灌输等，直到对胖东尼的恐惧完全消除。

如果胖东尼这一类型的人从金融领域消失，我们所有人都要承受损失。他们可以确保金融机构不会根据科学上受认可的方法论来做一些奇怪的事情，从而使我们免受痛苦。胖东尼完全不可能通过在险价值这样有缺陷的工具来测量风险，更不要说利用它来决定资金支出了。胖东尼也不会相信让如此多的投资者开始进行夹层贷款的delta对冲比率的保证。胖东尼完全不可能信奉投资组合保险类型的动态对冲项目。如果胖东尼曾经负责全球风险管理、交易或监管政策制定，本书中分析的几个危机可能就不会发生。**当我们放弃盲目的理论信奉，开始寻求实用性，跳出常规进行思考并大胆地怀疑时，我们就会使这个领域免受如此多的痛苦。当“非理性”的直觉占据主导地位时，金融决策的正确性也就必然会有所提高。**

金融领域的回归

某些人可能会想，怎么能保证胖东尼会更好地管理风险呢？毕竟，他看起来有些怪异，而且他的学习成绩也极其糟糕。当然，就其本身而言，胖东尼和他的伙伴们实在无法担保自己的表现能令人满意。他们的街头智慧和非教条主义听起来像是优点，但从某种程度上来说也会适得其反。然而，通过信任胖东尼，我们至少千真万确地达到了一个值得令人称赞的目标：保证不正之风不会继续下去，纵使这些阴谋背后存在着技术与才华。对胖东尼而言，一次由理论导致的泡沫并不能成为重建这些模型或凭空想出更复杂模型的理由，反而是激励我们抛弃这些工具并毫不留情地对金融领域的分析学提出质疑的催化剂。也就是说，胖东尼（就像塔勒布）会告诉我们不能做什么，为我们大家做了一件了不起的好事。

这听起来可能有些平淡，然而，说服人们不依赖理论信仰来处理事情，这是种巨大的进步。如果一个评估代理评定一个复杂的抵押贷款支持证券的等级为AAA，那么你就会（像大多数人一样）信以为真，但你也可以充满怀疑地深入探索。胖东尼会让你调查抵押借款人真正是谁以及贷款是如何被核准的（以美国政治的角度来看，这相当于胖东尼已经抢先了解到奥巴马过去的更多行为或莎拉·佩林投票之前在阿拉斯加的记录，而不是疯狂地加入“变革和希望”或“5个孩子的模范母亲”的宣传队伍）。当你真正了解到忍者贷款和个人收入的夸大化时，可能就会得出结论，大量违约事件所带来的风险远远超出了三封信件所包含的内容。

如今，高级资金层所提供的投资收益（通过一个计算机模型计算的）似乎过低，因此你会发现一个购买保险的机会。当灾难不可避免时，你会更倾向于有规律地投入小额现金来换取一次性非常大额的现金。事实上，当每个人都盲目地追随政府机构不可挑战的神圣意见以及这个模型生成很低的拖欠概率时，这些都是你很高兴看到的。大量市场参与者会开始疯狂销售保险，并预期极具吸引力的“无风险”收入，从而使保险价格下降，并戏剧性地提高了你的潜在收入。胖东尼和他的伙伴们再次赢得了一大笔钱，他们对现实的本质过度好奇，并发现估价过低的机遇，此时理论人群还满足于数学带来的确定感。约翰博士理所当然地认为评定等级是以被顶级大学的博士生采用的合理方法论为基础的，他不需要进一步的反思，因此他会销售保险，而最终会输得精光。

或者采用在险价值。胖东尼会检查一下信贷危机之前所报道的那些小数据，并了解到这种平静完全是建立在历史数据之上的，这些数据包含了高风险领域中可忽略不计的活动，而银行在过去几年就已经积极地在这些领域内进行投资了。他还了解到数据是毫无意义的，但它们却鼓励着交易商以一种高度杠杆化的方式累积令人吃惊的风险。另一方面，约翰博士却只看得到那些似乎不会存在风险的科学管理的投资组合，立即与他的经纪人联系并购买一些贝尔斯登公司、美林公司和雷曼兄弟公司的股份。

金融领域曾经完全是由胖东尼类型的人来主导的。在很大程度上来说，它如今仍然是这样的，仍然有大部分重要区域没有屈服于量化，但不可否认的是，约翰博士这种类型的人和约翰博士思想体系已经完全占据了风险管理和（某些）交易等方面的工作。市场活动需要复杂知识的这种约定论在几十年来已经变得无懈可击。

我们需要一种新方法。对不切实际的理论的崇拜以及实施已经导致了太多灾难。我们不能再把量化方法当成可靠的信条，而要重新考虑常识和直觉的竞争优势（学术家会在这方面扮演重要的作用，因为他们会重新检查自己对分析论神圣的崇拜）。只要我们停止采用有害的引理，金融决策一定会从中受益。我们需要让这个充满风险的领域中思想自由、以勇气为荣、不盲目信任数学的风气重现。我们需要胖东尼。

理论与实践的对立

国际专业烹饪协会每年都会向烹饪专业人员授予奖项。如今，设想一下，年复一年，这个领域优秀奖的获得者所从事的工作与烹饪完全无关。他们不是主厨，不是烧烤厨师，也不是比萨师傅。他们从未出现在烹饪界，他们是“烹饪理论家”——他们把烹饪理论化。

这种奖项的授予是以某些复杂的食谱为依据的，而这些食谱又是由那些非主厨通过精密的量化工具设计出来的。初看之下，这些食谱有些可怕，并不完全符合烹饪界的现实，但这似乎并没有过多地影响到奖项授予委员会，因为他们每年都会表彰这种贡献，并极力鼓励精确性和科学方法论进入这个“轶事般”且“制度主义”的烹饪领域。某些食谱最终会使天真的顾客（受到奖项委员会的影响，他们会崇拜严密的创新）感到恶心并出现各种各样的疾病，这个事实看来并没有影响奖项的授予方式。即使没有完全以现实生活为依据，相同类型的食谱仍受到夸张的推崇。更重要的是，似乎是为了消除人们对获选方法的有效性所产生的疑虑，不具有实践经验的厨师还曾被考虑授予这个奖项，更不用说被尊敬了。

如果我们要把这种假设性状态呈现给普通大众，会获得怎样的反馈信息呢？这种想法自然会被视为十足的精神错乱和完全不切实际的猜测，令人难以置信。当然，精神正常的人根本不会设想出这样一种授予奖项的战略。如果不做饭的人的食谱会引发疾病，谁会想把烹饪奖项授予他们呢？这有什么意义吗？这可能是通过拥抱复仇女神和抽象主义理论，公开且无礼地漠视实际应用的表现吗？这是怯懦地服从于那些编写食物方程式的人的指令的表现吗？这是完全排除那些真正制作食物的“粗俗”的人的表现吗？也许奖项委员会只是讨厌烹调技术和它的实践者而已，这是报复的表现吗？

对于那些认为这样一个假设性故事永远不会在现实世界中出现的人，我想提醒他们，1969 年，关于一个学科（就像只具有实用价值的烹饪）的非常著名的奖项被授予了毫无实际经验的人，而这些人的贡献完全是理论性的，有时候会导致极其负面的现实后果，同时，这种受奖项支持的赞美会鼓励不良行为的发生。当然，对实践者具有极大用处的重大贡献可能也会处于被表彰的范围内，但它们都尽可能地采用了图形的形式。

更重要的是，上述提及的学科只是六种学科中的一种，奖项的颁发都处于同一把保护伞下，荣誉总是会被授予这个领域内的非实践者。

> 根据定义，其他学科完全是以实践为导向的，这个领域内的人除了实践之外什么事也不能做。从定义上说，他们属于实践者，或至少会参与那些旨在获得有效的、可应用的、可执行的结果的调查。他们的行为和工作会因此构成或至少会帮助形成那个领域内的实践。获奖的发现总是会改变实践和形成实践，其永恒的目标就是要发现可实施的解决方案，从而解决（之前未得到解决的）实际问题。换言之，这些人是百分之百具有实际动手经验的。他们可能会提出理论，但这种理论类型会揭示出实践中所坚守的定律和原理。这种理论类型不仅会在实践中受到热情的欢迎，而且很久以来，它的自然归宿始终是实践。也就是说，它是一种恒久不变的理论。

当然，有些奇特的第六种学科的情况就并非如此了。这个学科里的人并不会把自己所学的知识付诸实践。无论怎样，他们都不是这个领域内的实践者，实际工作是由其他人来完成的。他们的发现是挑战经验主义的，而且他们所受到的奖励并不能归功于实际有效性，只是源于其采用的分析技术。理论和实践之间存在着本质的对立。理论家不会（不能）提出总是适用于实践的定律和原理；这个领域不会简单地服从于科学理论。因此，在大多数（所有？）情况下，在实践中理论会被完全忽视，被认为是不适用或完全不切实际的。在这里，理论是无法发挥作用的。事实上，不转变成实践的理论可能是完全有益的，因为可能产生的负面影响非常大（那些让人恶心的食谱……）。

当然，我们谈论的是诺贝尔经济学奖和物理学、化学、医学、文学以及和平奖。毫无疑问，就后两个学科而言，受奖者完全是直接的实践者。你可能从个人立场上不赞同特定获奖者的优点，但不可否认的现实就是，作家就是从事文学工作的人，“和平主义者”就是参与和平行动的人。特蕾莎修女（Mother Teresa）和加西亚·马尔克斯（Garcia Marquez）都不是“和平的理论家”或“文学理论家”，他们是超级实践者。

同样的逻辑也适用于那些困难的学科。对那些获得诺贝尔医学、化学或物理奖的人来说，发现必须是实际有效的（也就是说，正如科学家认为的那样，器官、细胞、抗体、神经纤维、免疫系统、气体、原子、半导体、波函数、光电效应、蛋白质、荷尔蒙或同位素必须在现实生活中发挥作用），因此也是完全可实施的。当然，他们也必须提出解决老问题的新方法。

对于经济学，我们只能说，事情并不是那么经验主义、那么实用又那么可实施的。的确，提出一种关于人类应该如何行动的理论是一回事，而使这个理论在现实世界中切实有效又是另一回事。在涉及人类的经济行为时，这里没有永恒的定律。说到金融经济学，理论家完全与实践脱离。他们不是交易者、企业金融家、财务长、财务经理、创业资本家、资产经理、贷款负责人、风险经理、销售员、投资银行家或财长。他们甚至不会尝试描述那些分析对象在做什么，但是他们会根据一间在黑暗中亮着灯的大学办公室所处的特定区域来做出大胆的假设。

同时，他们通常会进行不切实际的假设。金融理论方面的工作所获的诺贝尔奖会引起人们对完全不适用、完全不能执行、完全反经验主义的观点的美好回忆。在那些获得100万美元奖励的理论中，我们可以强调突出这些假设：

我们了解市场概率分布；我们知道预期资产回报率；我们知道资产回报率之间的关联性；市场在不经历罕见事件时运转正常；过去的数据可以被用来预测未来；代理人是理性的；市场是完全高效的，沃伦·巴菲特不存在；市场处于完美的平衡中；市场总是完美流通的；我们可以测量风险。

任何一种假设都无法在现实世界中站住脚，然而诺贝尔奖委员会却决定把奖项授予他们。任何一种假设都无法解决先前未得到解决的问题（除此之外，主要是因为这些理论无法实施），然而诺贝尔奖委员会却决定把奖项授予他们。你能想象类似的事情在艰难的科学领域中发生吗？无论是什么原因，与其他学科相比，经济学显然获得了一张自由通行证，经验主义和实用性被无情地抛弃了，被唯一相关的考虑因素所碾碎：专业技巧。新食谱无法被转化成一顿美食，没关系，人们可能只希望能够（安全）消费；有关系的是，说明在量化上要足够复杂。

我们应该关心非烹饪经济学家被授予备受瞩目的烹饪奖吗？这里存在本质的错误吗？我们会受到伤害吗？我们应该自我保护吗？

在物理学、化学或医学中，提出有价值的发现是有可能的，它们会从真正意义上帮助我们更好地了解世界，研制高效的实用工具，这是因为分析对象（分子、原子、人体、行星）并不是自由思考的实体。当你（通过分析）获得打开这种知识之门的钥匙时，它们显示出了可预测性和有规律的行为模式。

而在金融市场中，情况并非如此。分析对象是思想自由的经纪人，他们会因为各种不同的理由而改变自己的想法，而且他们的行为无章法可循。这里没有可预测的或有规律的模式。因此，当物理学家、化学家和医生必须富有才华时（因为揭开上帝的定律并非易事），那些能够驯服难以驯服的金融怪兽的人们必须被假设具有更令人钦佩的力量，因为这些日常工作似乎困难得多。人们会期待一位信誉良好的科学家解开一种生物的 DNA 密码，或让火箭登上火星，这是非常合理的，因为我们知道，需要被解密的神秘信息是明确存在、得到完好保存、永久不变的。达到目的可能很难，但它的存在和可获知性是不容置疑的。上帝可能玩了一个捉迷藏的游戏，但他肯定会把所有的必要信息散布在我们周围。然而那些缺少上帝的市场会怎样呢？你会发现某种不断变异的事物的 DNA 吗？你要如何在一个无定律的行星中探测到永恒的定律呢？要想达到这个目的，你需要具有超凡的才能。

而这也正是金融经济学家一直以来对自己提出的要求。尼采就曾谈论过一种“超人”，他可以战胜常人，会鄙视常人，将他们当成令人难堪的笑柄。在颁发诺贝尔经济学奖时，瑞典中央银行和尼采开了个玩笑，赋予了获奖者（和他们的同事）以超人的特质，这是对他们超越人类极限行为的能力，如在数学上预测市场并对其建模的公开支持。

那么，诺贝尔奖获得者是那些战胜我们这些可怜男女的超人吗？他们极具智慧（他们的资格证书和知识产物都证明了这一点）、工作努力、富有毅力、雄心勃勃、谈吐文雅、受到同辈们的敬佩和全世界的尊敬，然而他们也许更像我们这些人，而不是尼采哲学的超人。当然，比我们高明一些是非常可能的，但差别并不会很大。在智力测验中获得超高成绩的人面对着无法超越的任务，那就是预言像你我这样的人的市场行为，甚至尝试告诉我们这些不遵循常规的人未来在市场中应该做什么，而这是完全不需要智商的问题。也许瑞典人稍微高估了那些获得极高荣誉的理论家的能力。

当然，这里有一个非常重要的警告。尼采让他的超人踏踏实实地生活在地球上，而诺贝尔奖委员会却忘记说明，这些经济学家的力量只能在一个完全依循柏拉图哲学的宇宙中应用。毫无疑问，在那个遥远的银河系中，那些精心编织的理论永远是正确的。在那里，我们可以精确地得知预期回报率和任何资产的波动率，我们可以确切地知道资产之间的相关性，我们可以确切地知道市场中的概率分布，我们可以精确地利用过去的数据来预测市场的未来，delta 对冲永远是可行的，任何事情都处于永恒的平衡之中，没有人可以打败市场（没有讨厌的沃伦·巴菲特），经纪人永远是理性的“优化剂”。就此而论，正如后面会详细论述的那样，诺贝尔奖更适合被称为“诺贝尔理想经济学奖”的建议可能并不完全适用的。那样的话，没有人会怀疑（纳西姆·塔勒布也不会）这个理论在这种环境下的实际效用，因为它正是为这种环境设计的。

除了奖项名称改变之外，我们还可以大胆地质问奖励那些看似更适合银河系地球理论的基本理由。坦诚地说，我们绝不是在孤军奋战。举足轻重的大人物彼得·诺贝尔（Peter Nobel，诺贝尔的后代）曾经要求立即废除诺贝尔经济学奖。对他而言，这是私人问题。他认为，这个经济学奖项是他们家族遗产上的一个污点，我们都知道，阿尔弗雷德·诺贝尔（Alfred Nobel，他的哥哥路德维格是彼得的曾祖父）从来没有考虑到这个问题，也没有想到它会严重背叛他的精神实质。

如今，说实在的（我并不确定经济学家是否会感激我四处宣扬这个论调），“诺贝尔经济学奖”并不是一项真正的诺贝尔奖。理由很充分：彼得·诺贝尔是正确的。他那支持慈善事业的先人从未提过一个不包含物理学、化学、和平、医学和文学领域的诺贝尔奖项。在1968年，诺贝尔奖设立的67年后，瑞典中央银行决定自动进行改革，在300周年庆时，它创立了“瑞典中央银行纪念诺贝尔经济学奖”。奖金由瑞士中央银行捐助，并由瑞典皇家科学院授予。

尽管这并不是阿尔弗雷德·诺贝尔设立的5项诺贝尔奖之一，但在候选人提名、评选和颁奖仪式方面，诺贝尔奖的惯例被沿袭了下来。每年的12月10日，诺贝尔经济学奖颁奖典礼都会如期举行，奖金数额也完全与诺贝尔奖的奖金相当。换言之，它并不是真正的诺贝尔奖，但它在各个方面又很像诺贝尔奖。每个人都把它看成一种诺贝尔奖，并且也是这样宣布的：

> 例如，2007年10月15日《纽约时报》的头条：“三位美国人共享了诺贝尔经济学奖：今天，诺贝尔经济学奖被授予三位美国人，以此来表彰他们在经济学的一个分支机制设计理论方面的贡献……”。

这个诺贝尔奖组织在其网站上并不称它为诺贝尔奖（而是“经济学奖”），但这并非暗示着这个奖项被贬低了，而是恰恰相反。2008年9月11日，如果有人登录过www.nobelprize.org网站，会注意到首页完全被“第六个奖项”的参考资料所填满，其中还包括前几年获奖者的高清图片。这个“诺贝尔奖”赫然成了后来添加的奖项，而这惹怒了彼得·诺贝尔。他要求诺贝尔这个名字永远与经济学骗子分离开来。如果瑞典中央银行想取悦大量经济学家，他们应该完全凭借自己的力量。

如今，尽管我们祝愿他不切实际的追求能获得成功，但老实说，就本书的目的而言，命名的矫正并不是最重要的。我们主要的议题并不是这个经济学奖项是否被冠以诺贝尔的名字，最重要的是这个奖项使它的工作合法化了。因为，只要阿尔弗雷德·诺贝尔的精神不断受到背叛，公关工作可能会进一步延伸（从原则上说，缺少诺贝尔奖的瑞典中央银行事务听起来就缺少吸引力）。但即使这个不满足的北欧继承人为所欲为，这个奖项仍会被继续看成传奇的诺贝尔奖在经济学方面的“继承者”，它的声誉完全不会受到损坏，人们对它的敬仰之情也丝毫不会减少。然而，我们之后会注明，在名字变化之后，一个具有启发性的澄清声明事实上对我们的事业是非常有帮助的。

我们应该对这个经济学奖项感到担忧的是，它那纯洁无瑕的外衣会鼓励人们普及和采用理论信条，而它们可能引发灾难性的市场混乱。考虑到量化在大众中被盲目地广泛普及，一种立场明确的官方加冕会使一个理论模型成为不可抨击和不可置疑的。毕竟，对于被非常受尊敬的机构推崇的一个理论而言，只有“粗俗的乡巴佬”才会敢于对其发起挑战，不是吗?

显而易见的是，在 1997 年获得“诺贝尔奖”使得 BSM 模型在很大程度上被当成了期权定价模型，1987 年 10 月的泡沫和此次诺贝尔奖之后不久的 LTCM 灾难也没有对它产生影响。事实上，诺贝尔奖华丽的外衣可能使人们忽略了，这两个事件可能在一定程度上说明了依赖这个模型的不明智性（“你怎么会怀疑 BSM 模型呢？他们获得了诺贝尔奖，不是吗？”）。这种伪装具有三种负面效果：

- 第一，它具有误导性，人们会把金融领域看成一种科学领域 ，事情可以被准确地测量，并且在数学上可以得到控制，这就鼓励了人们对完全不切实际的理论谎言的崇拜；
- 第二，它主导着一个被误导的世界，而这个世界因此变得动荡不安；
- 第三，它把 BSM 模型塑造成了一种被广泛应用的工具，从而向人们隐瞒了真相（依旧是以科学成果的名义）。

事实上，这个模型的使用者都认为它不可靠（至少在获得诺贝尔奖的前 10 年），更糟糕的是，它已经被使用者放逐到了遗忘的角落。当波动率微笑在市场上盛行 10 年时，BSM 模型被授予了这个奖项，坦诚地说，这显然证明了，诺贝尔奖委员会完全忽视了实际情况。通过给一个在客户间臭名昭著的模型授予荣誉（尽管它的背后存在一定的数学创造性），这个委员会明确地向我们展示了它的偏好所在，并因此强调出了它的决定所引发的危害。

让我们举例说明一下诺贝尔奖委员会推崇 BSM 模型的原因吧。它之所以做出这个选择，在很大程度上是因为它要“利用一种新方法来决定衍生品的价值”，这似乎很合理。事实上，这个方法与之前适用的期权定价模型是不同的。资本资产评价模型 CAPM 和要达到风险中性的动态对冲都是独一无二的，因为它们都是具有独创性的技术工具。

还有什么呢？“罗伯特·默顿、迈伦·斯科尔斯与费希尔·布莱克共同合作提出了一个用来定价股票期权的开创性模型。他们的方法论为许多领域内的经济价值铺平了道路。同时，它还引发了新的金融工具的出现，以及使得社会中的风险管理更加有效。”然而这个模型并非是完全独创的，这个委员会本可以轻易发现这个问题。方法论是开创性的，但它并不是最终结果。其次，你确定新金融工具的出现应完全归功于 BSM 模型吗？当然，诺贝尔奖委员会只是听从了传统观点：BSM 模型创造了期权产业，但是相对于传统惯例而言，诺贝尔奖委员会本应进行更深层次的探索。

我们在本书中分析过，今天的超大型衍生品市场在缺少 BSM 模型的情况下仍可以正常发展。另外，如果我们将衍生品的变革归功于 BSM 模型，那么我们为什么表扬它的先驱呢？我们为什么不表扬詹姆斯·波尼斯的模型呢？如果我们把无风险利率当成股票的预期回报率，那么这个模型就百分之百与 BSM 模型相同。我们如何确定 1973 年之后的市场使用的是 BSM 模型而不是波尼斯（自 1964 年以来就开始适用）的模型呢？波尼斯的模型发表于顶级学术期刊上，供所有人浏览和采用。如果我们认为整个商业的进步都要归功于一个数学理论，为什么会选择 1973 年的这个模型，而不选择 1964 年发表的那个呢？说到更有效的风险管理，我猜最大的华尔街泡沫并没有把北欧计算在内。

让我们再深入研究，好戏还在后头呢。“给衍生品定价的尝试已经存在很长时间了。回溯到 1900 年，法国数学家路易斯·巴舍利耶在他的博士论文中叙述了最早的一次尝试，但他推导出的公式存在几处缺陷；之后的研究者则更加成功地处理了股价和利率的动态，但所有这些尝试都受到了相同的基本缺陷的阻碍：风险溢价并没有得到正确的处理，”委员会承认，并继续补充，“然而，确定一种风险溢价是很困难的，原因在于，正确的风险溢价要依赖投资者对待风险的态度。尽管从理论上讲，对风险的态度可以被准确地界定，但在现实中，它是很难或不可能被观察到的。”说得很好。

现在轮到重磅炸弹了："布莱克、默顿和斯科尔斯做出了伟大的贡献，因为在定价期权时，他们的模型并不需要用到任何风险溢价。这并不意味着风险溢价被忽略了，而是它已经被包含在股价之中了。"也就是说，这个奖项的唯一理由就是无须计算风险中性的动态对冲假设提出的预期回报率。当然，这个方法论认为：如果他们只是说"真想不到我们可以把无风险利率放在这里——真是太棒了"，BSM 模型就不会获得诺贝尔奖了。他们提出一个在理论上和数学上缜密而又堂皇的托词。

因此让我们回想一下：BSM 模型被授予诺贝尔奖，是因为他们推导出了一个早已被大家熟知的模型。衍生品和期权理论专家马克·鲁宾斯坦总结："这个模型对投资金融理论的真正重要性并不在于它本身，而在于它的推导方式。10 年前，相同的模型就已经被卡斯·斯普瑞克和詹姆斯·波尼斯推导出了。"我猜，推导必定是某种精彩的部分。我的意思是说，如果一种推导方法值得你把诺贝尔奖授予 10 年前就被熟知的某种东西，它是多么坚不可摧啊！不幸的是，在读完本书后我们发现（不要责怪我，也不要称我为告密者，我是举证了大量专家的证据），方法论——托词在我们美丽的蓝色星球上并不适用。BSM 模型所说的风险中性也只适用于理想化的领域，而不适用于金融市场。

这会引起我们极大的怨言：诺贝尔奖委员会为什么没有注意到，这个特定技术在现实生活中完全无效呢？它并不是一个秘密（记得 1987 年 10 月……我已经因为"黑色星期一"的出现而变得疲惫不堪），他们本来应该向交易室四处询问的。或许说到诺贝尔经济学奖，实用性和适用性需要一种矛盾修饰法？诺贝尔奖委员会只迷恋上了 BSM 模型的数学推导本身而忽略了它的适用性？对于一个理论而言，在一个可靠的理想空间中适用是诱惑委员会的必要条件吗？

我们在第 5 章中提到，BSM 模型给金融理论带来了一个难题：继续把一个在现实生活中失败的模型奉为最高成就，或谦逊地承认负面效果并进行革新。结果是，BSM 模型同时又给诺贝尔奖提出了一个难题。BSM 模型可能暴露出了整个事件的缺点。委员会是从理论主义出发、纯粹要奖励理论吗？或许实际相关性（在学术领域，那是唯一可行的）也发挥着作用？委员会彻底地调查过历史证据吗？委员会会向实践者咨询这个理论的价值所在吗？委员会是完全理想化的吗？委员会愿意改变作风吗？委员会认为实际相关性应该被计算在内吗？委员会认为一个注重实效的领域的现实应该被计算在内吗？或许委员会会认为一切应该照旧，甚至掩耳盗铃？

情况变得更糟（我不禁想到，如果某些委员读到这些，他们是否会希望自己曾经是以一种不同的方式来奖励 BSM 模型的）。就 BSM 模型而言，一种早已被得知、被怀疑、引起了麻烦的理论因为（不适用的）特定的技术细节而被授予诺贝尔奖，但它并没有解决之前未得到解决的问题。动态对冲是多余的，期权交易者无须利用它们消除维持生计的行为中的风险。正如塔勒布和豪格提醒我们的那样，简单朴实的买进卖出等价理论就已经足够了。容我回想一下，至少从 17 世纪以来，买进卖出等价理论就已经被交易者所熟知。再回想一下，买进卖出等价理论似乎真的适用。

因此让我们对诺贝尔奖委员会信奉的东西下一个准确的定义吧：允许你获得一个早已适用多年的模型的特定技术细节，它的数学基础在现实中站不住脚，它旨在寻找一种解决问题的创新性方案，但事实上，这个问题在几个世纪之前就已经被有效解决了。不幸的是，它变得更糟糕了。冒着让读者在不断的重复中打瞌睡的风险，这种新的技术细节带来了一个滴答作响的波动率定时炸弹，事实上它提高了用户的潜在风险，并可能给市场带来不可估计的灾难。换言之，它不仅不能正常应用，还是多余的，这个诺贝尔奖得主会导致大量令人痛苦的灾难发生。

就此而论，BSM 模型所获奖项应该被废除吗？依本人愚见，不用。创建者确实值得表彰，但同时它也应该敲响警钟。对于表彰对象、方式和原因，诺贝尔奖委员会应该做得更透明些。特别是当奖励是在理论被应用之后时，明智的分析和验证过程更可能发挥作用，专家反馈也很适用。换言之，诺贝尔奖通常被授予那些已经有记录的理论，了解这个理论在现实世界中是否适用、实践者是否信奉它、这种崇拜的后果是什么、这个数学模型是否有意义，这是完全有可能的。当大量证据表明一个模型不切实际、不受欢迎、会引发混乱，却被授予了诺贝尔奖，诺贝尔奖委员会可以通过对自己的意图直言不讳，避免被抓现行的尴尬。

最好从开始就坦诚以对。然后，以一种免责声明的方式来重新命名这个奖项。让我们假设彼得·诺贝尔最终实现了自己的目标，诺贝尔经济学奖被迫从诺贝尔奖中分离开来。既然这本书是与金融经济学相关的（微观和宏观经济学的内容就留给其他人来讲述吧。这本身就是一次艰难的斗争），就让我们设想一种分支学科的特定奖项吧。把所有这些都考虑在内，我们建议，现在的奖项可被重命名为：

◎　◎　◎

瑞典中央银行柏拉图式的、潜在致命的、极不实用的金融经济学奖

警告：这个奖项专门授予设计出复杂理论或数学谎言的人，这些谎言只在名义上与金融行为的实验领域有关；实用相关性、实用性、实际适用性都不是必需的。为之前未解决的现实问题提供解决方案的能力也不需要；技术不被要求具有特定意义或在现实生活中具有复现性；来自金融实践者的反馈是不重要的。一种特定理论可能已经在市场中导致了大量麻烦，可能具有显而易见的潜在破坏力，在任何情况下，这都不会影响它获得这个奖项的可能性。市场事件证明一种特定理论可能并不可靠，在任何情况下，这都不会影响它获得这个奖项的可能性。唯一最重要的决定因素就是技术力量本身和理论团队对这种技术所产生的敬畏感。之前的获奖者已被证明不实用、不受欢迎、无法得以应用，数学信条在现实生活中也被放弃，并要为市场上混乱的出现承担责任。我们完全可以假定，通过为抽象量化技术在金融领域内的使用提供明确的合法性，这个奖项会使产生虚假安全感的市场实践者、观察者和监管者之间的发展建立在完全不可靠的“必然性”上。

因此，我们不要废除这个诺贝尔奖项，我们只需重新命名它。我不认为我们应该阻止人们把奖项授予他们选定的人，我哪里有资格阻止红发埃里克（Eric the Red）的某些后代慷慨地奖励理论家呢？显而易见，这些人热爱他们的数学——就让他们为它加冕吧！

虽然我想逼迫自己成为自由主义者，但我的人生还恪守着这样一个座右铭：他人的自由不应该以我的死亡为代价。正如我们讨论的那样，金融理论的肆意猖獗可能会导致

灭亡。因此，我们应该尝试尽可能地保护自己。给认可这些理论的诺贝尔奖加上一个免责声明则是一个合理的步骤。通过这种方式，我们不仅能强调出这个奖项的真正意义和获奖者的本质，同时还为这个堡垒加上了另一层混凝土，对具有威胁性的、不切实际的量化教条进行牵制。而那些担心这个奖项会产生间接伤害的人则会采取典型的柔道战术，化敌为友，转而支持这个奖项的惊人声誉和全球知名度。

通过承认它过去的行为和哲学上的引导力量（可能与我前面的提议一脉相承），瑞典中央银行的这一奖项会促使人们理解：与人类行为有关的深奥定理在金融市场中会产生危害，因此我们要永远坚定地怀疑并警惕被量化装饰的技巧，利用实践来检验它们，这才符合我们的最大利益。极具讽刺意味的是，这个“诺贝尔奖”终将衰落，而量化盲目性和对充满方程式的理论的自我奴役，则为我们在错置的具体感的圣坛上做好了献祭的准备。

诺贝尔经济学奖应该废除吗？这是帕布罗·特里亚纳在其发人深省的新书中提出的问题之一。曾任衍生品交易员的特里亚纳下了一个简单的断言：金融模型弊大于利。他写道："毋庸置疑，金融工程在很大程度上酿成了这场危害性可能创人类历史之最的金融危机。"

本书是对数学（或量化）金融学几近抨击的一种批判。在第 1 章中，特里亚纳坚称，被数学金融学理论视为基础的根本假设是错误的，然而这种理论仍然继续占据主导地位。书中最大的恶棍是金融学术界。特里亚纳指出，该领域内的大部分工作都是完全不必要的。数学金融学诞生之前，交易员们使用的是期权定价等工作模型，它们总体上是准确而有效的。接下来出现了 BSM 模型。特里亚纳称，这种模型毫无用处，而且对 1987 年的股市崩盘负有主要责任。他还认为，多数交易员知道该模型无效，而只是在假装使用它，因为金融学理论是一个时髦的玩意。

BSM 不是唯一的例子。特里亚纳表示，用于衡量违约可能性的高斯关联模型未能辨识出有毒的结构性证券，导致估值与信贷评级出现了巨大差错。同样，在险价值"衡量风险的精确性甚至连 50% 都不到，更糟糕的是，该模型还明确鼓励和认可那些最终导致华尔街垮台（继而拖垮全世界）的疯狂的冒险行为"。

旧式的常识性方法被建立在数学基础上的理论模型所取代，那些模型的发明者并不具备关于市场实践的知识，却自认为比交易员更懂得市场的运作原理，于是就有了"教鸟儿飞行"这个标题。他还指出，大家都听信了这一套理论，包括交易员自己。金融学家继续"胡乱炮制量化的大杂烩"，而华尔街以及其他各方也继续使用着它们。

特里亚纳专门腾出了一个章节介绍宽客，他们是在众多大型金融机构中获得影响力、把学术模型引入这些机构的数学家和物理学家们。聘用宽客一度成了时髦的做法：它体现出公司正利用科学战胜市场，但市场发起了报复。“等式是无法驯服市场的，”特里亚纳写道，“标新立异、不合法规的人类行为支配着市场，出乎意料且难以想象的骇人事件则塑造了市场。”但他最终不禁怀疑，人们是否永远都不会对此妥协。在第 9 章中，特里亚纳论述道，我们“对未知事物的恐惧，以及我们对确定性的渴望，引领我们义无反顾地投入我们眼中那些‘专家’的怀抱……我们相信，带有量化味道的模型可以护送我们远离无从计量也无法确定的沮丧现实”，但这些模型正在把我们引上歧途。正如纳西姆·尼古拉斯·塔勒布在为本书撰写的风趣引言中所指出的，送给别人错误的地图，比一张地图都不给还要糟糕。

本书读者可能会反响热烈——我本人就是如此。有人会大声欢呼，其他人则会因为自己珍视的信念被撕得粉碎而痛不欲生。书中有几处是在蓄意地煽风点火，特里亚纳的目的就是激发辩论。

总体而言，这是一本好书。有些读者可能会反感作者繁复的行文，它更接近塞万提斯的语言，而非——比如说——诺贝尔奖得主罗伯特·默顿的作品。但在向风车发起挑战时，或许塞万提斯正是合适的模仿对象。因为似乎无论特里亚纳和塔勒布这样的观察家多么努力地试图推翻数学金融学，它很可能都不会消失。

湛庐文化如今采用的中文校对程序非常严谨，至少就我的译文而言，我为此深感幸运。感谢校对员们的认真和耐心。在我的翻译过程中，对照原文进行校对也需要同样的认真和耐性。另外，编辑于小菊老师在试译和翻译的过程中给了我很多的帮助，亦在此致谢。

最后，我要感谢高彩霞帮助我翻译了部分译稿。尽管得到了许多学友的帮助，由于译者的驽钝和浅薄，本书仍不能算作一个完美的译本，希望各位前辈和读者向我指出翻译中的错误，在此，我也要向大家表示感谢。

湛庐，与思想有关……

如何阅读商业图书

商业图书与其他类型的图书，由于阅读目的和方式的不同，因此有其特定的阅读原则和阅读方法，先从一本书开始尝试，再熟练应用。

阅读原则1 二八原则

对商业图书来说，80%的精华价值可能仅占20%的页码。要根据自己的阅读能力，进行阅读时间的分配。

阅读原则2 集中优势精力原则

在一个特定的时间段内，集中突破20%的精华内容。也可以在一个时间段内，集中攻克一个主题的阅读。

阅读原则3 递进原则

高效率的阅读并不一定要按照页码顺序展开，可以挑选自己感兴趣的部分阅读，再从兴趣点扩展到其他部分。阅读商业图书切忌贪多，从一个小主题开始，先培养自己的阅读能力，了解文字风格、观点阐述以及案例描述的方法，目的在于对方法的掌握，这才是最重要的。

阅读原则4 好为人师原则

在朋友圈中主导、控制话题，引导话题向自己设计的方向去发展，可以让读书收获更加扎实、实用、有效。

阅读方法与阅读习惯的养成

（1）回想。阅读商业图书常常不会一口气读完，第二次拿起书时，至少用15分钟回想上次阅读的内容，不要翻看，实在想不起来再翻看。严格训练自己，一定要回想，坚持50次，会逐渐养成习惯。

（2）做笔记。不要试图让笔记具有很强的逻辑性和系统性，不需要有深刻的见解和思想，只要是文字，就是对大脑的锻炼。在空白处多写多画，随笔、符号、涂色、书签、便签、折页，甚至拆书都可以。

（3）读后感和PPT。坚持写读后感可以大幅度提高阅读能力，做PPT可以提高逻辑分析能力。从写读后感开始，写上5篇以后，再尝试做PPT。连续做上5个PPT，再重复写三次读后感。如此坚持，阅读能力将会大幅度提高。

（4）思想的超越。要养成上述阅读习惯，通常需要6个月的严格训练，至少完成4本书的阅读。你会慢慢发现，自己的思想开始跳脱出来，开始有了超越作者的感觉。比拟作者、超越作者、试图凌驾于作者之上思考问题，是阅读能力提高的必然结果。

好的方法其实很简单，难就难在执行。需要毅力、执著、长期的坚持，从而养成习惯。用心学习，就会得到心的改变、思想的改变。阅读，与思想有关。

[特别感谢：营销及销售行为专家 孙路弘 智慧支持！]

我们出版的所有图书，封底和前勒口都有“湛庐文化”的标志

并归于两个品牌

找“小红帽”

为了便于读者在浩如烟海的书架陈列中清楚地找到湛庐，我们在每本图书的封面左上角，以及书脊上部 47mm 处，以红色作为标记——称之为**“小红帽”**。同时，封面左上角标记**“湛庐文化 Slogan”**，书脊上标记**“湛庐文化 Logo”**，且下方标注图书所属品牌。

湛庐文化主力打造两个品牌：**财富汇**，致力于为商界人士提供国内外优秀的经济管理类图书；**心视界**，旨在通过心理学大师、心灵导师的专业指导为读者提供改善生活和心境的通路。

阅读的最大成本

读者在选购图书的时候，往往把成本支出的焦点放在书价上，其实不然。

时间才是读者付出的最大阅读成本。

阅读的时间成本=选择花费的时间+阅读花费的时间+误读浪费的时间

湛庐希望成为一个“与思想有关”的组织，成为中国与世界思想交汇的聚集地。通过我们的工作和努力，潜移默化地改变中国人、商业组织的思维方式，与世界先进的理念接轨，帮助国内的企业和经理人，融入世界，这是我们的使命和价值。

我们知道，这项工作就像跑马拉松，是极其漫长和艰苦的。但是我们有决心和毅力去不断推动，在朝着我们目标前进的道路上，所有人都是同行者和推动者。希望更多的专家、学者、读者一起来加入我们的队伍，在当下改变未来。

湛庐文化2008-2012年获奖书目

《正能量》
《新智囊》2012年经管类十大图书，京东2012好书榜年度新书。
35年职业经理人养成心得，写给有追求的职场人。
聆听总裁的职场故事，发掘自己与生俱来的正能量。

《牛奶可乐经济学》
国家图书馆"第四届文津奖"十本获奖图书之一，唯一获奖的商业类图书。
搜狐、《第一财经日报》2008年十本最佳商业图书。
用经济学的眼光看待生活和工作，体验作为"经济学家"的美妙之处。

《清单革命》
《中国图书商报》商业类十大好书。
全球思想家正在读的20本书之一。
一场应对复杂世界的观念变革，一部捍卫安全与正确的实践宣言。

《大而不倒》
《金融时报》·高盛2010年度最佳商业图书入选作品。
美国《外交政策》杂志评选的全球思想家正在阅读的20本书之一。
蓝狮子·新浪2010年度十大最佳商业图书，《智囊悦读》2010年度十大最具价值经管图书。
一部金融界的《2012》，一部丹·布朗式的鸿篇巨制。

《金融之王》
《金融时报》·高盛2010年度最佳商业图书。
蓝狮子2011年度十大最佳商业图书，《第一财经日报》2011年度十大金融投资书籍。
一部优美的人物传记，一部独特视角的经济金融史。

《快乐竞争力》
蓝狮子2012年度十大最佳商业图书。
赢得优势的7个积极心理学法则，全美10大幸福企业"幸福感"培训专用书。

《大客户销售》
蓝狮子·新营销2012最佳营销商业图书。
著名营销及销售行为专家孙路弘最新作品，一本提升大客户销售能力的实战秘笈。

《自营销》
百道网2013年度潜力新书。
全球最具创意广告公司CP+B掌门人的洞见之作，让好产品和好营销同唱一首歌。

《认知盈余》
2011年度和讯华文财经图书大奖。
看"互联网革命最伟大的思考者"克莱·舍基如何开启无组织的时间力量。
看自由时间如何成就"有闲"世界，如何引领"有闲"经济与"有闲"商业的未来。

《爆发》
百道网2013年度潜力新书。
大数据时代预见未来的新思维，颠覆《黑天鹅》的惊世之作，揭开人类行为背后隐藏的模式。

《微力无边》
2011年度和讯华文财经图书大奖"最佳装帧设计奖"。
中国最早的社会化媒体营销研究者杜子建首部作品，一部微博前传，半部营销后传。

《神话的力量》
《心理月刊》2011年度最佳图书奖。
在诸神与英雄的世界中发现自我，当代神话学大师约瑟夫·坎贝尔毕生精髓之作。

《真实的幸福》
《职场》2010年度最具阅读价值的10本职场书籍。
积极心理学之父马丁·塞利格曼扛鼎之作。
哈佛最吸引人、最受欢迎的幸福课。

延伸阅读

《资产配置的艺术》（完整版）

◎“华尔街资产配置圣经”、“华尔街资产配置第一人”、摩根士丹利全球资产管理首席策略师戴维·达斯特经典著作中文完整版首度出版。

◎一本被华尔街四大金融大师巴顿·比格斯、伯顿·马尔基尔、查尔斯·埃利斯、塞思·卡拉曼共同推荐，并受到金融界广泛赞誉的专业著作。

扫码直达本书购买链接

《华尔街真相》

◎指数基金教父约翰·博格、普林斯顿大学教授伯顿·马尔基尔、有效市场专家尤金·法玛、金融评论家威廉·伯恩斯坦等全球顶级投资大师揭开华尔街操纵游戏常胜不衰的秘密。

◎本书为投资者提供华尔街以外的选择方案，帮助他们直接参与自由市场资本主义，并且实现惊人的长期收益。

扫码直达本书购买链接

《牛市来临》

◎巴克莱银行副总裁道破38年投资精髓，授予你独特的选股和选时技术，让你在牛市中决胜千里。

◎本书旨在形象地为股票投资者提供实操性极强的投资理念与方式。

◎一本可以让读者真正享受股票投资理论的经典之作，将晦涩难懂的股票投资理念生动地展现在读者眼前。

扫码直达本书购买链接

《投资的四大支柱》

◎华尔街著名投资大师威廉·伯恩斯坦经典著作，先锋集团创始人、指数基金教父约翰·博格鼎力推荐。

◎本书讲述了构建长赢投资组合的关键，教你如何构建适合自己的投资组合并成功获利。

扫码直达本书购买链接

图书在版编目（CIP）数据

教鸟儿飞行：量化模型是否会摧毁金融市场 /（美）特里亚纳著；林丽萍，高彩霞译．—北京：中国人民大学出版社，2014.6

ISBN 978-7-300-14492-4

Ⅰ.①教… Ⅱ.①特… ②… ③高… Ⅲ.①金融市场－研究 Ⅳ.①F830.9

中国版本图书馆 CIP 数据核字（2014）第 080837 号

上架指导：金融投资 / 个人理财

本书法律顾问　北京诚英律师事务所　吴京菁律师

北京市证信律师事务所　李云翔律师

教鸟儿飞行：量化模型是否会摧毁金融市场

［美］帕布罗·特里亚纳　著

林丽萍 高彩霞　译

Jiao Niao'er Feixing: Lianghua Moxing Shifou Hui Cuihui Jinrong Shichang

出版发行	中国人民大学出版社		
社　　址	北京中关村大街 31 号	**邮政编码**	100080
电　　话	010-62511242（总编室）		010-62511770（质管部）
	010-82501766（邮购部）		010-62514148（门市部）
	010-62515195（发行公司）		010-62515275（盗版举报）
网　　址	http://www.crup.com.cn		
	http://www.ttrnet.com（人大教研网）		
经　　销	新华书店		
印　　刷	北京中印联印务有限公司		
规　　格	170 mm×230 mm 16 开本	**版　　次**	2014 年 6 月第 1 版
印　　张	23.75 插页 1	**印　　次**	2014 年 6 月第 1 次印刷
字　　数	357 000	**定　　价**	72.90 元